"十三五"职业教育国家规划教材

高职高专财经商贸类专业"互联网+"创新规划教材

营销渠道开发与管理

（第2版）

王水清◎主　编

武双林◎副主编

付海涛◎主　审

内 容 简 介

本书以市场营销专业学生的就业为导向，根据行业专家对本专业所涵盖的岗位群进行任务和职业能力分析，同时遵循高等职业院校学生的认知规律，紧密结合职业资格证书中相关考核要求，确定具体的工作项目和任务。本书主要项目包括营销渠道职业岗前培训、营销渠道专员岗位实务、营销渠道客服专员岗位实务、营销渠道卖场专员岗位实务、营销渠道拓展专员岗位实务。具体行文中，选用具有代表性的家电行业和网络渠道等案例进行辅助讲解，以加深对相关内容的理解。同时，根据技能培养与训练要求及可持续发展的需要，安排了必要的实训操作。

本书可作为高职高专市场营销、物流管理和其他经济管理类专业的课程教材，也可作为市场营销从业人员的自学与培训用书。

图书在版编目(CIP)数据

营销渠道开发与管理/王水清主编. —2 版. —北京：北京大学出版社，2017.4
（高职高专财经商贸类专业"互联网+"创新规划教材）
ISBN 978-7-301-26403-4

Ⅰ.①营… Ⅱ.①王… Ⅲ.①购销渠道—销售管理—高等职业教育—教材 Ⅳ.①F713.1

中国版本图书馆 CIP 数据核字(2015)第 247192 号

书　　名	营销渠道开发与管理（第 2 版）
	YINGXIAO QUDAO KAIFA YU GUANLI（DI-ER BAN）
著作责任者	王水清　主编
责 任 编 辑	陈颖颖
数 字 编 辑	陈颖颖
标 准 书 号	ISBN 978-7-301-26403-4
出 版 发 行	北京大学出版社
地　　址	北京市海淀区成府路 205 号　100871
网　　址	http://www.pup.cn　新浪微博：@北京大学出版社
电 子 信 箱	pup_6@163.com
电　　话	邮购部 010-62752015　发行部 010-62750672　编辑部 010-62750667
印 刷 者	北京虎彩文化传播有限公司
经 销 者	新华书店
	787 毫米×1092 毫米　16 开本　17.25 印张　405 千字
	2012 年 9 月第 1 版
	2017 年 4 月第 2 版　2022 年 8 月第 5 次印刷
定　　价	48.00 元

未经许可，不得以任何方式复制或抄袭本书之部分或全部内容。
版权所有，侵权必究
举报电话：010-62752024　电子信箱：fd@pup.pku.edu.cn
图书如有印装质量问题，请与出版部联系，电话：010-62756370

前　言

本书前版自2012年9月出版以来，深受广大读者的欢迎。近几年来，国际、国内经济以及人们的思想观念都发生了较大的变化。作为市场经济活动重要内容之一的营销渠道，不仅在理论上有了很大的发展，并且在开发与管理策略、技巧上也有了很大的创新。再者，随着我国经济社会的迅速发展，对企业营销渠道人员的需求数量大、要求质量高。在此背景下，编者对前版进行了修订再版。

这次修订主要做了以下几方面工作：

(1) 进一步明确岗位与课程内容对应，按照职业岗位实务来设计框架和组织内容。本次修订特邀湖北劲牌有限公司营销渠道管理部部长付海涛对相关岗位管理实务提出了宝贵的修改建议。

(2) 为了确保内容的先进性，本书在渠道物流管理中，新增跨境电商物流；在网络营销渠道中，拓展网络中介渠道管控分析等内容。同时，更新书中相关案例和小贴士。

(3) 将前版书中"以家电业为背景"进行了调整，不再局限于家电业，因为任何行业都需要营销渠道，并且营销渠道在不同行业中的运用也是相通的。因此，在案例选择上考虑涵盖更多的行业，体现营销渠道运用的广泛性。

经修订，本书具有以下特点：

(1) 与时俱进，深化工学结合。本书是在充分贯彻和落实教高〔2006〕16号文件和教职成〔2011〕12号文件精神的基础上，力求体现最新的营销渠道理论、策略和技巧的研究成果。同时又根据高职高专市场营销专业学生就业岗位群的实际需要来安排教学内容，使学生在校所学与以后的就业相衔接。

(2) 注重岗位技能，兼顾考证。以营销职业岗位知识、能力来选取本书内容，着重理论的应用，不强调理论的系统和完整。既细化关键营销职业能力和课程实训，又兼顾营销职业资格的考证，并通过大量案例体现知识与实际业务之间的融合，从而实现高职高专培养应用性技能型人才的根本任务和以就业为导向的办学宗旨。

(3) 形式新颖，师生互动。本书采用一体化的格式撰写，每一任务开头都给出"任务描述"和"任务分析"，并提出"任务目标"和"学习目标"。为了巩固学生知识运用，以任务为单位安排有练习、案例分析和实训操作题，帮助学生理解学习的内容。而将实训操作内容制作成PPT进行展示，则是用新的形式检验学习效果，便于师生互动，从而达到提高学习效果的目的。

本书由武汉城市职业学院王水清担任主编，负责完成统稿、修改和定稿工作。南昌职业学院武双林担任副主编。本书具体编写分工为：王水清编写项目1、项目2、项目3和项目5，武双林编写项目4。

在编写本书过程中，编者除了将企业营销渠道开发与管理工作经验和对本课程教学改革的思考融入本书内容的设计与组织上以外，还邀请了湖北劲牌有限公司营销渠道管理部部长付海涛对本书进行主审,使书中的实务内容能够与时俱进。

最后,对于本书存在的不足和差错,敬请读者批评指正。对使用本书、关注本书及提出修改意见的读者表示深深的感谢!

编　者
2016 年 12 月

【资源索引】

目 录

项目1 营销渠道职业岗前培训 1

任务1 揭开营销渠道开发与管理的面纱 1
工作任务1.1 认识营销渠道开发与管理的内涵 2
工作任务1.2 熟悉营销渠道的功能和作用 5
工作任务1.3 掌握营销渠道的结构和形式 10
工作任务1.4 了解营销渠道的发展趋势 17
课后练习 20
实训操作 22

任务2 认识营销渠道成员 23
工作任务2.1 认识代理商 24
工作任务2.2 认识批发商 29
工作任务2.3 认识零售商 34
工作任务2.4 认识其他渠道成员 44
课后练习 47
实训操作 49

任务3 认识营销渠道开发与管理职业 50
工作任务3.1 明确营销渠道开发与管理的工作内容和过程 51
工作任务3.2 熟悉营销渠道开发与管理职业岗位 54
工作任务3.3 培养营销渠道开发与管理职业能力 59
课后练习 63
实训操作 65

项目2 营销渠道专员岗位实务 67

任务4 设计营销渠道 67
工作任务4.1 熟悉设计营销渠道的流程和原则 68
工作任务4.2 明确营销渠道的目标和任务 71
工作任务4.3 初步形成可行的营销渠道方案 74
工作任务4.4 分析影响营销渠道方案的因素 80
工作任务4.5 评选合适的营销渠道方案 86
课后练习 89
实训操作 92

任务5 开发营销渠道 93
工作任务5.1 接洽营销渠道成员 94
工作任务5.2 评定营销渠道成员 98
工作任务5.3 签订销售合同 105
工作任务5.4 挖掘营销渠道成员的潜力 110
课后练习 123
实训操作 125

项目3 营销渠道客服专员岗位实务 127

任务6 管理渠道中的融资流和物流 127
工作任务6.1 管理营销渠道中的融资流 128
工作任务6.2 管理营销渠道中的物流 137
课后练习 159
实训操作 162

项目4 营销渠道卖场专员岗位实务 163

任务7 管理渠道中的促销流 163
工作任务7.1 管理渠道中的广告和营业推广 164
工作任务7.2 管理渠道中的人员推销和公共关系 173
课后练习 176
实训操作 178

任务8 管理渠道中的信息流和关系流 179
工作任务8.1 管理渠道中的信息流 179

　　　　工作任务 8.2　管理渠道中的
　　　　　　关系流 188
　　课后练习 209
　　实训操作 212

项目 5　营销渠道拓展专员岗位实务 214
　　任务 9　拓展服务营销渠道 214
　　　　工作任务 9.1　认识服务渠道 215
　　　　工作任务 9.2　制定服务渠道策略 220
　　课后练习 229
　　实训操作 231
　　任务 10　拓展国际营销渠道 231
　　　　工作任务 10.1　认识渠道的国际化 ... 232
　　　　工作任务 10.2　拓展国际渠道
　　　　　　的模式 239
　　课后练习 244
　　实训操作 246
　　任务 11　拓展网络营销渠道 247
　　　　工作任务 11.1　认识网络营销
　　　　　　渠道 248
　　　　工作任务 11.2　明确网络渠道
　　　　　　的形式 253
　　　　工作任务 11.3　拓展网络渠道策略 261
　　课后练习 265
　　实训操作 268

参考文献 269

项目 1
营销渠道职业岗前培训

营销渠道开发与管理已经成为生产制造企业营销部门中不可或缺的一项营销职能。从事营销渠道开发与管理工作既具有诱人的职业发展前景,同时也具有很强的挑战性。因此,在正式上岗前,应对营销渠道开发与管理工作有一个基本认识的准备。

本项目包括揭开营销渠道开发与管理的面纱、认识营销渠道成员和认识营销渠道开发与管理职业 3 个任务。通过具体任务的学习,让学生熟悉营销渠道开发与管理工作的概貌,为下一步的实践工作打下坚实的思想基础。

任务 1 揭开营销渠道开发与管理的面纱

【任务描述】

小王是武汉某所职业院校市场营销专业学生,毕业后就去广东某电器股份有限公司营销中心任职,从事家电产品的营销渠道开发与管理工作。在正式上岗前,公司需要对新进员工进行岗前培训,使其熟悉营销渠道开发与管理工作的相关业务及其流程,以便更好地开展工作。小王认为,自己是营销专业毕业生,在学校已经全面、系统地接受过市场营销知识与技能方面的训练,还有必要再受训吗?于是他带着一种挑战的心态开始了公司为期一周的岗前培训。

【任务分析】

营销渠道是指企业将产品或劳务向消费者转移的过程中所经过的路径。企业不同，营销渠道开发与管理的具体工作也就不同。因此，作为一家家电企业，有必要根据自己的需要，对相关工作人员进行培训，如家电营销渠道开发与管理的内涵，家电营销渠道的功能与作用，家电营销渠道的结构、形式及发展趋势等。

【任务目标】

任务	工作要求
认识家电营销渠道开发与管理的内涵	(1) 正确理解营销渠道开发与管理的内涵 (2) 能树立正确的营销渠道开发与管理的观点
理解家电营销渠道的功能和作用	能阐述家电企业营销渠道的功能及其作用
掌握家电营销渠道的结构和形式	能描述家电企业不同营销渠道的结构及形式
了解家电营销渠道的发展趋势	能适应家电渠道发展的新趋势

【学习目标】

知识目标	技能目标	学习重点和难点
掌握营销渠道的含义、特点及基本功能	能根据不同行业及渠道成员的特点确定营销渠道的类型	营销渠道开发与管理概念的内涵
理解营销渠道的功能和作用	能明确区分营销渠道的功能流及其流向	营销渠道的功能和作用
掌握营销渠道的结构和形式	能明确区分不同营销渠道结构的特点和适用条件	营销渠道的结构和形式
了解营销渠道的发展趋势	能适应渠道变化的趋势	营销渠道的发展趋势

【任务实施】

工作任务 1.1　认识营销渠道开发与管理的内涵

1.1.1　营销渠道开发与管理的含义

【拓展图文】

市场营销学之父菲利普·科特勒(Philip Kotler)认为，营销渠道是指某种货物或劳务从生产者向消费者移动时，取得这种货物或劳务所有权或帮助转移其所有权的所有企业或个人。简言之，营销渠道就是商品或服务从生产者向消费者转移过程中的通道或路径，又称为分销渠道、销售通路、流通渠道、销售渠道等。

营销渠道开发与管理属于现代营销管理，是指企业对营销渠道的取得、开发、保持和利用等方面所进行的设计、组织、领导和控制等活动，是通过协调营销渠道成员间的关系，以充分开发渠道资源、挖掘渠道潜力，调动渠道成员的积极性，提高产品或服务从生产制造商向最终消费者转移的效率和效益，实现营销目标的一整套理论、方法、工具和技术的总称。

为了把握营销渠道开发与管理的本质，需要从4个方面来进行理解。

(1) 营销渠道开发与管理的目的就是挖掘渠道成员的潜力，使整个渠道的运行过程有更高的效率和效益。

(2) 营销渠道开发与管理的对象是渠道中所有参与者,既有企业内部的成员,也有企业外部的其他成员,如代理商、批发商、零售商和营销中介等。

(3) 营销渠道开发与管理的具体内容是渠道中各种功能流,包括实物流、资金流、信息流、促销流等。

(4) 营销渠道开发与管理所采取的主要措施是计划、组织、激励和控制,核心是协调营销渠道中所有参与者的行为,使其保持一致。

根据营销渠道开发与管理的定义,营销渠道开发与管理具有如下特点。

1. 跨组织管理

营销渠道是由商品或服务流通过程中各种类型的组织或个人所组成的,主要包括直接承担商品或服务所有权转移的渠道成员(如代理商、批发商、零售商等)和间接辅助商品或服务所有权转移的渠道成员(如物流公司、广告公司、银行、保险公司等)。在大多数情况下,所涉及的当事人常常不属于同一个企业,而是分属于不同利益主体的组织或个人。这些渠道成员肯定有些共同的目标,如共同的终端服务对象。为了使渠道的运行更有效率,他们都希望通过专业化与合作提高自身的竞争实力。不过,这些渠道成员还有其独立目标,如销售目标、利润目标、发展目标等,而这些独立目标并非总是相容的。因此,营销渠道开发与管理的首要任务就是要把渠道成员的共同目标和渠道中不同成员的独立目标融合起来。渠道成员只有很好地完成渠道的共同目标,才能更好地完成自己的独立目标。

2. 反映价值实现过程

营销渠道的起点是生产制造商,终点是消费者或用户。营销渠道是从生产领域向消费领域完整地转移商品或服务的过程。在这个过程中,主要有两种运动:一是商品或服务价值形式的运动;二是商品或服务流转的运动。在商品或服务流转运动中实现商品或服务价值的补偿。

3. 关键是所有权转移

在营销渠道中,商品或服务必然发生所有权转移,并且所有权至少转移一次。大多数情况下,生产制造商必须经过一系列直接或间接相关的中介机构转卖或代理转卖产品。直接相关的商品所有权转移的次数越多,商品的营销渠道就越长。而间接相关的机构只发挥着比较重要的协调和辅助作用,并不对所有权转移产生实质影响。

4. 强调软管理

在营销渠道开发与管理中,更加强调软管理。如制订营销渠道计划,企业不仅要考虑本企业做什么、怎样做,还要考虑其他渠道成员做什么、怎样做;又如在渠道组织选择上,企业要更多地考虑选择机构而不是人员;再如在渠道领导和控制上,渠道成员较少依靠制度或权力,较多依靠合同或契约,考虑更多的是影响而不是命令与指挥。

小案例

可口可乐酷儿小学商店

可口可乐酷儿产品上市,承载着"可口可乐公司——全方位饮料公司"头一炮的空前绝后的使命。由于可口可乐酷儿产品的消费者群体是 5~12 岁的孩子，所以新渠道开发就摆在市场人员的面前。酷儿的消费群体主要是小学生，而学校是不能有商业行为的，应该怎么办？

只要抓住营销渠道开发的精髓，营销难题就迎刃而解。可口可乐公司将小学周围几百米都作为"渠道圈"或者说"终端圈"，那么，整个学校的学生——也就是酷儿的目标消费群体都被渠道囊括进去了，这也就打破了学校不能进行商品推广与销售的封锁，成就了一条必须要开发的新渠道。

1.1.2 家电营销渠道的模型与特点

家电产品营销渠道的模型，如图 1.1 所示。从图中看出，生产制造商对家电产品购买者的营销渠道模式主要有 4 种：制造商—消费者；制造商—零售商—消费者；制造商—批发商—中转商—零售商—消费者；制造商—代理商—零售商—消费者。

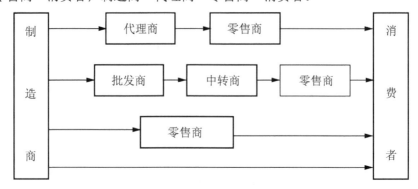

图 1.1　家电营销渠道的简单模型

图 1.1 中 4 种渠道的共同特点是：一是购买家电产品的消费者都是个人或家庭，且这些用户数量多，分布较为集中；二是家电购买者对家电产品的需求大多是多品种、少量的购买，从需求弹性来看，家电产品的市场需求富于弹性，受宏观经济等影响的波动性较小，但受家电购买者购买行为的影响较大，如大多数家电产品购买者愿意去家电连锁超市购买，而不愿去百货商场购买；三是营销渠道的层级比较复杂，厂家往往主要依靠中间商进行分销，由于市场竞争激烈，使得中间商对厂家的忠诚度和依赖度比较低。

 小贴士

工业品营销渠道的模型与特点

工业品营销渠道的简单模型，如图 1.2 所示。从图中看出，生产制造商对生产性团体用户的营销渠道模式主要有 4 种：制造商—生产性团体用户；制造商—批发商—生产性团体用户；制造商—代理商—生产性团体用户；制造商—代理商—批发商—生产性团体用户。

图 1.2 中 4 种渠道的共同特点为：一是工业品购买者都是生产性团体用户，且这些用户数量少，较为分散；二是生产性团体用户对工业品的需求大多是大批量的，购买量大，从需求弹性来看，工业品的市场需求缺乏弹性，受宏观经济等影响的波动性较大，企业的经营决策行为等对营销渠道影响较大；三是随着电子商务的兴起和厂商渠道管理的扁平化、契约关系多样化和分销服务的专业化发展，使得传统的工业品分销从过去单一的产品分销分解出来，诸如许可证分销、品牌分销、渠道分销、增值分销甚至进行虚拟生产等多样化的变革。

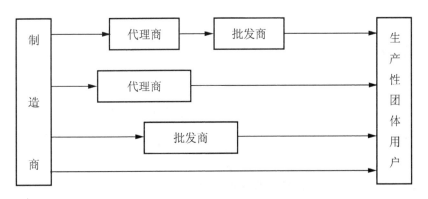

图 1.2 工业品营销渠道的简单模型

小王通过学习,对家电营销渠道的模型和特点有了一定的认识,但他认为,现代市场营销更强调服务,那么,伴随家电产品销售的服务渠道的模型和特点又是怎样呢?请尝试完成表 1-1。

表 1-1 服务营销渠道的模型和特点

家电服务渠道的模型	家电服务渠道的特点

工作任务 1.2 熟悉营销渠道的功能和作用

1.2.1 营销渠道的功能

1. 收集与传递信息

营销渠道成员通过市场调研,收集和整理有关家电消费者、竞争对手以及市场营销环境中的其他参与者的信息,并通过各种途径将相关信息传送给渠道系统内的其他成员,从而形成营销渠道的收集与传递信息功能。尽管家电制造商可以通过自身拥有的调研系统进行市场调查,但由于受自身资源等方面的限制,调查所获得的市场信息是不充分的。而渠道中的终端成员直接与消费者打交道,能够直接了解和掌握消费者的需求及其变化趋势,以及对本企业商品或服务的态度等。这些信息需要通过企业的营销渠道成员来进行收集与传递。

2. 调整营销组合

营销渠道的最终目的是实现企业的产品或服务的销售。承担渠道销售任务的中间商可以根据目标市场顾客的需求、竞争对手的经营策略等调整自身的营销组合,提供适合顾客需要的产品组合,制定适合顾客的承受力和具有竞争力的价格组合,发送和传播有关产品的富有说服力的信息,吸引顾客产生购买行为,促进产品销售。

3. 洽谈

营销渠道成员之间应尽力达成有关产品的价格和其他条件的最终协议,以实现商品所有权的转移,这就离不开渠道成员间的洽谈。在交易谈判中,制造商或中间商需要寻找潜在购买者,并与之接触以实现合作,或中间商需要寻找制造商以实现合作。渠道成员之间的关系是交易合作关系,交易合作对象的寻找、交易条件的形成、渠道成员之间的权利与义务关系的规定都需要通过洽谈来完成。

4. 物流

商品从生产制造商处出厂到最终消费者,中间要经过实体产品的订货、付款、运输、配送、仓储、库存等环节,这就是营销渠道的物流功能的表现。随着社会分工和专业化程度不断提高,制造商一般都不直接承担商品的运输等物流活动,而是委托给第三方物流服务商来完成。因此,在营销渠道中,物流机构承担着商品的物流功能。

5. 融资

不论是生产制造商品,还是销售商品,都需要投入大量资金,以完成商品所有权转移的任务。同时,作为一个经营组织就需要筹措资金用于组织的运转、支付劳动者工资等,这就是营销渠道的融资功能的表现。通过渠道成员销售和自产自销的最大区别在于营销渠道组织是独立的组织,为执行渠道功能而进行了独立的投资。渠道组织的独立融资,使相关渠道成员能够很快地回收资金,提高资金使用效率。

6. 承担风险

在营销渠道中,渠道成员既要分享专业化所带来的利益,也要共担商品销售中的风险,如由于市场波动、政治动乱、自然灾害等因素造成的损失,这就是营销渠道的风险共担功能。只要渠道成员加入某个制造商的营销渠道系统中,就会按照协议来承担相应部分的商品分销风险。

7. 服务

通过营销渠道,企业不仅能销售产品,更重要的是能为客户提供服务,主要包括售前服务、售中服务和售后服务。为赢得顾客的满意,营销渠道成员可通过无所不在的网点和营销渠道网络,为消费者面对面地提供诸如接待、微笑、信用、交货、安装、修理等服务,使消费者感受到企业的关怀,进而产生好感和信赖。

 小贴士

营销渠道的功能流

商品从制造商向消费者转移的有效完成,常常伴随着一些流式传输,从而形成了渠道的功能流,主要有实体流、所有权流、资金流、信息流和促销流等。

1. 实体流

实体流是指实体产品或劳务从制造商转移到最终消费者和用户的过程,如图1.3所示。例如,空调厂在成品出厂后,必须根据代理商的订单交付产品至代理商,再运交顾客。若遇到大笔订单的情况,也可由仓库或工厂直接供应。在这一过程中，至少用到一种以上的运输方式，如铁路、公路、水运等。

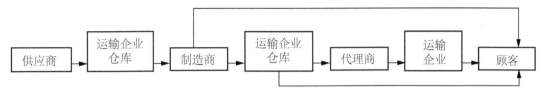

图1.3 实体流

2. 所有权流

所有权流是指货物所有权从一个市场营销机构到另一个市场营销机构的转移过程。所有权流实际上就是商品所有权从一个渠道成员转移到另一个渠道成员的实体流动过程。例如，家用电器的所有权经由代理商的协助转移到零售商，再由零售商转移到消费者手中。

3. 资金流

资金流是指在营销渠道各成员间伴随所有权转移所形成的资金收付流程，即顾客通过银行和其他金融机构将货款付给经销商，再由经销商转交给制造商(扣除佣金)，而制造商把货款支付给不同的供应商。例如，经销商在货物售出后再向生产制造商支付货款，就是制造商为经销商提供了资金融通服务，相当于为其提供了流动资金；而如果是经销商预付货款，就是经销商为制造商提供资金从事生产活动；如果是经销商允许消费者以分期付款的方式购买商品，就是经销商为消费者提供了消费融资活动。

4. 信息流

信息流是指在营销渠道中，各营销中间机构相互传递信息的过程。例如，家用电器这类商品，一般多由零售商根据销售预测下订单，而后制造商根据订单的信息进行生产。通常，在营销渠道中每一相邻的机构间会进行双向的信息交流，而互不相邻的机构间也会有各自的信息交流。

5. 促销流

促销流是指广告、人员推销、营业推广、公关等活动由一个渠道成员对另一个渠道成员施加影响的过程。

不同流程的流向也有很大区别，像实物流、所有权流、促销流在渠道中的流向是从生产者指向最终消费者或用户；付款流和订货流则是从消费者或用户指向制造商；而资金流、信息流、谈判流和风险流则都是双向的。

1.2.2 营销渠道的作用

1. 营销渠道对企业的重要性

1) 创造持续竞争优势

面对日益激烈的市场竞争，许多企业通过产品、价格、促销等战略要素来创造竞争优势已经变得越来越困难。产品同质化倾向日趋严重，经济全球化和网络化使得价格竞争的空间越来越小，企业促销活动的生命力变得非常短暂，依靠促销来实行差别化，获取竞争优势也是难以做到的。

但从营销渠道策略角度看，企业通过长期努力建立差异性的渠道和优势是可能的。因为战略渠道具有长期性、持续性、不可模仿性等特点，一旦营销渠道按照一定的模式建立并相对稳定下来后，要想改变或替代原有的模式与经销关系难度很大，成本极高。因此，优秀的企业通过对营销渠道模式的创造性应用，快速发展业务，降低销售成本，并获得忠诚的顾客群。

业界榜样

> 格力空调就是中国企业中优秀的渠道创新者,它通过建立股份制渠道,获得将其空调产品铺满全国市场的优异能力,享有渠道成员最大的忠诚度。

2) 获得渠道协作效益

在现代市场经济条件下,营销渠道已经成为企业扩大目标市场范围的瓶颈。大部分制造商并不是将产品直接销售给最终消费者或用户,而是借助于一系列中间商的转卖活动进行销售。这就需要在制造商与中间商之间逐渐形成战略联盟,通过改善营销渠道,进行渠道组织重组和流程再造,合理地选择和利用营销渠道,才能将生产出来的产品以最高的效率和最低的成本送到适当的地点,在适当的时间以适当的价格销售给消费者和用户,获得良好的渠道协作效益。

3) 促进市场份额增长

相对充分的市场竞争催熟了许多行业,如家电业,这使得行业市场规模增长速度变得越来越低。企业谋求销售额增长常常是靠夺取竞争对手的市场份额而获得。因此,企业要获得更大的市场份额,除了在原来的营销渠道进行渗透外,还必须通过开发新渠道成员或新产品来扩大销售。即

原有分销渠道渗透的份额+开发新渠道成员的份额=市场份额增长

4) 实现价值形态的转换

正常的生产经营活动离不开货币资金、储存资金、生产资金和商品资金这 4 种价值形态的正常循环,其中,商品资金向货币资金转换是最为关键的一环。而这一环节的实现就离不开通畅而又高效的营销渠道。没有营销渠道,企业的商品资金就难以转换成货币资金,这会使企业的生产经营活动因资金压力而受阻。

 小案例

用事实说话——渠道对企业的重要性

A 企业是一家音箱制造企业,主要产品是计算机音箱,产品技术含量不高,与竞争对手倾向于同质化。但该企业建立了自己的销售渠道,有自己的专卖店。企业最近几年一直保持高速成长。金融危机来临,飞利浦等企业收缩战线,只保留品牌和渠道,而将设计和生产的部分转给 A 企业,所以公司业绩不但不下滑,反而面临新的机遇。

B 企业是一家日化企业,主营头发护理系列产品。公司创始人原来做上游原材料供应,对行业理解深,品牌意识也比较强。企业产品主要通过大型连锁超市出售,全面进入沃尔玛、家乐福等大型超市。公司产品在档次上处于第一团队,与欧莱雅同台竞技。企业这几年稳步按照自己的发展规划前进,金融危机对企业基本没有影响。

A 企业和 B 企业对渠道都很重视。A 企业一直坚持两条腿走路,做好国内市场同时积极发展国外市场,和经销商建立了稳固的关系;与客户零距离接触,对市场的反应也快。B 企业老板对品牌建立很重视,公司一直坚持高端定位,没有因为短期的销售压力而混淆自己的品牌定位;同时企业对渠道的选择也很慎重,没有在萎缩的日化渠道发力,也没有在混乱的美发院线渠道抢业绩,公司多年的品牌和渠道积累保证了公司面对金融危机的从容。

2. 营销渠道对个人的重要性

1) 更好满足消费者个性化需求

随着消费者的需求层次和品位的不断提升与分化，个性化需求变得越来越突出。面对个性化需求，企业的营销渠道不再是面向所有顾客销售同一商品，而是根据特定的顾客提供个性化的商品，并为其个性化的精神形象塑造提供服务。设计、创新、构建诸如"一对一营销""定制营销"等具有自身特色的、较理想的个性化终端，如网上商店、特许经营店、品牌专卖店等，顺应了消费者个性化的需要。

2) 展现营销人能力及晋升机会

在企业其他工作领域中，晋升不是一件容易的事，除了工作业绩外，还要考核工龄、学历、政治面貌等指标。但是，在企业的营销领域中，晋升的机会对每个人来说都是平等的，游戏规则都是透明的。无论有多么高的学历，有多么强的口才，没有良好的销售数据的营销人就是失败者。每个营销人都能看清楚悬在不同高度的一项项随高度增高而越来越炫目的桂冠，只要有了突出的销售业绩数据，就能摘下那项桂冠，戴在自己的头上。在"数据论英雄、业绩看成败"的营销时代，销售额意味业绩与能力。有了业绩，有了能力，就有了晋升的希望和机会。

业界榜样

格力空调的董明珠，从20世纪90年代初做销售开始，凭借一个个突出的销售数据，从业务员做到区域经理，从区域经理做到销售部长，从销售部长做到公司总经理，从公司总经理做到公司董事长。

【拓展视频】

3. 营销渠道对社会的重要性

1) 对社会生产的影响

生产决定交换，但交换也反过来影响生产。营销渠道作为生产和消费的纽带，其任务不仅是把各类商品及时地供应给消费者，而且还要经常地、及时地向生产部门提供市场信息，反映消费者需求，使生产部门能按照社会需求灵活地组织生产经营，保证消费者满意地购买到各种所需的商品。同时，营销渠道作为连接城市市场和农村市场以及第一产业、第二产业和第三产业的纽带，可以加强不同类型企业间的经济联系，有利于巩固宏观经济基础。

2) 对社会商业的影响

从宏观角度来看，营销渠道又是社会商品流通的一部分，对促进整个社会商品流通系统的发展有积极的影响。具体表现为促进商品流通信息网络的完善，如积极开发、推广 POS、EOS、EDI、VAN 等电子商务信息系统；促进健全的商品流通主体的培育，如商业部门的合理化与精简化、建立现代企业制度、禁止垄断、消除不公平交易及不合理的交易习惯、鼓励自由和公平竞争等；促进商品流通效率的提高，如完善物流基础设施、开发或引进物流技术、健全物流体制、调整商业结构、促进流通主体的联合与协作等；促进流通金融制度的建立，支持商业信用，加速商品流通，稳定商品供给，降低商品价格等。

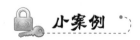 **小案例**

互联网络对传统商业的影响

对于多年来长期深耕传统渠道的商人来说，互联网购物的兴起，确实让这门生意变天了。B2B、B2C、C2C、O2O……一个个闻所未闻的新词汇，转瞬间就引领起一波又一波的电子商务潮流。而在传统电商之外，又有了移动电商模式、生活信息服务模式、手机二维码模式、大众点评模式、LBS 关联模式……让人不得不感叹，不是我不明白，是这世界变化快。

与此同时，传统零售渠道则是叫苦连天，知名渠道商关门闭店的消息纷至沓来。如东方家园等家居卖场连续倒闭；南京的旺仔连锁便利店清盘退出市场；曾风光无限的韩资超市易买得，也计划把在华的 16 家门店打包出售；卜蜂莲花关闭了持续亏损的北京草桥店；百盛商业集团 2012 年的单店销售额增幅不到 2011 年同期的 1/4；2013 年 3 月，麦德龙的万得城黯然退出了中国。

 动手实践

小王通过学习，对家电营销渠道的功能和作用有了一定的了解。但他认为，渠道功能并不是由某个渠道成员完成，而应由渠道系统内部所有渠道成员来完成。因此，渠道成员间的相互作用，会形成不同的功能流及流向。那家电营销渠道的功能流及流向又是怎样的？请尝试完成表 1-2。

表 1-2　家电营销渠道的功能流及流向

功能	对应的功能流	流向(前向、后向或双向)

工作任务 1.3　掌握营销渠道的结构和形式

1.3.1　营销渠道的结构

1. 长度结构

营销渠道的长度是指从制造商到最终消费者之间所经历的中间环节的多少。根据中间环节的数量多少，可将营销渠道的长度结构分为零级渠道、一级渠道、二级渠道和三级渠道 4 种。

(1) 零级渠道是指制造商直接将商品卖给最终用户，中间不经过任何环节，又称直接渠道。其主要形式有上门推销、邮寄、电话推销、电视直销以及网上销售等。

(2) 一级渠道是指制造商在开展商品销售的过程中引入且仅引入一个层级的中间商。对于生活消费类产品而言，其中间商通常就是零售商；对于生产资料类产品，如家电产品，其中间商通常是代理商或者经销商。

(3) 二级渠道是指包括两个层级的中间商的渠道，这两个层级的中间商大多由批发商和零售商组成。这种渠道形式在二、三级家电市场中使用得比较多。例如，某电器制造商在某个区域市场选定一家批发商，由批发商向零售商分销，再由零售商销售给最终用户。

(4) 三级渠道是指包含 3 个层级的中间商的渠道。一些消费面宽的日用品，如包装小食品，需要大量零售机构分销，其中许多小型零售商通常不是大型批发商的服务对象。对此，需要在批发商和零售商之间增加一级专业性经销商，为小型零售商服务。

小米手机的销售渠道

【拓展视频】

在诞生之初，小米手机抛弃了传统的营销模式，去除了代理商和经销商的中间环节，通过建立小米官方网站更改成在互联网销售，利用第三方物流公司配送小米手机，实现了 B2C 模式。小米公司承诺在用户付款一刻起，7 个工作日可以发货，之后根据不同的地点 3～5 天内可以送货上门，从而以网购的零售渠道形式打开了手机购买方式的新篇章。

随着小米手机销量的增加，小米逐渐增加销售渠道，除了其官方网站之外，小米手机通过增加中间一个环节，实施一级渠道形式指定了淘宝网、京东商城等电商平台和苏宁电器等社会渠道拥有线上销售特权，并与联通、电信等手机运营商合作，在他们的营业厅柜台上，越来越多地出现了小米手机的身影，消费者可以通过存话费的形式购买到手机，一方面可以缓解抢购的负担；另一方面也不用担心手机在运输的途中损坏。

与其他手机品牌相比，小米的营销投入少之甚少，但是小米的知名度却毫不逊色于其他手机，而这样的影响力很大部分要归功于小米的营销模式，尤其是独具一格的新媒体营销。

对于制造商来说，渠道级数或中间环节越多，越难控制，获得最终消费者的信息也越困难；对于消费者来说，渠道级数越多，获得的渠道服务水平越高，商品的价格也就越高。

对上述 4 种类型的长度结构进行比较，就会发现一级渠道、二级渠道和三级渠道有一个共同特点：存在中间环节。因此，如果按照是否有中间环节来划分营销渠道的长度结构，则有直接渠道和间接渠道两种。

(1) 直接渠道即上述零级渠道，是工业品销售的主要方式，特别是一些大型、专用、技术复杂、需要提供专门服务的商品。直接渠道的优点是：对于用途单一、技术复杂的商品，可以有针对性地满足顾客需要；制造商直接向消费者介绍商品，有利于提高价值沟通效果；由于直接渠道不经过中间环节，可以降低流通费用，掌握价格的主动权，积极参与竞争。但直接渠道也存在不足，如制造商的投入大、花费高，而且销售范围也受到限制。

戴 尔 直 销

【拓展视频】

戴尔的销售部门分成两部分：负责大客户的 LCA 和负责小型机构及家庭消费者的 HSB。销售代表建立与客户直接的关系，固定的销售代表负责固定的客户，专业的销售团队负责一个固定的区域或者一个固定的行业。客户有任何要求，都可以找到固定的人员来提供服务。由于戴尔与客户之间没有中间商，戴尔直接控制着与客户的关系。戴尔的竞争对手通过经销商进行销售，这些 PC 厂家无法像戴尔那样直接响应客户的要求，且经销商的销售能力和销售经费远远不如戴尔。对于重要客户，戴尔还免费向客户提供优选网站，客户可以得到特殊的折扣并直接在网上下订单，查阅生产状况、运输状况、维修记录和采购记录。

(2) 间接渠道是指商品经由一个或多个中间环节销售给消费者或用户的渠道。它是消费品销售的主要方式。间接渠道的优点是：中间商的介入使交易次数减少，节约了流通成本和时间，降低了产品价格；中间商着重扩大流通范围和商品销售，制造商可以集中精力于生产，有利于渠道成员的专业化分工。间接渠道的不足是：中间商的介入使制造商与消费者之间的沟通不便。

 小贴士

长渠道与短渠道

为分析和决策的方便，有些学者将零级渠道与一级渠道定义为短渠道，而将二级渠道、三级渠道和三级以上渠道定义为长渠道。很显然，短渠道比较适合于在小区域市场范围销售产品或服务；长渠道比较适合于在较大区域市场范围和更多的细分市场销售产品或服务。长渠道与短渠道的优缺点比较见表 1-3。

表 1-3　长渠道与短渠道的优缺点比较

渠道类型	优点及适用范围	缺点及基本要求
长渠道	市场覆盖面广，厂家可以将中间商的优势转化为自己的优势，一般消费品销售较为适宜，减轻厂家费用压力	厂家对渠道的控制程度较低，增加了服务水平的差异性，加大了对中间商进行协调的工作量
短渠道	厂家对渠道的控制程度较高，专用品、时尚品及顾客密度大的市场区域较为适宜	厂家要承担大部分或者全部渠道功能，必须具备足够的资源；市场覆盖面较窄

2．宽度结构

营销渠道的宽度是指营销渠道中每一层级中使用同种类型中间商数目的多少。若制造商选择较多的同类中间商经销其商品，其营销渠道称为宽渠道；反之，若制造商选择较少的同类中间商经销其商品，则称为窄渠道。营销渠道的宽度结构主要有以下 3 种类型。

1) 独家型

独家型营销渠道是指制造商在某一地区市场仅选择一家中间商经销其商品而形成的渠道。采用独家型营销渠道的制造商要与被选中的中间商签订独家经销合同，约定独家经销商只能经销该制造商提供的产品，不得经销其他制造商与该制造商相同的或类似的商品。制造商在商品供应、运输、仓储和服务等方面支持经销商，同时也控制经销商。反过来，由于经销商只有一家，如果经销商表现不佳，对制造商的影响是很大的，所以制造商与经销商的通力配合是独家型营销渠道发挥作用的关键。

2) 密集型

密集型营销渠道是指制造商通过尽可能多的中间商经销其商品而形成的渠道。密集型营销渠道通常能扩大市场覆盖面，或使某产品快速进入新市场，使众多消费者或用户随时随地都能买到这些产品。消费品中的便利品和工业品中的作业品(如办公用品等)，通常使用密集型营销渠道。由于密集型营销渠道的中间商很多，各个中间商一般不愿意进行有可能为其他中间商带来利益的促销活动，所以，采用密集型营销渠道策略的制造商要多做一些促销工作。

3) 选择型

选择型营销渠道是指制造商按一定条件选择两个或两个以上同类中间商经销其商品而形成的渠道。与密集型营销渠道相比，选择型营销渠道通常由实力较强的中间商组成，可以集中使用制造商的资源，节省一定的费用。同时，选择型营销渠道也有利于制造商管理和控制，能较有效地维护制造商品牌信誉，建立稳定的市场和竞争优势。这类渠道多用于消费品中的选购品、特殊品和工业品中的零配件等。

3. 系统结构

任何一条营销渠道都包括若干成员，这些成员像接力赛一样，完成商品从制造商到消费者的传递过程，而这些成员间的关系状况则构成营销渠道系统结构。按照渠道成员相互联系的紧密程度，可将营销渠道的系统结构分为传统渠道系统、垂直渠道系统、水平渠道系统和复合渠道系统 4 种。

1) 传统渠道系统

传统渠道系统，又称为松散型渠道系统，是指由独立的制造商、批发商、零售商和消费者构成的渠道。各渠道成员都为追求自身利益最大化而展开激烈的竞争，甚至不惜牺牲整个渠道系统的利益，最终使整个渠道效率低下。在传统渠道系统中，很难有一个渠道成员能完全控制其他渠道成员。

2) 垂直渠道系统

垂直渠道系统是指由制造商、批发商和零售商纵向整合构成的统一的联合体。在垂直渠道系统中，每个成员把自己视为渠道系统中的一分子，关注整个系统的成功。垂直渠道系统主要有以下 3 种形式。

(1) 公司式垂直渠道系统。公司式垂直渠道系统，也称产权式垂直渠道系统，是由一家企业拥有和管理若干生产工厂、批发机构和零售机构，控制渠道的若干层次，甚至整个渠道，综合经营生产、批发和零售业务。公司式垂直渠道系统又分为两类：一类是由大工业公司拥有和管理的，采取工商一体化经营方式；另一类是由大型零售公司拥有和管理的，采取商工一体化经营方式。

(2) 管理式垂直渠道系统。管理式垂直渠道系统是指通过渠道中某个有实力的成员来协调产品的整个流通过程的渠道系统。在此系统中，有一个规模大、实力强的牵头企业作为系统核心，设计渠道策略、规划与发展方向，各个渠道成员围绕着这个核心从事各种各样的分销活动，自然地构成一个相对紧密、团结互助的渠道系统。

(3) 契约式垂直渠道系统。契约式垂直渠道系统又称为合同式垂直渠道系统，是指不同层次的、独立的制造商和中间商之间通过合同来确定各自的分销权利与义务，形成一个独立的联合渠道系统，如批发商组织的自愿连锁店、零售商合作社、特许专卖机构等。它与公司式垂直渠道系统的最大区别是渠道成员之间不形成产权关系；与管理式垂直渠道系统的最大区别是用合同来规范各渠道成员之间的行为，而不是用权力和实力。

3) 水平渠道系统

水平渠道系统是指由两家或两家以上的企业相互联合在一起，共同开发新的营销机会的营销渠道系统。企业发挥各自优势，实现渠道系统有效、快速运行，它实际是一种横向联合经营。这些企业或因资金、生产技术、营销资源不足，无力单独开发市场机会；或因惧怕独自承担风险；或因与其他企业联合可实现最佳协同效益，因而组成共生联合的渠道系统。这种联合可以是短期的，也可以组成一家新公司，使之长期化。

4) 复合渠道系统

复合渠道系统又称为多渠道系统,是指企业同时利用多种类型的渠道销售其产品的系统。多种流通模式并存,既有直营也有间接分销。企业采用复合渠道系统的主要原因有:一是随着消费者细分程度的提高以及零售业态的丰富,单一的流通模式不足以覆盖所有的或大部分的消费群以及零售卖场、网点;二是厂家在营销渠道变革的过程中,原有的渠道体系和新导入的渠道体系同时存在;三是市场研究结果表明,高端消费者通过多渠道购物的趋势十分明显,对采用复合渠道的企业具有较高的满意度和忠诚度;四是网络营销等新兴渠道的快速发展,使企业采用复合渠道成为可能。

 小贴士

渠道系统的特征

1. 整体性

整体性即渠道各子系统都应拥有一致的目标,充分体现该功能的整体性。加强渠道子系统之间的合作,使各子系统功能在质与量两个方面放大,创造出大于各子系统功能简单相加的系统整体性效用。

2. 有序性

系统之所以能成为一个有机整体,发挥较高的功效,就在于系统的有序性。这就要求渠道系统结构及内部状态保持良好的秩序,表现为渠道子系统之间地位与关系的有序性、渠道结构空间与时间上的有序性及渠道系统变化、发展的有序性。

3. 相关性

相关性指渠道系统内各子系统之间存在相互制约、相互影响、相互依存的关系。各子系统应努力实现子系统之间合作双赢,甚至是多赢的目标。

4. 开放性

营销渠道是一个开放的系统,每个渠道子系统都要适应正在变化的环境。伴随着渠道子系统不断地改变自己的职能,调整组织与任务,以适应不断变化的环境,整个渠道系统都会发生相应的变化。因此,营销渠道系统的演变,就是渠道中各个组织对渠道的内部和外部环境中的经济、技术和社会文化力量不断适应的结果。

1.3.2 营销渠道的形式

1. 以制造商为主导的渠道形式

以生产制造商为主导的营销渠道是指"制造商—消费者"和"制造商—用户",即产品由制造商的推销人员、销售部门或代理商从生产制造商的仓库直接提供给消费者或用户,具体的形式有以下几种。

1) 制造商下属的批发渠道

批发商为生产制造商的下属企业,生产制造商的产品全权由该批发商处理。当制造商有许多不同的产品时,这种渠道安排可以使制造企业在销售方面获得较大的协同效应,即企业可以使用同一种营销渠道销售许多不同的产品。例如,海尔的工贸公司就是这种渠道形式。

2) 制造商的零售渠道

生产制造商自己设置零售网点,销售自己的产品,如格力电器的品牌专营店。制造商的零售渠道通常有两种情形:一是制造商精心打造的旗舰店,主要承担顾客咨询、顾客服务、商品展示和示范销售的任务,这种渠道形式一般多设在大中城市,用来提高和展示公司品牌形象;二是一般性的零售店,常用于积压产品或清仓产品的销售。

3) 制造商的特许渠道

通过签订特许协议，在一定的时期和区域内，生产制造商给予中间商销售其产品的专营权。对于处于产品生命周期中成长阶段的产品，通常利用特许渠道销售。在制造商开拓国际市场时，也常常采用这种渠道间接出口，即在国外找一家进口商全权打理其产品在进口商所在国的销售业务。

4) 制造商的寄售渠道

生产制造商把产品运抵消费地寄售，而在消费地寄售的产品的所有权直到售卖给消费者时才转移。为此，生产制造商需要承担售出前的一切风险，如产品损坏的风险等。这种渠道一般用在销售高价格、高利润或新开发的产品中使用，如珠宝、香水和机器零配件等。

5) 经纪商渠道

经纪商是指与制造商签约的专业化销售机构。经纪商一方面与多家生产制造商签订协议，代理销售他们的类似产品；另一方面专注于某一个比较窄的细分市场进行销售活动。经纪商渠道一般被那些生产规模小而市场范围大的制造商所使用。

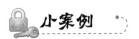

海尔的渠道网络

【拓展图文】

海尔渠道网络的建设，经历了一个由区域性网络到全国性网络，由全国性网络再到全球性网络的发展过程。发展初期，海尔集团寄托于商场销售，到店中店，再到建设品牌专卖店，海尔集团的多元化以及投入的丰富资金，使它在全国范围内的家电专卖店得以高效运营。在城市家电市场，海尔也建立了完善的自控销售网络。海尔根据自身的产品类别多、年销售量大、品牌知名度高等特点，适时进行了通路整合。在全国每一个一级城市设有海尔工贸公司；在一级城市设有海尔营销中心，负责当地所有海尔产品的销售工作，包括对一级市场零售商和二级市场零售商的管理；在二、四级市场按"一县一点"设专卖店。

海尔集团通过销售分公司——海尔工贸公司直接向零售商供货并提供响应支撑，还将许多零售商改造成了海尔专卖店。海尔也有一些批发商，但其分销网络的重点并不是批发商，而是更盼望和零售商直接做生意，构建一个属于海尔的零售分销系统。在海尔的渠道中，百货店和零售店是首要的分销力量，海尔工贸公司就相当于总经纪商。在海尔的渠道模式中，制造商承担了大部分工作，而零售商基本顺从于制造商。

2．以零售商为主导的渠道形式

零售商的各种主流业务所构成的营销渠道形式包括百货店、超级市场、便利店、各种各样的专卖店等。这些零售业态日趋强势，形成了以零售商为主导的渠道形式。

1) 零售商特许渠道

零售商特许渠道是指零售商对产品组合与经营方法进行标准化操作，通过签订协议，受许商在特许商的指导下，以特许商的名义在某一地区经营，并向特许商付费。根据特许合同，特许商要向受许商提供多种形式的必要服务。

2) 采购俱乐部渠道

采购俱乐部只向自己的会员提供各种商品或服务，消费者只有成为会员才能通过俱乐部进行购买活动。这种渠道很适合一些要向特定人群渗透的产品，如高尔夫俱乐部、读书俱乐部和零售会员制团体等。

3) 连锁经营的零售渠道

一个零售商在不同的地区拥有多个零售分店，各个分店销售基本相同的商品，有相同的门店装修风格和店内摆放风格，以集团公司为单位集中统一采购与配送。连锁经营的零售渠道有利于零售商总部对各分店运营的控制,能够帮助零售商将经营范围扩大到全国乃至海外,如国美、苏宁等就采用这种渠道模式。

4) 百货商店

百货商店提供范围广泛、中等产品线深度的商品。典型的产品组合主要包括服装、食品、电器等。在运作过程中,每一条产品线都作为一个独立的部门,由进货专家专门负责。百货商店已经逐渐由单店向连锁经营方向发展,有的百货商店在全国范围内拥有分店并建立自己的分销体系。

3. 以服务提供商为主导的渠道形式

1) 物流运营渠道

在商品从制造商向消费者转移的过程中,需要以提供物流服务为主的渠道成员,如运输公司、配送中心、联合运营商等。这些渠道成员根据合同为顾客提供相应的物流服务,顾客则需要根据享用的服务交付一定的租金或费用。

2) 采购运营渠道

营销渠道中的下级中间商总是向上一级中间商购进商品,随着渠道成员专业化程度不断提高,就产生了一些专门提供采购服务的运营商,形成采购运营渠道。采购运营商根据合同,专门为顾客提供某一类或几类商品的采购服务与管理,一方面在更大的范围内为顾客寻找适用的产品;另一方面负责产品从制造商到顾客整个流程的管理。

3) 增值再售渠道

增值再售渠道是指通过再设计组合包装使商品升值,然后再将其售出,其实质是将服务与商品打包出售。典型的增值再售渠道是计算机软件营销渠道,从生产制造商处购到计算机,将某种计算机程序安装进去以后,再卖给某些对计算机程序有特殊要求的机构,如政府机构等。

4) 金融服务提供渠道

这是生产制造商与金融机构组成联盟的营销渠道。最初的目的是为顾客或中间商提供融资服务,后来也被用于开拓新的市场,即金融服务提供商向生产制造商提供金融服务项目,使其能进入新的市场,实现制造商与金融服务商之间的互利。

5) 网络平台提供商

网络平台提供商是指由某个网络平台运营商研发提供的,用于帮助供应商搭建、管理及运作其网络销售渠道,帮助分销商获取货源渠道的平台。如为 C 店客户(即个人店铺)提供服务的淘宝、拍拍等;为商城客户提供服务的淘宝商城、拍拍商城;还有为 B2C 提供综合服务平台的京东、当当、凡客等。这些平台的主要用户包括供应商及分销商。

供应商是指通过网络平台供应商签约入口页面与《网络平台用户协议》(以下或简称"协议")各方签署协议,并通过网络平台进行产品网络销售渠道搭建、管理及运作的企业用户。

分销商是指通过网络平台分销商签约入口页面与《网络平台用户协议》各方签署协议,且拥有网络店铺或电子商务网站,利用网络平台,寻找供应商并由此获得货源的销售者。

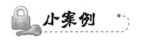

阿里巴巴的经营模式

【拓展视频】

1. 经营理念

阿里巴巴经营理念的核心包括以下三大要素。①阿里巴巴的核心竞争力不是技术而是企业文化。②股东重要性排在末位，最重要的是客户，其次是员工。马云说，客户是衣食父母，员工是朝夕相处的伙伴，股东则是铁打的营盘流水的兵。③小即是美。马云认为，中国的未来在于出现大量的小企业。中国最需要的是提供大量工作岗位，能提供大量工作岗位的是小企业，而非像阿里巴巴这样的大企业。技术只是工具，股东最不重要，小企业比大企业好，这是阿里巴巴独特的经营理念。

2. 经营策略

(1) 专做信息流，汇聚大量的市场供求信息。阿里巴巴主要信息服务栏目包括：商业机会、产品展示、公司全库、行业资讯、价格行情、以商会友和商业服务等。

(2) 阿里巴巴采用本土化的网站建设方式，针对不同国家采用当地的语言，简易可读，这种便利性和亲和力将各国市场有机地融为一体。这些网站相互链接，内容相互交融，为会员提供一个整合一体的国际贸易平台，汇集全球178个国家(地区)的商业信息和个性化的商人社区。

(3) 在起步阶段，网站放低会员准入门槛，以免费会员制吸引企业登录平台注册用户，从而汇聚商流，活跃市场，会员在浏览信息的同时也带来了源源不断的信息流和创造无限商机。

(4) 阿里巴巴通过增值服务为会员提供了优越的市场服务，增值服务一方面加强了这个网上交易市场的服务项目功能；另一方面又使网站能有多种方式实现直接赢利。

动手实践

小王通过学习，对家电营销渠道的结构和形式有了一定的了解。但他最感兴趣的是营销渠道的宽度结构，因为只有同种类型的中间商较多，产品的出口才会较大。于是，他比较了一下宽度结构3种形式的优缺点，以便为后面的工作做一定的铺垫。请完成表1-4。

表1-4 独家型、密集型及选择型营销渠道比较

渠道的宽度结构	含　义	优　点	不　足
独家型			
密集型			
选择型			

工作任务1.4　了解营销渠道的发展趋势

近年来，随着渠道环境的不断发展变化，企业的营销渠道也在不断地发生变化，主要表现为以下几个方面。

1. 渠道系统扁平化

传统营销渠道系统是由一个制造商、少数总经销商、较多批发商、大量零售商等构成。这种金字塔式的渠道系统存在不足：一是厂家难以有效控制营销渠道，销售政策常常不能得到有效落实；二是多层次结构不利于提高效率，商品的中间环节加价高，造成零售价格高，不利于产品市场竞争；三是单项式、多层次的流通使信息不能准确、及时地得到反馈，并存在信息失真；四是渠道层次多，增加了渠道风险。商品流通架构的复杂性导致每个分销环节都潜伏着风险，过多的分销环节增大了资金积压和囤货的风险，如一家公司出现问题，可能会产生连锁反应，影响到营销渠道供应链上的多家公司。

渠道系统的扁平化就是减少渠道的长度，增加渠道的宽度，使产品经过尽可能短的渠道与更多消费者见面。通过扁平化，厂家可以降低渠道的运营成本，从而有可能为零售商提供

更低的价格，使企业的产品更具竞争力。对商家而言，通过集中采购、包销、买断等手段可压低进货成本。价格下降了，自然会吸引更多的消费者，销量自然也就会上来。虽然每件产品的利润并不多，但是整体的利润却多了，存货和资金的周转速度也快了起来。

2. 渠道建设重心转向终端市场

从本质而言，营销渠道要解决两个问题：一是如何把产品送到消费者的面前，让消费者买得到；二是如何把产品送到消费者心中，让消费者乐意购买。在不同时期，企业解决这两个问题的方式也不同。在传统渠道运营中，企业多是在营销渠道的顶端，通过以总经销商为中心的大户政策来开展工作，但是当市场饱和时，其弊端就显现出来。一是企业把产品交给总经销商，总经销商逐级分销下去，由于网络不健全、通路不畅、终端市场铺货率不高、渗透深度不足等原因，总经销商无法将产品分销到厂家所希望的目标市场上，结果出现厂家广告天天见，消费者在渠道终端却见不到产品的尴尬局面；二是产品进入零售终端后摆放在什么位置、如何展示陈列、POP 广告如何张贴、补货能否及时等，这些终端工作总经销商往往做得不到位，影响终端销售力；三是厂家的销售政策无法得到总经销商的全面执行，其结果是厂家促销力度大，而促销效果差；四是厂家、经销商利益矛盾日益突出，使厂家无法确保一个稳定的市场，窜货、降价倾销现象较为严重；五是厂家为调动总经销商的积极性，花费成本过大，导致厂家经营无利。

针对以上这些情况，企业的渠道建设重心逐渐转向终端市场，其优势有：能让消费者亲身感知产品，使产品与消费者得到充分沟通；可鼓励消费者进行品牌的转换和尝试，从而提高市场份额；可减小产品价格因素对消费者的影响；能提高品牌知名度，更好地体现品牌的价值，扩大潜在消费群。

3. 渠道关系伙伴化

在交易型渠道关系中，每个渠道成员是独立的经营实体，各自为政，追求个体利益的最大化，甚至不惜牺牲渠道的整体利益。而在伙伴型渠道关系中，厂家与经销商形成整合的体系，渠道成员为实现共同目标而努力，追求多赢。厂家与经销商通过联合促销、提供专门产品、信息共享、培训等合作方式，建立起伙伴型渠道关系，强化厂商共同利益。

4. 渠道重心向下游下沉

以前，企业习惯以大城市为重心开发目标市场，在省会城市设销售机构，在大城市进行竞争。目前，一些企业则将渠道重心移到地市级、县级或乡镇等下游市场，在地市级、县级市场设置销售机构，如双汇集团在一个省设立的办事处达 20 多个。越来越多的企业发现，单纯以大城市为重心，容易出现市场空白点。渠道重心下移，在地市级市场设销售中心，能够做好地区市场，如果以县为中心设办事处，能够做好县城—乡镇—村级市场。

伴随渠道重心的转移，企业对经销商的政策也发生了变化，从重点扶持大客户转移到重点扶持二级、三级经销商。例如，美的集团的新渠道战略是"弱化一级经销商，加强二级经销商，决战三级零售商"。美的集团的小家电地市级、县级经销商占总经销商的 2/3，一级经销商只负责给美的提供资金，二级、三级经销商做市场。美的集团正是通过给二级、三级经销商提供有力的支持，提高其竞争力，通过做"小方块"，实现更大的市场覆盖。

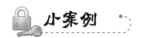

怡亚通：供应链企业的渠道下沉红利

【拓展视频】

在一、二线市场的竞争越发激烈的今天，怡亚通需要的是新战场，即到三、四线及以下城市去开拓市场。不过，像所有选择渠道下沉的企业面临的问题一样，怡亚通也面临各种物流与复杂的渠道难题。首先，"下沉过程"是一个高成本过程，因为在三线以下城市铺设渠道比在一、二线城市的成本要高多了。比如一、二线城市已经形成很成熟的物流网络体系，但小城镇没有，资源匮乏，甚至很多地方顺丰、圆通、中通、UPS都没有覆盖。如果硬要做，很容易亏损。其次，中国消费市场结构及渠道异常复杂。中国是一个差异性很高的大市场，多达七级分销体系的多层级销售系统，流转成本太高。

面对这种困境，怡亚通在思考可不可以用一种"平台式解决方案"来化解这一问题？即建立一个平台，将三线以下原有的、已经存在的当地渠道整合进这个平台里面，这样，怡亚通就有可能用最经济的投入、最快的速度及最可靠的方式实现分销渠道网络的建设。简单地说，从上游厂商那里收取订单，然后通过平台按照订单进行货物的销售、市场的覆盖，这其中有部分工作会借助整合的当地渠道商完成，这样，怡亚通变成一个平台枢纽。在这一思维的指引下，怡亚通推出"380平台计划"，该计划将建立覆盖中国226个地级市和长三角、珠三角、环渤海150余个经济发达的县级市(总计约380个，故称380平台)的深度业务平台，宝洁、联合利华等都是平台业务伙伴。在"380平台"推进策略上，怡亚通采取了"以项目带动平台建设"的做法，但是一年下来发现，有些客户委托的生意规模小，毛利偏低，服务层次多，业务很难实现赢利。但凡是经营母婴、日化等相对附加值比较高的产品，毛利相对稳定，对运营成本不是很敏感，平台大部分可以实现盈亏平衡。于是怡亚通做出调整，聚焦母婴、日化、食品、酒饮等行业，逐渐扭转了亏损局面，实施了平台的有序扩张。而在整合地方分销渠道的下游方面，怡亚通创造了"EDP模式"，即在地方销售市场筛选出一些优秀的渠道伙伴，通过培训以及文化融合，由怡亚通负责厂商在当地的生意覆盖、市场培育，而一些配送、收款等工作则"外包"给渠道伙伴去做。"EDP模式"尊重当地渠道的生态系统，规避了所谓的"地头蛇冲突"，更为重要的是将原来的渠道转化为自己供应链平台的优势。

5. 渠道格局一体化

随着渠道的不断发展变化，渠道商和厂家之间发生的纠纷越来越多，伴随而来的则是一浪高过一浪的"一体化"呼声。例如，国美电器与生产制造商的一体化，可以说是双方共同的需要。一方面，厂家通过国美这样强有力的渠道可以迅速、有效地铺货，达到占领市场并保持竞争地位的目的；另一方面，国美通过这种联盟，可以进一步强化其在流通、价格和服务方面的优势，从而进一步巩固在同行业中的竞争地位。这样的战略联盟可以整合资源、降低成本、减少浪费、提高效率，使厂商资本利用率、回报率都得到极大提高。未来的竞争将不再局限于质量、价格和服务，厂家之间对渠道资源、终端资源的竞争，以及商家之间对产品资源、营销资源、人力资源的竞争将成为下一个焦点。

国际市场的发展也说明了一体化的趋势。当今，多数西方企业都拥有30个以上的联盟，其中世界500强企业更是达到了平均每家约60个主要联盟。从长远看，处在同一产业链条中的厂家和商家是相互依存、共同创造价值的。因此，"一体化"将是企业不可回避的重要问题。

6. 渠道激励内涵化

一些中间商是从个体户的基础上发展起来，素质不高，网点不足，市场开发能力弱，促销缺乏力度，管理水平不高。因此，制造商对渠道成员的激励措施不应仅仅限于送"红包"，而是要让其掌握赚钱的方法，即对其进行培训。

业界榜样

> 美的提出让经销商与美的共同进步的理念。如果他们的经营思维跟不上美的的步伐，美的不可能停下来等经销商慢慢进步。所以，美的与新加坡和香港的大学合作，把经销商送出去学习，强化培训，实现渠道激励的内涵化。

动手实践

小王通过学习，对家电营销渠道的发展趋势有了一定的了解。既然是发展趋势，那就意味着大多数企业就会跟着这些趋势去发展。小王在想：我们企业的营销渠道应如何变革，才能跟得上行业的发展趋势呢？请完成表1-5。

表 1-5　家电渠道发展趋势及变革手段

家电渠道发展趋势	变革手段
渠道系统扁平化	
渠道建设重心转向终端市场	
渠道关系伙伴化	
渠道重心向下游下沉	
渠道格局一体化	
渠道激励内涵化	

课后练习

【参考答案】

一、名词解释

营销渠道；营销渠道开发与管理；信息流；营销渠道的宽度；营销渠道的长度

二、选择题

1．营销渠道开发与管理最为重要的特点是(　　)。
A．跨组织管理　　　　　　　　　　　B．反映价值实现过程
C．关键是所有权转移　　　　　　　　D．强调软管理

2．企业对个人消费者营销渠道模式有(　　)。
A．生产者—消费者
B．生产者—零售商—消费者
C．生产者—批发商—零售商—消费者
D．生产者—代理商—零售商—消费者
E．生产者—代理商—批发商—零售商—消费者

3. 以制造商为主导的渠道形式有( )。
   A. 制造商下属的批发渠道　　　　　　B. 制造商的零售渠道
   C. 制造商的特许渠道　　　　　　　　D. 制造商的寄售渠道
4. 营销渠道的功能有( )。
   A. 收集和传递信息　　B. 洽谈　　　C. 融资　　　D. 承担风险
5. 营销渠道的结构有( )。
   A. 长度结构　　　　B. 宽度结构　　　C. 系统结构　　　D. 复合结构

三、判断题

1. 营销渠道开发与管理的关键是跨组织管理。　　　　　　　　　　　　　(　)
2. 营销渠道中的信息流呈单向。　　　　　　　　　　　　　　　　　　　(　)
3. 营销渠道系统的扁平化就是宽度结构发生变化，而长度结构并没有发展变化。(　)
4. 营销渠道是针对企业而言的，因此，对营销人个人而言，营销渠道没有什么重要性可言。(　)
5. 根据中间环节的数量多少，可将营销渠道的长度结构分为零级渠道、一级渠道、二级渠道和三级渠道4种。(　)

四、简答题

1. 简述营销渠道的重要性。
2. 营销渠道开发与管理的特点是什么？
3. 渠道的长度结构有哪些？
4. 渠道的宽度结构有哪些？
5. 营销渠道的发展趋势主要表现在哪些方面？

案例分析

家电零售渠道第四次革命：整合资源渠道下沉

随着电商企业不断地下沉渠道，与家电制造企业自建的专卖店渠道越来越有对峙之势。不过这两类企业并没有剑拔弩张，而是选择了牵手。从百货到连锁，从连锁到专卖店，再从专卖店到电商，家电零售渠道经历了三次大的变革。而电商企业联手家电专卖渠道拓展三、四级市场被业内视为家电零售业的第四次渠道革命。

数据显示，北上广深等一线城市的家电销售市场增速已经明显放缓，然而三、四线城市以及农村市场的家电销售潜力正在被挖掘。2015年京东提出渠道下沉计划，"京东帮服务店"就是渠道下沉计划的主要载体。"这个策略就是要把物流和安装售后等服务通过合作的方式直接复制到农村，我们是以县为单位，一个县一个京东帮服务店。"区别于其他制造企业的专卖店，京东不采取自营开店的形式。京东帮服务店采取招募合作伙伴的形式。"招募英雄帖"发出后，家电渠道商云集响应，有以制造企业服务商的身份参与的，也有不少以专卖店合作的形式进行合作，而与家电制造企业创立的专卖店合作就是最主要的形式。据了解，三、四线城市消费者在京东商城下单后，就会由京东帮服务店统一发货。而实际上提供配货、物流、安装的仍然是专卖店的原班人马。家电分析师刘步尘指出，这样的模式不仅节省了房租成本、人力成本，而且节省了建店的时间成本。京东推出新的合作模式，从中只是扮演一个渠道整合者的角色。

实际上，除了京东，此类问题受到各方关注并被挖掘出商机。从2012年起，不少企业就跃跃欲试开出社区店。空调企业此前已经开出名为"乐淘家电网"的社区店。消费者可以通过家中或社区店中的网络登录

"乐淘家电网",也可以到社区门店中进行体验,之后由专卖店就近送货。而不少定位互联网公司的企业试图扮演"农村市场版京东"。如汇通达的目标城市就是乡镇,主要起上通下达的作用,一方面寻找合作的上游厂家;另一方面为下游合作零售商提供货源。汇通达吸纳区域经销商成为会员,根据会员所需货品数量,统一向上游供货商取货,之后再"分发"给区域经销商进行销售。汇通达实际上起到的是媒介作用,将区域经销商的供货需求集中,增加了和供应商的议价能力。

近年来,扩大农村市场的专卖店布局已经成为各大家电产业集团的主旋律。目前三、四级市场是家电消费的主力,专卖店不仅可以展示家电产品一个品牌不同品类的产品,各品类产品间还可以形成协调效应,促进销售。作为家电专卖店的鼻祖,目前格力电器全国的专卖店数量已经达到 3 万家。其他企业也不甘示弱。2014 年美的专卖店达到 1800 家。目前美的旗舰店 65%已覆盖三、四线市场,地级市场覆盖超过 20%。根据美的规划,2015 年美的旗舰店数量要达到 3000 家,2016 年达到 4000 家,90%以上的旗舰店建立在县级市场和欠发达地级市。4000 家意味着对中国大部分三、四级市场和乡镇市场的全覆盖。未来格力、美的等一线家电企业将实现三、四线城市专卖店的密集布局。不过尽管专卖店发展方兴未艾,但作为销售主体在宣传上无法和国美、苏宁等大的连锁渠道抗衡。每到销售旺季,国美、苏宁就会在各大媒体进行广告轰炸。而以京东为代表的渠道整合企业出现后,可以通过媒体宣传、露天演出等方式整合进行宣传,在乡镇等三、四级市场宣传效果明显。这有利于打响专卖店的知名度,增加客流量。

值得注意的是,大型连锁家电卖场也开始下沉渠道,布局三、四级市场。在苏宁云商集团总部"一体两翼"战略的指引下,各地苏宁区域公司加快 O2O 融合步伐,加大开放平台招商力度,并快马加鞭迅速开拓三、四级空白市场。二级市场也是国美 2015 年的发展重点,国美将"极速整合二级市场资源,渗透至 378 个二级市场,将二级市场的市场占有率提升到 50%以上"。除此之外,国美还在大型连锁卖场中建设专卖店。一位不愿具名的分析师指出,国美、苏宁下沉渠道,用强大的网点布控能力吸引制造商进入连锁渠道。而京东商城正在以逐渐上升的品牌影响力牵制大连锁在三、四线区域市场的发展,一场博弈即将爆发。

【问题】
1. 结合案例,分析当前中国零售企业渠道变革的趋势。
2. 结合案例,运用"互联网"的思维,为家电制造企业与零售企业提供渠道发展建议。

【分析】
市场营销环境的变化是推动营销渠道发展变革的主要动因。在当前,互联网是市场营销环境中最为重要的一个变量。无论是家电制造商还是家电零售商,都在运用"互联网"思维,思考自身的生存与发展。由于"互联网"是一个公共产品,是一个公共平台,更重要的是一个联系买卖双方的纽带。因此,"互联网"将会促进家电企业,甚至其他行业的企业从竞争逐步走向竞合。

实训操作

认识营销渠道开发与管理

1. 实训目的

通过本次实训,进一步加深对营销渠道开发与管理的认识,识别其中各种营销渠道功能及相应的功能流,并指出其中的长度、宽度和系统结构,把握营销渠道的发展趋势。

2. 实训要求

基于小王工作的家电企业的营销渠道系统,画出该企业营销渠道组成成员的结构,要求线条清晰、脉络清楚、标注清楚明白,并进行深入的分析。

3. 实训材料

纸张、笔、计算机网络、企业画册、校外该企业零售卖场等。

4. 实训步骤

(1) 选择自己熟悉的广东某家电企业替代任务描述中小王工作的某企业。
(2) 搜索该企业的画册、网站,拜访该企业在你所在地的零售终端,并记录所搜索或访问的内容。
(3) 将搜索到的信息按长度结构、宽度结构和系统结构的顺序在空白纸张上画出来。
(4) 标注各渠道成员、水平渠道系统、垂直渠道系统、复合渠道系统、长度以及宽度。
(5) 指出其中各渠道线路的功能、其功能流以及如何匹配实现渠道服务输出。
(6) 制定企业迎接营销渠道变革的策略,以便符合营销渠道发展的趋势。

5. 成果与检验

每位学生的成绩由两部分组成:学生实际操作情况(50%)和分析报告(50%)。

实际操作主要考查学生完成认识营销渠道开发与管理的实际动手操作能力;分析报告主要考查学生根据资料分析,描述渠道结构及功能的正确性,制定渠道变革策略的合理性,分析报告建议制成 PPT。

任务2 认识营销渠道成员

【任务描述】

通过两天的培训,小王对营销渠道的结构和功能有了一定的认识,但是这些结构和功能的充分表现离不开营销渠道成员。不同的营销渠道结构,不同的营销渠道功能,就需要不同的营销渠道成员来担当。因此,公司认为有必要向新进的学员培训营销渠道成员方面的知识,目的是让其充分认识营销渠道成员的类型、功能和特点,便于营销渠道开发与管理人员选择适合公司需要的渠道成员。

【任务分析】

可以这样讲,没有营销渠道成员,就没有商品的流通,也就没有商品的销售。因此,营销渠道成员在渠道中具有举足轻重的地位。但不同的营销渠道成员在渠道中所起的作用是不同的,因此,有必要弄清楚渠道成员的种类、特点和功能,以便在实际工作中更好地物色营销渠道成员。

【任务目标】

任务	工作要求
认识代理商	能正确理解和选择代理商
认识批发商	(1) 能正确理解和选择批发商 (2) 能区别代理商和批发商
认识零售商	能正确理解和选择零售商
认识其他营销渠道成员	能正确地选择其他渠道成员,更好地为营销渠道提供协调服务

【学习目标】

知识目标	技能目标	学习重点和难点
掌握代理商的基本功能和类型	能根据市场需要选择合适的代理商	代理商的类型和特点
掌握批发商的基本功能和类型	能根据市场需要选择合适的批发商	批发商的类型和特点
掌握零售商的基本功能和类型	能根据市场需要选择合适的零售商	零售商的类型和特点
了解其他营销渠道成员的功能	能根据营销渠道的需要，选择特殊的渠道成员，提供协调服务	中介机构的类型和特点

【任务实施】

工作任务 2.1　认识代理商

2.1.1　代理商的定义及功能

1. 代理商的定义

代理商是指接受制造商的委托，代理销售制造商某些特定商品或全部商品从而赚取企业代理佣金的商业单位，代表买方寻找卖方，或代表卖方寻找买方。代理商对商品没有所有权，不经营商品，因此，代理商不承担经营风险，赚取的是佣金而不是经营利润。

2. 代理商的功能

1) 试探市场需求

一般来说，代理商比制造商更熟悉当地市场的营销渠道和社会风俗习惯，并且不需要太大的投入，能在较短的时间快速进入某一市场，从而比从企业内派驻销售人员更易拓展市场。企业可以利用代理商进行市场试验，若销售情况不如愿，则可以迅速转移投资；若销售形势显示出市场潜力相当大，也可以结束代理关系，由厂家自设营销机构进行销售。

2) 降低风险和成本

由于代理商对当地市场较为熟悉，对客户的信誉状况也较为了解，并且回收货款也较为容易，这样可以降低制造商开发新市场的风险。同时，通过代理商进行交易，可以减少自设销售渠道所必需的高昂的固定成本和变动成本，如营业地点、租金、办公设备、通信设备、人员工资等。

3) 减少交易次数，强化售后服务

由于代理商有较多的买方，可以将顾客的零星订单汇总，进行一次订购，从而避免了零星订单的交易和接洽次数，提高了交易效率。一般地，代理商也为顾客提供售后服务，为客户提供零配件储存、产品维护等服务，大大地促进了销售。

2.1.2　代理商的类型

1. 根据代理的销售方式不同划分

1) 独家代理和多家代理

(1) 独家代理。是指制造商授予代理商在某一市场上的独家代理销售权，其他代理商与其他贸易商都不得在该市场上推销其产品的一种代理形式。独家代理的特点有：厂家可获得代理商的充分合作，立场容易统一，双方都易获得对方的支持；代理商更乐意做广告宣传与售后服务工作；厂家对代理商更易于管理，一个市场区域只有一家代理商，从发货到费用、佣金控制到视察代理商的工作都较为方便；厂家易受代理商的要挟。

(2) 多家代理。是指制造商在某一区域市场上有多家代理商，它们共同开发该市场的代理形式。多家代理的特点有：代理商之间相互制约，厂家居于主动地位；厂家拥有更为宽广的销售网络；更易于某些法律接受，躲避了垄断的嫌疑；容易造成代理商之间的恶性竞争，导致代理商的士气不高。

 小贴士

影响独家代理和多家代理选择的因素

1. 产品的生命周期

新上市的产品处于投入期与成长期时，由于厂家要求代理商能对顾客提供使用指导、技术、售后维修等服务，所以，代理商必然会要求在某一区域市场拥有独家代理权。当产品处于成熟期或衰退期的前期时，厂家便可以考虑增加代理商的数目。

2. 市场潜力

不同市场潜力应选择不同的代理方式。采取多家代理的前提是市场潜力较大，需要多家代理商共同开发市场。市场潜力过小，多家代理商同时代理，反而有一些代理商无业务可做，这时一般就采用独家代理，不但节省了代理商的佣金支出，而且代理的效率比多家代理更高。

3. 产品类型

当厂家的产品区分十分明显时，譬如高级品与低级品的不同顾客区隔十分清楚，这时厂家便可作更细的市场区隔，对不同的市场授予各家代理商独家代理权，以掌握不同特性的顾客。若厂家的产品之间并无明显的区分，而市场容量较大时，还是以多家代理为宜。

4. 代理商的能力

从代理商的能力看，独家代理商应当有较强的销售能力，较宽的销售网络并且应当有较为雄厚的财力。否则，厂家应考虑采用多家代理。

2) 佣金代理和买断代理

(1) 佣金代理。是指代理商以佣金收入为主要收入。佣金代理包括代理关系的佣金代理和买卖关系的佣金代理。代理关系的佣金代理是纯粹的销售代理，代理商只领取佣金收入，不承担买卖风险。而在买卖关系的佣金代理中，厂家与代理商之间带有一定的买卖关系，代理商以自己的名义从厂家购进商品，代理商的收入是佣金收入加上产品售价超过厂家定的价格范围的最低价的销售利润，代理商承受风险较大。佣金代理的特点有：厂家更容易控制代理商，因为佣金代理商的资金力量都不太强；产品价格更为统一，竞争力更强；进行佣金代理需要的资金较少。

(2) 买断代理。是指代理商先购得厂家产品后再售给客户，买断代理商获得买卖差价收入，同时，买断代理商还得负担广告宣传义务的一种代理方式。买断代理的特点有：买断代理商资金雄厚，销售能力一般来说更强；产品价格无法统一；买断代理商所承担的风险较大。

小贴士

影响佣金代理和买断代理选择的因素

1. 产品内容

企业产品处在投入期或是成长期时,还是采取佣金代理为好。因为这时企业急需的是要找到代理商,打开市场。若企业采用买断代理,让代理商承担买卖中的风险,代理商一般是不乐意的。买断代理一般适用于成熟期的产品或是名牌产品,尤其是名牌的消费品。

2. 代理商的实力

企业若选用买断代理,则要求该代理商有较为雄厚的资本,较大的影响,较好的商誉。采取买断代理,企业的营销基本上由买断代理商接手操作,这时代理商的能力就决定了厂家的生死存亡。因此,采用买断代理时,厂家更应注重代理商的能力,若没有合适的代理商,绝不可勉强。

3. 价格策略

厂家若十分重视统一价格策略,最好还是采用佣金代理。低价竞争导向强的产品应采用佣金代理更佳。高价促销的产品,如名牌产品、高档、奢侈消费品则可考虑采用买断代理。

3) 其他代理

(1) 代理商与原厂互为代理。是指厂商互为代理商,相互帮助对方开拓自己所在国或地区的市场。采用互为代理的两厂商的产品性质应当相同或者相近,互为代理的两厂商应当规模相近、声誉相当,所拥有的权利与所承担的义务必须对等。

(2) 经销与代理混合使用。这种混合式代理有两种情况:一种是总代理下设经销商,厂家与中间商的关系总体来说仍是代理关系;另一种则是总经销商下设代理商,厂家与中间商的关系总体来说是买卖关系。总代理商与总经销商并存是因为有部分公司在取得国外或区域外代理权后,往往不想花费较大的配销成本担当"买断代理商",而仅担任"佣金代理商"抽取佣金,找另一家在当地拥有配销网的批发商担任总经销,总代理商与总经销商在职能上分工负责。

(3) 分支机构指导下的代理。是指厂家设立分支机构对代理商进行指导、协调和监督,但分支机构不具体从事销售事务,销售事务、维修和售后服务由代理商进行。

2．根据代理商承担的职能不同划分

1) 制造代理商

制造代理商主要为签约的制造商寻找顾客,推销商品。这类代理商只被委托代理制造商的商品,无权选定交易条件和价格。他们一般会与两个或多个生产互补产品的制造商签约,在制造商分配的销售领域按与制造商约定的价格政策、订单处理程序、送货服务规定和各种保证为制造商推销商品。虽然这类代理商大多是小企业,雇用的推销人员数量不多,但都十分能干。

2) 销售代理商

销售代理商是指受制造商委托,签订经销合同,在一定市场区域内负责销售该制造商产品的中间商。销售代理商被授权销售制造商的全部产品,并对交易条件、销售价格有较大的影响。销售代理商的推销范围一般不受地区限制,每个制造商只能使用一个销售代理商,不得再委托其他代理商或设置自己的推销机构。但被委托的销售代理商可以经营与被委托人相竞争的产品。一般来说，那些需要集中精力解决生产和技术问题，或是自感营销力不从心的企业会利用销售代理商。销售代理商通常规模较大，不仅负责推销，还负责广告促销，参与调查市场需求，向制造商提出改变产品设计、款式、定价等方面的建议等。

渠道代理从案例看起

IT渠道商给人们留下最古老的印象就是——倒货，包括软件渠道商。而如今的软件渠道商已不再是纯粹管卖产品的"倒爷"，而是懂得技术、懂得服务的代理商、服务商。后期销售和服务已形成一套方法，面对各种类型的产品与品牌，前期的选型仍是难题。

据了解，南京慧松其实本身是一家软件开发商，拥有自主研发的行业管理软件。但同时也是软件代理商，是加拿大信息安全厂商Entrust的江苏省一级代理商。慧松公司业务拓展部经理赵天伟表示，作为代理商，公司在选择软件产品时有三个方面考虑：看市场需求、看厂商美誉度和看产品案例。作为具有技术实力的开发商，慧松为何又代理其他厂商的产品呢？并且为何要选择信息安全产品而不是其他类产品呢？赵天伟告诉记者，由于该公司有不错的技术基础和开发能力，不少国内外产品愿邀其代理，包括医疗软件、营销软件、信息安全等。经过对中国软件市场现状的分析，发现信息安全产品具有很好的发展前景与利润空间，便抓住机会，寻求合适的合作品牌。而后的品牌选择以及对厂商的评估选择过程中，南京慧松从厂商美誉度和产品案例入手，包括了解其在行业中的品牌和名声，参考其核心客户的类型、级别等，以及成功实施的案例描述。公司强调，案例是展示一个软件厂商实力的关键要素。另外，综合考虑其品牌影响力，用户、代理商、合作伙伴等对其了解程度和评价，可看出它的受接纳程度。如果是国外品牌，则需要重点观察它在中国的市场情况，而不是整体情况。

对于寻找合作伙伴的方式，南京慧松主要通过展会获得相关信息并建立联系。赵天伟表示，希望能够有更为便捷的查询方式、选择对比、案例陈列等展示方式。同时，南京慧松表示希望通过中国软件网，积极寻求Entrust二级代理商，这样在更大范围内拓展国内安全市场。中国软件网经过7年的积累，已拥有5万多条产品数据。经过调查研究，中国软件网能够帮助渠道商选择合适的代理产品，帮助中小企业选择合适的软件。

3) 寄售商

寄售商一般在批发市场上有自己的摊位和仓库，可替委托人储存、保管货物，且有责任替委托人发现潜在的客户，获得优惠的价格，打包、送货，提供市场信息及短期商业信用。寄售商对被委托代销的物品有较大的自主权，可因时制宜，抓住销售机会。寄售商卖出货物后，扣除佣金和其他费用，将余款汇给委托人。

4) 经纪人

经纪人是指对商品没有实际的控制权，受委托人委托进行购销谈判的代理商。他们联系面广，手上有许多买卖双方的信息。经纪人拿着产品说明书和样品，替卖主寻找买主，或者替买主寻找卖主，把卖主和买主撮合在一起，介绍和促成买主与卖主成交。成交后，由卖主把货物直接运给买主，而经纪人向委托人收取一定的佣金。

一些农产品制造商往往在一定时期委托经纪人推销其产品，因为这些产品的生产和销售有季节性，制造商不愿意建立自己的固定推销队伍，也没有必要与制造代理商或销售代理商等建立长期的代销关系。此外，有些制造商为推销新产品，或者开辟新市场，或者市场距离产地较远，也利用经纪人推销其产品。

5) 采购代理商

采购代理商根据协议，为委托人采购、收货、验货、储存及运交商品。例如，深圳市有许多的独立采购代理机构，专门为国内甚至国外的零售商采购合适的服装、日用品等。

 小贴士

【拓展文本】

网络代购

随着中国电子商务的发展，越来越多的人开始接受并选择从实体消费向虚拟消费过渡。当消费者没有足够时间去逛街，或者消费者想迅速购买到自己想要的物美价廉的产品，那么网络代购无疑是最好的选择之一。网络代购就是消费者在网上挑好了某款特定的商品后，由代购商帮他们从国外买回来。网络代购起源于个人代购，当某人去如美国等地时，会帮朋友或者亲戚代购一些国外的产品。渐渐地，随着人民币升值、美元贬值、人民消费水平的提高以及物流业的高度发展，这种个人代购，渐渐被专职的代购公司所取代。由于世界品牌的区域价保以及高额的关税，致使很多白领选择从商场看好产品然后去专业的代购公司购买，不仅节省了不少的钞票，还使用了真正的进口货，给自己"赚够了面子"。人们选择代购的产品主要是集中在化妆品、服饰以及高额关税的产品。目前代购有以下三种方式。

1. 淘宝代购

淘宝是国内本土的网站，货到付款，信誉度高。代购的店家也多，可以货比三家，淘到最便宜的商品。但淘宝代购的缺点是，代购店家数量众多，鱼龙混杂。

2. 中国专业代购网站

专业代购网站的优点在于有正规的代购平台，专业的客服团队，良好的售后体系，可以给大家提供完善的代购服务。比如美国购物网可以提供国外网站的折扣优惠信息，每天更新国外最新款商品和最受欢迎的代购商品，站内优惠活动丰富，往往能淘到非常便宜的国外货。代购网站一般提供的代购品类比较丰富，服装鞋子、箱包手表配饰、户外运动系列、电子产品、母婴玩具等。消费者可以将在外国网站看到的商品委托其代购。

3. 外国网站直接购买

这类代购方式的优点在于商品的种类最为齐全；缺点在于语言障碍，还有一个不便利的地方就是售后服务的问题，如果产品质量有问题，要享受售后服务就不容易了。正是因为这个原因，不少消费者宁愿多花点代购服务费，也要把在外国网站发现的商品名称和链接转交给代购公司代购。

6) 进出口代理商

进出口代理商通常在各国港口设立办事处，专门替委托人从国外获取供货来源或向国外推销产品。他们在进出口贸易及企业进入国外市场过程中的作用十分显著。

7) 信托商

信托商接受他人的委托，以自己的名义向他人购销或寄售商品，并取得报酬。信托商一般要签订信托合同，明确委托事宜及相应的权利。信托商主要有3种形式：

(1) 委托商行，是面对消费者进行零售的信托商形式，以零售形式接受顾客委托，代办转让出售；

(2) 贸易货栈，是从事批发业的信托商形式，主要在买卖双方之间起代理作用，即代客买卖、代购、代销，同时兼顾其他服务功能，如代存、代运等，委托人一般要付一定的佣金；

(3) 拍卖行，是接受委托人委托，以公开拍卖的方式，组织买卖成交的信托商。拍卖方式在零售中较少见，主要在批发行业中采用。

 **动手实践**

小王通过学习,对代理商有了一定的认识。为了更好地设计江汉市场方案,需要对该市场的代理商有所了解,于是他列出表2-1,准备通过实地采访完成。

表2-1 代理商登记表

序号	代理商名称	代理商经营品牌	代理商功能	代理商类型	代理商交易模型
1					
2					
3					
4					

工作任务 2.2 认识批发商

2.2.1 批发商的定义及功能

1. 批发商的定义

批发是指供转售、进一步加工或更换商业用途而进行批量销售商品的商业行为。批发商是指从厂家购进商品,然后转售给其他批发商、零售商或各种非营利性组织,一般不直接向个人消费者销售的商业机构。一方面,批发商向厂家购买商品;另一方面,向零售商批销商品,并且是按批发价格经营大宗商品。其业务活动结束后,商品一般不进入生活消费领域,而是仍处于流通领域中。

2. 批发商的功能

1) 组织货源

随着生产与消费的高度分离,满足消费者需要的商品生产地距离其消费地已经越来越远,以至于消费地的渠道成员难以直接从生产地获得某些重要商品,而需要批发商从生产地采购商品。批发商根据市场需求选购产品,并将各种不同的商品进行搭配来组织货源,为零售商或其他的批发商节约商品采购与搭配的时间。

2) 仓储与运输

商品的生产与零售在时间与空间上是分离的,这就需要批发商进行商品的储备。批发商一般拥有自己的仓储设施,可以将商品储存较长的时间,满足其下级客户在不同时间与空间上的需求。同时,批发商一般拥有自己的运输工具,承担着商品从制造商到批发商或批发商到零售商的运输,这样可以降低供应商和零售商在运输工具上的投入。

3) 整买整卖

批发商一般通过整批购进货物,并通过自己的销售人员的业务拓展活动,根据下级分销商的需要整批批发出去,从而促进了销售,并能降低零售的进货成本。一般来说,整买整卖功能是批发商最基本的功能。批发商是通过提高商品的销售量来赚取利润,而不是通过较高的商品进销差价来赚取利润。

4) 融通资金

批发商进行批发活动时，既可以向制造商提供融通资金便利，也可以向零售商提供融通资金便利，主要表现在以预购商品的形式向制造商购进商品，以赊销的方式向零售商销售商品。这样既可为制造商提供再生产所需要的资金，也可使零售商不至于因资金短缺而不能正常进货，有利于加快商品流通速度。

5) 传递信息

批发商在批发活动中，将收集起来的信息进行整理与分析，然后传递给生产者与零售商。对于生产者，批发商提供的市场需求变化等方面的信息，可以作为他们制订产品开发、生产计划方面的依据；对于零售商，批发商提供的新产品供应等方面的信息，可以作为他们采购、销售决策的依据。

6) 承担风险

商品在从生产领域进入消费领域的整个流通过程中，存在各种流通风险，如商品损坏、变质、丢失等静态流通风险和市场经营环境变化引起的动态流通风险，这些风险大多发生在库存期间或储存期间。批发商在组织商品流通过程中，主要承担商品库存任务，因此，批发商要承担流通中的风险。

2.2.2 批发商的类型及特点

1. 独家批发商和非独家批发商

根据批发商和厂家合作方式的不同，批发商可分为独家批发商和非独家批发商。

1) 独家批发商

独家批发商是指在一定时期和一定区域，厂家将其特定的产品授予批发商具有独家购买权和销售权。这种经销方式适合于流通性较强，或品牌知名度较高，或销售量较大，或价值较低的商品。

(1) 独家批发商的优点。独家批发商的优点主要有：一是企业采用独家经销制，使得一个区域市场内只有唯一的占有垄断性地位的批发商；二是批发商追求利益的同时，更追求渠道策略的稳定；三是批发商同样也看重讲信誉的企业，避免合作后期由于批发商众多而造成的利益纠纷等。

(2) 独家批发商的缺点。独家批发商的缺点主要有：一是选择的批发商难以覆盖整个市场；二是由于缺乏竞争和市场压力导致独家批发商产生懈怠思想，造成市场滑坡；三是独家批发商可能过分依赖厂家的支持等。

2) 非独家批发商

非独家批发商是指在一定时期和一定区域内，厂家将特定产品授予多家批发商共同经销。这种方式适合于流通性较差，或品牌知名度较低，或销售量不大，或价值较高的产品。

(1) 非独家批发商的优点。非独家批发商的优点主要有：一是批发商数量较多，能更好地覆盖整个市场；二是地区销售不易被某家批发商所控制。

(2) 非独家批发商的缺点。非独家批发商的缺点主要有：一是市场价格管理难度大；二是批发商对客户服务水平的差异较大；三是批发商的积极性不易提高等。

2. 一般商品、单品类商品和专营批发商

根据经营商品的范围不同，批发商可分为一般商品批发商、单品类商品批发商和专营批发商。

1）一般商品批发商

一般商品批发商是指经营一般的商品花色，而且经营商品的范围比较广、品类繁多的独立批发商。其下级客户主要是普通商店、五金商店、药房、电器商店和小百货商店等。工业品的一般商品批发商是工厂的供应商，经营品种规格繁多的附件和供应品。

2）单品类商品批发商

单品类商品批发商所经营的商品一般只限于某一类商品，而且这一类商品的花色、品种、规格、型号等齐全；同时，还经营一些与这类商品密切关联的互补或替代商品。

3）专营批发商

专营批发商是指专业化程度较高，专门经营某一类商品中的某种商品的独立批发商。专营批发商的客户主要是专业商店。工业品的专营批发商一般都专门从事需要有技术知识或服务的工业用品的批发业务。

3．完全服务批发商和有限服务批发商

根据职能和提供的服务的不同，批发商可分为完全服务批发商和有限服务批发商。

1）完全服务批发商

完全服务批发商执行批发商的全部功能，为制造商和购买者提供全面的功能服务。其特点是持有存货，有固定的销售人员，提供信贷、送货和协助管理等整套服务。

2）有限服务批发商

有限服务批发商则只执行批发商的一部分功能和提供一部分功能服务，主要有以下几种形式。

(1) 现购自营商。现购自营商经营有限的周转快的商品，向小零售商销售并收取现金，不赊销，一般也不负责送货。顾客要自备货车去批发商的仓库选购商品，当时结清货款。

(2) 承销批发商。承销批发商一般先收到客户订单，再与制造商联系订货，并由制造商根据交货条件和时间直接向顾客交货，不需要有仓库和商品库存。从收到订单起，承销批发商就拥有这批商品的所有权，并承担风险。由于投入资金大，一般适合煤炭、木材、大型设备等大宗、高成交额的商品。

(3) 邮购批发商。邮购批发商主要采取邮购方式经营批发业务，借助邮政或快递业务运送商品，节省上门推销成本。其客户常常是边远地区的小零售商等。

4．厂家的销售机构

制造商的销售机构或办事处是制造商所拥有的批发渠道，由制造商自己开办和经营管理。制造商的销售机构一般设有仓库，有一定数量的商品储存。有一些制造商的销售机构还批发和销售从其他制造商那里购买来的同类产品。除此之外，制造商的销售机构还要执行收集市场信息、开拓区域市场、发展分销网络、为顾客提供售后服务等功能。

 小贴士

批发商与代理商的区别

批发商和代理商由于其经营的思想和方法不同，导致它们之间存在一些区别，见表2-2。

表 2-2 批发商与代理商的比较

比较内容	批发商	代理商
法律关系	买卖	代理
与第三者责任	自己承担	委托人承担
机构性质	拥有合法经营资格的企业	企业/个人
取酬方式	赚取进销差价(经营利润)	佣金/提成
产品价格	加价销售	规定价格
经营品种	多品种、多品牌经营	一般不经营竞争品牌
所有权	拥有商品所有权(买断产品/服务)	不拥有商品所有权(代理产品/服务)
经营自主性	自主经营(很少受供货商限制)	受供货商指导和限制
付款方式	货款两清	售后回款
付款性质	货款或保证金	保证金
广告投入	按比例分担	由供货商负担
品牌责任	对品牌责任心较小	承担树立和维护品牌的责任
考核指标	销售量	市场质量和销售量
权责	与供货商责权对等	供货商权力较大
主体	自己的名义	以委托人即厂商的名义销售,签订合同
风险	有	无

2.2.3 批发商的交易模型

批发商的交易模型如图 2.1 所示。从图中看出,批发商的交易行为主要有 3 种情况。一是在渠道上端,批发商直接面对制造商,进行商流、资金流等功能流的交换,在下端直接服务于最终消费者,中间环节相对较少,效率较高,商品的价格相对较低。二是在渠道上端,批发商也直接面对制造商,进行商流、资金流等功能流的交换,在下端通过零售商服务于最终用户,中间环节有所增加,交易效率有所下降,交易成本较高。三是作为制造商的一级批发商或代理商,一方面通过二级批发商或零售商服务于最终消费者,另一方面也直接服务于最终消费者,中间环节相对较为复杂,交易效率较低,交易成本较高。

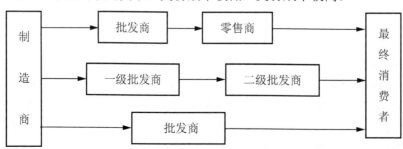

图 2.1 批发商的交易模型

何老板请来"空降兵"

浙江的何老板是当地大名鼎鼎的小家电批发商,随着市场竞争越来越激烈,苏宁、永乐等家电连锁巨头都开到了自己家门口。何老板抵抗了一阵，发现自己的经验和学识已经不足以担当大任了，但何老板不甘心俯首称臣，最后决定自己退居二线，找来一位长期服务于某国企营销战线的骨干担任总经理，全面负责公司业务。根据该"空降兵"的建议，何老板加大了对下辖分销商、零售商的掌控权，并开始涉猎零售领域，同时在周边市场开设连锁店，通过广告宣传，树立自己的强势商家品牌形象。现在，何老板每天都能睡个好觉，精神抖擞，脸上再也看不到以往那种焦虑的神情了。

2.2.4 批发业的发展趋势

1. 网上批发

互联网是神奇的，它创造了信息时代的传奇神话，也创造了时下热门的电子商务平台。如今，很多批发商或厂家，如服装批发商等，都开通了网上批发渠道。网上批发与传统批发相比，有很多方面的优势。一是从事网上批发不需要花费过多时间与路费长途跋涉去看货，网上批发无须出门，只需打开电脑，轻松自在地进行货物交易；二是许多批发买家去批发市场进货，面对市场上林林总总、样式各异的服装，总是眼花缭乱、各家奔走以便比较，选择网上批发，则没有那么多不便，批发买家可以将感兴趣的商品放在一起，轻松地做出对比；三是选择网上批发，可以很清楚地看到各个批发商家的价格，非常明朗，不需要进行挨门挨户地讨价还价。

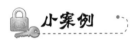

【拓展文本】

天下房仓：助力酒店批发商实现线上销售

深圳天下房仓的宗旨是为那些没有资源和能力独立研发系统的酒店批发商和包房商提供电商化改造的技术支持，并为他们搭建在线分销平台。在中国的酒店分销产业链上，批发商是一个举足轻重的力量，他们通过买断掌控酒店的部分客房资源，由于产量集中于少数酒店，他们对于这部分酒店拥有着极强的议价能力，在线下的区域市场，其渗透力也极强，但由于缺乏技术系统的支持，他们的线上分销效率和跨区域扩张能力都受到了极大的限制。而房仓最大的价值就是用低成本的方式，把批发商做生意的方式从线下搬到不受地域限制的线上。房仓对这些批发商客户进行电商化改造的第一步便是将其产品库存数据在线化，将客户自身的E-BOOKING或产品数据与房仓API对接，为客户的产品数据提供不同的功能模块管理。从2013年10月上线至今，使用房仓在线库存解决方案的旅行社或包房商已达15家，其中包括深圳旅游集散中心、春秋国旅、爱游国旅等，提供了全国182家城市的超过6000家酒店的产品库存资源。当库存端积累了第一批客户资源后，房仓于2014年2月推出了酒店在线分销方案，为这些批发商客户提供分销通道服务。这是房仓对批发商客户电商化改造的第二步，将他们之前走线下的同业分销渠道在线化。旅行社同业之间往往存在大量的酒店客房资源交易需求，以前是通过人工的方式进行交易，现在通过房仓提供的通道对接服务，将交易以在线B2B的高效方式进行。为满足客户更多的分销需求，房仓还为客户提供了B2C渠道对接服务——旅行社可以通过淘宝、去哪儿、微信等渠道销售自己的酒店产品。除此之外，批发商还可以通过OTA渠道进行分销。据相关负责人透露，目前正在跟OTA接洽，让他们开放API接口和房仓系统对接，因为房仓很多的供应商都会与OTA合作。未来接入房仓系统的分销商的类型会越来越多，商旅公司、在线旅游网站，甚至个人代理都可以成为房仓的分销商。

2. 配送批发

配送批发是传统批发商为适应现代市场竞争发展，变革经营机制，改变服务职能与范围，扩大交易数量，稳定交易客户，满足现代商业连锁经营的需求，为连锁经营系统开展的商品配送服务。如一些日用消费品、药品等批发商，都在不同程度上引入了配送批发，有效地降低了商品流通交易成本，提高了商品流通交易效率。

配送批发在实践中有如下几种情形：一是以批发为主的自愿连锁配送批发，主要是以某类产品制造商为自愿连锁总部实行的配送批发，如双汇等企业；二是由多个零售企业联合组织采购，在不改变各自企业性质的前提下，共享统一采购所带来的利润的联合采购配送批发，如河南四方联采等；三是区域性实力较强的零售企业加盟国际自愿连锁组织，共享国际知名自愿连锁组织对某类商品批量化的优惠待遇，共享自愿连锁组织创造的社会性批发利润，如欧洲的 SRPA 等；四是以加盟连锁为主的配送批发，在加盟分店与零售连锁总部产权各自独立的基础上，连锁企业利用自建的商品配送中心，在为加盟分店提供配送服务的同时，分享连锁企业创造的社会性批发利润。

3. 贴牌生产实现批发

由于贴牌生产可以使批发企业把精力集中在商品设计与分销业务上，所以，贴牌生产的商品可以减少流通环节和营销渠道费用，并使连锁企业的加盟分店能销售到与竞争对手不同的物美价廉的商品等。因此，近年来，许多中外连锁经营的企业，都通过贴牌生产方式实现连锁组织的批发。

 **动手实践**

小王通过学习，对批发商有了一定的认识。为了更好地设计江汉市场方案，需要对该市场的批发商有所了解，于是他列出表 2-3，准备通过实地采访完成。

表 2-3　批发商登记表

序号	批发商名称	批发商经营品牌	批发商功能	批发商类型	批发商交易模型
1					
2					
3					
4					

工作任务 2.3　认识零售商

2.3.1　零售商的定义及功能

1. 零售商的定义

零售是将商品销售给最终消费者，以供个人或家庭消费的商业行为。零售商是指以零售活动为其主要经营业务的商业机构或个人从业者。它是制造商与消费者或批发机构与消费者之间的中间环节，发挥着重要的桥梁和纽带作用。

小贴士

零售商的行业特征

1. 终端服务

终端顾客每次购买数量小，要求商品档次、花色品种齐全及提供购买与消费的方便服务。为此，零售商通常是多品种、小批量进货，以加快销售，提高资金的周转率。这就形成了零售商少量多次进货、低库存和重视现场促销服务的经营特点。

2. 业态多元

为解决顾客需求多样、快速变化与零售经营规模效益之间的矛盾，适应不同消费者群体需要，零售商的经营方式呈现多元化特点，如百货商店、超级市场、专业商店、连锁商店、折扣商店、便利店和杂货店等各具特色的多种业态，而且还在不断创新。

3. 销售地域范围小

与批发商不同，零售商的顾客主要是营业点附近的居民和流动人口。因此，零售地点的选择就成为决定经营成败的一个关键。

4. 竞争激烈

与其他渠道成员相比，零售商之间的竞争显得更为直接、激烈，手法也更加多样。为了适应顾客的随意性购买及零售市场竞争，零售商千方百计整饰销售现场及周边环境，加强商店整体设计和形象宣传等方面。

2．零售商的功能

1) 提供商品组合

一般而言，生产制造商所提供的是某一特定类型的商品，而零售商则根据消费者的需要提供相应的商品组合，使消费者在同一交易场所购买商品时有充分的选择余地。这大大地节省了消费者为购买到合适的商品所需要花费的时间和精力，增加了商品的顾客转移价值。

2) 分装货物

为了减少运输成本，生产制造商或批发商一般都会把商品整箱或整盒地发送给零售商，而消费者又是一件一件地购买商品。为了满足消费者在购买数量上的需求，零售商需要将大件包装商品分拆成独立的小包装卖给消费者，这为消费者提供了形式上的满足感。

3) 仓储

仓储也是零售商的最主要功能之一。零售商通过保存商品来及时满足消费者在不同时间和空间上的需求，因此，消费者无须在家中囤积大量的商品。零售商的仓储功能减少了消费者的仓储成本，减少了消费者现金的占用成本，降低了消费者由于商品储存而带来的霉变、过时等风险。

4) 提供服务

零售商为消费者提供各种服务，这些服务包括售前、售中和售后服务，为消费者购买和使用商品创造了便利条件。零售商提供的服务涉及商品包装、送货上门、赊销、商品展示、商品信息咨询服务，以及退货、换货和修理服务等。

2.3.2 零售业态的类型

零售业态是指零售商的组织形式。按照不同的组织分类标准来划分，零售业态就有相应的不同种类,并且复杂繁多。以下就基于零售商组织的经营形态,介绍几种常见的主要零售业态。

1. 超级市场

【拓展视频】

超级市场是以顾客自选方式经营的大型综合性零售商场,又称为自助购物广场,是以销售大众化实用品为主,并将百货店和折扣店的经营优势结合为一体的、品种齐全的、满足顾客一次性购齐的零售业态。

超级市场的经营有别于日用杂货店、便利店、集贸批发市场、百货商场及仓储式商场等,它以"以量定价,物美价廉"为最高经营准则,具有以下特点。

1) 规格统一

超级市场一般拥有至少2500平方米的店铺面积;商品种类齐全,能满足大多数人的购物需求;一般采取自助式付款程序,中央集中式付款;卖场的设施中包括超大型免费停车场;商品均事先以机械化的包装方式,分门别类地按一定的重量和规格包装好,并分别摆放在货架上,明码标价,顾客实行自我服务,可以随意挑选。

2) 经营管理现代化

超级市场广泛使用电子计算机和其他现代化设备,如POS系统、EDI技术、条形码技术、射频技术等,便于管理人员迅速了解每日每时的销售情况,及时保存、整理和包装商品,自动标价、计价等,因而提高了工作效率,扩大了销售数量。

3) 品种齐全,挑选方便

消费者可以在一个超级市场内购买到日常生活所需的绝大部分商品,免除了许多麻烦。自动标价、计价、结算效率高,也节省了顾客的时间。而且,由于超级市场的经营效益好,降低了成本,所以商品价格相对也较低廉。

永辉超市开创新经营模式

【拓展文本】

永辉超市坚持"融合共享""竞合发展"的理念开创蓝海,与国内外零售企业共同繁荣中国零售市场。永辉超市的外延扩张以"大卖场"模式进行,其商业模式可以形象概括为"生鲜龙头+直采体系+商品自营",填补市场空白,坚决走差异化路线。生鲜包括初级生鲜、冷冻冷藏生鲜和加工生鲜3类,永辉超市3类生鲜全部经营,具体包括蔬菜、水果、水产品、农畜品、冷冻品和加工食品。直采商品包括大品类、标准化和易储藏的生鲜品种,大类水果、副食品、部分水产品等。商品自营包括服装(贴牌外包加工)、日化、母婴和红酒等高毛利产品。从国际经验来看,连锁超市行业所销售的商品属于快速消费品,是消费者每天都要消费的,连锁超市行业市场空间大、容易孕育出巨型零售企业。以永辉超市为代表的生鲜超市,按照国家财政政策所鼓励的方向发展受益显著。其原因在于:第一,消费者习惯改变+政策支持,生鲜超市逐渐替代传统农贸市场成为发展趋势;第二,相比国外,中国目前通过超市采购生鲜的比例较低,仅有30%,而发达国家这一比例在90%,未来提升空间大;第三,生鲜和食品都充分满足广大消费群体,当前超市行业无一例外地采用"渠道下沉"的外延扩张来满足成长,空间更加广阔。

2. 专卖店与专业店

1) 专卖店

专卖店是以专门经营或授权经营某一主要品牌商品(制造商品牌和中间商品牌)为主的零售业态，更强调满足消费者对品牌的选择，其特点主要包括以下几方面。

(1) 一般选址于繁华商业区、商店街或百货店、购物中心内，其营业面积根据经营商品的特点而定。

(2) 商品以著名品牌、大众品牌为主，注重品牌；从业人员必须具备丰富的专业知识，并提供专业知识性服务；销售体现量小、质优、高毛利，采取定价销售和开架面售。

(3) 各连锁专卖商店的内外布局、品牌形象相统一。专卖店在我国获得迅速发展的原因主要有：一是国内工业生产的高速发展，已经出现了一批知名度和美誉度较高的名牌商品，加上国际著名品牌的进入，各自形成了一定的忠实消费群；二是随着收入的增长，消费者品牌意识逐渐提高，对假冒伪劣商品的担忧使之更相信专卖店商品；三是制造商利用开设专卖店来开辟新渠道，控制营销主动权，实施整体营销策略，树立品牌形象。

2) 专业店

专业店是指专门经营某类商品的商店，如五金店、建材店等。专业店所售商品种类的品牌、型号较多，因此，顾客的选择性要宽。专业店一般都配有具备丰富专业知识的销售人员和适当的售后服务，满足消费者对某大类商品的选择需求。专业店的优势主要有：一是能够满足顾客的挑选性需求，同时给予顾客专业性的指导，更加接近消费者，满足消费者需求；二是以某一顾客群为目标市场，针对性强，所经营的商品、品牌具有自己的特色，再加上专业性的服务，能够获得消费者的信赖；三是选址多样化，多数专业店设在繁华商业区、商店街或百货店、购物中心内，方便消费者在多家商店进行比较选择；四是经营方式灵活，可以与厂家合作，容易树立自己的特色。

【拓展图片】

但是，专业店的不足是经营商品的类别少，不能为消费者提供多方面的需求；同时，如果销售人员和服务人员缺乏专业性知识，会在一定程度上限制专业店的发展。

3. 百货商店

百货商店是指在一个建筑物内，经营若干大类商品，实行统一管理，分区销售，满足顾客对时尚商品多样化选择需求的零售业态。百货商店经营的商品丰富，花色品种繁多，一般采取柜台销售与开架销售相结合的方式。百货商店的规模一般在3000平方米以上，设施豪华齐全，店堂典雅、明快、舒适，服务功能完善。目标顾客为中高档消费者和追求时尚的年轻一族，以流动顾客为主。百货商店一般选址在城市的中心区和比较繁华的中心区，其组成形式主要有 3 类：一是独立百货商店，即单个百货商店，没有分店；二是连锁百货商店，即一家百货公司下设多个分店；三是百货商店所有权集团，即由多个独立百货商店联合组成的百货集团，设立一个最高管理机构统一管理。

在零售实践中，百货商店的优势主要有：一是经营商品范围比较宽，可使顾客来店一次购齐所需要的大部分生活用品；二是信誉高，商品明码标价，给顾客以依赖和放心感，同时服务价值和人员价值提高了商品的价值，能吸引众多的顾客，有较好的企业形象；三是经营灵活，采取商品部制度，可以根据经营状况调整售货场所。

不过，百货商店也有其不足，最明显的不足就是商品的价格不如综合超市低廉，品牌和技术优势不如专卖店与专业店突出，比起互联网来又受到地域和空间的限制。同时，一对一的服务方式增加了营业员与顾客的接触次数，顾客的购买决策容易受到营业员因素的影响，而顾客与商品的直接交流机会被减少，使商品不能够充分地被认识。烦琐的交款方式浪费消费者的购物时间，周到的服务限制了消费者的活动空间，过多的品类和品种使消费者必须花更多的时间去做出选择，还有由于服务、设施的昂贵费用不得不使消费者承担更高的价格。

4. 便利店

便利店是一种用以满足顾客应急性、便利性需求的零售业态，通常占据着良好的地理位置，以食品为主，营业时间长，经营商品品种有限。客户光顾便利店，是为补充物品，而且经常是在下班之后或闲散时间光顾。汽油、牛奶、杂货、报纸、苏打饮料、香烟、啤酒和快餐食品是便利店的走俏商品。

便利店通常被划分为传统型和加油站型两种。传统型便利店通常位于居民住宅区、学校及客流量大的繁华地区，营业面积在 50~150 平方米，营业时间为 15~24 小时，经营品种多为食品、饮料，以即时消费购物的便利性、小容量、应急性为主。加油站型便利店通常指以加油站为主体开设的便利店，在地域广阔且汽车普及的欧美地区发展较为迅猛。

与超市相比，便利店具有 4 个"便利"优势。一是距离便利性，便利店与超市相比，在距离上更靠近消费者，一般情况下，步行 5~10 分钟便可到达。二是即时便利性，便利店商品突出的是小容量、急需性等消费特性，其商品种类少，商品陈列简单明了，货架比超市要低，使顾客能在较短的时间内找到所需的商品，并实行进出口同一的服务台收款方式，避免了超市结账排队的现象，据统计，顾客从进入便利店到付款结束平均只需 3 分钟的时间。三是时间便利性，便利店的营业时间为 16~24 小时，全年无休。四是服务便利性，很多便利店将其塑造成社区服务中心，努力为顾客提供多层次的服务，对购物便利的追求是社会发展的大趋势，这就决定了便利店具有强大的生命力。

不过，便利店也有其不足，主要表现为：经营商品品种和选址策略与部分零售业态相同或相似，彼此间的商圈重叠，从而使得其地理位置的便利性不能完全凸显出来；没有个性，竞争优势不明确。

5. 购物中心

一般来说，占地面积小于 10 万平方米的称为购物中心，大于这个数字且业态复合度高的称为摩尔(Mall)，是不同商业业态、业种与功能在一定空间构成的集合体。购物中心的特征主要有：一是购物中心的策划、建立、经营都是在统一的组织管理体系下运作，拥有统一的商业形象，但其内部的单体商店可以自己独立经营产品，形成自己的经营特色；二是统一管理，分散经营，适应管理的需要；三是拥有良好的购物环境，为顾客提供一次性购物的服务，集购物、娱乐、休闲、餐饮等于一体，包括百货店、大卖场及众多专业连锁零售店在内的超级商业零售业态；四是拥有足够数量的相邻而又方便的停车场；五是必须有独具特色的主题，其根本目的就是形成竞争差异化，进而形成长久的品牌优势，从而推动商业的持续旺场。在遍布全球的众多 Mall 当中，每一个 Mall 都有百货公司，都有购物超市，都有步行街，都有餐饮娱乐场所，但是因为不同的主题，又会使消费者得到不同的体验。即使两个主题不同的 Mall 引入同一品牌百货店，都会因为购物中心营造的主题的差异性而将使消费者得到不同的感受，这种体验的得来，与购物中心自身所营造的主题是息息相关的。

K11打造购物中心的主题

【拓展图文】

2013年，K11入驻上海，强势进入人们的视线，瞬间突破了"艺术"原本被仰望而无法企及的高度；而更早扎在皇城脚下的芳草地，用一记艺术大师达利"走入你的生活"，创造性地打破购物中心饱受"同质化"诟病的窘态，成为实现差异化的成功范本。K11定位为购物艺术中心和艺术舞台，其独特的主题性购物中心定位、浓重的小资情调吸纳了众多上海年轻时尚的消费群体。它不仅仅是一座购物中心，更是一间艺术博物馆、环保体验中心、主题旅游景点和展示人文历史的绝佳场所。自此，购物中心开启了艺术与商业"缠绵悱恻"的"爱情故事"。购物中心独特的主题理念是购物中心的灵魂，而购物中心的主题策划是一个系统工程。在信息化社会，顾客的购物方式发生了很大变化，购物的多元化、个性化与情感化的倾向越来越明显。因此，根据所在区域顾客的购物需要、消费心理、区域文化，参考购物中心的不同流派，确定购物中心主题，而后在空间处理、环境塑造、形象设计等方面对商业主题进行一致性表现，真正起到商业文化信息中心的作用。

2.3.3 零售竞争要素

在营销渠道成员中，零售终端竞争最为激烈，可以说"谁占领了零售终端，谁就占领了市场"。因此，很有必要分析零售竞争的构成要素。

1．毛利与存货周转率

长期以来，零售终端都在"高毛利—低周转—大量服务"与"低毛利—高周转—少量服务"这两种模式之间做出自己的经营选择。但有不少零售终端都将重点放到后者，力图通过先进的信息系统、完善的管理和服务，以"低毛利—高周转—少量服务"的模式产生高的资金回报。

当竞争和经济环境使零售终端的毛利面临很大下降压力时，零售终端可以通过提高存货周转率来实现总体盈利能力的提高。存货周转率是指产品销售成本与存货平均余额之比，即

$$存货周转率 = \frac{产品销售成本}{存货平均余额} \times 100\%$$

该指标主要用来说明某一时期内存货周转的次数，从而考核存货的流动性。一般来说，存货周转率越高越好，说明存货水准低，周转快，资金使用率高。

2．经营商品种类与花色

经营商品种类是指商品大类，即产品组合的宽度；花色是指每一类商品中能提供的品牌或产品组合的深度。有些零售终端经营变化快、价格低廉、有限花色的商品，但其品种很多。有些零售商选择有限品种但是花色最齐全的商品。经营商品品种与花色组合决策是零售终端的一项重大决策，其好坏将影响整个零售特色的形成。经营商品品种与花色组合决策往往是在零售终端确定其目标市场后，根据购买者的需求与行为特征做出。

3．选址与便利性

选址是零售终端的战略性决策。因为店址关系到顾客是否愿意和方便到达，即能否为顾

客提供寻找和购买商品的便利性，而且店址一旦选定，就要投入较大的费用，经营者在短期内难以改变。所以，店址是零售活动中灵活性最小的因素。

消费者的寻购行为，即顾客寻找、挑选、比较商品及购买地点的行为，是店址选择的基本依据。在不同细分市场对不同商品的购买过程中，消费者寻购行为通常会有明显的差异。一般来说，零售经营者在其目标市场决策和经营商品组合决策中，已经充分考虑了零售店址选择的基本要求。然而值得注意的是，随着时间和环境的变迁，各细分市场的人口以及生活形态快速变化，消费者的寻购行为对店址选择的影响呈现弱化趋势。例如，交通条件的改善和现代科技手段在分销中的广泛运用，减少了消费者购买的频率以及寻求信息的时间和体力，顾客减少寻购行为已经成为一种发展趋势。一般来说，店址选择应重点考虑商圈、交通条件、客流情况、地形特点、城市规划等因素。

4. 消费者服务

在零售经营方式多次变革中，"消费者服务"都是一个重要的变量。例如，在一定意义上，百货商店的出现是加强消费者服务的结果，而超级市场则减少了店内购买过程中的服务，即减少了购买现场协助顾客寻找和比较商品并提出建议的销售服务，将原先由零售商提供的"寻找—比较—挑选"商品的辅助服务，以自我服务方式转给了消费者，结果是超市减少了成本，而消费者也得到了价格实惠。

通常来说，增加服务意味着提高成本和调高价格，形成高价与高服务的经营模式。显然，这种模式要求零售终端增加人员、技术和设施的投入，同时也需要消费者愿意承受。在另一种情况下，如果零售终端能确认其顾客愿意为较低价格而承担某些耗费时间、精力和便利性成本方面的功能，那么建立低价与低服务经营模式可能会更为有效。

2.3.4 零售业的发展

1. 无店铺零售

广义的无店铺零售是与店铺销售相对的，是指不通过店铺而直接向消费者销售商品和提供服务的销售方式。从这个意义上来说，最古老的无店铺零售方式是古已有之的走街串巷的小商贩。随着消费者的购物行为不断变化、零售业态的不断发展和科学技术的不断进步，无店铺零售在更广阔的空间取得了长足的发展。目前，常见的无店铺零售主要有以下几种类型。

1) 自动售卖机

自动售卖机是利用通过硬币、磁卡等特定的交易媒介控制的自动售货机来销售一些方便消费者随时购买到的商品的一种销售方式。其优点是不必聘用售货员，可节省工资，降低成本；设于人流众多的地方，可增加宣传效果；顾客可以随时购买货品，昼夜服务。缺点是自动售卖机有时会遭人恶意破坏；顾客付款后，如遇上机件故障，便不能得到货品。

2) 直复营销

直复营销是指消费者不需要通过人员而是通过诸如目录、报纸、杂志、电话、电视、广播、互联网等媒体与商品或者服务接触后，一旦有了购买欲望，就可通过邮购、电话、网络及其他科技媒体来进行订货和购买，零售商则通过邮寄、送货上门、送货到顾客指定地点或顾客自取等方式完成商品运送，最终达成交易的销售方式。

作为一种新型的零售方式，直复营销具有目标市场层面上的选择性、沟通对象的个别性、沟通过程的连续性、沟通效果的可测试性等优点，随着现代社会的发展和市场竞争的加剧，直复营销显现出巨大的营销潜力。直复营销主要有以下几种。

(1) 直接邮购营销。直接邮购营销是指经营者自己或委托广告公司制作宣传信函，分发给目标顾客，引起顾客对商品的兴趣，再通过信函或其他媒体进行订货和发货，最终完成销售行为的营销过程。

(2) 目录营销。目录营销是指经营者编制商品目录，并通过一定的途径分发到顾客手中，由此接受订货并发货的销售行为。目录营销实际上是从直接邮购营销演化而来的，两者的最大区别就在于目录营销适用于经营一条或多条完整产品线的企业。

(3) 电话营销。电话营销是指经营者通过电话向顾客提供商品与服务信息，顾客再借助电话提出交易要求的营销行为。

(4) 电视营销。电视营销是指经营者购买一定时段的电视时间，播放某些产品的录像，介绍功能，告示价格，从而使顾客产生购买意向并最终达成交易的行为。其实质是电视广告的延伸。

(5) 网上零售。网上零售是指利用互联网络等大众传媒向众多的消费者直接推销商品或服务，并通过互联网络取得订单的销售方式。

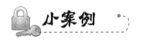

李宁公司网上零售渠道拓展

【拓展文本】

李宁公司目前已基本构建起一个网上零售体系，其中李宁官方直营店两家，另有三家获得李宁公司网上零售商特许经营权的授权店以及由授权经销商运营的李宁官方网上商城。李宁网上零售渠道建立的主要积极因素在于两方面：一是李宁电子商务部门的成立是李宁网上零售渠道建立的关键。由于电子商务是新生事物，懂得其价值和敢于尝试的更多是年轻人，而他们在企业中的决策权有限，再加上网上零售渠道与传统渠道可能的利益冲突，使得网上零售渠道的建立在企业内部遇到了较大阻力。由李宁公司高层推动成立的电子商务部门，成为开展网上零售业务的坚实起点。二是李宁公司切入网上零售的方式与很多企业不同。大部分企业都以自建 B2C 网上零售网站为进入方式，而建设和推广都需要高投入和专业人才，与眼前的收益相比，管理者均对网上零售渠道失去了信心。李宁公司一开始的切入点就以淘宝店开始，低成本进入，平台、推广和支付等环节都由淘宝提供，获得了较高的性价比；另外，通过授权给古星电子商务公司等专业网上零售服务商，迅速培养其核心的网上经销商，也带来了客观的销售业绩。

2．连锁经营

连锁经营是指经营同类商品、使用统一商号的若干门店，在总部的统一管理下，采取统一采购或授予经营权等方式，联购分销，实现规模经济效益的一种经营组织形式。连锁经营系统应由总部、配送中心和各门店构成。总部是连锁店经营管理的核心，必须具备采购配送、财务管理、质量管理、经营指导、市场调研、商品开发、促销策划、教育培训等职能。配送中心是连锁店的物流机构，承担着各门店所需商品的库存、分货、集配、运输、送货等任务。门店是连锁经营的基础，主要职责是按照总部的指示和服务规范的要求，承担日常销售活动。

1) 连锁经营的种类

(1) 正规连锁。正规连锁是指连锁企业同属于某一个总部或总公司，统一经营，所有权、经营权、监督权三权集中，也称联号商店、公司连锁。正规连锁分店的数目各国规定不一：美国定为12个或更多，日本定为2个以上，英国定为10个以上。正规连锁的共同特点有：所有分店必须是单一所有者，归一个公司、一个联合组织或单一个人所有；由总公司或总部集中统一领导，包括集中统一人事、采购、计划、广告、财务会计等；各门店不具法人资格，其经理是总部或总店委派的雇员而非所有者；各门店标准经营，商店规模、商店外貌、经营品种、商品档次、陈列位置基本一致。

(2) 特许连锁。特许连锁也称合同连锁、契约连锁、加盟连锁，是指主导企业把自己开发的商品、服务和营业系统(包括商标、商号、经营技术等)，以合同契约的形式授予特定区域的加盟店，规定其统销权和营业权。加盟店则交纳一定的营业权使用费，承担规定的义务。特许连锁的特点是：经营商品必须购买特许经营权；经营管理高度统一化、标准化。例如，麦当劳连锁店一般要求特许经营店在开业后，每月按销售总额的3%支付特许经营使用费。

(3) 自由连锁。自由连锁是指各店铺保留单个资本所有权的联合经营，多见于中小企业，也称自愿连锁、任意连锁。直营连锁、加盟连锁是大企业扩张的结果，目的是形成垄断。而自愿连锁是小企业的联合，目的是抵制大企业的垄断。自由连锁的最大特点是：各成员店是独立的，成员店经理是该店所有者。自由连锁总部的职能一般为：确定组织大规模销售计划，共同进货，联合开展广告等促销活动，业务指导、店堂装修、商品陈列，组织物流，教育培训，信息利用，资金融通，开发店铺，财务管理，帮助劳务管理等。

2) 连锁经营的优势

(1) 自助性的售货方式。连锁经营大都采取开放式的售货，可以为顾客提供更多的选择，加上各种商品都有统一固定的摆放区域及电子收银台，大大缩短了顾客购物的时间。连锁店一般都注重店内外环境的设计，通过零售环境的氛围来减少顾客的防备心理，以便鼓励顾客选购大量商品。

(2) 标准性的形象。由于连锁店覆盖市场范围广，能利用电视、杂志、报纸等一切宣传工具进行统一的形象宣传，从而降低了宣传费用。同时，连锁店在商品、服务、环境及形象等方面都有统一的标准，并有一套严格的管理制度。在同一连锁系统内，连锁店能够提供相同的服务。

(3) 规模经济。连锁经营可以集中资本，增大资本规模，创造更大的规模效益；可以减少产品开发、广告宣传、终端促销、经营管理等方面的费用，提高服务的标准化水平；通过统一的大批量进货可以降低进货成本，从而给消费者提供物美价廉的商品；采用现代化管理手段，利用电子计算机系统进行统一管理，可以提高管理效率；统一的售后服务，消费者可以就近享受售后服务，方便了消费者；覆盖市场范围广，分担了投资风险，改变了在营销渠道中的从属地位，并能够反映和引导消费需求、指导生产企业。

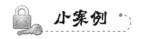

国美"三件宝"

1. 连锁化经营

国美电器采用"正规连锁"和"加盟连锁"两种经营形态,但无论何种经营业态,均属同一经营系统。经营业务实行总部统一管理、统一订货、统购分销、统一形象。这种规模化发展策略最大限度地降低经营成本,使费用分摊变薄,以求得更实效、更迅速地扩展国美电器的连锁之路。

2. 三级管理体系

国美电器连锁系统组织机构分为总部、分部和门店3个层次。总部负责总体发展规划等各项管理职能;分部依照总部制定的各项经营管理制度、政策和指令负责对本地区各职能部门、各门店实行二级业务管理及行政管理;门店是总部政策的执行单位,直接向顾客提供商品及服务。

3. 经营管理手册

总结成功经验,借鉴国际先进管理理念是国美管理上不断跃升的源泉。随着国美的成功,国美人自己在实践中不断总结出国美经营管理宝典——《国美经营管理手册》,从企业的文化、组织规范、经营模式、各岗位的职能到工作流程、标准及管理制度,在其中都有严格而切合实际的行为规范。它是国美在走向明天更加辉煌的进程中的坚实基础,是企业持续、稳步发展的有力保障。

3) 连锁经营的劣势

(1) 连锁系统中的各门店在经营权上是不能完全独立的,即使有好的市场计划,也只能等待总部批准。

(2) 连锁经营容易忽视各个市场的差异性,使得各门店与竞争者在同一市场的竞争中灵活性受到限制。

(3) 高度集权的管理使得连锁经营系统管理更加复杂化,带来一系列的管理问题。

(4) 连锁经营管理信息系统如果沟通不便,决策和执行容易受到信息传递的影响,使组织效率低下。

3. 特许经营

特许经营是指特许者将自己所拥有的品牌、商标、商号、专利、专有技术和经营模式等,以特许经营合同的形式授予受许者使用,受许者向特许者支付相应费用的经营模式。特许经营的存在形式具有连锁经营在形象、管理上统一等基本特征。特许经营主要通过低成本的扩张实现规模化经营,通过标准化的服务实现科学化管理。

1) 特许经营的优势

(1) 投资少,进入壁垒少,有利于受许者拥有和经营自己的零售店。

(2) 总店的信誉使得刚成立的分店无须在形象宣传上投入太多精力。

(3) 通过知识共享、合作开发市场,使受许方能学习到良好的经营技术及管理经验,从而一起开发市场。

(4) 能获得某一地区的经销特权,并可使特许方绕过壁垒,进入不能直接进入的市场。

(5) 通过低价进货保证了低价格销售优势。

2) 特许经营的劣势

特许经营的劣势包括以下几方面。

(1) 竞争激烈。众多的特许商店之间会产生激烈竞争，每个特许经营商店的销售额和利润会受到不利影响。

(2) 采购的局限性。由于特许人指定供应商采购，使得受许方经营店进货范围受到限制。

(3) 连带性风险。当受许人或同类商店经营不善，会影响到整个特许经营系统其他商店的业务及形象。

 **动手实践**

小王通过学习，对零售商有了一定的认识。为了更好地设计江汉市场方案，需要对该市场的零售商有所了解，于是他列出表2-4，准备通过实地采访完成。

表 2-4　零售商登记表

序号	零售商名称	零售商经营品牌	零售商功能	零售商类型	零售商竞争要素描述
1					
2					
3					
4					

工作任务 2.4　认识其他渠道成员

2.4.1　制造商

制造商是指从事生产或者制造的企业，包括各种从事采掘、提取、加工、种植和组装产品的公司。营销渠道的起点是制造商，作为产品的制造者、品牌的拥有者，制造商被认为是营销渠道的源头，在营销渠道中据有主导地位。

制造商管理营销渠道的内容主要有对中间商的供货管理，保证供货及时，在此基础上帮助中间商建立并理顺销售网络，分散销售及库存压力，加快商品的流通速度；加强对中间商广告、促销的支持，减少商品流通阻力，提高商品的销售力，促进销售，提高资金利用率，使之成为中间商的重要利润源；对中间商负责，在保证供应的基础上，对中间商提供产品服务支持，妥善处理销售过程中出现的产品损坏变质、顾客投诉、顾客退货等问题，切实保障中间商的利益不受无谓的损害；加强对中间商的订货处理管理，减少因订货处理环节中出现的失误而引起发货不畅；加强对中间商的货款结算管理，规避结算风险，保障制造商的利益，同时避免中间商利用结算便利制造市场混乱。随着营销渠道管理发展的需要，制造商还要对中间商进行培训，增强中间商对公司理念、价值观的认同及对产品知识的认识，负责协调制造商与中间商之间、中间商与中间商之间的关系。尤其对于一些突发事件，如价格涨落、产品竞争、产品滞销及周边市场冲击或低价倾销等扰乱市场的问题，以协作、协商的方式为主，以理服人，及时帮助中间商消除顾虑，平衡心态，引导和支持中间商向有利于产品分销的方向转变。

2.4.2 消费者或用户

消费者或用户是营销渠道的终点。企业所有的营销活动都是为了能在适当的时间、适当的地点，以适当的形式满足消费者或用户的需求。然而，消费者或用户也承担了一些渠道的功能。例如，消费者或用户需要到商店或者交易场所去购买商品，在购买时，需要就所有权的转移和转移的条件进行谈判，成交后要付款，付款以后是提货，提货以后要运输，运到目的地后，还要搬运、拆封和进行使用前的储存，最后，在使用时还要对商品进行养护与维修。从这个意义上来说，消费者或用户也是渠道的成员。

尽管在营销渠道中其他渠道成员所做的一切，都是为了消费者或用户在一个其可接受的成本范围内，尽可能多地发挥渠道功能，但是由于成本原因，其他渠道成员所发挥的渠道功能不可能完全取代消费者或用户所发挥的渠道功能。

所以，在营销渠道领域，制造商需要认真思考的一个问题就是，消费者是否愿意为其他渠道成员发挥的渠道功能买单。如果他们不愿意，企业就需要有新的思路。

 小贴士

农村小家电消费者需求特点

1. 对小家电产品的接受度较低

农村消费者对家电产品接受度较低的原因主要有：一是农村消费者赚钱不易，不太宽裕的经济条件使得农村消费者在购物时相对比较成熟；二是对小家电产品存在认识误区，过多的夸大小家电产品的不足，如认为微波炉会爆炸，电磁炉、电饭锅、取暖器太费电等；三是小家电产品在农村缺少宣传，有的消费者甚至不知道有取暖器、微波炉等小家电产品。

2. 实惠性诉求占主导

与经济发达地区不同，我国农村小家电市场基本上仍处在功能性需求阶段，即比较强调产品的实际使用价值和物质利益，而不太注重产品的附加价值和精神享受。如对满足基本生活需要的小家电产品如电饭锅、电风扇、电熨斗等的需求，对这些产品的外观、服务等往往在购买时很少考虑。

3. 模仿性消费突出

在农村小家电购买中，亲朋好友、邻居和城市居民对小家电产品的购买对农村居民有很大影响，主要体现在亲戚朋友及城镇居民对小家电产品的购买会诱发农村居民购买小家电产品的欲望和购买决策，从而造成在一定农村生活社区内的模仿消费。

2.4.3 中介机构

这里所说的中介机构是指对营销渠道中的商品没有所有权，而是专门经营某一方面的业务，为买卖双方提供交易服务，收取一定的佣金的组织机构，主要有以下几种方式。

1. 运输企业

在营销渠道中，商品要实现空间上的转移，就离不开运输工具。承担商品运输的企业是指利用运输工具，接受制造商或中间商的委托，专门从事商品空间位移及其相关活动的企业。从运输的基本方式看，运输企业主要包括公路运输企业、铁路运输企业、水路运输企业、管道运输企业、航空运输企业和联合运输企业等。

2. 仓储企业

营销渠道中，商品的供求在时间和空间上经常会出现不一致，为了解决这一矛盾，就需要进行一定量的商品储存。承担商品储存的仓储企业是指利用仓储设施与工具，接受制造商或中间商的委托，专门从事商品的时间与空间的停留及其相关活动的企业。在商品停留期间，仓储企业需要妥善地保管与养护商品，使商品的有用性不受损害。

3. 配送中心

在营销渠道中，配送中心是指专门接受并处理用户的订货信息，对上游运来的多品种货物进行分拣，根据用户订货要求进行拣选、加工、组配等作业，并进行送货的设施和机构。配送中心承担着采购、集散、拣选、加工、组配等功能，与多家厂商建立业务合作关系，能有效而迅速地反馈信息，控制商品质量，减少营销渠道商品的交易次数和流通环节，减少客户库存，提高库存保证程度，产生规模效益。

小案例

淘宝村突破个体瓶颈 探索第三方仓储物流

【拓展文本】

仓储和物流，是电商绕不开的两项内容。而对淘宝村来说，仓储、物流配套是否能够跟得上，更是决定了农村电商发展脚步的快慢。如何解决淘宝村的物流、仓储难题，成了众多议题的当务之急。在陶瓷生产基地——德化宝美村、浔中村，正探索建立工业园区物流仓储整体解决方案。从 2013 年开始，德化政府也为电商企业发力，仅用 4 个月时间就建设起陶瓷电子商务创业园，后又建立电子商务仓储物流中心和全省首个陶瓷类垂直电子商务平台——"德化商城"，吸引 80 多家企业、2000 多名电商人才入驻，物流速递、第三方服务和供销商均自发向园区周边聚集，形成以创业园为中心辐射周边近 6 万平方米的福建省最大的陶瓷电子商务综合集聚区。2014年 10 月，德化县引进了首家电商 EMS 仓储配送中心，该中心共有四层楼：一楼与其他快递公司一样，主做快进快出的货品；二、三楼则主要是做标准仓库，为企业提供货物仓储；四楼目前做一些包材进仓，减少客户仓库的占地面积。据介绍，该仓储中心有 3900 平方米，成立几个月以来，已为德化电商企业配送货物几十万件。除做好淘宝村的增值配送服务之外，仓储中心目前还积极搭建银企对接平台，进一步解决电商客户融资难的问题。

4. 市场调研机构

在营销渠道决策活动中，渠道管理者是离不开信息的。这就需要通过市场调研机构在营销渠道中收集市场信息，并进行分析预测，向制造商或中间商提供决策所需信息，使制造商或中间商更好地了解消费者或用户的需求，制定更有针对性的渠道策略，使他们的商品在营销渠道中更加顺畅地流动。

5. 媒体与广告代理机构

营销渠道目标要有效地实现离不开信息传播。从事信息传播的媒体与广告代理机构是指能够向制造商或中间商提供广告服务的企业或经营单位，如报纸、电视、广播、杂志、网络和广告公司等。这些媒体与广告代理机构能帮助制造商或中间商进行广告策划和设计、选择广告传播媒体、确定广告预算、刊载广告信息及测试广告效果等。

6. 保险公司

商品在营销渠道中流转，常常会发生损坏、盗窃、车祸等风险，为了减少损失，就需要对商品进行投保。保险公司是对被保险人或投保单位因意外事故或自然灾害造成的经济损失，按保险合同规定的责任范围和金额，进行补偿的一种经济组织。在营销渠道中，保险公司的主要功能是帮助制造商、中间商或一些其他中介机构在业务经营中规避和转移可能遇到的风险和造成的损失。

除了上面介绍的一些中介机构之外，还有商业银行、通信和邮政部门、会计事务所，甚至一些政府机构，都会在分销渠道中扮演着一定角色，发挥一定的功能。例如，银行通过存贷款业务、转账业务为交易双方提供资金和进行资金融通，加速资金流动。

 动手实践

小王通过学习，对其他营销渠道成员有了一定的认识。为了更好地配合产品销售，需要对该市场的其他渠道成员有所了解，于是他列出表2-5，准备通过实地采访完成。

表2-5 其他渠道成员登记表

项目	列出具体对象或内容	是否与家电商家有合作	备注
家电购买者			
运输企业			
仓储企业			
配送中心			
市场调研机构			
媒体机构			

 课后练习

【参考答案】

一、名词解释

代理商；批发商；零售商；直复营销；连锁经营

二、选择题

1. 营销渠道成员主要有(　　)。
A. 生产者　　　　B. 商人中间商
C. 代理商　　　　D. 供应商　　　E. 消费者

2. 批发商的功能主要包括(　　)。
A. 整买整卖　　B. 传递信息　　C. 风险自担　　D. 组织活动

3. 零售业态主要有(　　)。
A. 大卖场　　　　B. 专卖店
C. 百货店　　　　D. 便利店　　　E. 专业店

4. (　　)是指受制造商委托，签订经销合同，在一定市场区域内负责销售该制造商产品的中间商。
A. 销售代理商　　B. 制造代理商　　C. 寄售商　　　D. 采购代理商

5. 连锁经营主要有( )。
A. 直营连锁　　　　B. 加盟连锁　　　　C. 自由连锁　　　　D. 品牌连锁

三、判断题

1. 代理商虽然对商品没有所有权，但仍经营商品。（　）
2. 根据代理的销售方式不同划分，代理商可分为佣金代理和买断代理。（　）
3. 一般商品批发商是指经营一般的商品花色，而且经营商品的范围比较广、品类繁多的独立批发商。（　）
4. 直复营销就是电话营销。（　）
5. 正规连锁是指连锁企业同属于某一个总部或总公司，统一经营，所有权、经营权、监督权三权集中，也称联号商店、公司连锁。（　）

四、简答题

1. 简述代理商的类型。
2. 批发商的功能有哪些？
3. 零售商有哪些类型？
4. 简述零售竞争要素。
5. 制造商管理渠道的主要内容是什么？
6. 什么是连锁经营？

案例分析

代理商开店

2014年6月，由行业知名代理商安徽传美美容连锁有限公司精心打造的化妆品零售平台——传美荟在合肥市潜山路银泰城正式亮相。代理商开店并不是一个新的话题，但代理商开始主动将开店这件事拿到台面上说，却是最近一年的事。某种程度上来说，这其实是迫于市场变化的一种自发行为——直供模式的出现，大连锁开始频繁向代理商索要账期，品牌商不断切割代理区域，终端服务成本持续看涨，自有品牌开发门槛越来越低，这一切不断涌来的市场现象都在压榨代理商的生存空间，使得这个群体越来越缺乏安全感。

从传美荟等开店战略不难看出，这批年营收过亿、资金实力颇为雄厚的代理商无非是想通过打造自己的可控渠道，最终壮大代理业务的生意规模。知名行业专家吴志刚认为，这一批代理商加入开店行列，并非只是战术性的应变，而是基于长期良性的生存做出的战略性选择，他们的目的是要将代理商打造成一个供应链整合平台。而对于一些在代理生意上屡遭坎坷的代理商而言，开店或许是一次扭转局面的机会。曾经屡遭坎坷的彩妆代理商——成都爱妆化妆品有限公司总经理刘昌琴便是其中最为典型的一例。因所代理品牌频受来自上游和下游的挤压，这让一直以来钟情于彩妆代理的刘昌琴非常不悦，于是她开始下定决心要打造自己的彩妆品牌——优仙姿。在历经优仙姿销售不济的波折后，刘昌琴遂开始在彩妆培训和自建门店上下功夫。2014年年底，刘昌琴将旗下代理品牌爱丽、悠雅和优仙姿打包后在成都环球中心开了一家自营彩妆专门店。她的计划是，未来通过复制加盟店搭建更多的销售网络。对于她而言，搭建自己的渠道对于爱妆成功转型是最为重要的一步。

从经营时间上看，代理商开店的初衷发生了显而易见的变化。早些年代理商开店实则只是为了给代理品牌提供一个展示的窗口；后来零售店慢慢发展成小规模了，并且还能适当缓解仓库的压力，代理商也就舍不得丢下这块生意；但现在渠道利润一再被压缩，代理商的日子越来越难过，开连锁店反而成了很多代理商业务转型的必然选择。即便有很多的代理商都在往下游走，并且适当增加了顾客需求的外采商品，但事实是，鱼和熊掌难以兼得，从过往的经历来看，能够把零售店经营好的代理商甚少。有专家分析称，代理商开店面临诸多困难：第一，开店会遭遇上游和下游的反对，必然对经营产生负面影响；第二，代理商缺乏零售经验，不懂零售技术，又没有专业的零售人才，最终会阻碍门店的发展速度；第三，一家店铺的经营模式是否具有市场竞争力，还需经过时间检验，代理商是否具备这样的耐力，值得怀疑；第四，由于受代理业务的牵制，不敢随意降价，代理商的门店在做促销方案上反而更缺乏灵活性。随着大连锁的话语权日渐上升，这批店老板从上游拿到的产品折扣和订货政策，与代理商相差无几。普遍被代理商看好的货源优势，其实表现也不明显。因此，代理商开店的毛利空间并不比区域性连锁大。也有专家认为，做零售和做代理是两种完全不同的商业模式，两种不同性质的工作。代理商向终端放货是现款现结，而零售店的经营是靠一次次的商品成交累计而成的，并且每家店都有一年半载的培育期，还要计算投入产出比。因此，相比做代理，做零售来钱慢得多。就好比让一个代理商去开发400家网点，他觉得很容易，几个月就够了。但如果让一个零售商在几个月之内开400家店，简直是天方夜谭。因此，思维模式难以转化过来是代理商开店的致命伤。所以，如果让一个代理商去经营零售生意，他必然会非常不适应，可能还会操之过急，影响门店的发展。

【问题】
1. 结合案例，分析代理商开店的背后原因。
2. 结合案例，分析代理商开店不易成功的原因。

【分析】
由于市场竞争导致代理商的利润日益缩小，如何利用自身的优势去获取更多的利益就成为代理商寻找的出路。其中，利用自身组织货源或品牌等优势开设门店成为众多代理商寻找出路的选择。但代理和零售毕竟不是同业，代理商开店是属于跨界行为。中国有句俗话"隔行如隔山"，这种跨界行为由于诸多不利因素导致许多代理商开店的行为失败。

认识营销渠道成员

1. 实训目的

通过本次实训，进一步巩固对营销渠道成员的理解，识别各种渠道成员的类型、功能以及特点，为设计和开发营销渠道成员做准备。

2. 实训要求

以任务描述中的家电生产企业为主体，以江汉市场为目标市场，调查参与家电流通的渠道成员及承担的功能，并初步框定可能的成员。

3. 实训材料

纸张、笔、计算机网络、企业画册、校外企业等。

4. 实训步骤

(1) 选择自己熟悉的广东某家电企业替代任务描述中小王工作的某企业。
(2) 搜索该企业的网站；调研江汉市场的渠道成员，并记录所搜索或调研的内容。
(3) 将搜索到的信息进行归纳整理，完成任务2中的动手实践。

(4) 标注各渠道成员的名称与类型、特点以及在渠道中承担的功能。
(5) 根据小王的销售任务,初步框定可能的营销渠道成员。

5. 成果与检验

每位学生的成绩由两部分组成:学生实际操作情况(50%)和分析报告(50%)。

实际操作主要考查学生完成认识渠道成员过程中的实际动手操作能力;分析报告主要考查学生根据资料分析,框定可能的渠道成员的合理性,分析报告建议制成PPT。

任务3　认识营销渠道开发与管理职业

【任务描述】

小王经过几天的培训,对营销渠道开发与管理有了一个大概的认识。但是这些并不是他最为关心的,小王最为关心的是什么呢?即使不说,培训师也猜得到。对人而言,没有什么比职业更为重要的。于是,培训师将认识营销渠道开发与管理职业"这一道菜端上来",与在座的各位进行共享。

【任务分析】

要成为一个优秀的职场人士,仅仅熟悉一些专业知识是不够的,还应对从事的职业有一个大概的认识,以便做好职业生涯规划,取得更大的成功。从事营销渠道开发与管理工作,首先应明确营销渠道开发与管理的工作内容,即"做什么";其次,应掌握营销渠道开发与管理的工作过程,即"怎么做";最后,应熟悉营销渠道开发与管理相关的职业岗位及要求。

【任务目标】

任务	工作要求
明确营销渠道开发与管理的工作内容和过程	(1) 能接受营销渠道开发与管理的工作任务 (2) 能按照规范操作营销渠道开发与管理工作
熟悉营销渠道开发与管理职业岗位	能正确地选择营销渠道开发与管理岗位就业和择业
培养营销渠道开发与管理职业能力	具有适应营销渠道开发与管理岗位要求的能力

【学习目标】

知识目标	技能目标	学习重点和难点
掌握营销渠道开发与管理的工作内容和过程	能独立接受营销渠道开发与管理工作任务,并按照工作规范进行完成	营销渠道开发与管理的工作内容和过程
掌握营销渠道职业岗位等相关知识	能正确选择适合自己的工作岗位	营销渠道开发与管理职业相关岗位
了解营销渠道职业综合能力培养	能根据营销渠道开发与管理岗位要求,进行自我评价和提升	从事营销渠道开发与管理职业所需能力

【任务实施】

工作任务 3.1　明确营销渠道开发与管理的工作内容和过程

3.1.1　明确营销渠道开发与管理的工作内容

简单地讲，营销渠道开发与管理就是指通过计划、组织、激励、控制等环节来协调营销渠道中所有参与者的工作活动，使各相关成员和人员通力合作，有效率和有效益地完成渠道目标。因此，营销渠道开发与管理的基本内容包括两个大的方面：营销渠道开发和营销渠道管理。营销渠道开发与管理以企业的总体战略和营销战略为前提，营销渠道开发要围绕着怎样才能实现企业的总体目标和营销目标来制定，营销渠道管理则要体现企业发展战略的愿景。

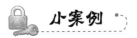

一点一策"扫村沙龙行动"，敲开农村市场大门

代理金融网点大部分分布在乡镇，乡镇网点金融业务的发展往往出现"重圩镇、轻农村"的情况，由此造成乡镇网点面临目标客户少、发展出现瓶颈的现状。所以，一方面代理金融要加强对农村市场的宣传，培育农村市场，扩大邮政金融在农村市场的影响力，树立邮政储蓄银行品牌，并壮大农村基础客户群显得尤为迫切和重要。另一方面，网点员工面对客户的沟通能力、营销技能欠缺，团队营销作战协作性差，严重影响网点业务发展的后劲。因此，郁南县邮政局通过"扫村沙龙"活动促使全体员工共同参与网点业务发展，在活动中锤炼队伍营销沟通能力，提升网点团队协作发展能力。行动内容具体为：一是通过网点负责人的现场示范及组织培训提升员工业务拓展能力。网点负责人通过帮带员工走访客户、现场示范指导员工如何与客户沟通，表扬员工做得好的方面，对不足的地方指导其如何改进。并定期组织网点内部沟通会，组织优秀案例讲解、经验分享、常见问题演练等。二是组织员工参与支局管理，提升员工的责任感和使命感，营造团队作战氛围。组织员工轮流辅助网点负责人管理网点内部事务，如服务质量监督、网点氛围营造、支局目标讨论、分解等，网点负责人对轮值人员进行督导。三是做好市场分析，按员工能力分配区域客户予以维护跟踪。借助金融客户营销管理系统，按照街道或村委会对市场进行划分，分析区域内部客户对中国邮政储蓄的认可情况，寻找对邮储认可度较高的客户，即忠诚客户，然后根据员工的个人能力、熟悉程度等分配街道或村委会给员工进行管理。原则是：能力强的员工以驻点管理的形式负责重点区域或大的村委会，熟悉的员工以驻点管理的形式负责熟悉的客户或村委会。四是寻求资源，强强联合，以我为主，实现共赢。各网点可根据当地实际选择电信运营商或当地较出名的商场联合开展宣传活动，让合作商家提供一些资源，如抽奖礼品等。原则为以邮政为主导，合作商家为辅，一定要突出邮政储蓄银行下乡宣传的主打品牌。

1. 营销渠道开发

营销渠道开发包括 3 个方面的内容：一是营销渠道战略的选择。主要根据企业的产品特征、顾客购买行为特征、竞争对手的渠道战略和企业资源情况，选择营销渠道的运行体制，如总代理制、区域代理制、股份制、战略联盟等，这主要由公司管理高层做出。二是营销渠道设计。要进行营销渠道设计，首先要进行渠道环境的调研，研究企业所服务的细分市场的类型以及细分市场上顾客的购买行为特征和顾客对渠道服务的需求；其次，研究渠道中间商的情况，包括不同渠道成员的工作效率、利益分配准则和竞争对手渠道的状况；最后，确定渠道成员，形成合适的渠道结构。三是研究如何更好地挖掘渠道成员的潜力，才能以最佳效率和效益为顾客提供其所需要的渠道服务水平，实现企业渠道长期、稳定的发展。包括渠道成员的招募、培训、激励，渠道成员的绩效评估和调整等内容。

2. 营销渠道管理

营销渠道管理包括 3 个方面的内容：一是渠道权力和控制。渠道管理是跨组织管理，就整个渠道系统而言，渠道权力和控制就是渠道领袖，渠道领袖也许是制造商，也许是中间商。就制造商或服务的提供者而言，在渠道管理过程中，需要识别渠道权力的来源，做好权力的平衡和控制工作。二是渠道成员冲突的协调和合作。由于渠道成员是不同的利益主体，常常因目标不一致、信息不畅通、沟通不及时等原因而产生冲突。渠道管理中，要认清渠道成员的冲突，并且对冲突进行很好的协调，使渠道成员更好地合作，完成渠道任务，实现渠道目标。三是渠道中的相关功能流管理。渠道的任务是进行商品的销售，因此，实体商品及相关信息、资金等高效流通也是渠道管理中的重要内容。

3.1.2 明确营销渠道开发与管理的工作过程

从事某项工作活动必须对整个组织内的工作过程有一个系统的了解，只有这样才能更好地完成工作任务。因此，"工作过程"是一个内涵丰富的概念，在这里主要是指营销渠道运作过程，即公司或企业为满足市场需求而设计并实施的营销渠道计划或能力。

在营销渠道开发与管理工作中，每一位工作者都必须了解整个营销渠道的运营机制。以业务员为对象，来说明营销渠道开发与管理的工作过程，见表 3-1。

表 3-1 营销渠道开发与管理的工作过程

工作过程	任　务
岗前预备	揭开营销渠道开发与管理的面纱
	认识营销渠道成员
	认识营销渠道开发与管理职业
设计和开发营销渠道	设计营销渠道
	开发营销渠道
管理营销渠道	管理渠道中的融资流和物流
	管理渠道中的促销流
	管理渠道中的信息流和关系流
拓展营销渠道	拓展服务营销渠道
	拓展国际营销渠道
	拓展网络营销渠道

1. 岗前预备

从事营销渠道开发与管理的业务员，首先应对本职工作有一个基本的认识。这是从事营销渠道开发与管理职业的基础，基础的扎实与否将关系到职业的发展前途。因此，非常有必要对营销渠道的基本知识进行岗前培训。这部分内容主要有营销渠道开发与管理的内涵、营销渠道的职能、营销渠道的结构、营销渠道的形式、营销渠道成员(包括代理商、批发商、零售商和其他渠道成员)及营销渠道开发与管理职业等，这部分内容在本书项目一进行介绍。

2. 设计营销渠道

1）明确营销渠道目标

企业营销渠道目标是指在公司总体战略和营销战略保持一致的前提下，通过营销渠道开发与管理活动在一定时间内所要实现的结果。明确营销渠道目标，就是明确企业渠道管理活动的方向，主要包括 3 个方面的内容：一是明确目标市场，即确定企业通过渠道管理活动为谁服务和怎样服务的问题；二是明确定量目标，如销售额、市场占有率、回款率等；三是明确定性目标，如目标顾客和渠道成员的满意度、渠道氛围等。

2）调研影响营销渠道结构的因素

调研营销渠道环境因素，目的在于为设计营销渠道提供真实、可靠的信息，主要内容包括：企业渠道外部环境因素的调研；企业渠道内部环境因素的调研；企业所在行业环境因素的调研；企业渠道的 SWOT 分析等。通过对企业渠道环境因素的调研结果进行分析整理，可作为评选合适的营销渠道结构的依据。

【拓展文本】

3）评选合适的营销渠道方案

在明确企业营销渠道目标和任务的情况下，首先制定多套可行的渠道方案；其次，对每套可行的渠道方案进行评价；最后，在评价的基础上，综合考虑各种方案的优劣，选择适合企业需要的营销渠道方案。

3. 开发营销渠道

开发营销渠道就是将设计好的营销渠道方案付诸实施的过程，主要内容包括渠道成员的选择、渠道成员之间渠道功能的分配、渠道成员权利与义务的规定、销售合同的签订和执行、物流运输配送计划的实施以及渠道成员的培训和激励等。其中，营销渠道成员的培训和激励是营销渠道开发成功的关键因素之一。

4. 管理营销渠道

1）管控营销渠道日常运行工作

将营销渠道开发起来后，就要进入实质性的日常运行，主要活动包括渠道物流管理、渠道信息管理、渠道资金管理、渠道客户关系和促销管理等。在渠道日常运行中，应继续做好渠道成员培训和激励工作，这是渠道开发与管理工作的核心，目的是实现与渠道成员的长期合作。

2）评估营销渠道绩效

由于营销渠道管理所追求的是效率和效益，因此，有必要对渠道成员在一定时期的绩效进行评价，主要从 3 个方面进行比较：一是与企业过去的表现对比；二是与竞争对手的表现进行对比；三是与企业的渠道目标和任务进行对比。由此找出营销渠道的差距和问题所在，为渠道成员和渠道策略的调整提供依据。

3）调整营销渠道

当营销渠道的实际绩效不符合营销渠道原定的目标时，就需要调整营销渠道成员或渠道策略。调整营销渠道可以是局部的，也可是全面的，如调整渠道结构、渠道政策、渠道关系，调整区域市场渠道及更新渠道网络等。

5. 拓展营销渠道

社会环境是不断变化的，营销渠道作为社会经济活动的一部分，当然会受到影响，并会不断发展变化。同样，作为渠道管理者也应适应这种变化。当前，由于消费者对产品的认识更加深刻，产品在销售过程中，也伴随着服务，因此，服务营销渠道日显突出。由于经济全球化和信息全球化，导致国际营销活动和电子商务活动变得越来越频繁，并不断改变顾客的消费行为。因此，有必要在职业发展过程中对职业知识等进行补充、更新，如国际营销渠道管理，主要包括营销渠道的国际化和国际营销渠道设计与选择等；网络营销渠道，主要包括网络营销渠道的内涵、网络营销渠道设计与选择策略和网络中间商类型等。

 小贴士

家电销售渠道拓展

以前购买家电，许多消费者第一个想到的购买场所可能就是大型的家电连锁卖场了，但最近一段时间，随着网上商城的"介入"和传统大商场"杀回"家电市场，消费者在家电购买场所的选择上又多了一些新兴的消费渠道，虽然尚不完善，但也各具特色。

1. 新兴渠道特点突出

近来，许多网上家电卖场陆续开张，虽说销售的商品并不是很全，多以微波炉、吸尘器、电暖气等小型家电为主，但商家在经营上颇具特色。如对产品的介绍比较详细，很多还配有清晰照片和相关参数，还有些网上商城提供免费试用、免费送货、延长保修、以旧换新等新鲜的服务。有消费者就表示，在网上买家电，不仅便于通过网上信息对家电性能进行横向对比，还能节省逛商场的时间，很方便。同属"新兴渠道"的，还有街上越来越多的品牌专卖店。这些专卖店只销售自己品牌的产品，但型号齐全，服务更加专业，有的还推出新产品预订业务，让顾客在新品刚刚面世时就可以及时买到。

2. 连锁卖场谨慎应对

面对网络店，以家电售卖为生的家电连锁卖场在传统卖场销售的基础上开始尝试网购业务，并推出特色服务。例如，在某家电连锁商的网站上就看到，可供网购的商品除了普通网店常见的小家电外，像彩电、冰箱、洗衣机等"大家伙"也被摆上了网店的货架。而且在实体卖场中能买到的型号，在网店几乎也都可以买到。购买时，消费者还可以享受到实体连锁卖场中的一些大幅度的优惠折扣，这一点是普通网店和品牌专卖店很难比拟的。

 动手实践

小王通过学习，对营销渠道开发与管理的工作内容和过程有了一定的了解。按照公司的营销目标，必须在每一个县级市场建立一家批发商，在县属的每一乡镇建立一家零售商。假如你是小王，请分析完成该任务的思路。

工作任务 3.2　熟悉营销渠道开发与管理职业岗位

3.2.1　营销渠道开发与管理的职业岗位群

营销渠道职业岗位比较多，在不同的企业有不同的叫法，如康柏计算机公司称其为渠道主管，可口可乐公司则将其设为客户业务发展主管等。我国大部分公司主管营销的总裁、总监、大区部长、营销经理、产品经理、分公司经理等都会或多或少地涉足分销渠道管理工作。

根据在营销组织中所处的位置不同，营销渠道职业岗位被分为高层管理者、中层管理者、基层管理者和作业人员。营销渠道职业岗位金字塔，如图3.1所示。

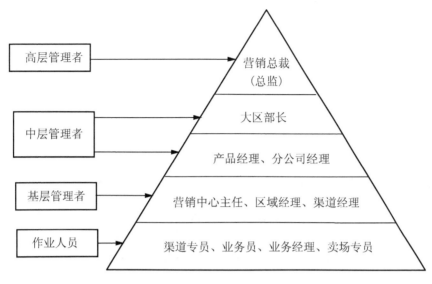

图 3.1 营销渠道职业岗位金字塔

(1) 高层管理者处于组织的最高层，如营销总裁或总监，对整个营销组织的活动负有全面的责任，主要职责是制定营销组织的总目标、总战略，掌握组织的大政方针并评价整个组织的绩效，营销渠道管理在其整个营销工作中所占比例比较小。

(2) 中层管理者处于高层管理者和基层管理者之间的一个或若干个中间层次，如大区部长、分公司经理、产品经理等，其主要职责是贯彻执行高层管理者所制定的重大决策，监督和协调基层管理者的工作。与高层管理者相比，中层管理者更注意日常的营销管理事务，营销渠道管理在其整个营销工作中所占比例比高层管理者更大。

(3) 基层管理者处于营销组织管理最底层，如营销中心主任、区域经理、业务经理等，他们所管辖的是作业人员，主要职责是给下属作业人员分派具体的工作任务，直接指挥和监督现场作业活动，以保证各项任务高效率地完成。营销渠道管理在其整个营销工作中所占比重比中层管理者更大。

(4) 作业人员是现场的工作人员，他们是没有下属的，更需要自己管理自己，其工作职责主要是负责营销渠道的设计、开发与维护。

一般来说，处在最基层的营销人员，其营销渠道管理工作的比例比较大，如渠道专员、业务员、业务经理、卖场专员。越往上层，营销渠道管理工作的比例比较少，其中比例最小的应是公司营销总裁或营销总监。

营销渠道工作在不同岗位层次的比重，如图 3.2 所示。

图 3.2 营销渠道工作在不同岗位层次的比重

小贴士

终端业务员和渠道业务员

终端业务员就是直接面向消费者的业务人员，一般指的是一对一或者一对多的推销。

渠道业务员就是直接寻找中间商，包括代理商、批发商、零售商等，帮助中间商推销自己的产品，管理中间商的业务情况。

3.2.2 业务经理岗位的分析

在现代商业组织中，营销渠道包括代理商、批发商、零售商、网络分销、电话分销、商业伙伴和销售队伍等。既然是组织，就离不开管理者。在上述企业营销渠道管理岗位中，业务经理岗位是最为普遍、最为重要的一个岗位。业务经理是指通过合作伙伴进行间接销售，并提供服务支持的管理者。这个岗位是厂家和中间商联系的窗口。

1. 业务经理的职责

1) 负责辖区内渠道日常事务

(1) 营销渠道目标管理。业务经理应该根据区域市场目标，确定每类营销渠道的具体目标，如销量、铺货率、生动化等指标，并将其分解到区域内各渠道成员，制定相应的考评政策，引领渠道成员正确执行营销渠道管理措施。

(2) 营销渠道开发。业务经理要明确不同类型的营销渠道的开发模式，例如，针对传统营销渠道是自然辐射还是建立分销联合体；针对现代营销渠道是直营还是通过中间商来拓展；是进行联合开发还是分区开发；采用什么方式开展铺货；采取什么方式培训渠道终端成员等，并且能根据不同的开发模式配置相应的渠道资源，确立具体的费用标准，以提高区域营销渠道开发的效率。

(3) 营销渠道形象管理。无论传统营销渠道还是现代营销渠道都必须十分重视营销渠道形象，营销渠道形象的核心是生动化。业务经理必须确定不同营销渠道的整体形象建设标准，包括陈列标准、POP标准、人员沟通标准、形象维护标准等内容，并就关键内容提炼出考评标准，同时还要对渠道成员进行系统而深入的培训。

(4) 营销渠道价格管理。营销渠道价格管理是控制营销渠道产生冲突程度的核心。业务经理除了采用协议约束的方式外，还必须强化区域导购员和渠道成员的日常管理，其重点就是在营销渠道信息管理体系中及时反映不同类型营销渠道的价格指标，并快速、有效地协调解决不同类型营销渠道间的价格差异，严格控制价格冲突的范围和程度。

(5) 营销渠道信息管理。业务经理必须建立起一套完善的信息管理体系，以此掌握不同类型营销渠道的发展动态，从而有效跟踪营销渠道目标的完成状况，并根据实际衡量的绩效差异发现问题，找出原因，及时解决，推动渠道良性发展。

2) 关注各类营销渠道的发展

在当前的市场竞争环境下，对营销渠道的细分化要求日益强烈，使企业不得不绞尽脑汁去挖掘更多的渠道空间，去抢占更多的渠道资源，争取拥有一席之地。在实践中，有些企业在营销渠道利用上独具匠心，达到了有效切入市场、"四两拨千斤"的效果。例如，妙士乳业在强势品牌商场、超市终端的强压下，全力开拓餐饮渠道，从而打出一片新天地；

蒙牛乳业在开发市场初期，充分利用了社区送奶点的建设，短期内撬开了市场；而可口可乐、宝洁等跨国公司，对渠道的细分开拓更是细微深入，可口可乐甚至将零售终端划分为22类进行专业化开拓。面对这种态势，必须通过业务经理岗位的设立来达成对不同营销渠道的专业化管理。

营销渠道是一种有限的资源，商家的资源也是有限的。谁占有了营销渠道，就能赢得竞争优势，而这则依赖于对营销渠道进行系统深入的管理。业务经理就要对各类营销渠道的发展过程进行密切关注，定目标、造规划、设标准、常评估、勤指导，从而维护各类营销渠道的良性发展，形成企业真正的核心竞争力。

3) 控制营销渠道冲突

营销渠道冲突是市场竞争中不可避免的一种常态，其本质是渠道成员间对利益的一种争夺，从而引发窜货、降价等不同冲突形式。在今天的市场竞争中，营销渠道冲突是一种非常普遍的现象，无论是传统营销渠道，还是现代营销渠道，渠道冲突的程度都非常激烈。对企业而言，区域内部的营销渠道冲突，可以通过营销人员加以管理和控制；但是对于跨区域的营销渠道冲突，则必须通过业务经理从宏观的角度来统筹协调。

因此，业务经理必须通过对营销渠道系统进行的良好规划，确立责、权、利对等的渠道激励和管理流程，使营销渠道冲突维持一种良性的平衡，尤其需要解决好现代连锁渠道在区域扩张和市场竞争中产生的冲突问题。业务经理要进行规划和管理，制定符合企业营销战略目标的长期销售政策，与渠道成员建立战略联盟关系，确立利益同盟，同时明确违约处罚措施，在政策上引导渠道竞争向良性方向发展。另外，还应明确区域人员开发和管理渠道的工作过程，对渠道冲突状况进行定期评估、分析、协调并加以指导，使区域营销渠道冲突处于一种稳定、良性的运营状态。

4) 与其他相关经理合作

产品与营销渠道是企业腾飞的"双翼"，只有产品与营销渠道进行融合才能构成竞争优势。业务经理的一个重要职责，就是与产品经理紧密合作，将产品策略真正落实到营销渠道策略的执行中，做到将所有适合本营销渠道销售的产品纳入进来，力争在所有的渠道终端网点中都能见到这些产品。同时，业务经理还需要与策划经理合作，为这些产品打造终端的形象展示平台，使渠道的终端形象更为生动化，通过促销推动终端产品销售，顺利实现最终价值。

 小贴士

业务经理与推广经理职责的区别

业务经理职责：建档，下单，出样，变价，终端布置与维护，促销方案的执行与落实，对账，催款，促销员招聘、培训、进场、日常考勤管理、奖惩管理、退场，促销中的加赠、提成增减、打折销售等对促销员的通知及事后数据统计，门店客情关系的维护等。

推广经理职责如下。

(1) 查核。对业务经理所负责终端，每店每周查核一次，外围可半月查核一次。查核中，推广经理把发现的有代表性的问题，拍成照片回来在例会上报告。能马上整改的问题，可以跟促销员一起马上整改，不能马上整改或需时较长的整改，可留给业务经理去整改。

(2) 负责促销员的综合培训与考核,协助业务经理招聘培训促销员,淘汰不良促销员。

(3) 理解与领会公司发布的促销与推广方案,业务经理负责这些方案在终端的执行与落实,推广经理协助执行与落实,但要查核业务经理的执行与落实是否到位。

(4) 负责临促的招聘、培训、工作安排、日常管理等。

(5) 负责广告公司的日常管理。

(6) 负责公司促销资源申请与管理。

(7) 每日登录公司协同管理平台,回复财务之外所有事务的处理。

2. 业务经理的任职要求

1) 知识要求

业务经理一般要求具备市场营销或相关专业专科以上学历,具有市场营销管理、产品知识、渠道管理、公共关系与沟通、商务谈判、物流管理、信息管理、客户关系管理、销售团队管理及管理技能开发等方面的专业知识。

2) 技能要求

业务经理一般应具备良好的客户关系管理能力,以及合理的目标设定和评价能力,熟悉产品市场开发和管理的业务流程,具有良好的沟通技能和语言表达能力及独立工作能力,具有良好的市场判断力和开拓能力,具有较强的观察力、应变能力和财务能力。

3) 素质要求

业务经理的素质要求是具备把握营销渠道系统大局和发展方向的能力,具有一定的客户关系资源及社会网络,具有高度的工作热情、忍耐性和良好的团队合作精神,思维敏捷、工作思路清晰、敢于承受压力、乐于接受挑战,并具有良好的身心状况。

3. 业务经理的职业状况

1) 业务经理的发展路径

营销是一个人才流失率比较高的职业。许多营销从业人士都经历多次跳槽,但仍未获得喜欢的岗位,结果随着年龄的增长,困惑也一天天增长,最后在不喜欢的岗位上听天由命地过日子。因此,业务经理应该规划好职业发展路径。从图3.1来看,最理想的发展路径是沿着管理等级线往上迈进,如分公司经理、大区部长、市场总监、营销总裁,甚至是CEO等。

2) 业务经理的转型机会

营销是以业绩为导向的职业。其职业路径呈金字塔形,越往高层越难,竞争越激烈,能够沿着理想状态发展的业务经理并不是很多。因此,对于业务经理而言,如果遇到了职业发展的高原状态,也可寻求职业的转型。由于在业务经理岗位上的经历,能掌握一定的销售技巧、客户关系资源及产品知识,因而可向产品经理、客服经理和公关经理等职位发展。

Jacky 的困惑

Jacky 是某 IT 企业的金牌销售人员,因业绩突出被提拔到分销渠道经理的职位上,总经理期望其带领整个团队提升部门业绩,但结果是他身心疲惫,部门业绩反而不断下滑,最后他不得不离开这个公司。经过职业定位分析发现,Jacky 不具备分销渠道管理者的潜力,最适合的职业还是销售这个职业类型。于是 Jacky 不再为此次的职业挫折苦恼,重新找到另一家 IT 企业做行业销售,结果业绩是所有销售人员中最好的,未来其职业定位就是行业金牌销售员,因此,Jacky 把其所有精力都放在如何不断提升积累成为一个金牌销售员上。可以这么说,天赋是金牌销售人员的基础,而后天技巧和经验是关键,平台和人脉是秘诀。

 动手实践

小王通过学习,对营销渠道开发与管理职业岗位有了一定的认识。因此,培训师就布置一道作业,要求各位学员画出本公司的营销渠道开发与管理职业岗位金字塔,找到自己的位置,并描述一下自己的工作职业。如果你是小王,请完成此任务,并指出业务经理职业发展路径。

工作任务 3.3 培养营销渠道开发与管理职业能力

3.3.1 从事营销渠道开发与管理职业所需知识

有人说,营销工作人员的知识面应相当广,"天上的东西要知道一半,地上的东西要全知"。其实,世界上的营销天才也达不到这种要求。基于职业能力培养的营销渠道管理者所需的知识应包括以下几个方面。

1. 专业知识

营销渠道管理是营销管理的一部分,从营销渠道管理的工作过程来看,从事营销渠道管理的人员除了需要掌握营销渠道基本概念、方法与流程外,还应掌握一定的市场营销基础知识,如市场调查与预测基本知识、推销技巧基本知识、商务谈判基本知识、营销心理学基本知识、销售管理等方面的知识。

2. 行业及企业知识

任何一个企业都有其"归属",即属于某个行业。因此,从事营销渠道管理的人员首先要了解自己所从事行业的知识,行业知识反映了整个行业的共性。

 小贴士

中国家电行业的共性特征为:小批量、多品种、装配式生产,大多从外部厂家采购材料和生产部件进行组装;产品系列化、多元化,注重技术创新,产品更新换代快,强调产品的序列号管理;生产与销售职能分离,销售渠道和方式多样化、体系化,销售业务种类较多,使用各种促销方法和价格政策;价格的制订具有地域性,企业对价格、折扣、营销组织管理控制严格,实行客户信用期限、信用额度控制,同时为促进销售,也会有灵活的折让政策;强调成本管理与成本控制,多采用定额法进行成本计算与控制,强化内部管理、降低耗费;存货品种多,数量大并且变化快,材料核算复杂,库存管理任务繁重;设立区域性维修服务机构,强调售后服务和跟踪等。但每个企业也有其个性,如科龙电器与美的电器的战略、营销策略等是不同的。

一般来说,在渠道管理者上岗之前,企业都会进行企业历史、企业文化、企业发展、企业人事制度、产品知识、产品市场状况等方面知识的培训。

3. 其他相关方面的知识

1) 供应链管理知识

产品的生产需要原材料，原材料的变化导致产品的差异，如钢材涨价就会导致空调、冰箱等产品的价格上升。从事营销渠道管理的人员所需的供应链知识主要有供应链的概念、结构模型及其特征、集成供应链管理、业务外包、供应链的构建、供应链合作伙伴的选择、订单处理、运输与配送、采购与仓储管理、库存控制等。

2) 法律知识

市场经济也是法制经济，从事任何经济活动都离不开法律，从事营销渠道管理工作需要掌握的法律知识主要有直销法、经济法、税法等。例如，直销法对营销渠道中的单层次销售与多层次网络销售进行了明确的界定，严禁以多层次网络销售为名进行传销活动。

 小贴士

直销与传销的区别

近年来，直销与传销让消费者雾里看花，水中望月，分不清其区别。随着《直销管理条例》《禁止传销条例》的颁布实施，从法律层面上可以区分直销和传销。

1. 传销

【拓展视频】

传销是指组织者或者经营者发展人员，通过对被发展人员以其直接或者间接发展的人员数量或者销售业绩为依据计算和给付报酬，或者要求被发展人员以交纳一定费用为条件取得加入资格等方式牟取非法利益，扰乱经济秩序，影响社会稳定的行为。

传销的明显特征有：一是传销的商品价格严重背离商品本身的实际价值，有的传销商品根本没有任何使用价值和价值，服务项目纯属虚构；二是参加人员所获得的收益并非来源于销售产品或服务等所得的合理利润，而是他人加入时所交纳的费用。

2. 直销

【拓展视频】

直销是指销售人员通过上门展示产品、开办活动或者是一对一销售等面对面的说明方式而不是固定店铺经营的方式，把产品或服务直接销售或推广给最终消费者，并计算提取报酬的一种营销方式。直销与传销的区别如下。

1) 推销的商品不同

传销的产品大多是一些没有什么品牌，属于质次价高的商品。而直销的商品大都为一些著名的品牌，在国内外有一定的认知度。

2) 推销员加入的方式不同

传销是要求推销员加入时上线要收取下线的商品押金，一般以购物或资金形式收取"入门费"。

3) 营销管理不同

传销的营销管理很混乱，上线推销员通过欺骗下线推销员来获取自己的利益。采用"复式计酬"方式，即销售报酬并非仅仅来自商品利润本身，而是按发展传销人员的"人头"计算提成。直销的管理比较严格，推销员是不直接跟商品和钱接触的，自己的业绩由公司来考核，由公司进行分配。

4) 根本目的不同

传销的根本目的是无限制地发展下线，千方百计通过扩大下线来赚钱。而直销最终面对的终端用户是客户，进行商品交易。

3) 客户关系管理知识

客户是企业的一项重要资产。企业需要与所选客户建立长期有效的业务关系，在与客户的每一个"接触点"上都要接近客户、了解客户，最大限度地增加利润和客户占有率，增加客户价值管理，从而全面提升企业的盈利能力。

4) 财务会计知识

在销售活动中，计算货款应准确，结算货款应及时，清理欠款应有力度，这是对销售管理人员的基本要求。作为营销渠道管理人员，在开展分销工作的过程中，会遇到支付、结算、预算等与财务会计相关的问题，很显然，良好的财务会计知识背景会有助于营销渠道管理人员顺利开展各项工作。同时，财务会计知识并非只是财务数据的计算和累加，它作为一种管理工具，贯穿于销售流程的诸多层面，是营销渠道管理者制定并且实施营销战略和销售计划的基础和依据。营销渠道管理者应在深入领会财务会计知识的基础上，更好地将财务会计管理与企业发展、营销战略、销售决策、内部控制及自身管理工作相结合，实现销售模式与流程的优化和企业的可持续发展。

5) 计算机与信息管理知识

计算机的广泛使用和信息全球化进程的不断深入，使得从事营销渠道管理的工作人员也需要掌握一定的计算机与信息管理知识，主要包括计算机基础知识、网络知识、电子商务知识、软件知识等。

3.3.2 从事营销渠道开发与管理职业所需能力

1. 专业能力

从事营销渠道开发与管理职业所需的专业能力主要有：渠道设计、开发、运营、掌控能力；经销商管理、服务、控制、协作能力；渠道终端战略战术设计、规划、指挥执行能力；渠道终端的全面管理、调控、应对环境变化的能力；对渠道成员进行绩效评估、考核与调整的能力等。

2. 社会能力

从事营销渠道开发与管理职业所需的社会能力主要有：与人交流的能力；阅读与书面表达的能力；与人合作的能力；与人谈判的能力；执行任务的能力；检查效果的能力；解决问题的能力；革新与创新的能力等。

3. 方法能力

从事营销渠道开发与管理职业所需的方法能力是其基本发展能力，是在职业生涯中不断获取新的技能、知识、信息和掌握新方法的重要手段，主要包括自我学习的能力、信息处理的能力、数字应用的能力等。

4. 思维能力

从事营销渠道开发与管理职业所需的思维能力主要包括：全局与系统思考的能力；判断与决策的能力；分析与综合的能力；联想与创造的能力；逻辑思维、发散思维与创新思维的能力等。

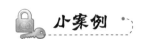

淡季营销思维

【拓展视频】

B企业是一家国内知名冷饮企业,产品畅销全国。多年来,该企业在重点区域东北市场遭遇了阻力,销售一直徘徊不前。该企业正在思考如何在东北市场淡季期间抢先造势,提前启动冬季市场。

对于东北市场而言,冷饮销售具有两个旺季:夏季(5~7月)、冬季(12~2月),8月下旬、9月、10月、11月进入销售淡季,11月中旬,各个厂家开始陆续推出新品,启动冬季市场。

淡季市场相对平静,各个厂家靠畅销老品维持冷链,并开始修炼内功:一是展开冬季新品的研发和市场启动的准备工作;二是召开业务培训和经销商会议;三是静观竞争厂家动向,伺机出动;四是调整业务架构和经销商布局。

而B企业决定提前一个半月启动市场,新品在10月初就开始小批量上市,进行试销,检验产品的生命力。紧跟着在10月15日大批量储货完成,POP终端张贴到位,新品以买三送一的力度进行全面铺设,铺设时间为5天,10月20日,央视和地方卫视的广告拉动全面开始。

提前一个半月启动市场,各个厂家不敢轻易参战,毕竟旺季的来临还需要一段时间,如果参战将面临很大的风险。这种违背常理的推广方式,令各个厂家大为不解,都成为旁观者。

3.3.3 从事营销渠道开发与管理职业所需素质

1. 职业素质

要想在市场竞争中胜出,单纯依靠结果导向已不能适应形势的要求,必须关注渠道管理的发展过程,确定关键管理环节的职业规范。从事营销渠道管理职业所需的职业素质主要有:树立强烈的目标意识;养成诚信的习惯;严格遵守职业道德;加强时间的自我管理;加强职业行为的自我管理;规范执行工作流程;持续改进自己的工作;重视工作过程;培养积极的工作态度等。

细节决定成败

【拓展文本】

服务已经成为产品销售的一个重要组成部分,从事服务行业的商家应该从细节上考虑周全。对于"上门服务是带鞋套还是进门脱鞋"这一看似琐碎的问题,其实里面大有文章。一双小小的鞋套,体现的是企业的服务意识和对顾客的态度。其实现在已经有很多企业注意到了这一点。在国美电器的服务标准上明文写着送货员上班时必须注重自身仪表,不留长发、长指甲,不准穿拖鞋、短裤,此外必须"带一双鞋套,进门穿上"。而以星级服务著称的海尔集团,不仅要求上门维修的工程师自带鞋套,还要求他们每人带一块垫布和一块抹布。所有工具不能直接放在顾客家中,而必须放在垫布上。维修完成后,还要用抹布把商品擦干净。

2．心理素质

良好的心理素质能够使一名营销渠道管理者面对各种压力而游刃有余。从事营销渠道管理职业所需的心理素质主要有：承受工作压力的素质；自信乐观的心理素质；沉着应对、从容不迫的心理素质；对待渠道成员的忍耐、容忍的心理素质；具有勇气、耐心、意志力和自我控制力的心理素质等。

3．身体素质

开发营销渠道工作一般比较辛苦。营销渠道开发人员经常出差在外，各地交通条件、气候差异较大，经常要起早贪黑、东奔西走，还有许多因素会导致饮食和住宿无正常规律；同时，还要交涉各种推销业务，这样不仅要消耗体力，还需要消耗大量的精力。因此，从事营销渠道管理职业所需的身体素质，主要表现为要有强健的体魄、旺盛的精力。

4．礼仪素质

从事营销渠道管理职业所需的礼仪素质主要有：渠道管理人员的头部修饰规范；化妆规范；仪姿仪态规范；着装礼仪规范；称呼礼仪规范；介绍礼仪规范；使用名片规范；握手礼仪规范；接待礼仪规范；等等。

 小案例

送一桶水拖一次地

现在很多家庭都饮用桶装矿泉水，赵女士的家庭就是其中之一，她家里每周要喝掉一桶水，虽然每次送水的工人都不同，但是他们的工作程序都是一样的，在门口把鞋脱掉，拎水进屋，把水换好后收钱、签字，然后拎着空桶走到门口穿鞋，整个过程不到5分钟。但是这短短的5分钟，却给赵女士带来不少烦恼。这些送水工一脱鞋进到房间，就会带着一股异味。每次送完水，赵女士都要拖一遍地板才能消除屋里的味道。

 动手实践

通过一周的岗前培训，培训师想知道培训的效果，于是向学员布置了一项作业："你们马上要去一线市场开发销售渠道，拜访客户了。下午，进行一次检验，假设我是你们的客户，你们是业务员，通过现场拜访检验，考核你们的职业规范素质。"如果你是小王，请你做好准备，向培训师做一次职业规范演练。

 课后练习

【参考答案】

一、名词解释

营销渠道目标；工作过程；营销渠道冲突；直销；传销

二、选择题

1．在市场营销组合"4P"中，渠道是指（　　）。

A．Product　　　　B．Price　　　　C．Place　　　　D．Promotion

2. 在营销渠道管理职业岗位金字塔中，（　　）负责制定分销渠道战略。
   A．高层管理者　　　B．中层管理者　　C．基层管理者　　D．作业人员
3. 多层次网络销售在我国又称为（　　）。
   A．直销　　　　　　B．网络营销　　　C．传销　　　　　D．关系营销
4. 在下列营销人员职业素质中，属于心理素质的是（　　）。
   A．勤奋敬业　　　　　　　　　　　B．承受工作压力
   C．时间管理　　　　　　　　　　　D．保守商业秘密
5. （　　）是厂家和中间商联系的窗口。
   A．大区部长　　　　B．业务经理　　　C．产品经理　　　D．营销中心主任

三、判断题

1. 营销渠道成员的培训和激励是属于营销渠道管理的内容而不是营销渠道开发的内容。
   （　　）
2. 在营销渠道开发与管理职业岗位金字塔中，职位权力与其从事的渠道工作事务内容成倒金字塔。
   （　　）
3. 直销法对营销渠道中的单层次销售与多层次网络销售进行了明确的界定，严禁以多层次网络销售为名进行传销活动。
   （　　）
4. "天上的东西要知道一半，地上的东西要全知"，这句话是说从事营销渠道工作人员的能力应相当广。
   （　　）
5. 拓展营销渠道是受社会环境变化而不断发展变化的，是对传统营销渠道的一种取代。
   （　　）

四、简答题

1. 列举你所知道的营销渠道开发与管理职业岗位名称。
2. 请描述营销渠道开发与管理的工作过程。
3. 营销渠道开发与管理的工作内容有哪些？
4. 简述从事营销渠道开发与管理职业所需的知识。
5. 从事营销渠道开发与管理职业所需的能力有哪些？

案例分析

开发渠道商

M城市属于二级城市，经济条件一般，消费者消费层次不高，消费也不够理性，老百姓习惯到大型商场，如超市、家电连锁店去购买小家电，认为在这些地方卖的家电产品才是正宗的，价格高一点也可以接受。小刘做的K电饭煲以前一直未在M地区找到合适的代理商，市场基本处于一片空白。因此，小刘要想在M市场上把K电饭煲做好，必须开发一个有实力的代理商，而且是一个有超市、家电连锁网络的代理商。

小刘经过几天辛苦的市场调查，得知在M市场上，电饭煲批发做得比较大的有H家电，主要代理美的；S厨具公司，主要代理苏泊尔、三角；D家电，主要代理容声、三角；其他的都是一些比较小的，以三、四级市场为客户的小户，操作的大多为杂牌。而H家电，S厨具在小刘接触后都表示，也不愿增加或改做其他的品牌，最后小刘只好把目标定在D家电上。决定好以后，小刘就开始行动了。

第一步，小刘发动分公司刘经理先给D家电的张总打个电话，因为M城市这个地方的人要面子，分公司刘经理主动给他打电话会使他感到K电饭煲有诚意跟他做生意，也对小刘以后的进一步进攻有帮助。

第二步，小刘首次登门拜访这位张总。小刘进入他的办公室，递过名片简单地寒暄了几句后，就切入正题，向他说明了来意，他并没有一口否决，这说明他对K电饭煲产品还是感兴趣的。张总非常谨慎，他仔细地询问了小刘做的K电饭煲产品的一些问题，比如K电饭煲在该省的代理情况及前期代理商的情况；又问到电饭煲内胆用的是什么材料，售后服务又怎样，看得出他是个很精干的人；他又尖锐地问K电饭煲为什么不和烟灶给一家做，小刘告诉他这是公司的政策决定的，电饭煲必须跟烟灶分开操作，也是为了保护代理商的利益。接着小刘非常熟练地跟他讲起了K电饭煲的优点，比如得过什么发明奖、是国家食品科学技术学会推荐产品之一、获得了实用新型专利、更有多项先进技术、煮饭省时省电等，张总终于答应了要考虑考虑。走出张总办公室门，小刘庆幸前天刚把电饭煲方面的知识恶补了一把，才使今天没有出洋相。

第二天，小刘继续登门拜访，这次小刘突出讲张总目前主做的容声、三角市场上很多家都有货，价格比较透明、利润小，而小刘公司的K品牌是给他独家代理，市场保护好、有钱赚，K电饭煲的产品质量好，售后完善，而且K品牌企业大，发展时间长，企业文化优秀，可以长期合作。经过努力，最后张总终于答应做做看。

【问题】

1. 试分析为什么小刘要把D家电作为合作伙伴进行接洽。
2. 结合案例，谈谈小刘在开发渠道商过程中，体现了哪些职业素质和能力？

【分析】

在开发市场的过程中，应首先进行调查，对市场有一个大致的了解；其次要分析各渠道成员的经营特点及其优劣势；最后结合企业的渠道目标，有针对性地开发中间商。在洽谈中，渠道开发人员一定要做好"内功"，掌握好产品知识、渠道模式的优缺点、与竞争对手相比的优劣势等，这样才做到知己知彼，百战不殆。

认识营销渠道开发与管理职业

1. 实训目的

通过本次实训，进一步加深对营销渠道开发与管理职业岗位、工作过程的认识，为毕业生走向相应的工作岗位打下坚实的基础。

2. 实训要求

基于营销渠道开发与管理的业务员这一岗位，写一份报告，内容要求包括岗位名称、岗位描述、岗位要求、如何实现该岗位的要求等，字数不少1500字。

3. 实训材料

纸张、计算机网络、笔、打印机等。

4. 实训步骤

(1) 选择自己熟悉的广东某家电企业。

(2) 选择将来从事营销渠道的业务员岗位。

(3) 通过网络搜索该岗位描述、岗位要求。

(4) 对于如何达到该岗位要求,请设计努力的路线。

5. 成果与检验

每位学生的成绩由两部分组成:学生实际操作情况(50%)和分析报告(50%)。

实际操作主要考查学生完成认识营销渠道开发与管理职业过程中的实际动手操作能力;分析报告主要考查学生根据资料分析,设计实现业务员岗位要求的路线的合理性,分析报告建议制成PPT。

项目 2

营销渠道专员岗位实务

任何企业的营销渠道都不是现成的,而是根据企业目标市场和营销渠道目标的需要,遵循一定的规则和程序,兼顾企业自身资源和能力,通过相关渠道管理人员进行设计、开发而成。

本项目包括设计营销渠道、开发营销渠道和管理渠道中的融资流与物流 3 个任务。通过具体任务的学习,让学生熟悉设计营销渠道的过程及其影响因素,培养学生设计和开发营销渠道及管理渠道中的资金与物流的能力。

任务 4　设计营销渠道

【任务描述】

某电器股份有限公司为了进一步扩大市场,提高市场份额,决定将营销渠道重心下移,大力开发县镇级市场。在公司营销战略的指导下,小王被委派到湖北分公司,来开发江汉市场,公司给他下达了年销售额为 1000 万元的销售任务。面对陌生的江汉市场,小王感到销售压力很重,陷入沉思:该如何设计销售网络才能完成销售任务呢?

【任务分析】

作为营销渠道开发与管理人员,承担着巨大的销售任务。虽然俗话说"能者多劳",但巨大的销售任务仅仅依靠渠道开发人员本身是很难完成的。因此,营销渠道开发人员要实现其营销目标,就离不开相关的营销渠道成员,需要弄清楚有哪些成员能承担相应的销售任务。为了使渠道开发工作有的放矢,小王认为应做好准备工作,即首先应有一个营销渠道设计方案。

【任务目标】

任务	工作要求
熟悉设计营销渠道的原则与流程	坚持营销渠道设计的原则,严格遵循营销渠道设计的流程
明确营销渠道的目标和任务	能将营销渠道的目标量化和任务具体化
初步形成可行的营销渠道方案	能初步设计多个可供评选的营销渠道方案
分析影响营销渠道方案的因素	能正确认识环境因素对渠道结构的影响程度
评选合适的营销渠道方案	能按一定的衡量标准评选营销渠道方案

【学习目标】

知识目标	技能目标	学习重点和难点
理解设计营销渠道的原则和流程	具有清楚描述设计营销渠道程序的能力	设计营销渠道的原则和流程
了解营销渠道的目标和任务	能将营销渠道的目标量化和任务具体化	营销渠道的目标和任务
掌握影响营销渠道设计的环境因素	能分析环境因素对不同渠道方案的影响程度	影响营销渠道设计的因素,重点在微观因素
掌握评选营销渠道方案的方法	能根据评价标准,选择不同的方法评选营销渠道方案	营销渠道方案的评选方法

【任务实施】

工作任务 4.1　熟悉设计营销渠道的流程和原则

4.1.1　设计营销渠道的流程

一般而言,设计营销渠道的流程主要包括 6 个环节,如图 4.1 所示。

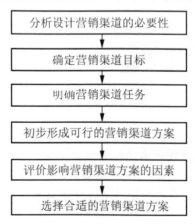

图 4.1　设计营销渠道的流程

1. 分析设计营销渠道的必要性

在市场经济条件下，家电企业生产的产品或提供的服务都需要进行市场交换。由于供需双方在时间和空间上的差异，这就需要设计营销渠道。一般来说，企业需要设计营销渠道的情形主要有：企业刚新建时；产品所处的生命周期阶段发生变化时；当企业的产品或市场发生变化时；企业营销渠道政策发生变化时；产品价格政策出现重大变化时；竞争格局发生变化时；营销渠道中发生严重的危机时；营销渠道环境发生变化时等。

2. 确定营销渠道目标

在分析设计营销渠道的必要性之后，营销渠道管理者的下一步工作就是确定营销渠道目标。如果没有目标，营销渠道管理者就会迷失方向。营销渠道目标应以目标市场顾客所期望的服务水平来描述，同时，也要考虑企业自身生存与发展的需要。在确定营销渠道目标时，目标应尽可能明确具体，在执行方面应具有可操作性。

3. 明确营销渠道任务

营销渠道目标是企业营销渠道设计与开发的方向。要实现营销渠道目标，就需要对营销渠道目标进行细化，使目标转化为营销渠道管理者的具体任务。因此，明确营销渠道任务需要从营销渠道的功能的角度来考虑，使渠道功能与渠道成员所扮演的角色相匹配，形成责、权、利一体化的综合体。

4. 初步形成可行的营销渠道方案

确定营销渠道目标与任务后，就需要考虑有哪些营销渠道结构有助于实现营销渠道的目标与任务。一套完整的营销渠道结构应包括长度结构、宽度结构和系统结构，并与企业营销渠道环境相适应。在企业有限资源的支持和营销渠道管理者共同努力下，应能执行得下去，具有实际操作性。

5. 评价影响营销渠道方案的因素

影响营销渠道方案的因素有很多，有宏观层面上的因素，如经济、政治和技术等；也有微观层面上的因素，如企业自身条件、顾客特性和产品特性、竞争特性等。这些因素对营销渠道中不同成员的影响是不一样的，从而影响渠道成员对生产企业的选择。同样，这些因素对不同的生产企业的目标的影响也是不一样的，从而影响生产企业对营销渠道成员的评价与选择。

6. 选择合适的营销渠道方案

营销渠道管理者根据市场调查收集到的信息，结合企业自身资源、企业文化与结构及营销渠道的目标，通过选择适当的评估方法，对初步设计的各种可能的渠道结构进行评估，在实现营销渠道目标，并使得营销渠道的开发与管理成本最低的基础上，选择最佳营销渠道结构。应注意到，任何渠道结构的执行都是需要时间的，在这一段时间内，营销渠道环境可能会发生变化，从而导致原有最佳渠道结构执行起来非常困难。因此，在选择营销渠道结构时，还应确定备选方案，以应付不测。

小贴士

设计营销渠道应注意的问题

(1) 注意产品或服务的不同特性，如定价、目标人群、使用方法等。
(2) 注意现有渠道的特性，如进入成本、发展性、商业信誉、专业性等。
(3) 注意所辖销售地区的经济环境，如人均收入、景气指数等。
(4) 注意组织的营销规划，如销售预算等。
(5) 注意线上渠道与线下渠道的融合。

4.1.2 设计营销渠道的原则

营销渠道设计是指企业在分析营销渠道环境内部条件和外部因素的基础上，以顾客需求为导向，为实现渠道目标和任务，对各种备选营销渠道方案进行评估和选择的过程。在进行营销渠道设计时，应遵循以下几个原则。

1. 需求导向原则

设计营销渠道的出发点是顾客需求。因此，营销渠道设计人员在设计渠道方案时，应坚持以顾客需求为导向的设计理念，并通过市场调查分析，掌握消费者在购买时间、购买地点以及售前、售中、售后服务等方面的需求，努力提高顾客满意度，促进企业产品的销售。

2. 发挥优势原则

企业的竞争优势可以从多方面进行体现，如价格、技术、产品、管理、促销、渠道等。在设计营销渠道时，要注意考虑是否有利于企业充分发挥其竞争优势。企业不仅要将渠道与产品、价格、促销协调配合起来，而且还要根据自己的特长，正确选择适合的销售网络，达到最佳的经济效益并取得良好的市场反应。

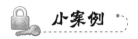 小案例

"互联网+"的优势

【拓展文本】

在当前经济时代背景下，实体经济中产品销售环节的成本之高让大家瞠目结舌，怎么降低销售成本呢？这是排在许多企业面前的问题。小米手机在思考：如果把自己的手机做好，能不能不要传统产品的线下渠道？小米手机想到自己开个网站，在网上直销，不依赖任何人帮助其卖手机。这样，小米手机就开了一个小米网，把手机产品放上去，每星期二开门，其余时间不开门。在刚开始的前几年，一周只开一次门，每次只卖两三分钟。当小米手机把产品真正做好以后，平常每星期二就有700万人来小米网店，有时可达850万人来买东西，比买火车票还难。仔细比较，小米手机发现传统的销售成本大概是一个商品的30%~40%，甚至有的是60%~70%，绝大部分成本都是这样消耗掉的。而通过小米网进行销售，就可以把相关环节的费用减掉，把成本降低，按材料价格零售。

3. 高效务实原则

高效务实原则要求企业不仅要让目标顾客在适当的地点、时间以合理的价格买到合适的产品，而且应努力提高企业产品的流转速度，降低渠道费用，给渠道成员带来实惠。

4. 有效控制原则

对企业来说，营销渠道是一项重要的战略资源，对企业的整体运作和长远利益将会产生重要的影响。因此，企业应该从长远的角度出发，考虑营销渠道管控的问题。如果企业不能对其渠道进行有效的控制，很难保证渠道的稳定。同时，企业要根据经营环境的变化对渠道进行适度调整，调整时应保证各个因素的协调一致，使渠道始终保持在有效可控的范围内。

5. 和谐原则

在设计营销渠道时，企业不能单纯追求自身利益的最大化，而忽视甚至侵害其他渠道成员的利益。保障渠道成员的合理利益是营销渠道成功运营的前提，各渠道成员之间的密切协调与合作对渠道的顺利畅通、高效运行起着至关重要的作用。因此，企业应充分均衡渠道成员之间的合作、冲突、竞争关系，在鼓励渠道成员间进行有益竞争的同时，创造一个良好的和谐氛围，确保整个营销渠道处于均衡状态。

动手实践

小王在思考着如何设计江汉市场的营销渠道，江汉市场是湖北分公司所辖的地级市场，范围涵盖仙桃、天门和潜江，同时还要兼顾乡镇市场的开发，工作只能一步步地做。如果你是小王，请分析设计营销渠道的必要性和可能采取的渠道模式。

工作任务 4.2　明确营销渠道的目标和任务

4.2.1　营销渠道的目标

企业营销渠道的目标是企业总体目标的一部分，营销渠道目标必须服务于企业的总体目标，并与总体目标保持一致。因此，在确定营销渠道目标时，必须要以确定的销售目标为基础，除了考虑企业的总体目标和营销目标一致外，在同一目标市场之内，还需使营销渠道目标与营销组合的其他目标保持一致。

一般来说，营销渠道目标主要有如下几个方面。

1. 便利目标

建立营销渠道的根本目的就是让顾客能方便而顺利地买到所需的产品或服务。因此，企业应根据顾客购物距离、等待时间的长短、购物批量等决定销售网络的覆盖率，尽可能使顾客的购买实现最大的便利。为了达到这一目标，一般应使渠道扁平化、沟通便利化。

2. 效益目标

企业行为动机就是为了获取利润，这就需要营销渠道提供相应的销售额及其增长目标、利润及其增长目标、市场占有率及其增长目标、品牌知名度目标、市场覆盖目标等支持。当然，效益性目标不仅是靠销售额或销售量的提高来实现，还要依靠营销渠道成本的降低，如销售费用、渠道维护费用等的降低。

3. 支持目标

家电生产企业与其他营销渠道成员是合作关系，厂家目标的实现，就必须以营销渠道成员的支持为基础，使营销渠道成员全力配合企业的各项营销策略来推广产品，包括促销、公关及信息沟通等活动的支持。

4. 服务目标

企业必须确定一个基本的顾客服务水平，包括售前服务、售中服务和售后服务。因为顾客满意来源于顾客对企业服务的期望与企业实际提供的服务水平的比较。当企业提供的顾客服务水平达不到顾客的期望，可能影响产品的形象及销售；当企业提供的顾客服务水平达到顾客的期望，顾客满意度会提高，营销活动就较为容易开展。这是设计营销渠道的重要基础。

需要指出的是，在确定营销渠道目标时，应尽可能具体化、数量化，便于衡量。企业营销渠道目标可能与目标顾客的目标存在不一致，这就需要对营销渠道目标进行调整。比较理想的做法是寻找满足顾客需求目标与经济利益目标的最佳结合。

 小贴士

制定销售目标应注意的问题

1. 具体性

目标不可以太笼统，要具体，这样才有利于管理，才有利于目标的达成。

2. 可衡量性

目标应该量化，用资料说话，这样才有实际指导意义，有了具体的数字就可以很直观、很明确地知道每天应完成的目标。

3. 可实现性

目标虽然应有一定高度，但不能过于夸张，一定要根据当地市场的客观情况、实际水平以及各种客观因素制定销售目标。

4. 现实性

销售目标应该与实际销售工作密切结合，让它充分体现在实际销售过程中。在设定目标时一定要仔细分析实际情况，将那些急需改进、直接影响销售成果的因素首先设定在目标中。

5. 限时性

设立的目标一定要有时间限制，这样才不会使目标因拖的时间过长而无法衡量。而这一点常常被人忽视，一个没有时间限制的目标等于没有目标。

6. 一致性

即与总体目标一致，区域销售目标要服务和服从于整体营销目标。

4.2.2 营销渠道的任务

营销渠道的整体任务主要包括推销、渠道支持、物流、产品修正与售后服务以及风险承担。生产企业应根据营销渠道成员各自所承担的功能及其能力大小等情况将这些任务在渠道成员间进行分配。分配任务的主要依据有：降低分销成本；增加市场份额、销售额（或销售量）和利润；渠道风险最低化和收益最优化；保持对市场信息的了解；满足消费者对产品技术信息、产品分布、产品调整及售后服务的要求，从而在竞争中取得优势等。

营销渠道任务的完成需要在厂家双方取得一致同意下，共同努力，协作配合。因此，营销渠道管理者在向营销渠道成员分配任务时，应考虑以下情形。

1. 承担相关任务的意愿

要知道，并非所有的营销渠道成员都愿意承担某些职责。俗话说得好："多一事不如少一事"，中间商一般不愿意提供技术服务或处理退货；厂家一般不愿意向最终消费者提供信息服务。厂家促使中间商主动执行某些职责的能力取决于其产品的竞争力和实力。

2. 执行任务的质量

并非所有的营销渠道成员都具有同样的能力水平来执行其所承担的任务。调查显示，组织用户对于直接渠道和间接渠道的评价是不同的。他们认为间接渠道中的成员在信誉保证、紧急求助、产品分布性、服务传递质量及顾客关系方面做得要比直接渠道中的成员好。然而，直接渠道中的成员在产品价格、质量、技术知识、规格改进等方面则做得要好得多，是间接渠道中的成员所无法企及的。

3. 与顾客的接触程度

一般情况下，按中间商与顾客的接触程度，将渠道成员分为 3 个层级：推销中介、存储中介和存储-服务中介。推销中介是中间商先与顾客接触，然后提供商品；存储中介维持一定量的商品库存，但是几乎不提供技术支持；而存储-服务中介与顾客接触的级别最高。在分配渠道任务时，企业可将负责销售的工作分配给经销商或代理商来完成，而将处理退货任务分配给存储-服务中介来完成。

4. 特定顾客的重要性

在分配渠道任务时，企业还要考虑到客户的重要性。对重要客户，可以派直销人员去处理业务往来；对中型客户，可用电话销售和邮寄手册的方式来处理业务往来；对小客户和大众，则宜采用间接渠道。

总而言之，渠道任务的分配，应在渠道成员相互合作与协调的基础上进行，力求做到扬长避短，发挥渠道的整体优势。

 小贴士

销售任务分解步骤全攻略

1. 确定销售任务结构

若企业处于高速增长期，则规模扩张是主要的；若处于成熟竞争期，则利润的获取是主要的。销售任务调整的重要指标有如下两点：一是销售品项要有比例性规划，按照战斗机型、规模型、利润型和形象型产品分类考虑，既保障销售规模，又保证有利可图；二是销售区域要有针对性，考虑不同区域有不同市场状况，结合市场质地，分配不同的销售任务，平衡利润和规模。

2. 确定当月销售任务指标计划值

销售任务往往都是根据企业年度营销预算规划来的，但在具体执行的过程中，还不得不考虑近 3 年历史同期的销售数据、行业的年度增长率、同行业内标杆企业的增长速度这几个参考指标。

3. 销售计划的下达和认同

销售计划绝不是由上而下单线的下达,而是先由上而下发到销售单位,紧接着由下而上反馈意见。此时要注意:中间商大都会拼命叫嚷任务量高,渠道管理者要懂得权衡利弊,客观分析,要同中间商仔细沟通,协助他们分析市场现状和客观状况,共同拟定可以完成的销售任务值;要让销售任务签署"军令状",切忌口头承诺。

4. 销售任务正式下达

销售任务经彼此确认后,销售经理下发销售指标。需要注意,产品品项要尽量分解到中间商身上,保证销售目标的清晰。

5. 明确销售费用和资源支持

很多企业眼光紧盯在销售指标或销售额上,忽视费用任务的下达。费用指标倘若不明确,容易造成3种不利影响:一是市场费用投多了,公司利润下降;二是销售费用控得较为死板,单纯和销量挂钩,极易造成该培育的市场没有培育,区域市场疲软乏力;三是费用由业务员掌控,造成不花白不花的结果,使得销售费用重复性投入,未能发挥最大的价值。因此,销售经理在销售任务下达的同时,也要将费用指标同时下达。

6. 建立过程数据跟踪和业务员述职督导机制

督导是为了指导渠道成员按照工作计划实施,协助其完成已经下达了的销售任务。在此过程中有两个重要控制机制:一是渠道成员的日常行为管控机制;二是周例会的业务员、导购员述职和经理点评指导机制。

7. 总结考核,绩效激励

 动手实践

小王对公司分配给他的销售任务感到很苦恼,这1000万元怎么完成呢?公司原来在江汉市场没有基础,得重新开始。请帮助小王来分解一下销售任务。

工作任务4.3 初步形成可行的营销渠道方案

4.3.1 确定营销渠道布局

1. 营销渠道布局的内涵

营销渠道布局是指把商品放在什么地方进行销售。这个问题可以从销售地点的空间范围、分布密度以及相应的销售机构特征等不同角度来分析。从销售空间范围方面来讲,营销渠道布局的决策问题包括是在某省内市场组织商品销售,还是在国内各个省、市区市场组织商品销售,甚至在国外市场组织商品销售等方案的选择问题;从销售网点分布密度角度来讲,营销渠道布局的决策问题包括是采用密集型分销或是选择型分销,还是采用独家型分销策略的问题;从营销渠道成员背景来讲,营销渠道布局的决策问题包括是利用大型零售商、颇具规模的连锁经营商店、声望很高的专卖商店,还是占据那些具有战略价值的市场空间位置。

可以看出,上述3个分析角度事实上反映了营销渠道布局决策的范围,主要包括有关商品营销渠道的空间范围、空间密度和主要营销渠道成员背景的决策3大问题。

2. 营销渠道布局的内容

1) 营销渠道的空间范围

营销渠道的空间范围越大,所覆盖的市场面积就越大,所满足的顾客就越多。但是,随之而来的物流费用、促销费用、所要适应的文化差异及渠道合作方式差异也会越来越大。例如，一家武汉家电制造厂除了在武汉本地销售自己的产品之外，还可以到武汉之外的其他省市去销售。如果它将武汉工厂生产的家电产品销往上海，必将要在上海设立销售网点、开展促销、执行销售物流等，从而会发生更多销售费用，这笔销售费用将比起该厂在武汉当地的销售费用要多得多。当然，只要这些家电产品符合上海市场的需要，就有可能赢得更多顾客，销售更多的产品，从而使该厂获得比原来仅仅在武汉一地销售要好得多的销售业绩。

2) 营销渠道的空间密度

营销渠道的空间密度即在一定的空间范围内营销渠道网点的数量。例如，在某省市，商品的分销网点可以只有一个，即由一家零售商来独销，也可以选择多家零售商进行密集分销，满足整个省市内消费者的需求。一般来说，如果营销渠道网点比较密集，顾客购买商品将非常方便。只要商品确实为消费者所需，且产品质量过硬、价格公平，则产品口碑传播的速度非常快，销售渗透的效果会特别好；如果分销网点单一，产品的销售规模以及口碑传播的效果就不会那么好。

3) 主要营销渠道成员的背景

主要营销渠道成员的背景即营销渠道是否由那些具有较高市场声誉、"门庭若市"的中间商所构成。在一定市场范围内，"门庭若市"的中间商往往就是该市场的主要销售力量，一家这样的中间商创造的销售业绩，会大大超过其他中间商的业绩，在整个市场上占有相当高的销售份额。不少零售商采用了连锁经营业态，进入一家连锁企业意味着进入到几十家，有时甚至是几百家销售门店。再有，大型中间商往往占有相当大的中高收入消费者市场份额，而中高收入消费者的消费方式代表着所在市场变迁的未来方向，是市场消费潮流的引导者。另外，拥有较高声誉、"门庭若市"的中间商通常具有比较丰富的市场分销经验，具有较高的品牌价值和较多忠诚顾客，将这些中间商发展为营销渠道成员通常可以节约单位产品的促销费用，提高促销效果。

4.3.2 确定营销渠道模式

1. 直接渠道、间接渠道与复合渠道

1) 直接渠道

直接渠道是指没有中间商参与，产品由厂家直接销售给终端用户的渠道结构。采用此种渠道的情形主要有以下几种。

(1) 一些大型、专用、技术复杂、需要提供专门服务的产品最适合采用直接渠道。

(2) 需要直接向消费者介绍产品的性能、特点和使用方法的产品比较适合采用直接渠道。

(3) 需要对渠道成员有较高程度的控制时，宜采用直接渠道。

(4) 需要降低产品流通费用、掌握价格的主动权、积极参与竞争时，宜采用直接渠道。

2) 间接渠道

间接渠道是指有中间商参与，公司和中间商共同承担渠道任务的渠道结构。采用此种渠道的情形主要有以下几种。

(1) 日常生活用品、快速消费品、少数应用广泛的工业品，最适合采用间接渠道。

(2) 企业需要扩大产品流通范围和产品销售、提高市场覆盖面和占有率时，宜采用间接渠道。

(3) 制造商资金有限、需要将精力用于生产、对渠道控制程度不高时，宜采用间接渠道。

3) 复合渠道

由于直接渠道和间接渠道各有其优劣势，一些企业采取两者结合的复合渠道结构。复合渠道一般以间接渠道为主，直接渠道为辅。采用此种渠道的情形主要有以下几种。

(1) 具有多个品牌的企业，最适合采用复合渠道。

(2) 单一的流通模式不足以覆盖所有的或大部分的消费群以及零售卖场、网点时，宜采用复合渠道。

(3) 原有的渠道体系仍有保存的必要性，但新的商业业态具有不断发展壮大之势时，宜采用复合渠道。

(4) 高端消费者多渠道消费的趋势十分明显，具有较高的满意度和忠诚度，企业应采用复合渠道。

(5) 当企业参与网络营销、国际营销时，宜采用复合渠道。

2．窄渠道与宽渠道

1) 窄渠道

窄渠道是指在一定的市场区域内，厂家只选择一家分销商销售该企业的产品，给予其独享市场资源的权利，同时向厂家承担一定的销售责任。窄渠道的适用情形主要有以下几种。

(1) 在市场竞争格局比较稳定的情况下，宜采用窄渠道。

(2) 需要维持市场的稳定性、提高产品身价、提高销售效率时，宜采用窄渠道。

(3) 产品本身技术性强、使用复杂而独特、需要一系列的售后服务和特殊的推销措施相配套时，宜采用窄渠道。

(4) 需要控制渠道行为，且产品的覆盖面太小、市场风险较大时，宜采用窄渠道。

2) 宽渠道

宽渠道是指在同一区域市场内，选择多家分销商。宽渠道又可以分为两种情况：一是封闭式选择型分销，即多个分销商所辐射的下级零售网点不交叉，相互区隔；二是开放式选择型分销，即分销商可以向区隔内所有的零售网点供货，下级零售商可以多头进货。宽渠道的适用情形主要有以下几种。

(1) 目标顾客密集、分布广泛，消费量大且产品差异小、附加值小的商品，最适合采用宽渠道。

(2) 消费品中的选购品、特殊品、便利品以及专业性强、用户比较固定、对售后服务有一定要求的工业产品，宜采用宽渠道。

(3) 企业资金紧张、需要节省渠道费用开支、提高分销的效率时，宜采用宽渠道。

(4) 当企业缺乏网络营销、国际市场分销等经验时，宜采用宽渠道。

3．经销与代理

按照产品是否发生所有权转移为标准，可将营销渠道经营模式分为经销和代销或代理。一些创新的渠道模式也可归纳到这两个类型中，如特许经营和专卖店。在厂家与中间商关系中，主要是要明确分销任务与利益，包括价格政策、销售条件、地区权利，以及每一方所应提供的特殊服务等。价格政策是厂家制定的销售价格表和折扣明细表，这些价格方案要保证对所有中间商的公平性。销售条件对中间商而言，是付款条件和对厂家所做的担保，多数厂家会给付款较早与较多的中间商以现金折扣的优惠。销售条件对于厂家而言，常常是向中间商提供有关商品有缺陷时，以及价格下降时的风险担保。

1) 经销

经销是指中间商先把产品从厂家买回来，然后制定合适的价格进行销售。厂家可以在经销商把产品卖给最终顾客前收回货款，使资金尽快回笼。如果经销商产品卖不完，厂家又不会接受退货，经销商只能自行处理产品，有时甚至出现亏损。经销使原本属于厂家的一部分利润转化为经销商的风险收入。经销有利于提高经销商对产品销售的积极性和压力。

在经销关系下，中间商和厂家的权利与责任需要通过合同来规定。关于中间商的权利和责任的规定包括：中间商在规定的价格浮动范围内，自行决定商品的出售价格，如有规定，中间商不得将多余的库存削价出售；中间商在授权的范围内使用厂家的专利、标记、商标，不得滥用；中间商不得超过自己的销售范围，在其他地域销售规定的商品；中间商应配合厂家进行促销，如厂家进行让利销售时，要保证让的"利"到达最终顾客手中，不得截留；按照合同规定，做好自己负责的售前、售中和售后服务；在自提产品时按合同规定的日期提货；按合同规定按时付款；保守合作中的商务机密等。

合同对厂家的权利规定有：有权限制中间商销售产品时的最高价和最低价，以维护大多数渠道成员的利益，防止恶性竞争；依据分销方式的情况，有权控制销售范围；对其专利、商标、设计等拥有主权，可以限定其使用范围；有权监督合同商定的中间商对产品的售后服务等事项。

合同对厂家的责任规定包括：应给予中间商产品宣传、促销上的支援，如中间商为产品做广告，其费用支出按一定的比例由厂家承担，厂家应该向中间商提供产品简介、资料、宣传材料等；按合同约定，保证产品的技术标准、类别、品种、型号、规格、数量和等级；对产品进行适当的包装；在供方提供运输的情况下，按约定的运输路线和运输工具运输，按规定的期限到达指定的地点等。

2) 代理

代理是指企业不仅授权代理商销售其产品，而且授权代理商参与并支持企业的营销活动。代销是代理分销，即代理商从厂家那里得到产品，并不先付款，而是等到产品销售以后，自己留下一部分作为代理费用，把剩下的货款交给厂家。对于代销，代销商基本没有风险，而是由厂家承担风险。代理与代销虽然都是独立法人，但代理商有责任对企业的营销活动按照代理合同提供充分支持，以配合企业产品销售。真正的代理商向企业买下货物原则上已经拥有所有权，但企业为支持代理商，仍然会给予其更为优惠的退货条件及其他交易条件，以分担代理商风险与责任。

厂家的权利包括：有权要求代理商按照代理权限进行代理活动；有权要求代理商及时移交代理活动的法律后果；代理商按照权限进行代理活动，不承担代理活动产生的法律后果的，必须及时移交给厂家；有权了解代理商完成代理工作的情况；代理商不履行职责而给厂家造成损害的，厂家有权要求代理商承担法律责任。

厂家的责任包括：按合同规定的数额和方式支付佣金，有权检查核对代理商的账册，以确信对其支付的佣金准确；对于代理商介绍的买主，厂家有权决定接受或拒绝订货；确保代理人的合同利益；对按合同规定进行的促销活动，提供相应的促销费用等。

小贴士

经销与代销的区别

(1) 代销的双方是一种代理关系，而经销双方则是一种买卖关系。

(2) 代销是以委托人即厂家的名义销售，签订销售合同，而经销商则以自己的名义从事销售。

(3) 代销商的收入是佣金收入，而经销商的收入则是商品买卖的差价收入。

(4) 从法律关系上讲，代销行为即委托人行为，代销商与第三人之间在授权范围内发生的民事行为的法律后果归于委托人(供货商)，而经销商与用户之间发生的民事行为的法律后果须由其自己承担。

4．总代理制与区域代理制

按照厂家许可的代理商的数量和区域范围来划分，营销渠道模式有总代理制和区域代理制。

1) 总代理制

总代理制营销渠道模式，是指企业在全国范围内选择一家代理商作为负责全国市场分销的总代理机构，企业只把产品卖给总代理商，而由总代理商组织营销渠道一层一层地往下层分销商、消费者方向运输。总代理制的特点是产销分离，企业与总代理商之间通过签订长期代理合同，分工合作，利益共享，风险共担，合作双方组合得好，可以更好地发挥各自的优势。总代理制的好处是最大限度地降低了厂家营销渠道的建设和管理成本，操作简便省事，在产品生产与质量改进及产品创新上可以有更大的作为。但最大的风险是企业把自己的营销渠道完全寄托在总代理商手中，一旦总代理商发生变故，企业的分销就会遭灭顶之灾；除此之外，企业还容易在政策和发展上受到总代理商牵制。

2) 区域代理制

区域代理制营销渠道模式则将市场按照区域划分，在每一块区域市场上都建立起自己的代理商，一般按省份或重要的地理资源划分区域，如在湖北省以长江为分界线，分为江北与江南区域代理商。根据单个区域内同一级别的代理商数量的多少，又可以分为区域独家代理制和区域多家代理制；根据区域范围可分为区域代理制、省级代理制和城市代理制。

区域独家代理制是指在同一个区域内，每一个层次和级别的代理商都只有一家，然后由该代理商向下一级的代理商和零售商供货。显然，层层独家代理的营销渠道模式，条理分明，产品顺着单一渠道往下流通，在管理上比较容易控制，但在商品流通速度和市场覆盖面上可能会有某些环节或地方照顾不周。

区域多家代理制则是指在同一区域内，存在若干家相互独立的代理商，每一个上级代理商都可能有多个下级代理商，同一级别的代理商之间有市场范围的划分，但如管理不善，极容易造成代理商间出现矛盾，甚至窜货。对于企业来说，区域多家代理比区域独家代理要增加更多的管理工作。区域多家代理制的好处是：企业产品流通的速度可以加快许多，在产品的市场覆盖率和覆盖面上，也占有一定优势；企业的分销往往可以快速启动，在很短的时间内，将企业的产品送往各个目标销售点，从而能够形成强大的市场销售网络优势，有利于产品赢得市场竞争。

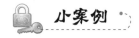

区域代理制助青岛紫光网络科技公司成功

青岛紫光网络科技公司成立之初,经营产品主要以中小品牌和兼容机为主。2005年,公司正式成为惠普台式机的一家代理商。当年年底,惠普对其商用渠道做出了重大的调整,在全国搭建八大区域平台,并转向区域代理制。与此同时,惠普商用产品将增重点锁定区域市场。围绕销售区域化、市场活动区域化、产品区域化、服务区域化等区域策略,惠普面向区域市场发布了一系列高性价比的商用产品。随着本地用户对商用产品的接纳度越来越高,紫光的业务也进入了快速增长期。公司随后又补齐了商务笔记本、工作站、服务器等产品线,并于2008年正式成为惠普商用产品钻石级代理。2011年,公司惠普全系列产品同比增幅超过35%。进入2012年,第一季度结束时,公司就提前完成了全年销售计划。

5.第三方渠道与渠道联盟

1)第三方渠道

第三方渠道是相对于厂家之间运作的渠道而言,对厂家来说,第三方营销渠道主要是来自其他厂家的营销渠道;对于中间商来说,则指来自其他中间商的营销渠道。因此,对于厂家而言,第三方营销渠道是直接营销渠道、传统的间接营销渠道和现代连锁经营终端渠道以外的一种新的渠道模式。第三方营销渠道的特点主要有:往往是由某个关联行业内的全国或区域性的强势企业所构成;品牌影响力强,分销通道完善,渠道渗透能力强,分销队伍精干,物流配送体系健全;与现行渠道的互补性较强等。

第三方营销渠道的所有者愿把自己的营销渠道拿出来与其他企业共享,并作为一个独立的利润中心来运作。主要原因有以下几点。

(1)分担成本。厂家自建的直接渠道,能够得到很好的控制,经营单一品牌。但其构建和维护成本高,同时,单一品牌专卖需要品牌具有一定的影响力。因此,广告、公共关系、促销等投入费用高,这都使得企业希望通过配售其他企业产品分担成本,减轻成本负担。

(2)单一品牌对顾客来说,购买行为选择性差,影响销售量的增长,降低了渠道效益。对于想借用大企业已有营销渠道的中小企业来说,在一定时期一定条件下,借用大企业营销渠道是一个不错的选择。因为大企业营销渠道已然建立,而且经过时间和市场的考验,已经拥有一批固定的客户群。中小企业如能借用大企业的渠道,并与大企业产品进行互补式联合销售,就能够在花费较小的情况下大量地卖出自己的商品。

但是企业和企业之间合作的基础是互利互惠的,借用大企业营销渠道必须满足一些基本条件,才能实施。

2)渠道联盟

渠道联盟是指实力相当的多个厂家之间,为了共同的目标,共享营销渠道资源而进行的渠道合作。由于互补或替代的产品之间的关联性较强,相互进入对方的营销渠道,可为顾客提供更广的商品选择和购买范围,以实现扩大销售、分担渠道成本、完善产品线等目的。例如,联想集团与IBM公司进行渠道合作,双方的个人计算机产品可以进入对方的营销渠道,满足顾客更多的需求,从而扩大了双方产品的销售量,实现利益共享。

京东分销渠道联盟计划

2015年3月,京东商城启动京东分销渠道联盟计划,旨在针对各级城市的渠道商,建立强大的"京东分销渠道联盟",共同发展新型渠道合作模式,推进渠道下沉战略,为广大用户带来便捷体验和服务的同时,带动产业的整体转型和升级。京东通过与经销商共同建立"京东分销渠道联盟",将帮助经销商实现价值分销:一方面通过京东页面信息对客户推荐产品,加强信任,快速促成成交;另一方面通过京东直接采购数万种商品,保真,成本低,免去和多个供货商的议价成本。同时,通过京东分销系统随时下单,享受京东物流的快速供货,大幅度降低库存占压资金。并且京东可以通过对客户推荐关联产品,提高附加销售价值。以上皆旨在解决传统渠道商业模式中种类繁杂、品类管理困难、压货库存周转大、资金短缺等问题,并为当地用户提供放心无忧的购物体验。京东商城IT数码事业部商采部经理槐方伟表示,京东商城始终坚持"正品行货,多快好省"的理念,将根据不同城市的区域特点,联合各级城市的优质传统经销商,建立强大的"京东分销渠道联盟"体系,为本地广大用户提供更为优质的服务。

4.3.3 形成可行的渠道方案

如果将营销渠道结构的上述营销渠道布局和营销渠道模式两方面的内容进行组合,就可以制定出企业营销渠道中所存在的各种可行的方案。例如,假定某企业考虑采取二级间接渠道,宽度为4个的宽渠道,选择的中间商有两种不同的类型,那么其所有的营销渠道结构就有16种方案,即2×4×2=16。然而,在16种渠道结构方案中,可以执行的方案并不多,因为还要结合企业的营销渠道目标和任务等来判断。

如果企业的营销渠道目标是向目标顾客提供较多的服务,那么长而宽的渠道结构是很难达到这一目标的,因为长而宽的渠道结构使企业无法对营销渠道进行有效的控制,向最终消费者提供更多服务很难得到中间商的有效执行。如果企业的营销渠道任务是共享地区市场信息,则中间商必须具备现代化的管理信息系统,否则很难完成这一渠道任务。因此,不符合渠道任务要求的渠道结构是不可行的。

小王根据对江汉市场的初步调查,基本可以初步形成江汉市场的营销渠道方案。请你帮助小王完成江汉市场渠道设计的初步方案。

工作任务4.4 分析影响营销渠道方案的因素

4.4.1 影响营销渠道方案的宏观因素

营销渠道宏观因素是指那些对企业分销活动产生直接或间接作用的大范围的社会约束力量,是企业不可控制的因素。营销渠道宏观影响因素包括:政治与法律、人口、经济、社会文化、科技与自然所构成。

1. 政治与法律

政治与法律是由强制和影响社会上各种组织和个人行为的法律、政府机构、公众团体所组成的。政治与法律的作用在于保护所有权、保护竞争、保护消费者权益、保护社会的长远利益。

1) 政治因素

政治因素主要包括两个方面。一是国家的政治体制、经济管理体制、政府与企业的关系。例如，我国实行社会主义市场经济体制后，原有计划体制下的物资流通逐渐消亡，新的物资营销渠道逐渐建立起来。二是国家的方针政策。随着政治经济形势的变化，国家在不同的阶段和不同时期，依据不同的经济目标制定和调整方针、政策，这必然对企业的营销渠道产生直接或间接的影响。例如，国家通过制定进出口政策、税收政策、价格政策、外汇政策来保护本国产品销售，确保本国企业的营销渠道的竞争优势。

2) 法律因素

企业从事市场营销活动必须依法进行，才能受到国家法律的保护。例如，我国《直销管理条例》的颁布实施，使得企业从事直销活动必须遵循该条例的规定。如果借助直销的名义从事传销活动，就会受到法律的制裁。在我国，与营销渠道密切相关的法律主要有《中华人民共和国公司法》《中华人民共和国商标法》《中华人民共和国广告法》《中华人民共和国反不正当竞争法》《中华人民共和国产品质量法》《中华人民共和国消费者权益保护法》《直销管理条例》《中华人民共和国对外贸易法》《中华人民共和国政府采购法》等。

2. 人口

人口的多少直接决定市场的潜在容量，从而影响营销渠道的设计。企业除了分析总人口外，还要研究人口的年龄结构、地理分布、人口密度、流动性等人口特性。

1) 人口规模及其构成

人口规模是影响基本生活消费品需求的一个决定性因素。人口规模会对市场需求规模产生影响，尤其是对基本消费需求及其派生出来的生产资料需求绝对量的影响。

人口构成包括：自然构成(性别、年龄)、地区构成(人口的地理分布、人口密度)、社会构成(民族、家庭规范、职业、受教育程度等)。人口构成不同，消费需求结构不同，营销渠道的结构、布局层次也会有所不同。

2) 人口的流动性

许多国家人口流动性大，基本的流动方向是从农村流向城市；从经济不发达地区流向经济发达地区；从内陆地区流向沿海地区。旅游事业的发展，也加大了人口的流动性。其最直接的结果就是加大了社会购买力在不同地区之间的流动，从而使营销渠道重心发生转移。

3) 人口的文化教育结构

人们的受教育程度与文化层次不同，影响其对商品或服务的价值、功能、款式等的评价与选择，从而影响其对购物方式的选择。

3. 经济

1) 经济发展状况

营销渠道结构与经济发展水平之间有相当密切的关联。经济发展水平低，专业化程度往往比较低，使得制造商可以同时执行生产、批发、零售、融资等功能。随着社会分工程度不断提高和市场规模的不断扩大，企业的渠道功能逐渐从其他营销功能中独立出来。专门从事分销的商业企业又开始专业化分工，分销功能进一步分离，典型的是批发、零售、代理的专业分工。

一般来说，经济越发达的地区，营销渠道层次越多，专业商店、超级市场、百货商店越多，农村的商店也越多；批发融资功能越低，批发毛利越大；制造商、批发商和零售商的职能划分也越清楚；小商店的比例越小，商店的平均规模越大；流动商贩和集市越不重要；经济越发达，零售商的毛利越高。

2) 经济周期

经济周期的变化对营销渠道结构会产生一定的影响。在经济不景气的时候，消费者对未来经济预期不乐观，倾向于少消费、多储蓄，对营销渠道中定位高端的零售业态影响较大。当然，不同的行业受经济周期的影响是不同的，有些行业(如公用事业、医疗卫生)几乎不受经济周期的影响，而另一些行业(如交通运输)，则影响较大。对营销渠道成员来说，在经济萧条阶段，中间商往往不愿意存货。当经济不景气时，短渠道比长渠道更具优势。

3) 市场竞争

市场竞争也会对企业营销渠道产生影响。在卖方市场下，制造商以制造为其主要职能，销售职能较弱，常常借助于中间商来完成渠道职能。而在买方市场条件下，消费者和零售商拥有比制造商更多的权力，制造商对中间商的依赖程度不断加大。而对中间商来说，其对货源有更多的选择余地，从而形成对制造商的控制权。在这种情况下，制造商为了加强对营销渠道的控制，减少对中间商的依赖，往往会开辟直销渠道。

4. 社会文化

社会文化是指人类在社会发展过程中所创造的物质财富和精神财富的总和。它是无形的，但影响深刻，涵盖面广，主要包括消费习俗、价值观念、生活方式、宗教信仰、教育状况、相关群体、风俗习惯、社会道德等。

1) 消费习俗

消费习俗是经过历代传递和在从事社会经济活动中所形成的消费习惯。不同的消费习俗对产品需求有一定的影响。同时，消费习惯还可以影响购物习惯，进而对企业营销渠道活动产生影响。

2) 价值观念

价值观念是指人们对于事物的评价标准和崇尚风气，其涉及面比较广，对企业营销影响深刻。它可以反映在不同的方面，如阶层观念、财富观念、创新观念、时间观念等，这些观念方面的差异无疑造成了企业不同的营销环境。

3) 教育状况

教育状况对分销活动的影响主要体现在：一是对目标市场选择的影响。教育水平可用来作为变量进行市场细分。二是对营销渠道模式的影响。教育程度高的地区，现代化的尤其是基于互联网的营销渠道有较好的基础；而教育水平偏低的地区，网络营销受到较大的局限。

5. 科技与自然

1) 科技因素

作为营销环境的一个方面，科技不仅影响着企业内部的生产与管理活动，而且还影响着企业外部的经营活动。就营销渠道而言，科技对其的影响主要体现在以下几个方面：一是科技促进了营销渠道基础设施的改善,建立在现代技术基础上的通信网络的发展,使得营销渠道基础设施得以改善;二是科技进一步改变了商品的经营与销售方式,如电子数据交换、POS系统、条形码与扫描仪、电子订货系统等技术在商业领域的应用,对企业之间及企业与消费者之间的交换活动产生了革命性的影响;三是科技的发展,为企业提供了新的营销渠道模式,如自动售货机的出现使销售形式得以改变。此外,电话营销等现代化营销渠道无一不是技术发展的成果。

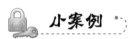

互联网技术改变红狮渠道管理

在浙江红狮水泥,通过经销商管理平台及相应移动 APP 的应用,构建了连接红狮与经销商的信息纽带,经销商不仅可以随时随地查询红狮水泥产品并下单,还可随时了解订单处理情况,并可以在线查询保证金。红狮水泥也可以将业务信息直接推送给各个经销商,经销商随时随地查看资金到账、发货、调价等业务消息。而红狮的区域经理和业务代表则通过移动 APP 将对经销商的拜访记录、处理经销商诉求、经销商业务信息随时上传回公司总部,让红狮更加贴近经销商。可以说,红狮集团通过拥抱移动互联网,实现了自我管理诉求的新突破。

红狮水泥通过全渠道营销的应用,很好地解决了经销商的管理问题,以及客户经理与渠道客户的沟通等核心问题。基于目前经销商管理平台的基础,红狮未来将构建面向经销商的运营支撑平台,为经销商提供金融、物流等更多的增值服务。

2) 自然因素

从发展趋势来看,地球上绝大部分自然资源的人均占有量都将趋于短缺。由于资源的匮乏,对许多企业的发展造成很大的威胁,导致企业资源价格上升,产品成本上升,企业效益下降。面对自然资源的日趋匮乏,企业在研究渠道设计时,要将自然因素考虑进去。

环境问题日益成为各国政府与公众广泛关注的一个世界性问题,人们越来越关注生存的环境质量。对制造商而言,要充分认识到自然环境的破坏对企业分销活动的影响,贯彻执行国家有关资源使用的限制规定和对环境污染治理的具体措施,在经营活动中坚持绿色营销概念,建设绿色营销渠道,开拓绿色市场,以获得企业的可持续发展与良好的竞争力。

4.4.2 影响营销渠道方案的微观因素

营销渠道微观影响因素是指与企业营销活动直接发生关系的、影响企业为目标顾客服务能力的因素的集合,也是直接影响企业营销效果的力量。企业营销渠道微观影响因素主要包括:企业自身状况、供应商、营销中介、顾客、竞争对手等环境因素。

1. 企业自身状况

企业文化及企业内部各部门、各管理层次之间的分工、协作与配合状况,影响企业的营销渠道管理决策与方案的实施,也影响着企业为顾客提供商品和服务的能力。企业按照市场导向的要求,规定企业中不同部门都必须为完成企业预定的分销目标,从具体分工方面做出贡献。财务部门负责解决实施分销活动所需资金来源和成本控制,并收集和处理各种财务信息;研究开发部门应按照市场需要,特别是按顾客需要的发展趋势和要求组织新产品与新技术的开发；物质供应部门则应保证企业各部门和各项活动所需要的原材料和其他物品供应任务的完成，尽量用最低的物流成本完成顾客价值的创造；生产部门主要应按照订单要求生产和及时交货；人力资源部门应根据各部门提出的要求，解决渠道人员招聘和培训的问题。企业的各职能部门越能够做到这些，企业的分销能力就越强。

2．供应商

企业与供应商之间是一种协作关系。因此，企业要与供应商建立长期、稳定的良好协作关系，但不要形成依赖关系。各类资源供应者包括向企业及其竞争者提供生产经营所需的资源，如设备、原材料、零部件、能源、燃料及劳动力等的企业和个人。供应商能够控制资源的价格、品种及交货期，直接制约着公司产品的成本、利润、销售量及生产计划进度的安排。因此，企业既要与主要的供应商建立长期的信用关系，又要避免因为资源来源的单一化而受制于人的情况，寻找质量和效率都信得过的供应商是企业取得竞争优势的一个重要条件。

3．营销中介

营销中介是指为企业融通资金、推销产品，以及提供运输、储存、咨询、保险、广告、评估等活动的个人或组织。它们的存在能为营销渠道提供许多专业化服务，减少营销渠道交易的成本和营销渠道层次的数量，促进营销渠道结构的不断完善。

4．顾客

1) 购买批量

购买批量是指营销渠道许可顾客购买的最小单位。企业希望顾客每次购买较多的产品，以减少网点布局密度，提高交易效率。顾客则希望企业能允许他们每次购买较少的产品，但小批量购买需要企业以更高的成本提供更多的渠道服务输出。

2) 等候时间

等候时间是指顾客发出订单或决定购买后，直到拿到货物的平均等待时间。等候时间越短，企业需要向渠道终端投入越多的服务人员及设备，因而承担的成本也越大。

3) 空间便利

空间便利是指顾客购买产品的容易程度。在其他条件不变的情况下，空间便利与顾客到达渠道终端的距离成反比关系。出行距离越短，空间便利程度也就越高。因而营销渠道的密集程度对顾客购物空间便利产生影响，密集型营销渠道对顾客购买产品非常方便，而独家型营销渠道对顾客购买很不便利。同样，不同的营销渠道类型对顾客购物的空间便利性也有影响，如电话营销、网络营销等新型渠道的购物空间便利性就很高。

4) 选择范围

选择范围是指营销渠道提供给顾客的产品、花色、品种、数量等。一般来说，顾客喜欢有较多的花色、品种的产品供选择，从而能更容易买到称心如意的产品。这就要求营销渠道终端货架空间更大，卖场更具有灵活性。

5) 服务支持

服务支持是指营销渠道为顾客提供的各种附加服务，如送货、安装、维修、稳定供货、信息提供等。服务支持的范围越大，就要求服务人员及设备投入力度越大，企业所负担的成本就越高。

小贴士

消费者购买行为对渠道方案的影响

1. 购买时间

消费者对产品的购买有其时间性和周期性。就日常消费品而言，周末常常是消费者购买的高峰期；"五一""十一"黄金周是旅游产品的销售旺季；寒暑假是培训产品的销售旺季。因此，是否能够保持存货，成为制造商挑选渠道成员的一个标准。

2. 购买地点

消费者会选择较方便的购物地点，如离他们很近，步行或驾车不需要多少时间就能够到达；或靠近中转站，可顺便购买。此时，复合渠道方案比较合适。同时，消费者还会对购物地点的形象给予关注，如是否时髦，是否高档等。在这种情况下，连锁渠道较为适合。

3. 购买方式

消费者的购买方式不断地变化，如越来越多的消费者在家中购物，这时企业就需要建立网上销售、电视销售、电话销售等方式来适应消费者购物方式的变化。

5．竞争对手

对竞争对手进行分析的目的是通过了解重要竞争对手的营销渠道情况，为企业的营销渠道设计提供帮助。分析竞争对手的营销渠道状况，可以从目标市场、营销战略与营销组合情况、营销渠道策略在企业战略和营销战略中的地位、营销渠道目标与任务、营销渠道结构的现状、营销渠道的优势与劣势，以及营销渠道的未来发展计划等方面进行分析。对这些内容的分析，会对企业合理设计营销渠道有一定的意义。

4.4.3 影响营销渠道方案的其他因素

1．产品因素

1) 产品的自然属性

产品的自然属性主要包括产品易毁损、易腐烂、储存条件、有效期、体积、重量等。这些因素将会影响营销渠道的设计，如对活鲜品、危险品等，企业应采用较短的营销渠道，尽快把产品送到消费者手中。

2) 产品的技术性

对于技术性较强的产品，如大多数的工业品、高科技产品，企业需要经常性提供技术服务的要求，一般采取较短的营销渠道，尽量减少中间环节，保证向客户提供及时、良好的技术服务。另外，需要安装和维修服务的产品，通常由公司本身或授权独家专卖特许销售和维修。

3) 产品的标准性与专用性

如果产品能在品质、规格、式样等方面具有较强的标准化程度，则营销渠道可长一些。若用户比较分散，如量具、刃具、通用机械等，企业宜采用间接渠道。对于非标准化的产品或定制品，企业需要供需双方面议价格、品质、式样等，宜采用直销渠道。

4) 产品的时尚性

对款式、颜色时代感很强且变化较快的时尚性商品，如各种新奇玩具、时装等，企业宜采用短渠道分销。

2. 市场因素

1) 市场需求

如果产品销售的市场范围大，批量也大，企业则宜采取宽而长的营销渠道，尤其是在全国范围内销售或出口销售，就需要更多的流通环节。

2) 市场潜力

如果产品目前市场规模小，但发展潜力大，则分销体系应有扩展延伸的余地；相反，如果潜力不大，则应有缩小转移的准备。

3) 市场景气状况

市场繁荣时，厂家可采用长而宽的营销渠道以扩大市场；反之，则应以最经济的方式销售产品。

4) 市场区域和密度

市场区域是指市场的地理位置及与制造商的距离，而市场密度是指单位市场区域内购买者的数量。市场区域和密度越大，就越需要采取密集型营销渠道。

3. 中间商因素

1) 中间商的可得性

中间商的可得性是指在选定的市场区域内，厂家能否找到需要的较为有效的中间商。在许多情况下，中间商可能已经与同行竞争对手的关系较好，或由于契约原因而不能经销本企业产品，这时企业只能自己建立营销渠道。

2) 中间商的使用成本

在实际营销渠道开发过程中，企业可能会碰到中间商会索取非常多而又高的各种名目费用的情况。此时，企业应比较不同营销渠道的成本差异，以决定是否选择中间商以及中间商的层次。

3) 中间商的服务能力

在顾客服务越来越重要的时代，企业需要评估中间商向顾客提供服务的能力。如果中间商的实力不能提供有效的服务，企业就应考虑自己建立营销渠道，保障服务能力。

 动手实践

小王通过分析影响营销渠道方案的因素，发现初步设计的营销渠道方案存在一定的不足。请你按照影响渠道方案的因素，一一对照，帮助小王修改初步设计的渠道方案。

工作任务 4.5　评选合适的营销渠道方案

4.5.1　选择合适营销渠道方案的标准

1. 经济性

企业对不同渠道结构方案进行选择，最为重要的是经济性，即通过销售量、渠道成本和利润三者来衡量不同渠道结构方案的价值。因此，首先是衡量销售量，如选择直接营销渠道与利用间接营销渠道销售商品相比，哪一方案可以产生更大的销售量；其次是衡量不同渠道结构在不同销售量下的渠道成本，一般而言，当销售量比较小时，利用直接营销渠道结构进行销售的成本，会高于利用间接营销渠道结构进行销售的成本；最后是衡量不同渠道结构下的利润，直接营销渠道结构与间接营销渠道结构的销售量与所花费的成本是不一样的，而渠道设计又不能经常进行变动，因此，企业可通过预测不同渠道结构的潜在销售量与成本来计算渠道利润，选择利润最大的渠道结构。

2. 可控性

不同企业对渠道的控制程度有不同要求。如果企业倾向于更好地控制营销渠道，应选择直接渠道结构。长而密的营销渠道是最难控制的。对营销渠道的有效控制是每个企业的期望，但控制本身不直接创造收益。因此，当不同的营销渠道结构所产生的收益相同时，企业应选择可控性较强的营销渠道结构。

3. 适应性

不同的渠道成员对不同企业的渠道环境的适应能力是不相同的。一旦所选择的营销渠道结构中的渠道成员不能很好地适应企业的要求，就会造成很大的损失。因此，渠道成员对渠道环境的适应性，也成为企业选择渠道结构的一个标准。如果渠道环境相对稳定，渠道成员之间就会增加对渠道建设的投入，增加相互信任与依赖的程度；如果渠道环境发生了快速变化，渠道成员之间就会减少对渠道建设的投入，以规避可能的风险。

4.5.2 选择营销渠道方案的主要方法

1. 财务法

财务法认为影响渠道结构选择的一个最重要的变量是财务。财务法从企业角度出发，分析计算不同渠道结构所发生的财务效益和费用，计算财务评价指标，考察其盈利能力或投资收益率，借以判别不同渠道结构的可行性。例如，把资本用于间接营销渠道与使用这笔资金用于制造商自建渠道相比较，如果企业能够获得的收益大于投入的资本成本，而且大于将该笔资金用于制造商自建渠道的收益，则应选择间接营销渠道来完成分销功能。

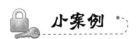

用投资回报率选择渠道方案

对钢铁企业而言，最佳渠道并不是可以获得最大销售量的渠道，也不是付出最低成本的渠道，而是能够获得最大利润的渠道，因为高成本产生的高销售量和低成本产生的低销售量，都不能给钢铁企业带来更高的经济效益，只有最高销售量和最低成本的优化组合，才能创造出最令钢铁企业满意的经济效益。钢铁企业可以通过投资回报率方法来评估渠道方案。投资回报率的公式为

$$R_n = S_n - C_n (n=1,2,3,\cdots)$$

式中，R_n——钢铁企业选用的渠道 n 的投资回报；

S_n——钢铁企业选用的渠道 n 的销售额估计；

C_n——钢铁企业选用的渠道 n 的成本估计。

在其余条件相同时，钢铁企业应该选择投资回报率高的渠道，进行这种经济分析还可以解决一个钢铁企业在渠道决策时经常遇到的问题，就是企业应该使用自己的营销力量，还是使用钢铁企业的销售代理商。

假设某钢铁企业希望其产品在某一营销区域内取得大代理商支持，现有两种方案可供选择：一是向该区

域的营业点派出 10 名销售人员,除了付给他们基本工资、差旅费之外,还采取根据推销员成绩付给佣金的鼓励措施;二是利用该地区现有的代理商(该代理商已和终端用户建立起密切的联系),并派出 30 名推销员,推销员的报酬按佣金制支付。这两种方案可导致不同的销售收入和成本。判别一个方案好坏的标准,不应是其能否导致较高的销售额和较低的成本费用,而是能否获得最大利润。

2. 交易成本法

交易成本法就是利用交易成本来分析选择营销渠道的结构。该方法是以成本为标准,通过分析渠道的交易成本,来确定制造商应该选择垂直一体化渠道来完成所有的渠道任务,还是应该选择独立中间商来完成部分渠道任务。如果企业对渠道投入很大,为了防止出现渠道投机行为,就应该选择垂直一体化的渠道结构。

3. 因素评价法

因素评价法的步骤如下。

(1) 明确地列出营销渠道选择的重要因素。

(2) 以百分数形式对每个重要因素赋值,以反映它们的相对重要性,各因素权重之和为 1。

(3) 对每种渠道选择以每个重要因素按 1~10 的分数打分。

(4) 通过权重与相应的因素分数相乘,得出每个渠道选择的总权重因素分数。

(5) 将备选的渠道方案按总分高低排序,获得最高分的渠道选择方案即为合适的选择。

例如,一家洗衣机制造商决定在某市采用二阶渠道模式。考察后,拟订 3 种方案是比较可行的。洗衣机公司希望有关零售商占有理想的地理位置、有一定的经营规模、前来光顾的顾客流量较大、在消费者心目中有较高声望、与生产厂家合作关系融洽、主动进行信息沟通、货款结算信誉好。3 个方案中的零售商在这些方面都有一定优势,但是没有一家十全十美。因此,洗衣机公司采用因素评价法对 3 个方案进行打分评价,见表 4-1。

表 4-1 因素评分表

考虑因素	权重	方案 1	方案 2	方案 3
地理位置	0.2	85	70	65
经营规模	0.2	60	70	80
顾客流量	0.2	85	70	60
声望	0.1	60	70	60
厂家合作关系	0.1	60	80	70
信息沟通	0.1	85	60	65
货款结算	0.1	80	60	60
加权得分总计	1	74.5	69	66.5

从表 4-1 的计算结果,可知方案 1 是洗衣机制造商最理想的选择。

4. 直接定性判定法

在渠道选择的实践中,管理人员通常会根据他们认为比较重要的决策因素对结构选择的变量进行评估。这些因素包括短期与长期的成本和利润、渠道控制问题、长期增长潜力以及其他因素。有时,这些决策因素及其相关重要性不能被明确界定,渠道管理者会根据其经验与直觉来选择合适的渠道结构。

5. 分销成本比较法

分销成本比较法可估计不同的销售渠道的成本及收益，并通过这些数字对比获得成本低、收益大的渠道结构。销售费用一定时，销量越多，则单位商品的销售成本越低，渠道效率就越高。因此，在评价有关分销商的优劣时，需要把销售量与销售成本两个因素联系起来综合评价。将分销的预期总销售成本与该渠道分销能够实现的商品销售量或销售额进行比较，选出比值最低者作为分销选择渠道。

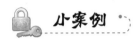

盈亏平衡点法的应用

某企业销售某一产品时，生产成本为20元/件，销售价格为40元/件，现有3种渠道方案可供选择。

(1) 派员推销。由于交通住宿、广告、座谈会等开支，每月需销售费用800元。

(2) 开设门市部自销。由于影响大，服务周到，能扩大销量，但需支付房租、办公费等，每月销售费增至1100元。另由于整批发运，能节约运费0.20元/件。

(3) 委托代销。每销售一件需付8%的佣金，仍为整批发运。

试对3种不同分销方案的经济收益进行分析比较。

解：首先，分别计算各自的盈亏临界点。派员推销盈亏临界点 = $\dfrac{800}{40-20}$ = 40(件)；门市部自销盈亏临界点 = $\dfrac{1100}{40-20-0.2}$ = 55(件)；委托代销盈亏临界点为0。

其次，进行分析比较。以上盈亏临界点计算的结果，并不能说明当月销售量在40件以上就可派员推销，在55件以上就可开设门市部自销。为了保证经济收益最大，还必须分析比较在不同销售量的情况下，采用何种形式有利。

派员推销与委托代销比较。下列式中，R_1表示派员推销利润，R_2表示门市部自销利润，R_3表示委托代销利润；Q_1表示派员推销月销售量，Q_2表示门市部自销月销售量，Q_3表示委托代销月销售量。两者利润分别为：$R_1 = (20 \times Q_1) - 800$，$R_3 = 16.8 \times Q_3$。经比较分析得知，当月销售量处于40～250件时，两者都能得到利润，但$R_3 > R_1$；当月销售量变为250件时，$R_1 = R_3$；当月销售量超过250件时，$R_1 > R_3$。这说明月销售量小于250件时，企业采用委托代销有利；大于250件时，则派员推销有利。

门市部自销和委托代销比较。两者利润分别为：$R_2 = (19.8 \times Q_2) - 1100$，$R_3 = 16.8 \times Q_3$。同样分析可得：当月销售量小于366件时，企业采用委托代销有利；当月销售量大于366件时，则开设门市部自销有利。

小王通过对评选营销渠道方案的方法的学习，发现因素评价法和分销成本比较法很好使、比较实在。请你运用因素评价法和分销成本比较法，帮助小王选择合适的营销渠道方案。

一、名词解释

营销渠道布局；营销渠道设计；窄渠道；经销；代理

【参考答案】

二、选择题

1. 设计营销渠道的第一步是( )。
   A. 确定分销渠道目标　　　　　　B. 明确分销渠道任务
   C. 分析设计营销渠道的必要性　　D. 选择营销渠道方案
2. 当生产量大且超过企业自销能力许可时,其渠道策略应为( )。
   A. 专营渠道　　B. 直接渠道　　C. 间接渠道　　D. 垂直渠道
3. 某超市在门前广场增设多个快速消费品销售点,这属于( )营销渠道。
   A. 延长　　　　B. 缩短　　　　C. 拓宽　　　　D. 缩窄
4. 产品的重量和体积越大,其营销渠道越( )。
   A. 长　　　　　B. 短　　　　　C. 宽　　　　　D. 窄
5. 在评定营销渠道方案时,其标准有( )。
   A. 经济性标准　B. 可控性标准　C. 适应性标准　D. 全面型标准

三、判断题

1. 设计营销渠道的出发点是顾客需求。（　）
2. 制造商应始终对中间商保持控制。（　）
3. 渠道的扁平化是实现顾客购物便利性的唯一方法。（　）
4. 代理商与经销商的根本区别在于是否拥有商品的所有权。（　）
5. 控制性是评选营销渠道方案的最为重要的标准。（　）

四、简答题

1. 简述设计营销渠道应遵循的原则。
2. 设计营销渠道有哪些环节?
3. 营销渠道的目标有哪些?
4. 影响渠道方案选择的因素是什么?
5. 简述运用因素评价法评选渠道方案的步骤。

案例分析

白酒销售渠道规划

A产品是B公司新推出的一个中高档品牌,B公司另有较多的老品牌,B公司为使A产品迅速打开全国市场,改善老产品渠道现状,制订了新渠道策划。

一、背景分析

1. 行业渠道现状及发展分析

随着社会的进步与发展,消费者渴望通过最短的时间,在最方便的地点,以最便利的方式,花费较低的代价交换自己所需所欲的产品、服务或体验,如何满足这种不断增大的需求,是当今渠道发展必须研究的问题。另外,卖方市场向买方市场的转变使顾客拥有了自主权,顾客的目标成为企业交易的价值所在,因而现代营销的核心也已经由对产品功能的诉求转变为对顾客价值的诉求,从而带动渠道由推动型向拉动型转变。渠道扁平化作为一种销售模式,简化了销售过程,缩减了销售成本,使企业有较大的利润空间。但扁平化并非是简单地减少哪一个销售环节，而是要对原有的供应链进行优化，剔除供应链中没有增值的环节，使供应链向价值链转变。B公司对各种流通环节和渠道组合进行了优劣分析。

代理商的优势：有一定的流通渠道，分销快；资金雄厚，偿债能力强；有一定的业务人员做服务；信誉好。其劣势：代理很多产品，分散精力；增加顾客购买成本；依赖性强；强调自我，工作不易配合。

二级批发商的优势：有一定的渠道网络；深度分销能力强；可面向乡镇市场；适合低收入者；价格低。其劣势：规格混乱；唯利是图；不配合厂商活动；范围小；信誉差。

超级连锁销售的优势：固定的销售网络；统一的采购；信誉好，资金雄厚；有针对性（中高收入者）。其劣势：供价低；进场费用高；同类产品的竞争相对激烈。

通过分析，最后一种渠道组合比较适合B公司需要。

2. 消费者对渠道的要求

对消费地点的要求。A产品的目标市场是中高收入者。通过对市场的调查与分析，B公司发现目标消费者主要集中在城区的企事业单位。而这些消费者的消费地点主要在中高档酒店，这些酒店又相对集中在市中心地带。这是目标消费者对消费地点的需求。而老的产品主要在中低档酒店和一般的烟酒零售店销售，主要通过批发渠道完成销售。

对消费服务的要求。因白酒行业对酒的售后服务要求较低，一般的白酒企业设一部免费800热线就够了。作为白酒的消费者大部分都有一定的品牌忠诚度。一般在酒店消费时，不愿意看到忠诚品牌酒缺货。这样也会减小酒的销售机会。因此，要做好重点酒店的供货工作，保持适当的库存量，做到随时有货，即使终端没货也可以在最短的时间内补缺。

对价格的要求。消费A产品这种白酒的消费者，一般都有一定的经济实力，而且公款消费居多。因此，目标顾客对价格基本不作大的要求。但是希望看到酒水价格的稳定，认为这是品牌与质量的象征。因此，在价格定位这一方面不会对渠道的战略组合产生重大影响。

对便利性的要求。任何一个消费者都希望在需要某物的时候，就能够立即得到。因此，在对渠道组合决策时，要考虑更多、更好的方式让客户通过最方便的途径就可以达成愿望。

通过对消费者要求的分析，B公司新产品适合重点终端直控，老产品适合运用分销网络。

3. 竞争现状及主要竞争对手分析

由于各大白酒厂家纷纷重炮攻击，也使渠道竞争进入了白炽化的阶段。但从目前形式来看，这些厂家的竞争仿佛还停留在战术竞争的层面。中档白酒在渠道利润分配方面：经销商的利润约为15元/瓶，零售酒店的利润约为30元/瓶，这些都反映了"终端为王"的现实。低档白酒经销商的利润约为3元/瓶，酒店的利润约为5元/瓶。目前在中高档白酒行业，重点酒店被买断的现象非常多，主要是由于酒店也倾向于眼前暴利，抵挡不住巨大利益的诱惑的结果。A产品的主要竞争对手为口子窖、高炉家、剑南春。3个对手的操作方式也不同，口子窖把重点放在酒店，由总经销直接操作。高炉家是采用分公司+总经销。剑南春也是采用总经销操作，但是把工作重点放在了商超（礼品酒）和酒店消费相当。在不同的市场，他们也有很大的变化。

通过对竞争现状分析，在B公司现有资源下，渠道利益分配上可以加强，但要控制好。同时，也要适应市场游戏规则，要具体市场具体分析。

4. 公司现有产品渠道现状

现有县市级经销商约100个，月销售额约400万元，新品A产品区域总经销商4个。新品月销售额不到3万元。销售的主力还是在老产品。在对经销商的支持及服务方面有：产品上市发布会；电视广告、路牌、条幅、宣传画等；促销活动；派驻市场工作人员协助拓展市场，费用由厂方负担；厂方负责送货。在对经销商考核措施方面有：在协议期第一月铺市率达60%，第二月达80%，第三月达90%，否则厂方有权取消经销资格；不准冲货，冲货30件以上初犯者，下批进货总量供应价上调5%，再犯则终止供货；月销售任务：连续3个月未完成月度任务，厂方有权取消经销权。

目前对经销商的管理还是比较传统的,靠的就是推销,给钱就发货。没有控制经销商的有力手段,也不能提供合理的区域规划建议。在经销商考核与激励方面,前期对经销商的考核基本上比较简单,甚至没有考核;在激励上很多承诺没有兑现,给企业的美誉度造成重大伤害。

5. 内部资源分析

目前公司的人力主要集中在甲、乙、丙三个区域约40余人,其他地区人数较少;老员工主要从事公司老产品的销售。闲散准销售人员较多,最多可抽调100多人。公司可用物资不多,库存品较多(必须转化才可以使用)。

二、新的渠道设计

1. 渠道模式

新的渠道组织采用一条线的单一渠道模式,有老产品的市场采用深度分销和二级批发商流通双渠道模式。新、老产品只选择同一区域总经销商,但是需通过两种渠道流通,并合理分配各层级合作伙伴的职能。在紧密型的伙伴关系中,与经销商共同致力于提高销售网络的运行效率、降低费用、控制市场。重视长期关系,渠道成员责任共担,积极妥善解决渠道纠纷,销售人员要担当经销商的顾问,为经销商提供管理和方法等支持,确保经销商与厂家共同成长。

通过对新架构的设置,B公司对新产品渠道减少了二级批发商环节,直接由区域办事处和营销商对目标终端进行管理。力争在2015年前发展区域总经销商100家,每个总经销商拥有的直控终端不少于60家;拥有二级批发商10家,深销终端30家以上。

2. 针对销售计划的渠道任务分解

省级市场约80万元,地区市场约40万元。

3. 渠道大会召开

公司可定为每半年召开一次合作伙伴渠道大会,表彰优秀合作伙伴,宣传公司的新产品。

三、未来蓝图规划

(1) 把现有的经销商培养或提升为营销商,由合作伙伴到战略伙伴,最后发展为价值链营销。

(2) 更多地发挥区域营销商的能动性,主动出击。与大的物流公司合作进入超级市场销售。建立相对稳定的营销网络。

【问题】

1. 结合案例,分析B公司在规划新的营销渠道时做了哪些前期工作。
2. 结合案例,分析消费者的要求对B公司设计新渠道起到了什么作用。

【分析】

要设计新的营销渠道,首先必须对原有的渠道和竞争对手渠道等进行分析,并结合消费者对渠道的要求等进行设计。B公司的新渠道方案指明了渠道工作方向,在执行过程中得到了总部有关部门和区域办事处较好的执行,也得到了经销商的配合。因此,整个过程都很顺利,成效较好。

设计营销渠道

1. 实训目的

通过本次实训,进一步加深对营销渠道结构的认识,能根据企业的实际需要,通过对渠道环境因素进行分析,设计并评选合适的营销渠道方案。

2. 实训要求

基于小王工作的家电企业，开发江汉市场，设计并评选适合企业的营销渠道方案，要求思路清晰、方法得当、分析完整，让人一目了然。

3. 实训材料

纸张、笔、计算机网络、企业画册、其他相关前期资料等。

4. 实训步骤

(1) 选择自己熟悉的广东某家电企业替代任务描述中小王工作的某企业。
(2) 分析开发江汉市场的必要性，以及企业在该市场的目标和任务。
(3) 初步形成可行的营销渠道方案。
(4) 收集影响渠道方案的因素并分析这些因素对渠道方案的影响。
(5) 选择适合的评价标准和方法，对可行方案进行评价。
(6) 选择适合企业需要的渠道方案。

5. 成果与检验

每位学生的成绩由两部分组成：学生实际操作情况(50%)和分析报告(50%)。

实际操作主要考查学生完成设计营销渠道的实际动手操作能力；分析报告主要考查学生根据资料分析，选择评价标准和方案，确定适合企业需要的渠道方案的合理性，分析报告建议制成PPT。

任务5　开发营销渠道

【任务描述】

小王根据自己的销售任务和江汉市场的具体情况，设计了一套开发江汉市场的渠道方案。经过与分公司经理进行沟通和探讨，对初步方案进行了调整。分公司经理认为最终方案适合江汉市场，并要求小王"按图索骥"，有针对性地与方案中的中间商进行洽谈，着眼于长期合作，达成协议，签下销售合同。

【任务分析】

渠道开发人员设计好了营销渠道结构，这仅仅是厂家的"一厢情愿"，没有中间商的积极配合，再好的方案也只是纸上谈兵。因此，渠道开发人员还必须做好与中意的中间商进行洽谈的前期准备工作，通过与中间商进行洽谈，达成合作协议，并对中间商的利益进行合理分配，保持渠道成员间的合作关系正常化。

【任务目标】

任务	工作要求
接洽营销渠道成员	掌握接洽的过程及其策略，熟悉招募渠道成员的手段
评定营销渠道成员	能根据相关标准运用相关的方案对不同渠道方案进行评选
签订销售合同	熟悉销售合同的结构及其内容
挖掘营销渠道成员的潜力	运用相关方法对渠道成员的潜力进行挖掘

【学习目标】

知识目标	技能目标	学习重点和难点
了解接洽营销渠道成员的准备工作的方式与内容	具有应对中间商的异议的能力	(1) 接洽工作的准备及异议处理策略 (2) 招募中间商的方法
掌握中间商评定的标准和方法等相关知识	能根据行业的特点制定中间商的评定标准，并使用合适的评定方法确定合适的渠道方案	(1) 中间商评定的标准 (2) 中间商评定的方法
掌握销售合同的结构和内容	具有设计和解释销售合同的能力	销售合同的内容
掌握营销渠道成员的培训、激励和保持等相关方法和策略	能运用培训、激励等措施来提升中间商的销售能力	(1) 培训营销渠道成员 (2) 激励营销渠道成员 (3) 保持营销渠道成员

【任务实施】

工作任务 5.1　接洽营销渠道成员

5.1.1　接洽工作准备

1. 信息资料准备

接洽营销渠道成员之前，要对受访者的整体情况进行充分调查和了解，从而使洽谈取得应有的成效。受访者整体情况材料的主要内容包括：受访者的职业、收入及生活水平；受访者的经济、社会地位；受访者的性格、爱好及生活习惯；受访者的家庭状况和交际范围；受访者对访问者的了解程度及信誉评价；受访者最感兴趣和最关心的问题；受访者的工作态度与业绩；受访者的年龄、经历、籍贯、专长、学历等。

2. 语言准备

接洽营销渠道成员时，如何有效地运用语言进行表达是一个十分重要和复杂的问题。渠道开发人员要讲究语言的艺术性和技巧性，做好必要的语言表达准备工作。语言表达准备的重点是洽谈开场白的准备，严格地说，是如何最得体地说好第一句话。不过，语言表达应随交谈环境不同而采取不同的表达方式，不必将开场白做成一个固定的模式，但一定要把握住语言表达变化的原则：切忌急于转向正题；用语随和又不失庄重；激发对方非谈不可的欲望等。

3. 心理准备

接洽营销渠道成员之前，渠道开发人员要对洽谈时将会出现的各种情况作充分估计，进行必要的心理准备。有时洽谈请求难免遭到拒绝，拒绝的形式有时会是直截了当地逐客，有时会是间接婉转地推辞，有时还可能是不负责任地敷衍等。消除各种拒绝的最有效办法是坚定信心，百折不挠，耐心说服，以礼待客。渠道开发人员必须坚定必胜的信心，准备好若干套说服客户的方案，依次运用，直至受访者愉快地接受预约。同时，要善于抓住受访者的心理，如好奇心理、好胜心理、探秘心理、虚荣心理、自尊心理、表现心理、逆反心理等，对症下药。

4．接洽的方式与内容准备

1) 接洽的方式

渠道开发人员与渠道成员进行接洽，应当遵循接洽活动的客观规律，寻求最佳的接洽方式。接洽的方式主要有上门接洽、信函接洽、电话接洽、网上接洽等，各接洽方式的比较见表 5-1。

表 5-1　接洽方式的比较

比较项目	接洽方式			
	上门接洽	信函接洽	电话接洽	网上接洽
定义	企业渠道开发人员直接与渠道成员进行面对面的接洽	通过邮寄或其他方式将渠道招商等内容寄给渠道成员，然后由渠道成员进行信息反馈沟通的接洽	利用电话同渠道成员进行语言的接洽	通过互联网络这种即时沟通工具与渠道成员进行信息交流
优点	接洽有深度，准确性强；灵活性较强；拒访率较低	接洽范围广、费用低、受干扰影响小	成本低、快速、节省时间、易控制、灵活性强	成本低、快速、节省时间、互动性强、沟通媒体多样化
缺点	成本高、耗时、易受外界干扰	回馈率低、时间长、可靠性较差	问题不能深入、辨别真实性较差	不适于长期的接洽、受技术限制、随意性强
适用范围	接洽客户不多，接洽内容需要详细的情况	对于时效性要求不高，名单、地址比较清楚，费用比较紧张的情况	距离较远，费用比较紧张，不善于用文字表述等情况	是对传统调查方法的补充

2) 接洽的内容

(1) 接洽对象。一般来说，渠道开发人员在接洽前就已选定了受访的渠道成员。但是，在实际工作中，渠道开发人员常常发现自己无法直接与受访者接洽。事实上，许多决策者往往将这类事务委托给秘书、下属及有关接待人员。因此，渠道开发人员应该直接与决策者，或对决策产生重大影响的人进行接洽，避免在无关人员身上浪费时间。

(2) 接洽事由。一般来说，接洽的事由比较多，但主要有寻求合作、调研产品销售市场、提供顾客服务、走访用户等。

(3) 接洽时间。接洽时间是否妥当，直接关系到接洽的成效。接洽的对象不同、目的不同、方式不同、地点不同，其时间也就有所区别。一般来说，除遵守接洽基本规则外，渠道开发人员在约定接洽时间方面还应根据接洽对象的特点、接洽目的要求选择最佳接洽时间，尊重对象意愿，讲求信用，准时赴约。

(4) 接洽地点。接洽地点的选择要与接洽对象、接洽目的、接洽时间、接洽方式等相适应，要体现方便中间商的原则。渠道开发人员在与渠道成员接洽前，应该根据具体情况选择具体的接洽地点。一般可将工作地点、居住地点、社交场所、公共场所等作为接洽地点。

5.1.2　接洽的原则和策略

开发营销渠道中的接洽是指厂商双方为实现商品或服务流通的合作需要，就各种合作条件进行协商的活动。在渠道成员选择接洽过程中，渠道开发人员应向中间商全面介绍企业及商品相关情况，展示合作利益，使中间商能较好地了解、认识并喜爱商品，消除中间商的疑虑，使中间商产生合作欲望。接洽的手段是说服，渠道开发人员必须借助于思维、语言、文字、体态等来传递和交流信息，通过摆事实、讲道理，以理服人的说服活动来实现选择的目的。

1. 接洽的原则

渠道开发人员在与中间商接洽过程中应遵循平等自愿、互利互惠、针对性、鼓动性等原则，这是取得与中间商合作的基础。

2. 接洽的竞合策略

在与渠道成员接洽过程中，仅仅遵循接洽的原则是不够的。因为不同的接洽对象，有不同的需要，必须随机应变，采取一定的策略来应对。在接洽中，常用的策略有开放策略、留有余地策略、假设条件策略、润滑策略、折中策略、声东击西策略、价格诱引策略、先发制人策略、扬长避短策略等。每种策略的特点是不同的，渠道开发人员在接洽中，应依接洽对象的不同需求，而采取相应的接洽策略。

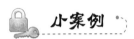小案例

接洽的开放策略

日本一家著名的汽车公司在美国刚刚登陆时，急需找一家美国代理商来为其销售产品，以弥补他们不了解美国市场的缺陷。当日本汽车公司准备与美国的一家公司就此问题进行谈判时，日本公司的谈判代表因路上堵车迟到了。美国公司的代表抓住这件事紧紧不放，想要以此为手段获取更多的优惠条件。日本公司的代表发现无路可退，于是站起来说："我们十分抱歉耽误了你们的时间，但是这绝非我们的本意，我们对美国的交通状况了解不足，所以导致了这个不愉快的结果，我希望我们不要再为这个无所谓的问题耽误宝贵的时间了，如果因为这件事怀疑到我们合作的诚意，那么，我们只好结束这次谈判。我认为，我们所提出的优惠代理条件是不会在美国找不到合作伙伴的。"日本代表的一席话说得美国代理商哑口无言，美国人也不想失去这次赚钱的机会，于是谈判顺利地进行下去。

3. 接洽中的异议处理策略

异议是指渠道开发人员在与渠道成员接洽过程中所遇到的各种阻力。在接洽中，异议是客观存在的必然现象，因为厂商双方在认知、情感、意志、个性、能力等多方面都存在差异。不过，在实际接洽过程中，任何差异都是存在其原因的，渠道开发人员要设法弄清形成异议的各种基本原因是什么，学会运用多种方法处理各类营销渠道中间商提出的异议，尽力促成合作。

在营销渠道开发过程中，渠道开发人员常常遇到中间商会提出需求、价格、产品、货源、权力、时间等方面的异议。其表现形式多种多样：既有真实的，又有虚假的；既有公开的，又有隐藏的；既有理性的，又有感性的；既有正确的，又有错误的；既有试探性的，又有强辩性的等。作为渠道开发人员，对这些异议必须认真分析，妥善处理，耐心说服，有效引导。

当渠道成员提出异议时，渠道开发人员应尊重中间商的异议，尽量避免与其发生争吵，应设法破解有关异议的原因，谨防卷入各种无关异议中。对价格异议通常可以采用先谈价值，后谈价格；多谈价值，少谈价格；让步等策略进行处理。对货源异议可以采用锲而不舍、坦

诚相见；提供例证；强调竞争受益等策略进行处理。对时间异议可以采用货币时间价值法、良机激励法、竞争诱导法等策略进行处理。在处理异议过程中，还应选择好时机。一般来说，在顾客提出异议之前可以预先回答，对顾客提出的异议可延缓回答、不予回答或立即给予答复等。不过，渠道开发人员应对渠道成员提出的大多数异议及时答复。这样做的优点在于表示对中间商意见的重视和尊重，使中间商感到渠道开发人员不回避问题，使问题在没有扩大的情况下及时得到解决，增强了说服中间商接受合作的力度。

5.1.3 招募营销渠道成员

上述中的接洽主要是制造商主动出击，寻求合作伙伴。而在以制造商为主导的营销渠道系统中，厂家的产品及品牌一般都很强势，在这种情况下，制造商可以是被动出击，在确定选择渠道成员的标准和方法后，可以通过媒体宣传来招募中间商。招募营销渠道成员的方法有以下几种。

(1) 通过在传统专业媒体和大众媒体中投放广告来招募。在传统媒体上做广告来寻找合作伙伴是十分常用的方式。

(2) 通过互联网来招募。互联网覆盖的市场范围相当广泛，招募费用低，信息沟通充分。

(3) 通过中介机构，如行业协会、商会或各种招商代理等来招募。一般来说，中介机构拥有比较多的行业信息与经验，具有强大的行业影响力与号召力，厂家可以将整个招募工作委托中介机构来做，付一笔费用即可。中介机构承担招募工作的好处是较为公正和客观。

(4) 通过顾客来推荐。通过市场调查，厂家可以了解当地市场上的顾客更喜欢哪种类型的渠道成员。

(5) 通过参加国内外同类展会、了解参展企业等方式来招募。

(6) 通过招投标来招募。

小贴士

招募渠道成员的产品选择

招募渠道成员，应清楚认识到不是任何一个商品都可以拿来招募的，产品是合作的根本，选择一个优秀产品，是成功招募的第一步。适合用来招募渠道成员的产品具有以下特征。

1. 具有持续发展空间

中间商经营产品都希望该产品具有持续的发展空间，因为这样会节省许多成本费用。具有持续发展空间的产品的特征有：具有广阔的市场空间；正处于导入期后期或快速成长期等。

2. 功能过硬

在产品同质化较强的今天，开发科技含量高、使用效果好的产品始终是企业不懈的追求。从企业的实际运作中看，凡是功能过硬的产品都赢得了不错的成绩，而在招募失败的产品中，一般热衷于制造概念的产品占很大的比重。

3. 能满足市场需求

企业要实现产品顺利招募到渠道成员，不仅要关注中间商的需求，还要关注消费者的市场需求。只有把两者的市场需求有效结合，才能确保招募目标的顺利实现。

4. 具有广阔利润空间

招募价与零售价之间的价差就是中间商的利润空间。中间商在选择产品时关注的一个重点就是产品的投资安全性，这个安全性就是从收益的角度去考虑的，即该产品具有多大的利润空间。因此，利润空间就成为中间商做出是否经销决定的关键性指标。

此外，在招募产品的选择上，还可以关注独树一帜的品类，可以是瞄准一个差异化的市场或者是具有差异化的技术，如采用中药理念的护肤美容产品等。

 动手实践

小王是刚出校门的"牛犊"，虽说血气方刚，但第一次接洽客户，心里还是没有底。他在想，如果中间商认为本公司的品牌不知名，是低端产品，不愿意合作该怎么办？甚至，中间商搭理都不搭理自己，又该怎么办？如果你是小王，请准备解决上述两个问题的策略。

工作任务 5.2　评定营销渠道成员

通过与营销渠道成员进行洽谈，渠道开发人员进一步加深了对渠道成员的了解，收集的信息资料更加丰富，内容更加详尽。下一步就是要进行评估，选择适合企业需要的渠道成员。

5.2.1　选择营销渠道成员的标准

1. 经济性标准

1) 地理位置

如果中间商处于交通主干线，或者接近于工厂或制造商中转仓，进货必然容易；如果中间商处于目标市场的购物商圈范围之内，有更大的顾客流量，那么该中间商的商品销售就有优势。

2) 经营历史与经验

长期经营某种商品的中间商，通常会积累比较丰富的专业知识和经验。一方面可以根据产品的特点进行有针对性的营销活动，因而在市场行情变动中，能够掌握经营主动权，保持销售稳定或乘机扩大销售量；另一方面，经营历史较长的中间商通常拥有一定的市场声望和一批忠诚的顾客，会增强顾客对公司产品的信任感。

3) 经营范围与实力

经营范围通常是指中间商经营的品种及其组合。在实际市场运作中，中间商往往不可能只经营一家制造商所有的产品，而是多厂家、多品牌、多层次的产品同时经营。可从 4 个方面考虑中间商经营的系列商品：一是竞争对手的产品；二是兼容性产品；三是互补性产品；四是产品质量。应尽可能避免选择直接经营竞争对手产品的中间商，应寻找经营兼容性产品和互补性产品的中间商。

经营实力表现为中间商在商品购销规模、市场开发等方面的投资行为力度。经营规模大的中间商购销流量也较大，而在市场开发方面能够保持较高投资的中间商，其商品购销流量也绝不会少，因而他们在商品分销方面具有优势。同时，也应考察其配送能力，是否具备配送意识，是否组建配送机构、拥有配送人员和配送工具等。

4) 经营管理水平

中间商的经营管理水平主要有经营机制、经营方式、经营理念、价值观和管理水平等。

(1) 经营机制是指企业经营者在所有权的约束下，对市场机会或威胁灵活制定对策，并组织资源努力提高经济效益的制度性安排。经营机制灵活的中间商能适应市场环境的变化，抵御市场风险。

(2) 经营方式在一定程度上影响着有关中间商的市场定位。从批发业来说，经营方式主要是指为厂家提供的订货、收购、融资、物流等功能及为零售商提供的商品组合、配销、库存、采购等功能的选择，如总经销制、总代理制、外包生产等；从零售业来说，经营方式就是指零售业态的演变，主要是指为顾客提供的购物环境特色和零售服务特色，例如，从杂货店演变出来的百货店、从柜台售货方式演变出来的超级市场、从单店销售演变而来的连锁店。市场竞争推动着经营方式的变迁，新的经营方式总是能够吸引顾客、扩大销售。

(3) 经营理念就是管理者追求企业绩效的根据，是顾客、竞争者及职工价值观与正确经营行为的确认，然后在此基础上形成企业基本设想与科技优势、发展方向、共同信念和企业追求的经营目标。它主要由 3 部分构成：一是对组织环境的基本认识，包括社会及其结构、市场、顾客及科技情况的预见；二是对组织特殊使命的基本认识；三是对完成组织使命的核心竞争力的基本认识，如麦当劳的经营理念是 Q、S、C、V，Q 是 Quality(品质)，S 是 Service(服务)，C 是 Clean(清洁)，V 是 Value(价值)。

(4) 价值观是指一个人对周围的客观事物的意义、重要性的总评价和总看法。一方面表现为价值取向、价值追求，凝结为一定的价值目标；另一方面表现为价值尺度和准则，成为人们判断事物有无价值及价值大小的评价标准，主要从终极性价值和工具性价值两方面进行评价。终极性价值，如舒适的生活、成就感、家庭保障、自由、幸福、社会承认、真正的友谊、智慧等；工具性价值，如有抱负、心胸宽广、有才能、快活、整洁、勇敢、助人、诚实等。

(5) 管理水平主要是指计划体系、组织结构、激励机制以及控制系统的完善程度、现代化水平。一般来说，管理水平较高的中间商能适应市场变化，保持企业经营稳定与发展，提高资本收益。如果中间商的管理阶层经常发生变动，非常不利于制造商与之合作。

5) 信誉状况和合作意愿

俗话说，"人无信，不知其可"。一般来说，厂家都愿意与信誉良好的渠道成员建立关系。考察渠道成员的信誉可通过同行口碑来获得。同时，合作意愿决定了中间商与制造商今后关系的融洽性和长久性。渠道成员的选择不是一厢情愿的。因此，企业应从渠道成员对企业产品的认同度和愿望两方面进行考察。

6) 自有分销网络

一些批发商、连锁企业等拥有自己的零售商店和固定的零售商，相当于拥有自己的营销渠道，使得他们经常保持一定的顾客流量维持其商品销售额水平。一个中间商拥有自有分销网络越多，说明该企业商品销售量也越大。

7) 信息沟通与货款结算政策

营销渠道应当承担多方面的功能，如信息沟通与货款结算。良好的信息沟通和货款结算政策可以提高制造商的资金周转率，降低制造商的融资成本，是保障营销渠道正常连续运行的重要条件之一。因此，选择中间商，还应了解中间商的信息沟通系统与货款结算政策，如中间商能否按时结算货款，包括在必要时的预付款。

8) 服务能力

服务已经成为产品销售过程中必不可少的一部分。由于顾客更接近中间商，因此，这就需要中间商向顾客提供更多的顾客服务，例如，数控机床在销售中需要提供技术支持或财务帮助(如赊购或分期付款)，液态产品需要专门的运输存储设备。因此，厂家在评价中间商时，不能忽视其顾客服务能力。合适的中间商应具有一定的顾客服务能力，提供的顾客服务项目应与企业产品分销所需要的服务要求相一致。

 小贴士

中间商选择的原则

1. 进入目标市场原则

企业选择中间商，其根本目的就是要进入目标市场，进行产品销售。因此，企业应根据目标市场的需求、购买习惯和消费习惯等，兼顾中间商的影响范围、顾客类型与目标市场的吻合程度等来选择中间商。

2. 分工合作原则

制造商和中间商在营销渠道中承担的功能是不相同的，因此，选择中间商应严格掌握中间商的经营特点、所能承担的渠道功能、所具有的专门知识和经验等。

3. 形象匹配原则

选择中间商不仅是为了销售商品，同时也是为了树立企业形象和商品形象。因此，在选择中间商时，一定应注意中间商的品牌要与企业的品牌保持相近或一致，千万不能落差过大。

4. 效率效益原则

企业选择中间商的根本目的就是要有效地实现营销渠道目标。因此，选择中间商，既要考虑中间商分销的效率，又要考虑投入的成本费用和收益的关系。

5. 同舟共济原则

营销渠道作为一个整体，只有所有的渠道成员具有合作愿望，才能建立起一个有效的营销渠道。在选择中间商时，要分析中间商参与有关商品分销的意愿，以及与其他渠道成员的合作态度等。

2．控制性标准

由于营销渠道管理涉及多个组织，并且这些组织具有一定的独立性，而企业营销渠道目标的实现，又必须依靠整个渠道系统中的成员保持协调一致的行动，因此，生产企业就产生了对渠道中间商进行控制的需求，以实现企业渠道目标。

从可控制性角度来评价渠道中间商，就是看企业控制某一个候选渠道中间商的可能性。一般来说，企业会根据实际需要，对不同的渠道中间商实施程度不同的控制。如果企业需要实施绝对控制，不但要控制渠道中间商的数量、类型和区域网点分布，而且还要控制渠道中间商的销售价格和促销政策。这样，渠道中间商就成为类似于企业的分支机构，要根据企业的控制指令从事经营管理活动。如果企业需要对渠道中间商实施较低程度的控制，通常只是通过提供帮助来影响渠道中间商的经营管理方式与行为。

由此可见，企业越是需求高程度的渠道控制，渠道中间商可控制性的评价结果对企业选择渠道中间商的影响程度就越大，就越是需要认真地评估渠道中间商的可控制性。渠道中间商的可控制性评估，可以从控制内容、控制程度、控制方式等方面来考虑。

1) 控制内容

从控制内容进行评价渠道中间商的可控制性，就是要指出企业可从哪些方面对渠道中间商进行控制。例如，企业可控制或可影响渠道中间商的营销决策有哪些；企业可控制或可影响渠道中间商的职能有哪些；企业能否控制渠道中间商可能发生的投机行为。

2) 控制程度

从控制程度进行评价渠道中间商的可控制性，就是要指出企业在哪些方面对渠道中间商进行控制及需要达到的程度。例如，渠道中间商在产品的价格上是否会完全按企业的政策行事；渠道中间商会在多大程度上接受厂家在其渠道职能上所提出的建议；对渠道中间商可能发生的投机行为，企业能否使用相应的处罚措施。

3) 控制方式

从控制方式上评价渠道中间商的可控制性，就是要分析企业可采用什么方法，在哪些方面控制渠道中间商。例如，厂家能否通过建立合理的渠道治理结构来控制渠道中间商的投机行为；企业能否使用自己所拥有的渠道权力来影响渠道中间商在产品价格等方面的决策；企业能否通过建立良好的合作关系或彼此之间的信任来影响和控制渠道中间商。

3．适应性标准

开发营销渠道中的新成员，最关键的问题是该渠道中间商能够适应企业原有的营销渠道系统。因此，对渠道中间商的适应性评价主要是分析、评估渠道中间商对企业原有营销渠道的适应能力及对渠道环境变化的应变能力。

1) 适应原有渠道的能力

评价渠道中间商对企业原有营销渠道的适应能力，既可通过拜访来了解渠道中间商的经营理念和发展思路，也可通过实地考察来了解渠道中间商的基础设施及其人员素质，以判断其融入企业原有营销渠道的难易程度和所需时间。例如，在信息化管理的今天，厂家在选择其渠道中间商时，对计算机、互联网、办公自动化等办公设施都要有硬性条件的规定。

2) 对渠道环境变化的应变能力

评价渠道中间商对企业营销渠道环境变化的应变能力，可通过调查来了解渠道中间商的发展历史及特殊事件，以便判断其处理危机的能力和应变能力。例如，在当前世界金融危机的环境下，渠道中间商是采取什么样的渠道策略和措施来应对的，取得的效益如何。

5.2.2 评价营销渠道成员的方法

对中间商的选择，可以通过定性分析和定量分析方法进行，具体方法有评分法、销售量评估法和销售成本评估法等。

1．评分法

评分法在实践中应用很广泛，其实施步骤如下。

(1) 选定标准，确定影响因素。一家制造商要先根据自己的实际情况，来确定选择中间商最重要的因素。

(2) 分配权数。由于每个影响因素的重要性是不同的，因此要根据每个影响因素的重要性来为其分配权数。

(3) 评定得分。对潜在的若干候选中间商进行逐项评价、打分，综合评定后，得分最多者最优。

如某厂家认为其选择中间商的最重要的因素有地理位置、经营历史与经验、经营范围与实力、经营管理水平、自有分销网络、中间商服务能力、控制内容和对渠道环境变化的应变能力等，各个因素分配的权数分别为 0.20、0.10、0.15、0.10、0.15、0.10、0.10、0.10。然后，该厂家对 3 个中间商 1、2、3 进行逐项评分，综合得分的结果是：3 最高，为 81.00 分；1 次之，为 80.00 分；2 最低，为 78.50 分，因此，中间商 3 是厂家最理想的搭档。具体评分细则见表 5-2。

表 5-2 评分法的举例

评价标准		权数	中间商 1		中间商 2		中间商 3	
			打分	加权分	打分	加权分	打分	加权分
经济性标准	地理位置	0.20	90	18.00	75	15.00	85	17.00
	经营历史与经验	0.10	85	8.50	80	8.00	85	8.50
	经营范围与实力	0.15	70	10.50	80	12.00	85	12.75
经济性标准	经营管理水平	0.10	80	8.00	85	8.50	90	9.00
	自有分销网络	0.15	80	12.00	90	13.50	75	11.25
	中间商服务能力	0.10	85	8.50	65	6.50	80	8.00
控制性标准	控制内容	0.10	70	7.00	80	8.00	65	6.50
适应性标准	对渠道环境变化的应变能力	0.10	75	7.50	70	7.00	80	8.00
	总分	1.00		80.00		78.50		81.00

2．销售量评估法

中间商的主要任务是销售，在其他条件相同的情况下，厂家当然要选择销售量最大的中间商进行合作。销售量评估法就是实际考察中间商的销售量的相关数据，如顾客流量、月销售额、销售额的近期变化趋势等。在此基础上，厂家对被考察的中间商的实际分销能力、可能承担的渠道任务和可能达到的销售量进行评估，然后选择最佳的中间商。

3．销售成本评估法

利用中间商销售，厂家要付出渠道管理和运作成本，这些成本包括谈判和履约监督费用、市场开拓费用、让利促销费用、货款支付的延迟或拒付带来的损失等。这些费用构成了厂家的销售成本，减少了厂家的收益。因此，厂家要通过控制销售成本来增加收益。使用不同的中间商，销售成本是不同的。评估销售成本常用的方法有 3 种。

1) 总销售成本比较法

在分析有关目标中间商的地理位置、经营历史与经验、经营范围与实力、经营管理水平、自有分销网络、中间商服务能力等基础上，厂家估算每个目标中间商如果作为渠道成员，在执行分销职能过程中厂家所花费的总销售成本，据此选择理想的中间商。

2) 单位商品销售成本比较法

总销售成本一定时，销售量越大，单位销售成本越低，渠道成员的效率就越高。因此，厂家选择中间商要结合总销售成本和单位销售成本因素综合评价。

3) 成本效率分析法

成本效率分析法就是以成本效率为评价指标，即以销售业绩和销售费用的比率作为评价中间商的依据。

小贴士

选择渠道成员的模式

在营销渠道开发实际过程中,收集一些定量数据比较耗时费力,那么,这时就可以参考一些比较适用的选择渠道成员的定性分析模式。

1. 弱式模式

暂时选择实力较弱,但是有通畅的营销渠道、良好的口碑及信誉的渠道成员,给予适当的支持。如帮助其制定好完整的市场开拓计划,保证其合理的利润空间。

2. 潜力模式

有的渠道成员在短时期内无法与实力强的渠道成员相比,但他们潜力较大。考虑到与渠道成员合作的长期性,可选择具有一定潜力的渠道成员。如该渠道成员对企业的产品很感兴趣,可将公司产品作为主推产品;或该渠道成员有抱负、经营品种不多、规模不大,但有一定的资金实力和发展潜力等。

3. 空白点模式

通过研究渠道成员的任务结构,找出渠道成员经营时段的空白点。前提是:一要求其经营结构与公司产品相近,且不陌生;二要求渠道成员较容易介入并较快上路运转;三要求空白点最好是淡、旺季时段,而不是品种。

5.2.3 确定营销渠道成员的策略

通过对营销渠道成员的筛选和进一步的洽谈,增进了厂商之间的理解,强化了合作意向,下一步就是确定营销渠道成员。确定营销渠道成员的方法有定量分析策略,如评分法、销售量法、销售成本法等,在这里不再赘述;也有定性分析策略,如两步走法、针锋相对法和逆向法等。

1. 两步走法

对刚进入家电业的渠道成员,由于所面临的环境相对陌生,必然会经历一个不适应到适应的过程。因此,在确定渠道成员时,可采取两步走的策略。即在渠道建设初期,可接受一些基本符合厂家选择标准,甚至低于选择标准的渠道成员的合作,这样可以迅速在该区域市场建立起渠道体系,尽快启动市场。待时机成熟,公司产品和品牌的招募力增强后,可选择符合标准甚至高出标准的渠道成员,从而逐渐淘汰低层次的渠道成员。

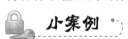 小案例

小经销商的华丽变身

由于 A 品牌(该品牌在河北省年销售超过 10 亿元)在市区的一个分销商 2013 年度不积极配合企业的工作,使得该片区的销售指标没有完成,A 品牌企业正在寻找合适的分销商重新运作该片区。得到这个消息后,正在寻求改变精品品牌的小经销商王成连夜找到 A 品牌办事处经理寻求合作机会。如果 A 品牌企业把该片区的分销权给王成,王成愿意在签订合同时比其他分销商多交 1 万元的保证金,保证在 3 个月能完成企业规定在该片区的铺市率、广宣生动化等基础指标,同时放弃目前王成自己运作的其他中小白酒品牌,集中其现有的人力、物力运作该片区市场。王成的诚意打动了 A 品牌企业办事处经理。后来正如王成所说,他集中人

力、物力严格按照企业的规定运作市场，经过3个月的市场运作，该片区的业绩与其他分销商持平。经过半年的努力，最终达到"星星之火，可以燎原"的态势。在这期间，王成还主动要求A品牌企业销售人员针对市场运作中存在的问题给自己和员工做培训。到2014年年底时，A品牌销售额过千万，王成在市区的四个分销商综合考评中获得第一名，得到了A品牌大区经理的认可。在2015年A品牌企业新品类上市时，王成升级为A品牌的一级经销商，负责运作整个市区市场，小经销商实现了华丽的变身。

2．针锋相对法

针锋相对法就是属于市场跟随者性质的一种确定策略，即以市场领先者的渠道成员作为参照目标来确定渠道成员。例如，美的空调在开发市场过程中，通常以格力空调的渠道成员作为参照物来确定其渠道成员，哪里有格力，哪里就有美的。

3．逆向法

逆向法是指企业不按从厂家向消费者的方向来一级一级地开发渠道成员，而是反方向从渠道的基层开始工作，先开发零售商经销产品，当产品销售量达到一定数量后，再开发二级中间商、总中间商等渠道成员，一级一级地往上开发渠道成员，从而使经营规模较大的中间商纷纷加入以制造商为主导的营销渠道体系。在实际运作中，逆向法具有以下特点。

1) 市场试运作

市场试运作即厂家选派渠道开发人员，在目标市场当地设立办事处，自设仓库。由厂家直接向零售商铺货，当产品达到一定的销量后，使上级批发商认识到经营该产品是有利可图的，从而可联系几家有意向的批发商同时向零售商铺货。不过，事先要写明双方的责权利，明确说明是产品市场试销，不承诺总经销权。

2) 让中间商在竞争中产生

让几家有意向的批发商同时向零售商铺货，通常会形成竞争和相互牵制的局面。随着厂家对零售环节和批发商的熟悉，以及市场试运作，淘汰掉那些渠道能力较差或终端运营能力较差的中间商。对被淘汰的中间商，给予一定补偿。如果初期中间商都采取观望的态度，厂家应该选择自己向零售商直接铺货，并且边铺货边谈经销事宜。只有在选好中间商，进行初步铺货后才能发动广告促销攻势，促进产品市场销售。有了良好的销售趋势，中间商才会一轮紧跟一轮地进货。

3) 签订经销合同的期限应适当

签订经销合同的期限过短不行，因为还没等中间商把销量做起来，合同就到期了，通过竞争来选择中间商的效应不明显；签订经销合同的期限过长也不行，因为有些中间商会利用经销权从事某些不正当的投机活动，或中间商能力确实有限，很难把市场做好，而又有合同约束不能过早终止其经销权，这样就会贻误市场机会。因此，签订经销合同期限应适当，留给中间商投机的空间较小，同时也能给中间商施加随时可能被换掉的压力，促进其更加努力销售公司的产品。

4) 不轻易承诺总经销权

即使市场上只有一家中间商在经销产品，也不能承诺总经销权，以防止中间商投机行为发生，充其量只能承诺特约经销权。在激烈的市场竞争中，很少有中间商能覆盖区域市场的所有下级批发和零售商，承诺总经销权就等于放弃了中间商无法覆盖的市场范围。另外，承诺总经销权意味着厂家参与区域市场开发和控制的机会减少。承诺越多，企业需要兑现的行为就越多，厂家付出的代价将会更大。因此，厂家应该本着"谁开发，谁管理到位，谁所有"的原则，保证不干预那些开发并管理得好自己网点的中间商。

5) 中间商不大不小，用着正好

厂家在确定渠道成员时，不是越大越好，也不是越小越好。厂家的实力有限时，不宜选择能力强的中间商，因为强势的中间商经营的品种较多，对知名度低的品牌很难去全力经营，并且还会出现"店大欺厂"的局面；也不宜选择能力太弱的中间商，因为弱势的中间商没能力把产品铺到销售终端，很难达到厂家的要求。因此，厂家确定与自己实力匹配而且能全力经营的中间商最好。

 小案例

J 牌小麦啤酒渠道逆向重构

J 啤酒刚进入太原之初，选择了传统的渠道模式。由于品牌不占优势，加之地方品牌的抵制，使之市场情况不乐观，销量很不理想。J 啤酒集团开始认识到依靠传统渠道模式很难取得成功，因为传统渠道模式对于新企业及新产品的推广是个效率低、代价大的途径，所以 J 啤酒集团采取了渠道逆向重构策略。

1. 铺货阶段

啤酒的消费旺季一般为 6～8 月份，所以 J 啤酒集团在 2013 年 4 月初开始对零售终端大规模铺货，通过各种措施充分调动了零售终端的积极性和消费热情，从而提高了 J 啤酒的服务质量以及品牌形象。

2. 调整阶段

2014 年，J 啤酒集团在对太原市的零售终端普遍覆盖的基础上，对超级市场、小型卖场、火车站和汽车站等特殊渠道和有大的终端展示和宣传价值的地方进行供货，加大流通渠道的促进，在进行各个政策下，J 啤酒的销量不断提高。

3. 对批发市场的招标阶段

随着 J 啤酒的占有率提高，J 啤酒引起了经销商的兴趣，集团抓住时机建立主渠道，把太原的某些公司作为总经销商。

4. 在太原全省市场的布点

2014 年年底，J 啤酒集团抓住机会，遵循"中心造市，周边取量"原则，推动产品向全省辐射。J 啤酒 2014 旺季在山西省的月出量达 6000 吨，年总销售量力图突破 3 万吨。

 动手实践

小王通过对江汉市场的各渠道成员进行调查访问，了解大致情况如下：潜江五交化是江汉市场最大的家电商，融代理、批发、零售及售后服务于一体，占据整个市场 70%的份额，将自己的品牌打进市场有点难。部分不服从五交化的零售商一般从武汉多福家电批发市场采购。在这种情况下，小王该如何评定渠道方案？

工作任务 5.3　签订销售合同

5.3.1　明确渠道成员的责权利

渠道成员具体任务是营销渠道总任务在具体成员身上的落实。任务的分配是与渠道成员的权利和责任密切相连的，常常在与渠道成员达成合作意向时就进行了明确的规定，并且通过签订销售合同的方式固定下来。厂家与渠道成员间各自的权利、义务、责任的界定会依据渠道合作方式的不同而不同。一般来说，厂家与渠道成员签订的合作协议的条款基本上会涉及以下内容。

1. 双方的责任

制造商的责任主要有：提供合格产品和相应的说明资料；必要的产品检测报告；市场协调、宣传计划和资料；货物托运和货物调换等。中间商的责任主要有：维护产品形象和声誉；按时结算货款；提供相应的销售资料；协助广告宣传和市场开发；维护区域内制造商的权益等。

2. 双方的权利

制造商的权利主要有：处置中间商违反市场规范的问题；审核广告宣传资料；核定零售指导价；参与指导制订营销方案等。中间商的权利主要有：享有销售商品的权利；按约定要求供货；享有制造商提供的各种市场服务的权利等。

3. 双方的利益

利益分配永远是营销渠道管理中的重要课题。一般来说，渠道利益如何在渠道成员之间进行分配，都在销售合同中进行了明确的规定，但如何分配更加合理，仍然是厂商之间不断探寻的问题。

1) 利益关联优化法则

任何一个营销渠道系统都是由制造商、中间商、消费者和其他渠道成员构成，渠道成员之间的利益是相互关联的，形成了一个共同的价值链。渠道整体利益在各个分销环节的有效分配，需要利益分配法则和渠道成员的资源与行为实现有机对接与融合，两者是不能分离的。在执行利益关联优化时，企业需要遵循如下法则。

(1) 根据行业基本规律与标准进行各个环节的分配。例如，化妆品行业最常见的营销渠道为厂家—省(地市)级代理商—美容院，以价位在100元左右的中档产品为例，行业内公认的生产成本和包装成本总计控制在零售价的5%～6%，如果厂家以2.5折寻找代理商，以100元的产品计，则成本在5～6元，代理商的售价在25元左右。如果扣除其生产成本20%～24%、销售费用15%及宣传费用10%，其利润率在51%～55%；如果代理中间商以2.5折进货，然后以5折出货，扣除20%的销售费用，其利润率在80%左右；如果美容院以5折进货，按零售价销售到最终消费者，扣除10%的销售费用，其利润率在90%左右。

(2) 根据企业资源聚焦原则，适当减少其他环节的利益分配，将利益向核心竞争环节进行优化倾斜。例如，在我国，家电零售终端市场竞争激烈，"终端制胜"成为家电竞争的潜规则。因此，在核心竞争的终端环节中，连锁家电公司已经占据了整个家电市场的半壁江山，它向厂家要求的返利是最高的，通常高达20%。

(3) 若利益分配区间不足以用于合理的分配，就需要从市场竞争的角度放大利益分配区间，但必须论证降低成本或提高零售价的可行性。如果生产成本降低，导致质量也降低，市场销量萎缩，利益分配区间反而变小。同样，如果提高零售价格，导致销量下降，整体利润下降，利益分配区间也在变小。

(4) 若利益分配区间充裕，就可以在增加核心竞争环节利益分配的同时，把各个环节利益配足，这样更具有综合竞争力。如果无论怎么调整也难实现利益在各个环节间进行有效分配，说明原有的利益分配原则不适合当前市场竞争的需求，企业就应选择主动放弃原有利益分配规则或进行深度的利益分配规则的调整。

2) 利益公平化法则

渠道利润分配应本着公平的原则，即营销渠道体系中的成员的报酬应该与各成员承担的责任与任务相一致。产品在营销渠道中的流通过程也是创造价值的过程，渠道成员获得的利益应与其在营销渠道中创造的价值相一致。

按照公平原则，企业必须要了解渠道成员付出了多少成本，创造了多少价值，并且要在渠道成员中达成共识。营销渠道成员会通过横向比较和纵向比较来判断其所获报酬的公平性。

所谓横向比较，就是渠道中某一成员将"自己"与另一成员相比较来判断自己所得报酬的公平性，并据此做出反应，用下列公式来说明。

$$\frac{Q_P}{I_P} = \frac{Q_X}{I_X}$$

式中，Q_P——自己对所获报酬的感觉；

Q_X——自己对别人所获报酬的感觉；

I_P——自己对所投入量的感觉；

I_X——自己对别人所投入量的感觉。

若上式成立，则说明此渠道成员觉得利益分配是公平的，可能会因此而保持工作的积极性和努力程度。这里需要说明的问题如下。

(1) 投入量包括渠道成员的能力、努力程度、时间、人力资源投入等因素。报酬包括精神和物质奖励以及工作安排等因素。

(2) 如果 $\frac{Q_P}{I_P} > \frac{Q_X}{I_X}$，则说明此渠道成员得到了过高的报酬或付出的努力较少。一般情况下，该渠道成员不会要求减少利益，而有可能会更加努力增加投入量。但过一段时间就会通过高估自己的投入而对高利益心安理得，于是其产出又会恢复到原先的水平。

(3) 如果 $\frac{Q_P}{I_P} < \frac{Q_X}{I_X}$，则说明此渠道成员对厂家的激励措施感到不公平。此时，该渠道成员可能会要求增加报酬，或者自动地减少投入以便达到心理上的平衡。当然，该渠道成员甚至有可能退出企业的营销渠道系统。

渠道成员除了将"自己"与其他渠道成员的横向比较外，还存在自己的目前与过去的比较(与厂家合作有一定时间的情况下)。如以 Q_{PP} 代表自己目前所获报酬，Q_{PL} 代表自己过去所获报酬，I_{PP} 代表自己目前的投入量，I_{PL} 代表自己过去的投入量，通过比较，结果如下。

(1) 如果 $\frac{Q_{PP}}{I_{PP}} = \frac{Q_{PL}}{I_{PL}}$，则说明此渠道成员认为激励措施基本公平，其积极性和努力度可能会保持不变。

(2) 如果 $\frac{Q_{PP}}{I_{PP}} > \frac{Q_{PL}}{I_{PL}}$，一般来说，此渠道成员不会觉得所获报酬过高，因为该渠道成员可能会认为自己的能力和经验有了进一步的提高，于是其工作积极性不会提高多少。

(3) 如果 $\frac{Q_{PP}}{I_{PP}} < \frac{Q_{PL}}{I_{PL}}$，则说明此渠道成员觉得很不公平，工作积极性会下降，除非厂家给他增加报酬。

尽管公平理论的基本观点是普遍存在的，但是在实际运用中很难把握。渠道成员的主观判断对此有很大的影响，因为人们总是倾向于过高估计自己的投入量，而过低估计自己所得到的报酬，对别人的投入量及所得报酬的估计则与此相反。因此，渠道管理者在运用该理论时，应当更多地注意渠道任务与利益之间的合理性。

5.3.2 设计和签订销售合同

要将开发营销渠道行为转化为成果，合同的签订是最核心的衡量指标。销售合同是一份厂商双方合作的纲领性文件，对双方的权利和义务进行必要的约定，也是双方当时意思一致的表示。如果合同设计不合理，或者双方在签约前没有进行充分的信息沟通，就会导致厂商合作困难。因此，在签订合同中，双方都要保持高度的谨慎。一般来说，销售合同的主要条款如下所述。

1. 销售区域

作为制造商，希望中间商能够在指定的区域内经销产品。但基于利益的追求，中间商经常会跨区销售产品。如果是以恶意降低价格窜货，则会对市场造成严重危害。因此，企业需要在合同中明确销售区域。

2. 任务指标

明确中间商的任务指标是厂商合作获利及持续经营的基础，也是保证产品市场份额扩大的硬性指标。合理的、科学的任务指标将促进中间商积极运作本产品。如在合同中规定："乙方自签订本协议之日起至××年××月××日止，以供货价从甲方购进某产品的总购货款为××万元人民币，以乙方打到甲方账户的货款为准。"在确定总任务额后，要将其分解到季度或月份中以便促进执行与考核。

3. 首批进货款

首批进货款是厂商首次实质性的交易，首批进货款到账意味着合作正式生效。制造商应根据行业、产品等具体特点确定合适的首批进货额度，并督促中间商如期打款进货。如在合同中注明："本协议自签订之 15 日内，乙方须将首批货款××万元汇入甲方指定账户内。逾期未交足上述款项，则视为乙方解除本协议，甲方有权对该地区更换中间商。"

4. 价格条款

价格是厂商共同关注的焦点，是市场管理的重中之重。如果价格失控，就会引起价格大战或者价格混乱，影响厂商之间的整体利益，最终会影响整个渠道的运行。合同中规定的价格有制造商规定的批发价、一级批发价、二级批发价和零售价，指导价和价格调动幅度要有明确的规定，才有被严格执行的可能。最为重要的是对结算价的明确界定，要清楚地注明结算价格是否含税、是否包括运费(何种运输方式的运费)。这些都要通过合同明确规定，并加以严格监督实施，从而实现制造商对中间商在价格领域的掌控。

小贴士

顺价销售和倒挂销售

顺价销售是指渠道成员对自己销售的商品，必须以采购价格为基础，加上合理费用和最低利润形成的价格进行销售，不允许以任何形式向代理、批发和零售企业亏本销售。

倒挂销售是指二级经销商、三级经销商及销售终端等下游商家的产品销售价格低于一级经销商的正常出库价，甚至低于厂家的最低出厂价。价格倒挂是下游经销客户在低价亏本销售，实际上是因为下游经销客户将厂家或上游经销商给予的销售政策，拿出一部分来进行低价销售，总体保持盈利。

5. 让利约定

让利约定一般包括批量让利、成长让利和管理让利 3 部分。批量让利的目的是鼓励中间商严格按照合同的规定，完成甚至超额完成年度销售额。完成得越好，得到制造商返利额也就越多。批量让利应按合同规定及时兑付，这样才能调动中间商的积极性；不按时支付甚至久拖不付，就会挫伤中间商的积极性。

市场发展是循序渐进的，开拓市场初期，销量不会很大，随着市场被打开，销量也会逐渐增大，成长让利就为这些目标服务，并给予中间商返利奖励，有效地调动了中间商的积极性。

管理让利是制造商对中间商关于价格执行情况、遵守不窜货情况等市场管理要求的执行好坏所给予的奖励返利。

返利条款一定注明相应的考核标准，不能用词含糊，并将兑付时间与兑付形式界定清楚，以免出现误解和争议。

6. 铺货要求

终端建设在产品销售中的作用越来越重要，而终端形式有很多，如家电专卖店、连锁店、连锁超市等。一个中间商的实力常常通过他所拥有的终端资源表现出来。在合同中，对中间商铺货的速度、数量和样机出样等，应有明确的要求。

7. 违约条款

违约条款是中间商违反合同规定，但还没有达到应该解除合同的程度所执行的处罚条款。如没有完成任务量、没有按合同规定的价格出货、铺货终端数量不够、少量窜货等行为，这些都应详细地在合同中注明。关于处罚的程度一定要数字化，犯到哪条就能找到相应的处罚额度，这样能够方便执行和避免争议。

8. 退换货条款

退换货条款首先要明确退换货的条件或起因，一般有质量问题、包装问题、有效期问题等。在合同中应注明退换货的范围，以便执行，因为退换货直接涉及双方利益，双方对此条款都应该认真对待。其次是退换货的附加条件和作业流程、责任承担等，退换货的附加条件有货物完好、无破损和时间限制；作业流程有结算、运输方式与费用承担；责任承担应根据不同情况，明确责任，以免产生矛盾，如"首批进货 3 个月后及 6 个月内，乙方可要求甲方原价回购首批未销完产品，同时乙方自动放弃经销权。如乙方在此前曾经两次进货，或者违反本合同规定，则本条款的退换货规定自动失效。"

9. 解约条款

当厂商合作遇到困难，不符合继续合作条件时，就出现了合同解约。在合同中，应注明解约条件。在处理解约问题时，应把握好时机，防止中间商压货，以避免损失。

10. 其他事项

由于各中间商的具体情况和具体需求不同，因此，在一份销售合同文本中，很难将所有事项都标准化。因此，可以将未尽的事宜放在最后，通过协商达成一致后，补充在其他事项。

 小贴士

签订销售合同应注意的事项

【拓展文本】

（1）签订合同前，首先要进行区域市场调研，开展调研的核心目的主要是研究市场，为量身制定区域市场政策及营销策略奠定基础；其次，是根据市场潜力，确定恰到好处的首批进货量。

（2）签订合同时，中间商公司名称一定要和营业执照上的名称一致，并加盖公章；不能使用简写或法律上根本不承认的代号；不能以私人章或签字代替公章或合同专用章。

（3）设计销售合同的内容一定要缜密、完善，体现双方共赢的主旨，确保营销渠道每一个个体都有增值的机会，以达到企业增长运营业绩的目的。

 动手实践

小王经过对江汉市场调研后，与潜江五交化进行了艰难的谈判，终于达成让潜江五交化做江汉市场的批发商的协议。现在，小王需要将所有洽谈的内容进行整理，形成一份批发商经销合同。如果你是小王，请设计一份批发商经销合同。

工作任务 5.4　挖掘营销渠道成员的潜力

5.4.1　培训营销渠道成员

1. 培训营销渠道成员的必要性

一个成功的营销渠道必定有其成功的经营管理模式，而经营管理模式的成功离不开渠道工作的规范化管理。管理成功与否，取决于渠道成员的工作素质是否达到公司渠道管理工作的要求。在当今激烈的市场竞争条件下，厂家需要在渠道成员的帮助下为用户提供全方位的产品和服务，希望渠道成员贯彻厂家的经营理念，统一管理模式和工作方法，以便于相互之间的沟通；希望渠道成员提高售前、售中、售后服务质量，把产品品牌渗透到用户心中；更希望渠道成员及时反馈用户对产品及服务的需求，把握产品与服务的市场发展动向。厂家将这些要求与渠道成员进行充分沟通并得到其认可之后，还必须使渠道成员获得相应的能力，这就需要为渠道成员提供相关的培训，形成更加紧密协作的厂商互动关系。

渠道培训对供应商来讲，至少有以下几点好处：提升中间商对产品的了解和认识，提高中间商对客户信息服务的能力，提升销售额；在市场竞争中建立自己的标准，拉近供应商与其他渠道成员之间的关系，加强对渠道的影响和控制，有利于提高渠道成员的忠诚度，直接提升渠道的综合竞争力；渠道培训工作做好了，就很容易形成和帮助企业文化及政策在渠道中的运用和提升，员工也就知道个人在企业中的发展方向和渠道工作的目标，让员工知道进入这个机制就是具备了成为领导者的可能。

2．培训营销渠道成员的内容

1) 产品培训

产品培训主要是提高渠道成员的专业化水平，实现厂家与渠道成员间在产品、制造技术、服务体系、业务模型、管理模式等方面的同步。专业化的渠道可以对内提高企业素质，对外提高服务质量，提高用户对厂家的信任度。渠道是产品在市场销售的执行者，所以渠道成员是厂家形象的代表，其服务质量所产生的影响对厂家至关重要，用户会更多地将其归于厂家的服务质量。厂家向中间商提供相关产品的专业技术、服务支持，以及相关的业务运作，是企业专业化向最终消费者的有效延伸。因此，产品培训一直是渠道培训的首要内容。如科龙电器产品培训的主要内容是介绍各类家电的生产技术规程、原材料及其性能、各类产品的卖点，以及如何根据用户的需要提供完整的解决方案等。

2) 销售培训

对于任何一位用户来说，销售人员对产品的理解、对产品能够给用户带来好处的理解以及对用户的使用环境的理解，都会对销售的成败产生重要影响。销售培训的重点在于介绍产品的性能、竞争优势、竞争对手分析、成功案例分析、销售技巧和报价方法等。

3) 管理培训

管理培训主要集中在企业文化、营销策略、市场战略及厂家经营理念等方面，使渠道成员对厂家的经营理念、发展目标等有深刻的认识和认同，把厂家的经营理念、科学销售方法、服务理论和技能传递给渠道成员。例如，LG 公司在培训中十分重视企业经营理念的培训，把统一经营理念作为渠道建设的立身之本，同时也满足了渠道成员能与 LG 共同成长的愿望。

3．培训营销渠道成员的方式

1) 公开课培训

公开课培训是最为常见的培训方式之一，已经为许多企业经常性采用。这种培训方式是选择一位职业讲师，将需要培训的渠道成员集中在一个特定的空间内，由讲师运用一定的专业培训设备和技巧对渠道成员进行为期半天至 3 天不等的专门主题的训练。这一培训方式的特点是在一个特定空间里集中学习，避免了各种可能的干扰，学习效果相对较好；培训师有专业培训经验，了解受训者学习的特点，善于使用专业的培训技术和技巧，容易调动学习者的学习兴趣；培训师具有丰富的经验和知识，可以为渠道成员带来新的观念、知识和技能；由于这类培训师是"外来的和尚"，他们容易给受训者造成权威感，有利于受训者接受培训师的观点。

2) 项目现场培训

对于一些技术性强的培训，采取项目现场培训方式，培训效果好。如进销存系统管理软件的培训，通过现场培训和示范，深层次地培训渠道成员掌握系统的使用、维护和各种日常操作等。

3）建立培训学院

许多有实力的大公司专门建立培训学院，以承担对渠道成员及自身员工培训的职能。如联想公司成立了"大联想学院"，作为专门为代理商提供各类培训服务的机构。1997年，联想提出"大联想渠道策略"，即把联想和合作伙伴构建成一个风雨同舟、荣辱与共、共同发展的"共同体"，把联想的渠道合作伙伴纳入联想的销售体系、服务体系、培训体系、分配体系和信息化体系中来，形成一体化建设。为了建设"大联想"，加强对渠道成员的培训，联想公司于1998年正式成立了"大联想学院"，其职责就是规划并建立渠道培训体系，策划并组织实施渠道培训。

4）送中间商到高校参加培训

一些厂家将中间商送到高校参加相关的项目培训。如科龙公司曾经选送30多名优秀中间商到清华大学进行学习培训，使中间商接受现代营销理念。科龙公司负责人表示，这是基于企业可持续发展战略的长远考虑，中间商是维系企业与消费者最直接的桥梁，其眼界与素质的提高能使企业更加深入地了解消费者的需求，这不仅有利于企业产品战略的调整和创新，也有利于厂商及消费者的多方共赢。

5）视频学习

视频学习包括两种具体方式：一是购买视频课程，让渠道成员集体观看；二是购买培训公司的网络视频课程，让渠道成员随时上网学习。这一方式目前正在为许多小公司所采取。但是，在"自由放任"的条件下通过视频学习往往效果并不好，要解决视频学习的效果问题，需要"创造性学习"。视频学习具有突破时间和空间的限制、节约培训成本、培训双方互动性强、实施方式灵活便捷等特点。

6）读书活动

这是一种成本极小，但效果较好的培训方式。一方面，它可以使渠道成员从读书中学习到知识和技能；另一方面，可以培养渠道成员自我学习的能力。如格力空调将公司总经理董明珠编写的《棋行天下》一书送给其渠道成员学习，要求相关人员在业余时间阅读，并在规定的学习周期结束时将渠道成员集中起来，让每一位渠道成员分享留在脑海里的概念、观点和方法，以及与公司现实工作的联系。为了有效地激励渠道成员真正地看书学习和积极分享心得，可以采取一些有意义的奖励和处罚手段。

 小案例

江淮经销商网销能力培训

【拓展文本】

江淮公司为使经销商更好地适应其乘用车事业的发展，改变经销商网络营销能力参差不齐，网销意识滞后，导致大量自由购买的网销工具无人操作，大量网络线索流失的局面，提升经销商网络营销能力，通过梳理《网销执行手册》中的关键岗位，设计了两轮网销专项培训，共计6场，参培人数共计238人，覆盖全国215家网销平台在用的特许销售服务店。培训采用多种培训方式（理论授课、现场表现加分、问题答疑和案例分享等）相结合的模式。如在电话营销专项培训中，主要以电话营销操作流程和技巧为主要内容，分理论和课堂演练多种授课方式，提升专营店相关人员基础能力，培养专业人员，进一步提升网销成交率。

通过了解网销工具的使用情况及商务中心意见，培训组首轮选出30余家区域标杆店，同时将山东分公司优选为网销试点区域，按计划对区域标杆店及山东分公司优秀店进行一对一到店辅导，目前已经完成山东分公司所有 b 模式专营店及部分商务中心标杆店的到店辅导。到店辅导主要围绕专营店人员架构、线索管理、绩效考核等多个方面进行梳理，查找专营店目前存在的问题点，并制定整改方案，优化提升。同时，按月输出网销标杆店案例，供体系内经销商共同学习提升。

5.4.2 激励营销渠道成员

渠道成员的管理是跨组织管理，渠道成员有各自的目标，有决定自己经营行为的权利和能力，有着自己独立的利益。厂家需要给予渠道成员激励，激发渠道成员的潜力，在互利互惠中实现各自的目标。渠道成员的激励形式多种多样，一般而言，可以分为直接激励和间接激励两类。

1. 直接激励

直接激励是指通过给予物质或金钱奖励来肯定渠道成员在市场销售活动、行为规范操作等方面的绩效。直接激励主要有以下几种形式。

1) 返利

返利是指厂家根据一定评价标准，对达到标准的渠道成员进行奖励的激励制度。

(1) 返利的类型。按照不同的划分标准，返利有不同的类型。

① 根据返利兑现时间划分，可分为及时返利、月度返利、季度返利和年度返利。

a. 及时返利是以每单销量为依据的返利，通常是在购货时就进行返利。其优点是计算方便，兑现快捷；缺点是无过程，影响市场价格，这不是返利本身的初衷。小商贩喜欢这种形式。

b. 月度返利是以月度的销量为依据的返利，能让中间商更容易看到返利的诱惑。同时，也便于制造商根据市场的实际情况、淡旺季等来制定合理的任务目标和返利标准底线。但这种返利方式对公司业务核算有比较高的要求，而且月度返利金额往往较小，诱惑力不够，还容易出现投机心理、市场大起大落等不稳定现象。如中间商往往为了追求本月的返利而拼命进货，导致下月的进货严重萎缩。这种方式往往被一些走量较快的消费品企业采用。

c. 季度返利是以季度的销量为依据的返利。这种返利方式既是对中间商前一季度销售情况的肯定，也是对其后一季度销售活动的支持。这样就促使厂商在每个季度结束时，对本季度合作的情况进行总结和反省，相互沟通，共同研究市场情况。

d. 年度返利是以年度的销量为依据的返利。年度返利便于企业和中间商进行财务核算，容易计算营销成本，便于参照退换货、销售任务目标等政策因素进行调整。年度返利账面金额往往比较大，对中间商有一定的诱惑。年度返利一般是在次年的第一季度内兑现，能够有效缓解企业结算压力，同时也有利于企业资金周转。此种形式被大多数企业所采用。

② 根据返利兑现方式划分，可分为明返和暗返。

a. 明返是指明确告诉中间商在某个时间段内累积提货量对应的返点数量，是按照与中间商签订的合同条款，对中间商的回款给予的定额奖励。明返的最大缺点是由于各中间商事前知道返利的额度，如果厂家稍微控制不力的话，原来制定的价格体系很可能就会因此瓦解。

为抢夺市场和得到返利，中间商不惜降价抛售，恶性竞争。最终，不但起不到调节渠道利润的作用，反而造成市场混乱。

b. 暗返是指对中间商不明确告知，而是厂家按照与中间商签订的合同条款对中间商的回款给予的不定额奖励。暗返在一定程度上消除了一些明返的负面影响，而且在实施过程中可以充分地向那些诚信优秀的中间商倾斜，较为公平。暗返在实施过程中是模糊的、不透明的，但在实施的那一瞬间，模糊奖励就变得透明了。中间商会根据上年自己和其他中间商的模糊奖励的额度，估计出自己在下一个销售周期内的返利额度。暗返利通常与明返交叉使用，而不能连续使用。否则，暗返就失去其模糊的意义。

③ 根据评价标准的不同划分，可分为销售额返利和综合返利。其中，销售额返利又可分为销售额现金返利和销售额货款折扣返利。

a. 销售额现金返利是最为传统、最为典型的返利方式。它是指渠道成员在销售时段内(如月、季、半年、年)完成了厂家规定的销售任务，就可以按规定的比例及时享受厂家支付的现金返利。

b. 销售额货款折扣返利是以销售额为标准，但支付返利的方式是货款折扣，即返利不以现金的形式支付给渠道成员，而是让渠道成员在下次提货时享受一定折扣。

c. 综合返利是指厂家通过考查渠道成员的综合情况实行返利的政策。综合情况包括销售量、铺货率、安全库存量、区域销售政策的遵守、配送效率、及时投款与开单情况、及时回款情况、售后服务、价格执行、终端形象等。厂家根据这些项目，设定综合评价指标和权数，进行定量考核，给予返利奖励。

④ 根据返利比例的不同划分，可分为阶梯返利和固定返利。

a. 阶梯返利是指随着销售量的增大而逐渐加大返利额度的一种返利方式。如果企业处在一个成长速度较快的市场，而且市场中还有很多的空间，可以采取阶梯返利的方式。

b. 固定返利是指采取一个固定比例进行返利，在销量达到一定数量时就可以获得。如果企业所处市场已经比较成熟，各区域市场已经开发得比较到位的情况下采用固定返利方式。

 小贴士

返利的目的

1. 提升整体销量

促使中间商提升整体销量是返利最主要的目的。因此，返利常常与销量挂钩，实行阶梯返利政策，中间商随着销量的提升而享受更高比例的返利。

2. 完善市场

实际上，这是返利发挥其控制功能的一种形式。除与销量挂钩之外，返利还可与提高市场占有率、完善网络建设、改善销售管理等市场目标相结合。

3. 加速回款

将返利直接与回款总额挂钩的返利方式，可以有效加速资金回笼的速度和进程。

4. 扩大提货量

这种返利常常采取现金返利的方式，一般分为两部分：一部分采用现金返利方式兑现；另一部分则是一段时间之后根据这段时间总的销量再进行返利，即累计销量返利。

5. 品牌推广

此类返利有时候也被称为"广告补贴",与销量挂钩,并参照补贴市场的实际广告需求确定返利比例。需要说明的是,此类返利与销量返利并存,但返利的比例关系不一定一致。

6. 实现阶段性目标

这是为配合企业阶段性销售目标的完成特别制定的阶段性返利。企业为促使中间商进货、增加库存,可采取阶段性返利政策,中间商若超过此期限进货则不再享受此项返利政策;企业新产品上市推广阶段,也通常采用特殊时期特殊产品的高返利,以促使短期提升销售量,达到市场突击的效果。

(2) 返利的形式。返利的形式主要包括现金、产品和折扣等。企业在选择兑现方式时,应根据自身情况进行选择,以方便客户和自己,起到激励和控制的作用。

① 现金返利形式是根据中间商的要求和企业实际情况,以现金、支票或冲抵货款等形式兑现。现金返利兑现前,企业应根据事先约定扣除相应的税款。以现金兑现的形式刺激力度大,但资金压力也大,很少被企业采用。目前大多企业是以冲抵货款的方式兑现返利。

② 产品返利形式就是企业用中间商所销售的同一产品或其他适合中间商销售的畅销产品作为返利。需要注意的是,产品必须畅销,否则返利的作用就难以发挥。这种返利形式有利于厂家销售产品,而且以厂家产品价格核算返利金额,对厂家是很有利的,中间商也会接受,但激励效果会打折扣。

③ 折扣是指返利不以现金的形式支付,而是让中间商在提货时享受一个比率折扣,但前提是现款现货交易。厂家主要是通过这种模式减少自身的现金压力,尽快回笼资金。

(3) 确定返利的"度"。返利已经成为一个行业的惯例,行业不同,返利的做法也有所不同。作为激励和控制手段,返利在时效、形式、力度、频度、条件、执行等方面都显示出极大的变动性、灵活性,甚至微妙性。

① 返利的力度。返利力度太小,对渠道成员没有吸引力;力度太大,厂家利润不允许,而且中间商会将一部分预期返利打入价格,降低价格来销售,以获取更大销量和更多返利,从而扰乱市场。究竟多大力度才合适要依行业而定。一般来说,科技含量高、资金密集型的行业的返利额度比较小;而科技含量较低、劳动密集型的行业的返利额度相对较大。厂家在制定返利政策时必须参照两条标准:一是行业的平均水平;二是不至于引起冲货。同时,应适当拉开差距,兼顾公平,不能过分偏向大客户而轻视中小客户,注意上限的设置及过程激励的实施。

② 返利的频度。返利的频度就是在一定的时期内返利的次数,主要有月度返利、季度返利、半年返利和年终返利。其特点在返利的类型已经讲述。

③ 返利的条件。大多数企业采用单一销量(回款)指标来核算返利,这种形式简单易操作,在市场经济的初期起到催化剂的作用。但随着市场经济走向成熟、深入,制造商不得不关注价格体系和市场秩序,因此,越来越多的厂家采用过程导向的综合指标(如目标销量完成、价格体系保持、市场秩序维护、品牌推广支持等)分解考核返利,即把返利总额分解到多个指标上分别予以考核,分别兑现返利,以弱化销量指标,强化市场维护和市场支持指标,旨在追求市场的良性、持续发展。

 小案例

返利引起的法律思考

某汽车制造企业是南方一家汽车生产企业，主要生产发动机排量在 2.0～3.8L 的越野车辆和皮卡车辆，该企业适应 17%增值税，越野车的消费税为 5%～25%不等，皮卡车无消费税。为了扩大市场占有率，该企业运用了一系列的促销手段，并制定了相关的销售政策。首先为了提高经销商的提车积极性，根据市场情况给每一个经销商确定年度提车计划并按季度和月度进行考核，根据计划完成情况给予经销商提车金额一定比例的返点；其次，为了促进经销商尽快地实现车辆的终端销售，对经销商实现终端销售的车辆给予一定金额的返利；另外，为了扩大产品的知名度，对经销商参加车展、巡展、促销、广告投放等活动给予一定的补贴等。由于该销售政策涉及销售返利，必须注意如何支付及何时支付才能符合国家税法相关规定。管理层决定研究销售折扣和销售折让等问题，希望公司在实际的操作过程中既能达到公司利益最大化，避免不需要的税费发生，又能够符合国家法律法规的相关规定。

2) 职能付酬

职能付酬是指厂家根据渠道成员完成的职能、相应的业绩及合作程度给予报酬激励。如厂家不是将一定比例的佣金直接付给渠道成员，而是安排这样一个奖励计划：如完成基本销售任务，付 30%；并保持有 30 天的存货，付 5%；按时支付，再付 10%；提供消费者购买信息，再付 5%，以激励渠道成员完成重要的单项任务。

3) 补贴

补贴是指厂家针对渠道成员在专项职能中所付出的努力，给予奖励性的各种专项补贴，如广告补贴、运输补贴、商品陈列补贴、样机补贴、新品推广补贴等。

4) 放宽回款条件

资金回笼是任何企业都非常关心的问题，因此，厂家常常将及时回款作为激励渠道成员的重要条件，并在合作协议中有明确的关于回款期限的规定。一些有实力的渠道成员常常将及时回款甚至提前付款作为其承担职能的重要内容，以体现其竞争优势。然而，对于财力不足的渠道成员来说，放宽回款条件是极大的优惠条件，能够提供充分的激励。

5) 渠道建设投入

厂家在渠道建设中进行一定的专有资产的投入，使渠道成员承担较长期的责任，能够在这个支持的过程中逐步建立"双边锁定关系"。同时，渠道建设投入本身也是对渠道成员的极大的物质激励。如美的空调每年对"4S"店的投资给予一定的补贴，成为对"4S"店的一个重要的激励政策。

 小贴士

【拓展文本】

"4S"店的内涵

"4S"是 4 个英文单词的首写字母。这 4 个以"S"开头的英文单词分别代表如下含义：销售(Sale)、零配件(Spare Part)、售后服务(Service)、信息反馈(Survey)。"4S"表述了一种将销售、零配件供应、售后服务、

信息反馈融为一体的"四位一体"经营方式。空调 4S 店是由空调生产商授权建立的,是"四位一体"销售专卖店。据行家介绍,在整个空调获利过程中,销售、配件、维修的比例结构通常为 2∶1∶4。维修服务获利是空调获利的主要部分,对专卖店的重要性也是显而易见的。

2. 间接激励

间接激励是指通过帮助渠道成员进行销售,以提高销售的效率和效益来激励渠道成员的积极性,从而提高渠道成员销售绩效的激励方式。间接激励主要有以下几种形式。

1) 关系激励

厂家通过与渠道成员及时地进行信息交流,加强沟通,让渠道成员参与到渠道计划工作中来,共同制定渠道发展规划,明确各自在渠道发展中的责权利关系。同时,进行经常性的感情交流,发展长久的紧密关系,能够对中间商起良好的激励作用。

(1) 建立经常性的磋商或沟通机制。建立经常性的磋商或沟通机制,能使沟通和交流工作常规化、制度化。

业界榜样

> 格力空调建立的股份制销售公司就是中间商参与渠道规划工作的一个重要的交流平台。公司定期召开会议(如定期的高级和中级领导层的会谈),征求中间商们对格力空调渠道建设的意见和建议,共同商讨渠道发展大计,起到了良好的沟通和激励的作用。

(2) 开展经常性的情感沟通活动。厂家可以策划开展形式多样的非正式活动,加强感情的交流,进一步强化合作关系。这类活动包括定期的走访、节日联谊活动、年末的答谢活动,甚至店庆祝福活动等,能够使渠道成员获得较大的满足。

2) 发展激励

中间商参与到渠道工作中来,进行一定的渠道投入,不仅希望获得短期的利益回报,还希望获得长期的事业发展,不断成长。因此,厂家对中间商的发展激励在整个激励体系中具有举足轻重的地位。发展激励主要体现在以下几个方面。

(1) 产品的市场前景好,业务发展潜力大。厂家要与中间商充分沟通企业的发展战略、市场开拓等方面的远景目标,使中间商充分理解和认同厂家的事业目标,对事业发展有信心,有热情,有自豪感。

(2) 厂家渠道管理工作规范有序,可以将优秀的管理方法向中间商传授。中间商愿意和强大的厂家合作,不仅是因为其产品流量有保证,获得好的利润,也因为强大的厂家有先进的企业管理理念和管理经验。强大的厂家将先进的管理经验和方法向中间商传授,能使中间商的素质获得提高。

(3) 共同开发新的市场机会,帮助中间商成长。共同开发新的市场机会,帮助中间商成长是符合厂家发展的长远目标。因为,随着市场的扩展、企业实力的增强,就需要中间商同步提高,才能提升产品的品牌形象和提高产品的市场总体竞争实力。当然,厂家实力增强以后,也可以发展实力强的新的渠道合作伙伴,但渠道成员不可能完全改换,这样交易成本太大,而且风险也极大。稳妥之策是帮助原有的渠道伙伴一起成长，使渠道整体实力获得提高，竞争力增强。

3) 渠道支持

厂家对渠道的各种支持措施是厂家渠道政策和渠道管理的重要内容，是渠道激励的重要手段。

(1) 信息支持。信息支持是指厂家通过给渠道成员提供产品相关的信息，帮助渠道成员提高销售能力，扩大销售量。信息服务对于渠道成员来说尤其重要，因为渠道成员如果不能先于竞争对手及时掌握最新信息，就会在竞争中处于劣势；如果不能及时向用户提供最新的产品信息和准确的产品性价比，就会失去用户的信任。因此，许多公司通过开通专门的互联网站点来提供相关的信息支持。

TCL公司信息产品事业部向各级中间商正式开通了APCIC渠道专用站点，服务对象为TCL公司的一级和二级中间商，各级中间商可以从APCIC上获得TCL公司最新发布的产品信息、市场活动报道、服务支持等。并且一级分销商还可以通过站点查询各自的业务状况，TCL公司也能通过网页平台从中间商那里获得必要信息，在网上进行业务往来。

(2) 市场支持。市场支持是指厂家围绕开拓市场而对渠道提供的一系列支持，包括广告、市场推广活动、提高核心渠道向下一级渠道的拓展力度等。有时厂家也针对区域提供市场推广活动支持，如帮助个别区域代理召开渠道大会，从会场布置到一切活动的安排，都由厂家来做，这样弥补了区域代理能力的不足。

(3) 技术支持和维修服务。技术支持是指厂家针对渠道在技术方面的不足所提供的包括技术指导、技术人员培养等一系列支持。厂家通过在大区设立专门技术支持人员的方式，对渠道提供技术上的帮助和指导。对渠道成员来说，由于技术能力的相对落后，对厂家的技术支持依赖性比较强。维修服务是中间商销售的后盾，厂家良好的维修服务能够使中间商专心做销售，没有后顾之忧。同时，优质的售后服务能够在顾客心中树立对品牌的信心，促使更多用户向中间商购买产品，并且中间商也能赢得许多回头客。总之，完善的维修服务网络能够提高中间商在市场竞争中的生存能力。

科龙公司建立的维修网络覆盖全国近31个重要城市，由近百家授权维修机构组成，所有授权维修中心的发展、建立都要经过严格的考核、认证，并由科龙公司维修管理中心统一管理，强大的维修服务支持使得中间商能专心做销售，增强了中间商对科龙的信心。

(4) 融资支持。融资支持是指厂家为合作伙伴提供直接的融资，或帮助渠道成员借用外部资金，包括从银行、租赁公司、投资公司和上市公司等机构获取资金。

5.4.3 保持渠道成员策略

1. 提高渠道成员忠诚度

为了保持渠道成员的相对稳定性,企业可通过提高营销渠道成员的忠诚度来实现。从厂家的角度来讲,主要是做好以下几个方面的工作:一是向营销渠道成员提供质量好、利润高的产品;二是对中间商给予渠道资源支持;三是对于中间商给予管理援助;四是厂商之间在友好合作的气氛中进行公平交易。

2. 保持渠道成员间的利益均衡

利益均衡包含着两层含义:一是指企业、中间商和消费者之间的均衡和利益分配的纵向关系;二是指中间商之间的均衡和利益分配的横向关系。

首先从渠道成员的纵向关系来看,企业在选择营销渠道模式时,对企业、中间商和消费者三者关系的处理不当,就往往会导致渠道利益的失衡。一方面表现为中间商的利益受到损害,挫伤了其积极性,虽然企业能够提供较好的产品,市场需求较大,但由于中间商对企业产品失去信心,最终导致利益失衡;另一方面表现为企业充分注意到中间商在产品分销过程中的作用,但挤压了消费者的利益,企业产品价格相对较高,消费者需求受到抑制。因此,企业必须充分考察、调研,妥善处理企业、中间商和消费者三者之间的利益关系,防止渠道价值链的断裂,保持渠道成员的稳定。

利益均衡的第二层含义为渠道成员之间的平衡问题。很多企业往往以渠道覆盖面广来试图扩大其市场份额,然而不同渠道成员由于公司政策的不合理而互相摩擦,往往会导致渠道利益的失衡。企业要想实现渠道平衡,保持渠道成员,可以采用的方法包括以下几种。

1) 继续确保渠道利润链

渠道利润链的继续是渠道利益均衡的首要前提。目前,市场竞争激烈,产品利润空间越来越小,企业便开始挤压中间商的利润,致使利润链中断,中间商纷纷转向其他企业。因而企业必须探索新的利润增长点,而不是靠挤压中间商利润来确保企业利益。例如,企业可通过增加产品的附加值,塑造产品的品牌形象,实现物流的"第三方利润"等措施来增加产品的价值,降低整个系统运作的成本,从而确保渠道利润链的继续,使渠道成员能够获得其适当的利益,保持其稳定性。

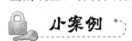

采取什么措施维系经销商

某食品公司为了提高批发商的销售积极和渠道忠诚,采取了以下措施。

1. 重视客户意见

为了更好地发挥地面促销的作用,该公司充分采纳一线的促销意见和方案,如新老产品的组合套餐、新产品的铺市甚至促销品的采购。在 2012 年春天粮油大幅涨价的时候,根据客户的意见,该公司放弃了以往搭赠自身产品及小家电等促销方式,专门在大米产区采购了 300 吨优质大米,用于公司主打新品的铺市推广,结果在花费不多的情况下,取得了好于已往 6 倍的效果。

2. 独特的经销商俱乐部

为了更好地培养批发商对企业的深厚感情与和谐的商业气氛，该公司有计划地与批发商建立深度战略客情。对经营长久、思维新潮的批发商，与其建立战略伙伴关系，组建经销商俱乐部，定期通过欢快的形式举办联谊会、新品发布会、政策阐释会；会间通过新品测试、信息收集、联欢、礼品派送等形式大大增进客情，使得新品的铺市速度和覆盖面始终具有很大优势，这在一定程度上也使客户形成了微妙的主人翁的感性意识，加强了品牌忠诚度。

3. 深度服务与自主控制

速冻食品的储存特点决定了从生产、配送甚至售后都需要良好的服务质量去维护市场和促进销售。为此，该公司采取了一些更贴近市场的服务举措。例如，研发和生产的主管领导定期走访客户，现场办公；设立大区热线，即批发商可以直接向大区经理反馈市场信息或投诉销售或配送人员。一系列的措施使公司的服务被广大批发商深度认可。

2) 制定动态的价格体系

企业往往采用不同的营销渠道来进行产品的销售，但每个渠道成员的利益分配都有着相对的均衡，以至每个渠道成员都能在既得利益下配合企业行动。但当企业对任何一个渠道成员的价格折扣、返利或奖励改变时，都会造成其他渠道成员的抱怨，引起渠道成员间的内部矛盾。因而企业必须制定一个动态的价格体系，当企业改变任何一个渠道成员的利益政策时，也要相应地对整个渠道系统进行调整，进而达到一个新的平衡，维持渠道成员的稳定。

3) 明确渠道成员的责权利关系

渠道成员的责权利关系的模糊以及惩罚力度的不够，往往导致渠道成员利益的冲突，致使市场混乱，中间商互相倾轧、攻击，使企业营销渠道系统处于瘫痪状态。因此，企业必须从考核标准、奖励和惩罚的措施来规范中间商的行为。

【拓展文本】

可口可乐公司通过只给予 101 系统渠道客户配送货物的奖励和严格的惩罚措施，使该渠道客户脱离流通渠道，避免了其与批发商争夺渠道的下级成员。同时，通过对渠道批发系统实行非碳酸饮料销量的返扣奖励来刺激其对非碳酸产品的销售，避免了批发商只做成熟品牌而冲击其他渠道利益的问题，从而保持渠道成员的稳定。

3．建立完善的信息共享机制

建立完善的信息共享机制是保持渠道成员运作的关键。只有实现了渠道信息及时、准确的双向流动，才能使厂商间的配合协调、高效率。畅通高效的信息传递不仅可以保持渠道系统的稳定性与灵活性，而且还可以避免企业渠道系统的僵化，保持对市场和消费者信息变化的灵敏反应。

花王公司的信息共享

日本花王公司通过一个高效的渠道信息系统，将公司的主要部门与渠道中间商连接起来，公司可以看到每天的销售、库存和需求数据，并实现在 24 小时内向所有的 28 万家商店发送产品的物流机制。同时，公司运用一套回音系统的分销检测程序，与重点调查组、消费者反馈以及从各零售商那里获得的 POS 系统数据一起，收集新产品发售的快速信息，及时掌握产品的销售情况和追踪消费者需求的变化，保持了渠道成员良好的稳定性与弹性。

4. 发展信任关系

信任可以减少渠道成员间彼此顾虑所带来的经营和管理成本，促进渠道成员间的沟通，更好地实现营销渠道的目标，进而达到保持渠道成员的稳定。企业在发展渠道成员之间的信任关系时，要注意以下几个方面。

1) 渠道成员以往的表现

相互信任的关系是以厂商真诚合作为基础的，如果一方带有某种投机性心理或私人目的，企业单方面发展信任关系是十分危险的。对渠道成员以往的表现要进行深入考察和分析，加强对渠道成员的了解，从而提高对其行为预期的准确性，降低合作的风险。

2) 渠道成员的美誉度

渠道成员的美誉度是消费者的口碑，代表了渠道成员在消费者心目中的形象与影响力，同时也反映了渠道成员的经营理念和追求。美誉度越高，说明其越注重自身的长期发展，企业与其发展相互信任的关系风险就越低，彼此合作的效果就越好。

3) 关系投资的规模

关系投资是渠道成员为了发展彼此间的合作关系所投入的成本，具有不可转移和沉没性的特点。因此，关系投资规模越大，不可转移和沉没性成本就越高，从而增加了渠道成员退出的壁垒，使渠道成员发展彼此合作关系的欲望增强，彼此间的信任得到强化。

5. 完善营销渠道政策

厂家对渠道成员的激励除了通过销售协议来规定外，更重要的是通过完善营销渠道政策，来不断跟进与刺激渠道成员。

营销渠道政策是指企业为了促进产品的销售，提高渠道流程的效率和效益，确保渠道目标实现，对渠道成员制定和实施一套系统的渠道操作规程和管理制度的活动过程。

1) 营销渠道政策的主要内容

选择一套行之有效的渠道政策需要做好充分的调研工作。营销人员必须深入市场，研究中间商在渠道运作中的状况和需求，在考虑满足需求所具备的条件等因素的基础上，以企业和中间商的共同利益为目标，制定和实施适合的政策内容。营销渠道政策的具体内容，见表 5-3。

表 5-3 营销渠道政策的具体内容

类别	厂家市场目标	中间商执行目标的困境	渠道政策内容
商流	销售额(量) 增长率 铺货率 占有率 利润率	产品积压 销售增长缓慢 市场占有率不高 交易费用增加 退货、换货率高	渠道成员的实物或现金奖励 月、季度、年度考核奖励 铺货产品的赠送 特价机铺货率奖励 协助从下级客户筹集资金
物流	零库存管理 经济批量 存货周转率	库位不足 车辆短缺 配送不及时	仓储与运输补贴 提高库存周转率的奖励 及时配送的奖励
资金流	资金周转率 回款率 信用额度	资金周转慢 压款严重 缺乏财务信用	价格让利、数量折扣 提高回款率的奖励 信用额度的评估与管理
信息流	通信设备完备 销售数据及时调存 信息管理现代化	通信设备短缺 销售数据杂乱 数据库不健全 客户信息未能及时更新	对通信设备建设的支持 联通渠道成员数据库 对健全客户管理系统的奖励

 小贴士

制定渠道政策应注意的问题

一般来说，营销渠道政策是每个月制定一次，渠道政策必须紧跟公司的市场目标。同时，每个月的渠道政策必须保持连续性，环环相扣，激励渠道成员去执行，达到政策努力实现的目标。因此，在制定渠道政策时，应考虑政策力度所能达到的报酬率，研究参与政策执行人员的承载能力和洞悉竞争对手的动向。在激烈的市场竞争条件下，营销渠道的环境变化快，影响环境变化的因素较复杂，营销渠道政策应与时俱进，及时调整。

2) 营销渠道政策体系

(1) 渠道价格政策。价格政策是指企业为了促进商品销售，针对合作的渠道成员在渠道流转中的不同职能，制定适度的促销价格策略，以刺激他们的购买欲望，从而实现促成交易的渠道目标的定价规程或制度。家电行业的定价策略主要有顺加法和倒挂法：顺加法是将进货价格加直接费用作为基础来计算商品的销售价格的方法，这是许多家电厂家使用的方法；而倒挂法是以销售价格作为基础，扣除直接费用来计算商品的价格的方法，这种方法主要由格力空调采用。企业的价格政策对渠道成员的利益能起到协调的作用。在实际渠道价格管理中，科学合理地制定和实施价格政策，还要根据产品市场生命周期、竞争态势、企业营销战略实施的不同阶段等因素，对价格政策进行及时调整。

H 公司的渠道价格及利差

H 公司是一家制造补胎剂的企业，每瓶补胎剂的直接成本（原材料、人工费、车间管理费等）与供货成本共计 28 元，为了保持渠道商的稳定及利益，制定了如下的渠道价格：一级代理商从公司拿货价格为 40 元，约为出厂价的 69%；二级经销商从代理商处拿货价格为 45 元，约为出厂价的 78%；零售商从经销商处拿货价格为 50 元，约为出厂价的 86%。

(2) 渠道销售政策。企业为了刺激顾客的购买欲望，促成顾客购买行为的产生，孕育和培养更多的忠诚顾客，制定了实现渠道目标的管理规程和制度。渠道销售政策主要包括销售区域划定、经营权期限、分销规模、违约处置等。

动手实践

小王通过学习了解到，要完成销售任务以及取得公司在江汉市场的长足发展，就离不开对现有合作的渠道成员的培训、激励和保持。如果你是小王，请从培训、激励和保持渠道成员这 3 个方面来分析该公司所应采取的措施或策略。

课后练习

【参考答案】

一、名词解释

经营理念；逆向法；管理让利；直接激励；市场支持；营销渠道政策

二、选择题

1. 在对营销渠道成员进行接洽之前，需要做好(　　)工作。
   A．信息资料准备　　B．语言准备　　C．心理准备　　D．身体准备
2. 下列激励中，属于直接激励的是(　　)。
   A．返利　　　　　B．关系激励　　C．发展激励　　D．渠道支持
3. 制造商在选择批发商作为合作伙伴过程中，一般会从下列(　　)因素进行评价。
   A．批发商自有分销网络　　　　　B．区位优势
   C．财务状况　　　　　　　　　　D．顾客服务能力
4. 为了保持渠道成员的相对稳定性，提高渠道的忠诚度，从厂家的角度来讲，主要措施有(　　)。
   A．向渠道成员提供质量好、利润高的产品
   B．对渠道成员给予渠道资源支持
   C．对渠道成员给予管理援助
   D．不断提高渠道成员的满意度
5. 在渠道利益分配中，分销渠道成员会考虑到自己的投入量，下列属于投入量的是(　　)。
   A．渠道成员的能力　　　　　　　B．努力程度
   C．时间　　　　　　　　　　　　D．人力资源

三、判断题

1. 利益均衡就是指企业、中间商和消费者之间的均衡和利益分配的纵向关系。　(　　)
2. 职能付酬属于间接激励措施。　　　　　　　　　　　　　　　　　　　　(　　)
3. 折扣这种返利方式有利于减少自身的现金压力，尽快回笼资金。　　　　　(　　)
4. 首批进货款是厂商首次实质性的交易，首批进货款到账意味着合作正式生效。(　　)

5. 根据企业资源聚焦原则,适当减少其他环节的利益分配,将利益向核心竞争环节进行优化倾斜。（　　）

四、简答题

1. 简述接洽的方式。
2. 评定中间商的标准有哪些？
3. 简述评分法的步骤。
4. 销售合同的主要条款有哪些？
5. 激励营销渠道成员的措施有哪些？
6. 简述保持营销渠道成员的措施。

案例分析

洋河代理商开发乡镇市场的4个环节

环节一：准备——要打有准备的仗

洋河股份在经销商的培训中要求做到三点：第一，要求经（分）销商的业务人员要明确当天出差的区域，把区域内的客户的最近销货记录和欠账金额看一下，查看已经电话预定货物的客户的产品是否装车，问一下老板有无相关宣传单页和促销品，或者针对该客户的特殊政策及产品的营销政策，由此联想到附近的客户是否也有类似产品需求。第二，经（分）销商在物流工作人员装车的时候要确保产品完整无渗漏或者布满灰尘，季节性的产品要多装点货，新到的产品要首先做一下客户规划表，然后有针对性地装车。第三，出于对员工生活的关怀，经（分）销商要叮嘱其出门前要带齐必要的生活品、工作品，比如：水杯、手机、销货单等。另外，相关厂家的业务员的电话名单要带上。

环节二：拜访——细心记录零售店

洋河股份的销售体系要求经销商开发乡镇级市场的拜访环节要做好两项工作。一是理货。洋河公司的业务骨干每到一处零售店，首先要看一下上次来留下的货物的销售状况，对于销售良好的货物要及时提醒零售店补货，对于上次留下了但根本就没有卖的货物，尤其是新产品，要跟零售店了解清楚原因，并及时提出自己的销售建议，对于自己没有办法解决的，下班时要报告给老板，并要老板拿出方案。此外，对于货架上的产品要看一下摆放的位置是否显眼，有渗漏或者很脏的产品要及时调换，对于放在地上的货物要看一下是否被别的厂家的产品压到了下面，尤其是正在销售的产品。每到一处零售店应当把产品单页和海报摆放张贴到位，发现单页和海报没有充分利用的，要帮助零售商摆放好。二是业务。洋河股份要求各级业务人员每到一处零售店，如果碰到零售店很忙的情况，一方面要积极地帮忙；另一方面要留意观察都在销售哪类产品，自己有同类产品的话要适时地跟零售店谈一下自己的产品，自己没有同类产品要注意搜集市场信息，以便交流。如果零售店不忙，可以先坐下来跟零售店聊聊市场、生活等状况，但聊天的核心目的要明确，那就是为你的销售搜集信息，如果零售店老板不在的话，可以先把相关的产品单页留下来，以便下次拜访的时候有话可谈。如果零售店说现在还不到进货的时候，首先要看一下他有没有摆放别的厂家的同类产品；其次即使真的不到进货的时候，也要把相关的产品单页和海报先张贴到位，以便给零售商留下产品的印象，便于以后跟进。

环节三：交流——耐心应对客户问题

洋河经销商在同客户交流时通常会遇到一些问题，他们把这些问题大约分为三类，并总结了一套应对话术来解答客户提出的疑问。

问题一：你的产品价格太贵了，不好卖。洋河方面的业务员称，这是典型的"价格抗拒"，非常常见。

碰到这种情况，不要被客户牵着鼻子走，要抛开价格谈价值，比如可以讲"好东西从来就不便宜"，并采用数字分析的方法。零售商既然说贵，那肯定有比我们的便宜的产品，问一下零售商他卖的便宜产品是什么成分？含量多少？多大规格？什么价格？成本多少？利润多少？哪个厂家的？然后分析给他看看。如果算下来我们的产品实际更便宜的话，可以跟零售商讲其实老百姓不是要最便宜的产品，而是要最实惠的产品。如果我们的产品确实比别的厂家的贵，那么还可以这样去解释：产品质量确实不一样，然后通过物理辨别方法或者产品的品牌价值告诉客户我们的质量确实好。如果自己总结不出来的话，可以马上向相关厂家的业务员请教怎么回答客户，可以因为同一个问题错过一个客户，但是不能因为同一个问题被第二个客户难倒。

问题二：现在我店里的同类产品太多了。对于客户这种类型的表示，有着5年销售经验的江阴某商贸公司业务员小吕说：其实零售店的真实目的并不是不要你的产品，既然他店里同类产品太多了，那恰恰证明该区域对此类产品有很大的需求，我们可以理解零售店的真实想法是：请你给我接受你产品的理由。那好，我们可以首先看一下其他的同类产品都是哪些厂家的？多大含量？并问问他同类产品都卖多少钱？利润多少？然后归纳出他现有产品的缺点来，比如说：利润低或者效果差等。然后我们可以这样说：没错，我也看到了您这儿的同类产品特别多，但是我们的产品跟您现有的产品的最大不同在于……（从利润和推广前景的角度去谈）。而这种不同恰恰就值得您去推广。实在不行可以讲，你先少留下些卖卖看看，卖不掉算我的。

环节四：洽谈——跟客户谈产品技巧

拜访环节是直接与客户面对面的环节，也是最为重要的环节。这个环节中需要用心去跟客户交流，帮客户解决问题。如果要跟客户谈一个新产品，首先要了解自己新产品的特点（与众不同的卖点），然后一定要先找出客户的需求，比如该产品在当地有没有市场潜力？他对现有的同类产品的效果或者利润是否满意？如果你的产品的特点恰好满足了客户的需求，那么客户做你的产品的希望将会大大增加。遇到店大欺客的情况，经销商要采用骆驼兵法，一点一点地接近客户、走进客户心里，最终达成合作关系。在谈自己的产品的时候，要注意双方的心理斗争，一定注意不要刻意攻击别的厂家的同类产品，恰恰相反，要首先肯定别的厂家的同类产品，然后最多可以委婉地指出同类产品的缺点，因为王婆卖瓜，自卖自夸，在你向零售商推荐产品的时候，零售商也会这样认为。同时，还可以借助别的零售店成功的销售经验来现身说法。碰到自己确实不懂的技术层次的问题，就老老实实地告诉客户，然后问一下相关的人员再给客户一个解答。

【问题】

1. 结合案例，分析洋河经销商使用的四个环节在开发乡镇市场过程中各自发挥了什么作用。
2. 结合案例，分析在设计和开发营销渠道中应该注重哪些基础工作。

【分析】

在开发渠道过程中，应该对目标市场的经销商有一定的了解，熟悉他们的需求和特点等，然后要分析这些经销商的经营经历及其优劣势，再结合企业的渠道目标，进行有针对性地开发。当然，在与经销商洽谈过程中，渠道开发人员一定要注意一些原则，如不要刻意攻击竞争对手的产品的缺点等，维护一个渠道人员的职业素养。

开发营销渠道成员

1. 实训目的

通过本次实训，使学生能根据企业的区域市场发展以及中间商的意愿，评定适合企业的渠道成员，并达成协议。

2. 实训要求

基于小王工作的家电企业，开发江汉市场，确定接洽对象，达成协议。要求思路清晰，分析有理有据。

3. 实训材料

纸张、笔、计算机网络、企业画册、其他相关前期资料等。

4. 实训步骤

(1) 选择自己熟悉的广东某家电企业替代任务描述中小王工作的某企业。

(2) 通过互联网络、电话等方式进行调查，搜索江汉市场相关经营家电商家的信息。

(3) 通过对收集的信息分析，使用合适的分析方法，确定接洽的渠道成员。

(4) 从责、权、利等几个方面与中间商进行洽谈，达成经销协议。

(5) 设计和签订经销合同。

(6) 做好与中间商长期合作的计划，包括培训计划、激励策略和保持措施等。

5. 成果与检验

每位学生的成绩由两部分组成：学生实际操作情况(50%)和分析报告(50%)。

实际操作主要考查学生完成开发营销渠道成员的实际动手操作能力；分析报告主要考查学生根据资料分析，评选渠道成员，设计经销合同以及培训、激励、保持渠道成员的策略的合理性，分析报告建议制成PPT。

项目 3

营销渠道客服专员岗位实务

营销渠道开发人员通过设计和开发营销渠道,打下了"市场江山"。但更为重要的是如何守住这座"江山",这就需要营销渠道管理人员做好营销渠道日常运营管理工作。营销渠道总是围绕商品的所有权的转移而动起来,由所有权的转移而产生资金流、物流、信息流、促销流和关系服务流等。

本项目只介绍与渠道中客服专员工作相关的融资流和物流等任务。通过具体任务的学习,让学生熟悉营销渠道中客服专员的流程管理,培养学生管理营销渠道的相关能力。

任务 6 管理渠道中的融资流和物流

【任务描述】

在营销实践中,仅仅与客户签下销售合同,只是走完万里长征的第一步。为了与经销商进入实质性合作,就必须要求经销商投款、开单进货。渠道合作不是一单买卖,而是渠道发展的长期战略,在这个过程中,会因市场、客户、企业自身等原因导致投款不畅,常常会出现赊销、催款等问题。对于小王来说,接下来的工作还很艰巨,既要经销商投款,又要向经销商开单压货,还要防止出现赊销、催款等业务带来的问题。

【任务分析】

在市场经济条件下,理想的做法应是一手交钱,一手交货。但这样的时代一去不复返,业务员将面对着一个围绕资金而展开谈判的艰难过程,一方面要求中间商积极投款,否则就不能发货。如果不能发货,企业面临销售下滑;如果发货,就会出现赊销、催款、呆账等现象。另一方面,中间商投款后,业务员还得引导客户开单,向客户压货,这就要求业务员需要了解渠道中的物流管理,以便于应对中间商的纠纷。

【任务分析】

任务	工作要求
管理渠道中的融资流	做好在商品转移过程中的融资流的形成的过程管理
管理渠道中的物流	做好商品从制造商到中间商的空间转移工作

【任务目标】

知识目标	技能目标	学习重点和难点
了解中间商投款、应收账款管理	具有引导中间商投款的能力	(1) 中间商投款 (2) 应收账款风险预防
掌握中间商资信评价及风险预防	具有评估中间商资信的能力,并能据此做好风险预防工作	中间商资信评估及风险预防
掌握物流的形式和库存管理,特别是第三方物流	能根据渠道成员的需要设计物流方案,并做好库存管理	(1) 第三方物流 (2) 库存管理
理解几种常见的运输方式及配送模式选择	能根据渠道成员的需要,选择合适的运输配送方式	(1) 运输管理 (2) 配送管理

【任务实施】

工作任务 6.1 管理营销渠道中的融资流

融资流是指在渠道各成员间伴随所有权转移所形成的资金收付流程,如图 6.1 所示。即顾客通过银行和其他金融机构将货款付给经销商,再由经销商转交给制造商(扣除佣金),而制造商把货款支付给不同的供应商。渠道成员可以相互之间提供资金融通,例如,中间商在货物售出后再向制造商支付货款,就是制造商为中间商提供了资金融通服务,相当于为其提供了流动资金;而如果中间商预付货款,就是中间商为制造商提供资金从事生产活动;如果中间商允许消费者以分期付款的方式购买商品,就是中间商为消费者提供了消费融资活动。

图 6.1 融资流

6.1.1 投款

1. 投款的含义

投款是指中间商向厂家投入一定的款项,以表明与厂家进行合作的意愿。特别是对于刚刚与厂家建立合作伙伴的中间商来说，首期投款是非常重要的。如果中间商不向厂家投入首期款，厂家很难确认中间商合作的诚意。即使签订了销售合同，那也只是一纸空文。因此，投款是渠道管理中一项相当重要的活动，在资本密集型企业表现尤为突出。不仅在签订合同初期需要投款，而且在以后的合作过程中，厂家会不断制定渠道政策来激发中间商投款的积极性。

 小贴士

投款的重要性

1. 合作诚意的证明

渠道开发人员通过努力工作，最终与自己认为合适的中间商签订了销售合同，这并不意味着渠道已经开发成功。只有中间商按协议向厂家投入一定的款项，并开单进货，厂家才会肯定中间商的合作诚意。可以说，首期投款是中间商向厂家表明合作诚意的证明。

2. 厂家融资的需要

资金是企业运行的命脉，但资金供给不足是企业普遍存在的问题。企业生产的产品大量积压在厂家的仓库中，占用大量资金，从而影响厂家的正常生产。因而，吸收渠道成员的投款是厂家进行融资的一种手段。

3. 信用风险的防范

中间商一旦向厂家投款，销售合同就发生了效力，中间商就得按协议办事。如果中间商后悔，不愿意进行合作，那就是违约，对中间商来说，损失将会更大。更重要的是，中间商投款后向厂家开单进货，厂家会将开单进货金额控制在投款的数额内。这样，厂家降低了因渠道成员信用风险带来的损失。

4. 开单的依据

中间商不投款，厂家是不会向中间商开单的。中间商投款后，如果厂家不开单，厂家承担的投款贴息的财务费用就会增加。因此，在中间商投款后，厂家会通过各种优惠政策来刺激中间商开单提货，消化厂家仓库中积压的大量产品，降低库存风险。

2. 投款的主要形式

1) 现金

现金有广义和狭义之分：广义的现金包括库存现金、银行活期存款、银行本票、银行汇票、信用证存款、信用卡存款等内容；狭义的现金，即库存现金，是可由企业任意支配使用的纸币、硬币。这里所说的现金是指狭义的现金。

2) 支票

支票是由出票人签发的，委托办理支票存款业务的银行或者其他金融机构，在见票时无条件支付确定金额给收款人或持票人的票据。

开立支票存款账户和领用支票，必须有可靠的资信，并存入一定的资金。支票可分为现金支票和转账支票。支票一经背书即可流通转让，具有通货作用，成为替代货币发挥流通手段和支付手段职能的信用流通工具。运用支票进行货币结算，可以减少现金的流通量，节约成本。

3) 汇票

汇票是由出票人签发的，要求付款人在见票时或在一定期限内，向收款人或持票人无条件支付一定款项的票据。按出票人不同，汇票可分成银行汇票和商业汇票。

(1) 银行汇票的出票人是银行，付款人也是银行。其特点有：无金额起点限制；无地域的限制；对申请人没有限制，企业和个人均可申请；可以背书转让；付款时间较长，有效期为1个月；见票即付；在票据的有效期内可以办理退票。

(2) 商业汇票的出票人是企业或个人，付款人可以是企业、个人或银行。按照不同的承兑人，商业汇票可以分为银行承兑汇票和商业承兑汇票两种。

① 银行承兑汇票的特点有：无金额起点限制；第一付款人是银行；出票人必须在承兑银行开立存款账户；付款期限最长达6个月；可以贴现；可以背书转让。

② 商业承兑汇票的特点有：金额起点限制；付款人为承兑人；出票人可以是收款人，也可以是付款人；付款期限最长达6个月；可以贴现；可以背书转让。

4) 本票

本票是出票人签发的、承诺自己在见票时，无条件支付确定金额给收款人或持票人的票据。本票按其出票人身份为标准，可以分为银行本票和商业本票。银行或其他金融机构为出票人签发的本票，为银行本票。银行或其他金融机构以外的法人或自然人为出票人签发的本票，为商业本票。

银行本票的特点有：无金额起点限制；同一票据交换区域使用；对申请人没有限制，企业和个人均可申请；可背书转让；付款时间较长，自出票日起最长不得超过2个月；见票即付；定额本票面额为1000元、5000元、10000元和50000元。

3．刺激中间商投款的措施

1) 贴息

贴息就是根据贴现率扣除的负的存款利息。企业吸收渠道成员的投款，相当于向渠道成员融资。融资是有成本的，因此，厂家可以采用贴息的方式(贴息率一般高于银行同期的存款利率)，鼓励中间商积极投款。

2) 特价产品

由于特价产品物美价廉，深受中间商和顾客的喜爱，并成为稀缺的渠道资源。因此，厂家常常借助推出特价产品的时机，吸引中间商积极投款、开单进货。

3) 利益捆绑

利益捆绑适合有一定合作期的中间商。中间商通过一定时期的努力，会取得一定的成果，根据公司渠道政策会享受一些激励措施，如返利等。如果中间商再向厂家投入一定比例的款项，就可以享受更大激励政策。例如，空调生产厂家通常在新的冷冻年度推出如下投款政策：如果首期投款与去年同期相比增加20%，则享受3%的投款奖励；如果首期投款与去年同期相比增加30%，则享受4%的投款奖励。

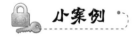

承德某酒企"独辟蹊径"的投款方式

承德某酒厂为县域酒企，销售规模在千万量级，以本县销售为主，拥有原生的酱香、兼香生产能力，企业酱香、兼香生产能力与工艺品质在北方首屈一指。2013年12月，企业召开"封坛大典"，进行品牌宣传和经销商投款，取得了非常好的效果。封坛之前一个月，该企业就开始了相关筹划和宣传。活动当天，意向经销商云集酒厂，按照预先设定的流程，参观酒厂，了解生产工艺，酿酒师傅进行现场讲解，并请参观者进行现场品鉴等。整个流程给经销商以极好的体验感，同时企业又提出了产品回购的概念，增加了封坛产品的金融属性，超出了许多经销商的预期，活动当天经销商投款 500 多万元，占其 2013 年全年销量的 25%，呈现井喷式的增长。

在封坛业务的基础上，该企业又借势大力发展定制业务，从传统的企业定制、婚宴定制开始，逐步扩大定制的范围和对象，寿宴、生子、庆生、同学会等，满足消费者的个性化需求，在获取经销商投款和销量的"双重天"的同时，也提升了该企业作为县域小品牌的品牌势能。

6.1.2 评估渠道成员资信和预防风险

由于下游客户的扩张和消费者购买能力的有限等原因，通常出现商家需要产品，但又不能及时结算或只能结算一部分货款，这给渠道中的资金流管理带来了挑战。因此，为了保障渠道的正常运转，就离不开对渠道成员资信的评估和风险预防。

渠道成员的资信管理是指对渠道成员经营管理的过程，以及每一个关键的业务环节和部门进行综合性的风险控制，包括以渠道客户资信调查及评估为核心的事前控制、以交易中的业务风险防范为核心的事中控制和以应收账款的专业化监控为核心的事后控制。

1．调查及评估渠道成员资信

资信调查是指收集和整理反映渠道成员信用状况有关资料的一项工作。它是财务主管进行应收账款日常管理的基础，是正确评价渠道成员信用的前提条件。

1) 调查渠道成员信用的方法

(1) 直接调查法。直接调查法是指企业调查人员直接与被调查渠道成员接触，以获取信用资料的一种方法。这种方法能保证收集资料的准确性和及时性。但如果被调查渠道成员不予合作，则调查资料就不会完整和准确。

(2) 间接调查法。间接调查法是指通过对被调查渠道成员和其他单位的有关原始记录和核算资料进行加工整理获取信用资料的一种方法。这些资料主要来源有会计报表、信用评估机构、银行、财税部门、工商管理部门、证券交易所、消费者协会、企业的主管部门等。

2) 编制渠道成员资信报告

通过不同的方式收集到渠道成员信息之后，业务经理或信用分析人员可以根据实际需要，编制各种不同内容的资信报告。

 小贴士

常见的资信报告类型

1．企业注册资料报告

通过考察企业的注册资料或商业登记资料，可以判断企业是否为合法成立。另外，通过企业的注册资料和实际资本可以估计企业的规模大小，并判定企业是否带有投机性质。

2．标准报告和深度报告

标准报告是包括公司概要、背景、管理人员情况、经营状况、财务状况、银行往来、公众记录、行业分析、实地调查和综合评述等内容的资信报告。标准报告能较全面地提供被调查对象的情况，适用于一般的商业往来中对渠道成员的选择。如果企业认为标准报告的内容单薄，还可以编制一份综合信用报告，也称深度报告。其内容包括标准报告的所有内容，并在所有环节中进一步深化，使渠道成员信息更全面、更有深度，并附有对渠道成员近 3 年财务情况进行的综合分析。此类报告适用于交易额较大或较为陌生的渠道成员。

3. 财务报告

如果企业与渠道成员较为熟悉，对渠道成员除财务之外的情况均很了解，此时企业便可针对渠道成员财务信息编制成财务报告，对渠道成员进行完整的财务分析，并与其所在行业的平均水平进行分析比较。

4. 特殊报告

如果企业认为某渠道成员是企业最重要的渠道成员，对企业的生存和发展有重大影响，就必须对渠道成员进行全面深入的调查，获取渠道成员更多的背景资料、财务数据以及市场状况分析方面的信息，企业可根据上述信息编制特殊信用报告。

5. 连续服务报告

如果企业认为渠道成员需要定期调查与监控，可以根据标准信用报告的内容不断地编制连续服务报告，随时以最新的信息对信用报告的内容进行更新和补充。

3) 分析渠道成员资信指标

(1) 渠道成员自身特征。这类因素主要反映那些有关渠道成员表面的、外在的、客观的特点。渠道成员自身特征指标包括表面印象、组织管理、产品与市场、市场竞争性、经营状况、发展前景等。

(2) 渠道成员优先性特征。这类因素主要是指企业在挑选渠道成员时需要优先考虑的因素，体现与该渠道成员交易的价值，具有较强的主观性。渠道成员优先性特征指标包括交易利润率、对产品的要求、对市场吸引力的影响、对市场竞争力的影响、担保条件、可替代性等。

(3) 渠道成员信用及财务特征。这类因素主要是指能够直接反映渠道成员信用状况和财务状况的因素。渠道成员信用及财务特征指标包括付款记录、银行信用、获利能力、资产负债表评估、偿债能力、资本总额等。

4) 度量渠道成员资信程度

(1) 根据预先制定的评分标准，在 1～10 范围内，对上述各项指标评分。渠道成员的某项指标情况越好，分数就应打得越高。在没有资料信息的情况下，则给 0 分。

(2) 根据预先给每项指标设定的权数，用权数乘以 10，计算出每一项指标的最大评分值，再将这些最大评分值相加，得到全部的最大可能值。

(3) 用每一项指标的评分乘以该项指标的权数，得出每一项的加权评分值，然后将这些加权评分值相加，得到全部加权评分值。

(4) 将全部加权评分值与全部最大可能值相比，得出百分比，该数字即表示对该渠道成员的综合分析结果。百分比越高，表示该渠道成员的资信程度越高，越具有交易价值。

5) 对渠道成员的资信进行评级

根据上述计算得到的综合分析结果，可以将不同的百分比列入不同的资信等级，得到渠道成员的资信评定结果，见表 6-1。

表 6-1 渠道成员资信评级

评估值/(%)	等级	信用评定	建议提供的信用限额(大小与具体行业有关)
86～100	CA1	极佳：可以给予优惠的结算方式	大额
61～85	CA2	优良：可以迅速给予信用核准	较大
46～60	CA3	一般：可以正常地进行信用核定	适中
31～45	CA4	稍差：需要进行信用监控	小量——需定期核定
16～30	CA5	较差：需要适当地寻求担保	尽量不提供信用额度或极小量
0～15	CA6	极差：不应与其交易	根本不应提供信用额度
缺少足够数据	NR	未能做出评定——数据不充分	对信用额度不做建议

这 6 个等级，即 CA1 到 CA6，分别表示渠道成员资信状况的程度，CA1 最好，CA6 最差。除了上述评级类型外，还可采用以下几种方法：一是九级制，即把企业的信用情况分为 AAA、AA、A、BBB、BB、B、CCC、CC、C 共 9 个等级，其中 AAA 为最优等级，C 为最差等级；二是三级制，即把企业的信用情况分为 AAA、AA、A 共 3 个等级，其中 AAA 为最优等级，A 为最差等级。

 小贴士

5C 评估法

5C 评估法是分析影响信用的 5 个方面的一种方法。这 5 个方面英文的第一个字母都是 C，故称为 5C 评估法。这 5 个方面分别是品质(Character)、能力(Capability)、资本(Capital)、抵押(Collateral)和渠道成员经济环境(Circumstance)。

1. 品质

品质是指渠道成员的信誉，即履行偿债义务的可能性。企业必须设法了解渠道成员的历史付款记录，看其是否具有按期如数付款的一贯做法，与其他供货企业的关系是否良好，是否愿意尽最大努力来归还货款等。

2. 能力

能力是指渠道成员偿还应收账款的能力，通过资产负债率、流动比率、速动比率和现金净流量、资本利润率、销售利税率、成本费用利润率等指标加以考察。

3. 资本

资本是指顾客的财务实力和财务状况，表明渠道成员可能偿还债务的背景。

4. 抵押

抵押是指渠道成员拒付应收账款或无力支付款项时，能被用作抵押的资产。这对于新的和不知底细的渠道成员尤为重要。一旦收不到渠道成员的应付账款，则可以用抵押品抵补。

5. 渠道成员经济环境

渠道成员经济环境是指可能影响渠道成员付款能力的经济环境，如经济不景气、渠道成员下线渠道成员的欠款、其他厂家改为现款现货等，都会影响渠道成员的付款能力。

6) 确定渠道成员的信用额度

信用额度是指企业要求渠道成员支付其应收账款的条件，包括信用限额、信用期限、现金折扣政策和可接受的支付方式。

(1) 信用限额。信用限额为未收回的应收账款余额的最高限额。企业假设超过该限额的应收账款为不可接受的风险。信用限额要根据企业所处的环境、业务经验及不同渠道成员来确定。决定信用限额的关键因素有付款历史、业务量、客户的偿还能力、订货周期及其潜在的发展机会。一旦确定了信用客户，该客户应该有销量的增长。

(2) 信用期限。信用期限是企业允许渠道成员从购货到付款之间的时间，或者说是企业给予渠道成员的付款期限。如某企业给予渠道成员的信用期限为 50 天，则渠道成员可以在购货后的 50 日内付款。信用期过短，不足以吸引渠道成员，会使企业在竞争中的销售额下降；信用期过长，所得利益会被增长的费用抵消，甚至造成利润减少。一般来说，对于资金周转越快的产品，其信用期限越短；对于资金周转越慢的产品，其信用期限越长。

(3) 现金折扣政策。现金折扣是在渠道成员提前付款的情况下，企业对渠道成员在商品价格上的优惠，其主要目的在于吸引渠道成员为享受优惠而提前付款，从而缩短企业的平均收款期。现金折扣的常用表示方式为折扣付款期限。如 5/10，表示在开出发票后的 10 天内付款，就可享受 5% 的价格优惠。

(4) 可接受的支付方式。银行结算办法规定的各种结算方式，从应收账款回收的及时性、安全性角度来看，大致可划分为两大类：一类是风险比较小的，即应收账款回收时间短、金额有保证的结算方式，主要有银行汇票、银行本票、汇兑支票和信用证等；另一类是风险比较大的，即应收账款有可能转为坏账损失的结算方式，主要有委托收款、托收承付和商业汇票等。作为制造商来讲，可根据客户的盈利能力、偿债能力和信誉状况等分析选择适宜的结算方式。

7) 预防信用风险的措施

制造商的信用风险通常发生在接触客户到选择客户的过程、与客户谈判到确定信用条件的过程、与客户签约到寻求债权保障的过程、发货过程中实施货款跟踪的过程、对到期账款实行早期催收的过程和收款失效导致企业面临追账问题的过程 6 个环节中。因此，预防客户信用风险可采用以下措施。

(1) 监督和检查客户群。监督制度是指对正在进行交易的客户进行适度的监控，密切注意其一切行动，尤其是付款行为。对于高风险或特别重要的客户还要予以多方面的监督。检查制度是指不断检查与更新客户原有的信用信息。

(2) 信用额度审核。信用管理人员应对授予信用额度的客户适时定期审核，一般情况下一年审核一次，对正在进行交易的客户和重要客户的信用额度最好能半年审核一次。每一次审核都要严格地按程序进行，不能因为是老客户就放松警惕，或者习惯性地凭以往的认识分析其信用状况。审核结果要及时通报给业务人员。

(3) 控制发货。信用部门应始终监控运输单据的制作和货物的发运过程，当遇到客户付款迟缓、交易金额突破信用限额等情况，信用部门应命令有关人员停止发货。

(4) 交易暂停。当发现客户有不良征兆时，首先考虑的措施就是交易暂停，停止发货或者收回刚发出的货物，只有这样才能避免产生更大的损失。

(5) 巡访客户。在危机发生时，销售部门与信用部门都应各自与客户进行会谈，以收集客户的信息。巡访要达到 3 个目标：评估客户的生存能力、就付款安排达成协议和确定以后的交易额度。巡访过程中应注意不要被客户的假象迷惑。对客户的巡访应及时进行，最好在付款迟缓或引起纠纷而未达到危机之时，预防问题往往比解决问题容易些。

(6) 置留所有权。置留所有权是指企业在商品售出后保留它的所有权，直到客户偿付货款为止的措施。理论上讲，这是一项无任何额外成本又能有效避免风险的措施，使得企业在得不到偿付时，可以恢复其对商品的所有权。但在实际操作中，它并不能完全规避信用风险，因为商品的所有权虽掌握在企业手里，但鉴于企业未实际占有或使用货物，也就不能进行有效控制。

（7）坚持额外担保。如果客户处于危机中但仍有回旋余地时，可能会要求继续交易以维持运转，此时应坚持额外担保。

三一重工的信用销售政策

三一重工为了巩固现有的行业头把交椅的地位以及为了扩大与主要竞争对手的差距，一直在努力提升经营业绩。三一重工采用我国工程机械企业普遍采用的分期付款、按揭销售、融资租赁和全款销售4种销售模式，其中按揭销售的比例为最高，达到近50%，融资租赁及分期付款合计所占的比例为30%左右，全款销售的比例仅为10%~20%左右。这些销售政策导致三一重工销售业绩成倍上涨，可见信用销售政策对该企业的销售业绩所带来的推动作用尤为显著。然而，也因其信用销售比例颇高，外界认为其"销售模式"比较激进。三一重工为了降低风险，利用智能服务平台系统对客户进行严格的信用状况及风险评估，可以在客户违约和拖欠款项时进行锁机。

2．控制渠道成员应收账款

1）形成应收账款的原因

应收账款是指企业由于销售产品、商品、提供劳务等原因，应向购货客户或接受劳务的客户收取的款项和代垫的运杂费，它是企业采取信用销售而形成的债权性资产，是企业流动资产的重要组成部分。形成应收账款的原因主要有以下两种。

（1）企业自身的原因。一是公司以单纯销量为政策导向，为了完成销量任务，忽视货款控制，冒险销售；二是销售管理松懈，在发货管理和信用审批发放环节出现漏洞；三是忽视应收账款风险教育，员工职业道德差，未积极收款或侵吞货款；四是在业务开展过程中，因为分配原因造成关系紧张而未及时清款；五是追款不及时，遇到客户流失或客户人员变动，给收款带来困难；六是不重视新客户信用评估，在客户信用情况发生变化时，未能察觉应变等。

（2）渠道成员的原因。一是客户由于业绩不佳、资金周转困难或者遗失有关凭证等客观原因而无法支付欠款。二是客户由于某些主观原因而有意回避付账，这些原因包括对企业提出的折扣、铺货、库存清理、服务、促销支持等要求未得到满足；对企业的产品质量、数量、价格及契约的落实情况等有所不满，这种不满没有得到妥善的解决；客户出于商业利益考虑，想多保留手上的现金而故意拖久等。

应收账款的危害

为压缩成本、增加利润考虑，企业必须控制赊销账款，账款管理工作必须做好。不良账款吞噬销售额、侵蚀企业利润，使企业的渠道运营成本增加，主要表现在以下几方面。

（1）费用支出增加。税金、账款管理成本、讨债费用等增加，当然最重要的是财务费用和税金。客户欠企业的钱，而企业还得替这笔钱支付利息和税金。

(2) 周转不良。应收账款使企业的产品转化为现金的时间拉长,不良资产增加,使企业的流动资金一点点被侵蚀。流动资金对企业犹如血液对人一样重要。应收账款的产生使资金停止参与循环,就如血液停止循环一样,会造成生命危险。

(3) 应收账款还会向呆账坏账转变,损失更大。

(4) 市场运作困难。如果被不良客户和已发生的账款牵制,账款收不回来,还不能停止供货,结果是应收账款越积越多,企业越陷越深,形成恶性循环,难以自拔。

(5) 精力、心理上的危害。许多企业被要账问题所累,明明是别人欠自己的钱,而自己却要为之支付利息、税金。想要回自己的钱,还要付出应酬费,耗费精力和财力。为要回自己的钱,企业在心理上、精神上都承受着巨大的压力。

2) 预防渠道成员的应收账款的措施

(1) 强化销售政策的综合导向作用。制定销售管理政策是控制、防范应收账款的关键。销售政策一般有两种导向:以"业绩"为导向和以"利润"为导向。以"业绩"为导向强调销售增长,对应收账款等风险因素重视不够,容易滋生短期行为;而以"利润"为导向强调利润增长,对市场费用等成本因素比较重视,容易导致渠道管理的保守和市场份额的萎缩。在制定销售政策时,应综合考虑,强化销售政策的激励和控制作用。

(2) 做好培训,强化风险意识。应收账款的产生关键在于企业内部,因此,应做好内部员工培训,让员工意识到应收账款问题的极端危害性,意识到自身肩负的责任,以提高应收账款风险的防范意识。

(3) 加强内部协调。一般来说,销售部门只管销售,不管资金回笼;财务部门只管记账,不管收账,抱着应收账款余额高低与自己无关的思想。针对这种情况,企业在制定信用额度、赊销数量时,应会同财务人员及一线的业务人员进行充分的讨论和协商,推动不同部门工作人员的及时沟通。

如何管理应收账款

A企业主要面向国内机械厂做配套生产,老板李总创业9年,连续几年业务增长一直很快。李总说,企业一共有3000种物料,能生产40多种产品,客户也达到了30多家。让李总为难的是公司的销售。尽管一直在招收销售人员,却越来越难以搞清什么时间该收哪笔钱。客户每笔钱不一定一次性付清,有些小客户这笔钱付清了,其实还有大量应收款。有些客户货款已付,但企业仍然没给客户发货。因为这样,销售部门经常和其他部门起冲突,现在企业的存货很多,李总说,他不知道为什么有些货还是不能及时发出去,而且客户退换货物的情况也越来越多。

(4) 严格审批制度。企业应该制定规范严格的销售管理制度和申请审批流程,特别对赊销、授信、条件外发货等更应严格控制。企业应设立销售部门主管和财务部门主管两道审批关,实行双重把关,以避免某些个人因素对结果造成的影响。销售部门从市场开发、市场竞争的角度权衡业绩与风险,并做出判断;财务部门则从资产存量、流量以及客户的资信情况等判定其风险与价值系数。

(5) 掌握客户的结算制度,提高收款成功率。每个企业都有自己一套结算制度,特别是像国美、苏宁等连锁企业。当客户的结算周期与企业的结算周期不一致时,经常出现客户账上的钱被其他公司拿走。因此，业务员应尽可能地全面地了解客户的经营状况、进货周期、结算周期等。尽量平时多关心客户，帮助其出主意，促进商品销售。同时，还应适当地与客户的财务人员搞好关系，多一份力量就多一条出路。

3) 催收应收账款

(1) 催收要领。催收应账款是一件费力又不讨好的事情。作为催收人员，一是树立良好的清欠心态。应收账款的产生增加了公司产品的出货，客户是利用公司产品赚了钱，赚钱之后结清货款是天经地义。催收货款也是理所当然，不要感到不忍心，碍于情面，不好开口。二是掌握适当的收款办法。收款是一门学问，光有胆量还不行，还必须讲究方法。如收款时机的把握、提前准备、提前催收、以货抵债、整存零取、利用第三方的压力催收、诉诸法律等。三是坚决催收，形成惯例。一旦应收账款形成，必须坚决催收，给对方"不收回货款决不罢休"的印象。

(2) 催款策略。由于应收账款已形成，追款又是一件非常困难的事，因此，作为催收人员，应讲究一定的收款策略。一是及时催收。应收账款逾期时间与平均收款成功率成反比，账款逾期 6 个月以内应是最佳收款时机。二是经常催收。对应收账款，业务员要经常上门催收，使得客户很难再找到拖欠的理由。否则，客户会觉得这笔款项对企业来说不重要。三是提前催收。对于支付货款不干脆的客户，如果是在约定的收款日期前往，一般都收不到货款，必须在事前就催收，确认所欠金额，并告知下次收款日一定准时来，请事先准备好款项。

动手实践

小王在学习这项工作任务时很认真，因为他在思考：潜江五交化是区域性家电大户，众多家电品牌在江汉市场的销售都是找其做代理或批发，在资金管理上肯定很复杂。随着业务合作的深入，出现商业信用是避免不了的，那如何做好此项工作？如果你是小王，如何引导潜江五交化首期投款 200 万元？如果其首期投款 200 万元，而要开单 220 万元，那如何进行信用风险的防范？

工作任务 6.2 管理营销渠道中的物流

做业务员是一件苦差事，为完成销售任务，需要千言万语劝说中间商投款。中间商投款后，还要千方百计地引导中间商开单。

6.2.1 处理订单

处理订单是指企业从接受客户订货到发运交货的全过程。这一过程主要包括准备订单、传递订单、登录订单、按订单供货、跟踪订单处理状态等活动。

1. 准备订单

准备订单是指中间商寻找所需产品或服务的相关信息并做出具体的订货决定。具体内容包括产品品牌、型号、价格、功能及库存商品可供提货水平等信息。作为厂家的营销代表，需根据中间商经营产品的品牌、型号、价位、功能、库存量及本公司的渠道政策等要求，与中间商的采购人员进行商议，以确定此次进货的型号、数量、价格和总金额。提高订单准备效率可降低分销商的搜寻成本，能显著地增加企业产品的市场份额。例如，大的家电连锁公司给其各个门店提供计算机终端设备及配套软件，各门店可利用公司提供的终端，查看公司配送中心的库存信息，直接向配送中心下订单，缩短订单准备时间，使得公司在市场占有率和利润方面远远超过竞争者。

2. 传递订单

传递订单就是把订货信息从中间商传递到产品的供应商处。

 小贴士

订货信息传递方式

订货信息传递方式主要包括手工传递、电话或传真传递和网络传递。手工传递方式有中间商—(邮寄订单)营销代表—(手工输入)公司数据库和中间商—(订货)营销代表—(带回)营销代表—(手工输入)公司数据库两种形式;电话或传真传递方式有中间商—(电话/传真)营销代表—(手工输入)公司数据库和中间商—(订货)营销代表—(电话/传真)营销代表—(手工输入)公司数据库两种形式;网络传输方式为中间商—(网上订货)公司数据库。

很显然,网络传递方式速度快,可靠性好,运行成本低,准确性高,在没有人为干预的情况下,订单传递完全可以通过计算机直接由企业对企业或分销商对企业进行。随着网络技术的发展,虚拟专用网将互联网的广泛性、低成本与电子数据交换的专用性、安全性相结合,为改进物流管理效率和效益提供了新的可能。

3. 登录订单

登录订单是指将中间商订货信息转变为企业订单的过程,具体包括检查订货信息的准确性,如订货编号、数量、型号、价格等;检查库存状况,如是否有货、是否能满足中间商订货条件等;如果不能满足中间商的订货条件,则需同中间商商议,是改变订货条件,还是延期订货或者取消订单;检查中间商信用等级;规范中间商订单,把中间商的订货信息按照公司所要求的格式进行规范化,建立客户数据库;开单、准备发货单据等环节。

信息技术的迅速发展提高了订单登录的效率,如条形码扫描技术的广泛使用,提高了订货信息输入的速度和准确性,同时降低了处理成本。借助计算机数据库系统可使库存供给水平和中间商信用的审查等活动实现自动化处理。与手工处理方式相比,自动化订单登录所耗费的时间减少了60%以上。

4. 按订单供货

按订单供货是指厂家物流中心按照订单的信息,进行产品的拣选、包装、运输安排、准备运单、发送和运输。这些活动可以并行处理,以缩短商品配送时间。该环节是订单处理过程中最复杂的部分,包括商品的配送与大量的单据处理。其中,确定供货的优先等级对订单处理周期时间有重要影响。

在确定供货优先等级时,下列规则可供参考:按接收订单的时间先后处理;批量最小的、最简单的订单先处理;处理时间最短的先处理;按向分销商承诺的到货日期先后进行处理;按预先设定的分销商优先等级处理;按货物的总价值高低进行处理。

5. 跟踪订单处理状态

跟踪订单可以让客户随时掌握订单的处理状态,目前有待确认、待发货和已发出3种状态。待确认是指订单还未处理成功,待发货是指等待包装发货,已发出是指货物在运输途中。完成的订单将进入历史订单,如果客户有设置发货提醒,在货物发出时,系统将自动发出一封电子邮件告知发货时间、方式及预计到达时间。

6.2.2 了解物流的概念、形式及任务

物流是指实体产品或劳务从制造商转移到最终消费者和用户的过程，如图 6.2 所示。例如，家电厂在家电成品出厂后，必须根据代理商的订单交付产品至代理商，再运交下游客户。若遇到大笔订单的情况，也可由仓库或工厂直接供应。在这一过程中，至少须用到一种以上的运输方式，如铁路、公路、水运等。

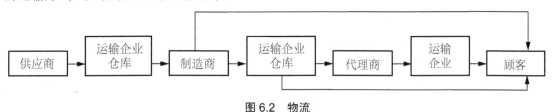

图 6.2　物流

1．物流的概念

《中华人民共和国国家标准物流术语(GB/T 18354—2006)》将"物流"定义为："物品从供应地向接收地的实体流动中，根据实际需要，将运输、储存、装卸、搬运、包装、流通加工、配送、信息处理等功能，有机结合来实现用户要求的过程。"

【拓展文本】

由此可见，物流活动的具体内容主要包括以下几个方面：用户服务、需求预测、采购、订单处理、运输、配送、工厂和仓库的布局与选址、仓库管理、存货控制、装卸搬运、流通加工以及物流信息。其中，运输、配送和仓库管理是物流的核心活动。物流的核心活动在渠道中发生的界限如图 6.3 所示。企业进行生产经营活动之前，需要从原材料市场采购原材料，形成采购物流；然后，原材料进入企业内部生产线，通过生产加工，形成产成品，这是生产物流；最后，通过销售部门将产品卖给消费者，形成销售物流。

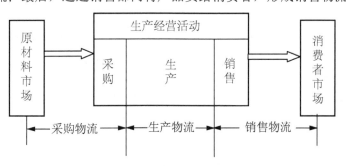

图 6.3　企业实物流程

2．物流的形式

1) 第一方物流

第一方物流是指由商品提供者自己承担商品向需求者运输，以实现商品的空间位移的过程。图 6.3 中原材料市场至生产制造商和生产制造商至消费者市场的物流过程属于第一方物流。在第一方物流中，生产制造商直接将商品出售给需求方，不通过批发商或零售商等中间环节，此时，商品的运输一般由制造商承担。当然，需求方也可自己解决运输问题，不过，在一般情况下，制造商会给予需求方一定的运输补贴。

2) 第二方物流

第二方物流是指由商品需求者自己解决所需商品的物流问题，以实现商品的空间位移。传统上的一些较大规模的商业部门都备有自己的运输工具和储存商品的仓库，以解决从供应地到目的地的物流问题。图6.3中生产制造商向原材料市场采购的物流和消费者市场向生产制造商进货的物流，都属于第二方物流。在第二方物流中，制造商的商品要经过中间商销售给消费者，此时，商品运输一般由中间商承担。

3) 第三方物流

第三方物流是指由商品的提供方和需求方之外的第三方去完成物流服务的运作方式。生产制造商较为熟悉商品生产业务，中间商较为熟悉批发销售业务，而物流服务业务对他们来说比较陌生。因此，制造商或中间商把大部分的物流业务交给了专业物流商，由专业物流商从事商品运输配送和商品储存活动。

4) 回收物流

回收物流是针对在生产、供应和销售过程中产生的各种边角余料、废料、残损品的处理等发生的物流活动。对回收物料的处理如果不当会造成资源浪费或污染。

5) 废弃物物流

废弃物物流是指将经济活动中失去原有使用价值的物品，根据实际需要进行收集、分类、加工、包装、搬运、储存等，并分别送到专门处理场所时所形成的物品实体流动。它仅从环境保护的角度出发，不管对象物有没有价值或利用价值，都将其妥善处理，以免造成环境污染。

 小贴士

物流的特点

1. 系统性

营销渠道中的物流作为社会流通体系中的一个组成部分，包含了物的流通和信息的流通两个子系统。在社会流通体系中，物流、商流、资金流和信息流具有同等重要的价值。

2. 复杂性

由于物流在价值增值中的重要作用，使物的流通和信息的流通的集成相对比较复杂。渠道中商品的流通包含了订单处理、运输、仓储、配送、库存控制等环节，并不是简单的环环相扣，而是一个具有复杂架构的价值链。

3. 成本高

在营销渠道中商品的流通环节包含了订单处理、运输、仓储、配送、库存控制等各种成本，当这些成本综合在一起，总成本就相当高。发达国家的企业物流成本在销售额中的比重平均在9.5%~10%，而我国企业的物流成本占销售额的比重在20%~40%。正是由于物流高昂的成本，才使物流成为企业的"第三利润源泉"。

4. 生产和销售的纽带

物流承担着生产和销售联系的纽带。在社会化环境中，企业可以通过物流关联活动使得营销渠道成为企业通向市场、客户的桥梁。

在上述5种物流形式中，第三方物流最为重要，现在就第三方物流进行重点介绍。

3．认识第三方物流

1) 第三方物流的概念

第三方物流(Third Party Logistics，TPL/3PL)是指制造商为集中精力搞好自己的主业，把原来属于自己处理的物流活动，以合同方式委托给专业化物流服务商，同时通过信息技术系统与物流服务商保持密切联系，以达到对物流全程管理控制的一种物流运作与管理方式，因此，第三方物流又称为合同制物流。

第三方物流既不同于第一方物流，也不同于第二方物流，而是通过与第一方或第二方的合作来提供专业化物流服务。第三方物流商既不拥有商品，也不参与商品的买卖，而是为客户提供以合同为合作约束、以结盟为合作基础的系列化、个性化、信息化的物流代理服务。

2) 第三方物流的特点

(1) 关系合同化。第三方物流通过合同形式来规范物流服务商与物流需求者之间的关系。第三方物流商根据合同规定的要求，提供多功能乃至全方位一体化物流服务，并以合同来约束所有提供的物流服务活动及其过程。在第三方物流基础上发展起来的营销渠道联盟，也是通过合同的形式来约束各物流联盟参与者之间的责权利关系的。

(2) 服务特色化。不同的物流需求者存在不同的物流服务功能要求。第三方物流商根据不同物流需求者在产品特征、业务流程、企业形象、顾客需求特征、竞争需要等方面的不同要求，提供针对性较强的个性化物流服务和增值服务。同时，第三方物流商也因为物流资源、市场竞争、物流能力的影响需要形成自身的核心业务，不断强化所提供的物流服务的特色化和个性化，以增强物流业务市场竞争能力。

(3) 功能专业化。第三方物流商所提供的物流服务具有相当高的专业水平。从物流设计、物流操作过程、物流技术、物流设施到物流管理，都体现了专门化和专业化水平，这既满足了物流需求者的需要，也满足了第三方物流商自身发展的要求。

(4) 管理系统化。第三方物流商具有系统化的物流功能，这是第三方物流商得以产生和发展的基础。第三方物流商通过建立现代化管理系统，来满足日益增长的物流业运行和发展的要求。

(5) 信息网络化。信息技术是第三方物流发展的技术基础，在物流服务过程中，信息技术发展实现了物流信息实时共享，强化了第三方物流商与物流需求者之间的信任和合作，促进了物流管理的科学化，大大地提高了物流管理效率和效益。

3) 第三方物流创造的优势

(1) 专心于自身的核心业务。一个制造商的管理部门的能力与精力往往是有限的，通过物流业务外包可以使生产企业的管理层把有限的人力、财力集中在自身的核心业务的竞争力上，如加快采用行业新技术、研究开发出新产品参与竞争、研究市场需求变化、降低产品成本、优化企业投资等。

(2) 降低投资风险与成本。通过物流业务外包，企业不需要或极少需要在物流的硬件与软件上进行大量的投资，在市场不确定的环境下提高了企业生产经营的灵活性，同时降低了企业的投资风险。

(3) 快速进入新市场。通常情况下，企业进入新市场需要建立自己的营销渠道，这需要耗费大量资金与精力。而当营销渠道网络建立起来后,商品可能已进入衰退期,无市场可言。通过与专业物流商合作,利用其已建立的硬件和软件网络,使企业商品快速进入市场,可以减少市场壁垒,从而迅速抢占市场先机。

(4) 提升企业形象与商品服务质量。第三方物流商是专业化物流专家,他们利用完备的设施和训练有素的员工对整个物流网络实现完全控制,减少物流的复杂性。第三方物流商通过量体裁衣式的设计,制定出以顾客需求为导向和低成本高效率的物流方案,为企业在竞争中创造了有利条件。第三方物流商通过遍布全球的物流网络和服务合作者大大缩短了交货期,提高了交货的准确性和货物的安全性,帮助企业改进物流服务,树立企业品牌形象。与此同时,通过第三方物流商提供的专业服务,企业为顾客提供的商品可以更加准时、安全地递送到顾客手中,提高了顾客的满意度,强化了企业顾客服务质量。

(5) 减少库存。营销渠道中的商品库存往往占用了生产企业大量的流动资金,严重影响了企业正常的生产经营活动。生产企业借助第三方物流商精心规划的物流计划和适时运输配送手段,最大限度地减少了生产企业营销渠道中的商品库存,改善了企业的现金流量状况,实现了成本优势。

4) 制造商与第三方物流商的合作

(1) 正确认识合作关系。生产企业与第三方物流商之间的合作属于战略联盟,而非一般意义上的买卖关系。在服务内容上,第三方物流商为生产企业提供的不仅是一次性的运输配送服务,而是一种具有长期战略性质的综合物流服务,最终保证制造商物流体系的高效运作和不断优化。与其说第三方物流商是一个专业化物流公司,不如说是制造商的一个专职物流部门,只是这个物流部门更具有专业优势和管理经验。从长远看,第三方物流的服务领域还会进一步扩展,甚至会成为生产企业销售体系的一部分,第三方物流商的存在与发展必将与生产企业的命运紧密地联系在一起。

(2) 正确选择合作模式。制造商与第三方物流商的合作模式主要有两种:一种是根据客户委托处理相关物流业务。这种业态的经营模式实质是一个委托的法律关系,其表现形式是以处理委托人事务为目的,根据委托事项支付一定费用,受托人根据实际成本加上利润收取费用并提供相应服务。如果委托人没有尽到告知义务致使受托人设备和其他委托人设备、货物造成损失的,且受托人已尽了审查义务、受托人免责、造成第三人损失的,由第三人直接向有过错的委托人追索。在实际操作过程中,也往往根据委托合同有关条款加以调整。如因不可归责于自己事由受到损失的,可以向委托人要求赔偿损失。目前我国物流刚刚起步,因此,大多数物流企业都是基于这层委托关系而成立的。另一种是向外寻求合作伙伴,设计物流计划。该模式往往是从事第三方物流服务的企业通过与固定客户建立稳定的契约关系,以物流企业名义与厂家建立广泛的商品关系,与终端客户建立长期联盟合作。这种经营模式是第三方物流的高级经营业态。实践中,厂商都与第三方物流企业有买断、代理关系,并由第三方物流企业根据终端客户订单进行处理、配送、加工等。在这种模式下,第三人明知物流企业其实是某终端客户的代理人,只不过第三方物流企业没有以终端客户名义而以自己名义与其发生关系,责任由最终客户承担。需要指出的是在此过程中,物流企业如果为了自己利益越权代理,其行为无效。

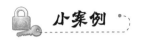

森马"虚拟经营"物流中心的运作模式

森马以"虚拟经营"(指企业扬长避短,集中力量开展属于自身强项的业务,而把非强项业务外包出去)为特色,将服饰生产外包,高效的物流中心在其供应链上的管理作用显得尤为突出。森马有两大物流中心,位于温州的物流中心主要覆盖江浙地区,而上海的物流中心则覆盖长江以北地区。两大物流中心相辅相成,满足国内数千家门店的订货和配送需求。

森马物流中心整合现代和传统物流中心模式,对现有供应链上、下游的物流资源进行虚拟优化配置,构建了适用于多渠道、多SKU(品规)运作环境的供应链基础构架。从供应商发货开始,货品分别经过入库、仓储、出库等几个过程。供应商发货主要采用森马自营物流和第三方物流结合的模式,在货品内向交货的同时,货品信息也录入系统之中,通过系统进行管理。其对货品的盘点主要分为:季末盘点、临时盘点和年终盘点,具有很强的灵活性。货物盘点均根据当期制订的盘点计划,并且将实物盘点数与库存信息及财务信息进行核对,保证无误的情况下再进行货品入库。

物流中心的高效运作,可以减少森马在生产环节的成本投入。并且,将生产外包之后,物流中心可根据下游经销商需要,向上游供应商发出订单,将库存转化为"在途物资",减少自身库存成本,在收到上游供货的同时进行流通加工,再对货品进行加工,综合管理物流成本,更好地实现按单生产(MTO)流程。

(3) 合作的风险及其防范。合作的风险指由于合作系统内外部环境的复杂性、不确定性而导致失去合作优势等。制造商与第三方物流商合作虽不是强调"强强"联合,但强调第三方物流商必须具备自身的核心优势以实现优势互补。在与第三方物流商合作过程中,制造商有可能无意中将自身的核心技术或市场知识泄露。而这些核心技术或市场知识正是制造商在合作前的竞争优势,其竞争优势可能会弱化甚至消失。另外,如果第三方物流商自身确实并不具备核心竞争优势而是勉强与制造商合作的话,在合作过程中就有可能被其他企业兼并。在合作过程中,合作伙伴的文化差异、合作目的差异等都有可能使合作失败。

有风险,就需要采取预防措施。一是做好合作中的沟通工作。合作失败的原因很多,如缺乏全身心投入的精神、彼此间并未尽心尽力维持长期合作关系、文化差异使联盟终止、中期管理不当等,沟通工作未做好,导致合作关系的协调性差。为了保持长期合作关系,合作双方应相互信任、相互尊重,碰到问题时要坦诚相待,彼此谅解,尽量减少相互间的误解,增强合作的一致性,营造良好的合作氛围。二是在保持互利互惠的前提下,制造商应在一定程度上尽量保持自己的核心竞争优势和市场范围,防止自身的核心技术或市场知识外泄。三是在合作中保持自身的相对独立性。制造商和第三方物流商在合作过程中必须保存实力,以确保与其他物流商平起平坐,避免被兼并或收购的风险。

供应链管理及其实施步骤

供应链管理是指在满足一定的客户服务水平的条件下,为了使整个供应链系统成本达到最小而把供应商、制造商、仓库、配送中心和渠道商等有效地组织在一起来进行产品制造、转运、分销及销售的管理方法。供应链管理包括计划、采购、制造、配送、退货5大基本内容。在实施供应链管理过程中有以下步骤。

第一步是 ERP(企业资源管理)。ERP 是由很多循环构成的,如订单管理、生产派工、库存管理、采购管理等,这些循环结合起来就是一个好的 ERP 系统。

第二步是数据同步采集与实时分析,即 B2B、EAI(企业应用整合)、EIP(企业信息门户)等。通过 B2B 的方式,把所有的数据采集回来,有了数据之后,才能去评估供应链到底做得好不好。

第三步开始做接单,即电子订单系统。其实国内的很多企业都在使用这个系统,有些是自己的分公司在使用,有些是给经销商使用的。通过这个系统可以降低库存。

第四步是供应链规划。

第五步是 EPS(电子采购系统),包括采购订单的管理。

第六步是 VMI(供应商管理库存)。由此构成了全方位供应链管理。

4．认识跨境电商物流

1) 跨境电商物流的背景及定义

众所周知,近年来,电子商务的迅猛崛起,带动各种跨境平台的急速发展,市场情况一片良好。越来越多的消费者会用网络来搜集外国的产品和服务,并且能够接受从海外购货,这样一种消费观念的改变大大促进了跨境电子商务的发展。据有关调研显示,2013 年,美国、英国、德国、澳大利亚和巴西组成的全球五大电子商务市场共计 7600 万个消费者参与跨境网购,市场需求达 700 亿美元。五大市场对中国商品的跨境网购需求在 2013 年超过 110 亿美元,未来五年将翻倍增长。中国跨境电商产业有望在中东欧、拉丁美洲、中东和非洲等地区获得较大突破。这种小批量、多批次、快速发货的外贸订单需求逐渐取代传统外贸"集装箱"式的大额交易。而网购货物是否按时到达,是否安全到达,包装是否合适,质量是否有保证等是消费者所要考虑的一些非常重要的因素,这些因素即涉及跨境电商物流。

【拓展视频】

跨境电商物流是指分属不同关境的交易主体通过信息化、现代化、社会化的电子商务平台达成交易,进行支付结算;并严格地、高效地、守信用地按用户的订货要求,进行一系列分类、编码、整理、分工、配货等理货工作;逐步定时、定点、定量地交给跨境的各类用户,满足其对商品的需求的一种国际商业活动。

2) 跨境电商物流目前存在的不足之处

(1) 配送时间长。2013 年 5 月 7 日,速卖通调整货品发往俄罗斯的卖家最长承诺运达时间,由之前的 60 天上限延长至 90 天。也就是说,一个俄罗斯客户从速卖通下单,3 个月之后收到商品都是有可能的。从当前来看,使用中邮小包或香港小包到俄罗斯和巴西等地,普遍的送达时间在 40~90 天;使用专线物流稍微快些,但也需要 16~35 天到达。在 eBay 平台上,通过国际 e 邮宝,发往欧美的货物一般是 7~12 天送达。这些长达一两周,甚至数月的配送时间,在极大地考验海外用户耐心的同时,也严重制约了跨境电商的进一步发展。

(2) 包裹无法全程追踪。在中国境内,得益于中国电商物流业近年来的高速发展,已基本实现包裹的实时追踪查询。然而,跨境物流包括境内段和境外段。很多包裹出境后,就无法追踪。物流发达且语言较为方便的英、美、澳等国稍微好些,在拿到单号后可以去相关的英文网站查询;对于一些小语种国家及俄罗斯、巴西等物流行业极不发达国家,就算拿到单号,打开各种葡萄牙语、俄罗斯语、西班牙语网站,也未必能够查询到包裹的投递信息。要解决包裹的跨境全程追踪，一方面国外段物流本身须处于高度信息化水平；另一方面需要将国内段配送方和国外段配送方的信息系统对接，以实现一站式全程追踪。显然，这是一项长期的大工程。

  3) 跨境电商物流的模式

  目前跨境 B2C 电子商务物流有三种方式：国际小包、快递，海外仓储和聚集后规模化运输。

  (1) 国际小包、快递。国际小包主要包括中国邮政小包、香港邮政小包和新加坡邮政小包等，国际快递主要有 DHL 和 EMS 等。它们的不足之处是费用贵(成本均摊到客单价，拉低卖家价格竞争优势)、物流周期长、退换货麻烦，还有各种海关查扣，快递拒收等不确定因素。客户体验非常糟糕，长期下去还会限制卖家扩张品类。但这两种是最为传统且最简单直接的物流方式。对于众多规模不大的企业而言，国际小包和快递几乎是唯一可选择的物流方式。

  (2) 海外仓储。海外仓储是指在其他国家建立海外仓库，拥有异地储存、发货、配送和其他增值服务的功能，以海运或空运的形式先把货物运达仓库，然后在接到客户订单后从仓库直接发货。要实现这一模式并不容易，因为虽然在海外建仓库运输成本会低很多，还可以提高寄递速度，但建设成本和运营成本都很高。跨境贸易物流的主要运输方式是空运和海运，其中以空运为主。但近年来，空难和危险品事故频发，也给空运货代带来沉重的打击，各种政策法律不断变动，与之而来的是货代物流各种渠道的不稳定性，爆仓、延误、禁运时有发生。虽然物流行业在不断开辟各种新渠道来满足不同的跨境交易需求，但在面对跨境电商日益增长的发货数量、不断提高的运输时效要求以及对成本的更优计算时，依然显得力不从心。究其根底，问题就在于国际形势和各个国家政策以及独特地理气候条件带来的不同物流规则差异。众所周知，一件商品，从该国 A 地发往 B 地，只需要一个物流商的低价运费和几天的运输时间。但一件商品从 A 国发往 B 国，不但要满足两个国家政策要求，以及一个时间更长、价格更高的跨国物流，还需要满足各种天气条件。这不仅给商品竞争带来压力，还给商品长途运输带来不安全、不确定性，各种纠纷、退件问题都无法得到妥善处理。而且，一些企业关于出口退税的需求也无法得到决解。这时，拥有一个海外仓储的重要性就尤为突出了。

  一个海外仓储可视为卖家在海外本地的一家商铺，不仅能存储商品，还具有发货、配送等功能，甚至能根据用户需要提供一些增值功能，例如商品包装、更换条码、转仓等服务。这样，海外仓储就形成了一套一站式的完整的物流解决方案，最大限度地获得最优的物流及完善的信息资源，可让卖家在线远程管理海外仓储，保持海外仓储货物实时更新，严格按照卖家指令对货物进行存储、分拣、包装、配送，并且在发货完成后系统会及时更新，以显示库存状况。这彻底将卖家与物流配送的关系，从卖家被动等待物流公司配送，转变为卖家远程操控货物仓储物流配送全流程，主动掌控物流管理链。例如库存消化问题，除了卖家依靠以往销售经验进行评估外，还可利用大数据服务，最大程度帮助卖家分析品类商品资金捆绑时间，计算出相对合理的库存指数。海外仓储不仅拥有本地物流优势，还拥有更高的时效优势。请设想，你在 A 国，有一个订单到 B 国，但你在 B 国拥有海外仓储，可以直接从 B 国发货，这样时效、成本、通关等方面就具有更大的优势。

小贴士

订 单 宝

订单宝是一个4PX，是基于当前跨境物流瓶颈下诞生的利用先进的WMS系统为卖家量身定做的集采购管理、质检、仓储管理、订单管理、库存管理、物流配送管理于一体的仓储外包服务。完善的整合方案为用户解决了直发货不足、物流时效不稳定、大部分产品物流成本高及需要出口退税等问题。电子商务卖家只需要把货物寄存在4PX分布于全球的仓库，由4PX完成入库质检、货物上架、库存管理、接收订单、订单分拣、订单复核、多渠道发货等所有物流环节的操作，让电子商务卖家轻松享受一站式的物流仓储服务。目前，订单宝一共拥有美国洛杉矶仓库、英国伦敦仓库、澳洲悉尼仓库、德国卡尔斯鲁厄仓库、中国深圳钟屋仓库、中国深圳机场保税仓库、中国香港仓共七个仓库。订单宝海外仓储与卖家自有国内仓库的比较见表6-2。

表6-2 订单宝海外仓储与卖家自有国内仓库的比较

比较类目	订单宝海外仓储	卖家自有国内仓库
派送时间	本地派送，1~3个工作日 偏远地区，4~7个工作日	小包，10~30个工作日 专线，7~10个工作日 快递，4~6个工作日
商品销售价	提高20%	和国内卖家价格激烈竞争
浏览量	提高120%	浏览量低
成交率	提高20%	增长慢
销售	提高30%	只能低价换量
退换货	提供本地退换货	退换货时效长且费用高
系统	专业管理系统	系统落后甚至无仓储系统
订单响应速度	提高30%	订单处理效率低
采购成本	出口退税，降低13%~17%	无

(3) 聚集后规模化运输。集聚后规模化运输有两种类型：一种是企业自身集货运输，这种物流运输模式主要适用于B2C平台本身即为外贸公司，企业自己从国内供应商处采购商品，通过自身的B2C平台出售给国外买家，通过买入、卖出赚取利润差价。另一种是通过外贸企业联盟集货，主要是利用规模优势和优势互补的原理，将一些货物相似的小型外贸企业联合起来，组成B2C战略联盟，通过协定成立共同的外贸B2C物流运营中心。这种类型的缺点是有较长的运输周期和复杂的物流程序，并且企业在前期需要投入大量的资金，对于许多中小型外贸企业，这笔费用是难以承受的。

5. 营销渠道中的物流管理任务

营销渠道涉及众多企业机构(企业物流管理部门、中间商、储运公司、金融机构和保险公司等)及企业间业务关系的传递、融资、交易的发生等多个方面，与物流有着深刻和广泛的联系。营销渠道的建立、营销渠道的长短、营销渠道成员之间的关系在很大程度上会对物流管理产生影响。反过来，物流管理的成功与否会在一定程度上加强或削弱营销渠道的稳固性。因此，企业物流管理部门需要把各方面的力量组织和协调起来，使物流活动合理化与系统化，以最少的时间、最少的投入、最好的服务、最多的产出，完成商品从制造商向消费者的安全转移。具体而言，营销渠道中的物流管理任务有以下几点。

1) 确定物流组织

对物流组织进行投资建设时,首先要确定其规模的大小,使之与企业营销渠道总目标相匹配。为此,企业对其所处的地理环境、服务对象,特别是物流量的多少,包括货物品种、数量、流向以及物流中心的分布、设置等都要进行详细的调查和预测,综合分析规划,以确定物流组织的适度规模。

2) 促进物流组织间的合作

物流活动一般由多个机构和部门分担,企业必须认识到营销渠道中的物流组织是一个有机的整体,整体中每个成员的行为活动都会对物流目标的实现产生一定的影响。因此,企业应全面统筹安排,加强各部门、机构的组织、激励、协调与控制,促进合作,发挥各职能机构的作用,使各机构协调运作,及时处理矛盾和问题,确保产、运、存、销等环节紧密衔接。

3) 保持适量的库存

营销渠道中的库存是否合理不仅影响物流管理成本的高低,而且影响企业的经济效益和信誉。不适量的库存会给企业带来商品积压或短缺的问题,由此影响到企业的商品销售及信誉。因此,在营销渠道中,保持适量的库存来满足市场需求,是物流管理的重要任务之一。

4) 确保运送及时与便利

运输与配送是否及时与便利,是衡量营销渠道中的物流服务质量的重要指标。开展物流活动时,企业必须综合考虑运输与配送的功能,如运输工具的配合、运输路线的选择、运输环节的安排等,以便能按客户的要求及时运达。

5) 降低成本,提高效益

进行物流管理必须把提高经济效益放在重要的地位,以最低的物流成本实现企业的营销渠道目标。实践证明,物流活动在创造附加价值的活动中占有很大比重,是创造企业利润的一个有机组成部分。有效率的物流管理能降低物流成本并提高物流管理绩效,因此,企业应重视和加强营销渠道中的物流管理。

6.2.3 运输与配送管理

1. 运输管理

1) 运输的概念

运输是指借助公共交通网络及其设施和运载工具,通过一定的组织管理技术,实现人或物品从一地位移到另一地,改变其空间位置的经济活动和社会活动,其中包括集货、分配、搬运、中转、装卸、分散等一系列的操作过程。

运输管理的一个重要内容就是根据物品对运输时间与运输条件的具体要求,选择合适的运输路线、运输方式和运输工具,使企业能用较少的时间、较短的路线、较少的费用安全地把物品从产地运送到目的地。在营销渠道中,产品需要通过运输活动来实现转移,运输成本在一般产品销售费用中占 10%~20% 甚至更多。因此,有效的运输管理对于营销渠道服务水平的提高,以及成本的降低和营销渠道管理的成功至关重要。

 小贴士

运输的作用

1. 实现产品在营销渠道中移动

运输首先实现了产品在空间上的移动,把产品从厂商的仓库转移到顾客手中。运输追求的就是要以最少的时间和费用完成物品的运输任务；同时，产品转移所采用的方式必须能满足顾客的要求，产品的遗失和损坏必须减少到最低的水平。

2. 有利于产品在营销渠道中进行短期库存

将运输车辆作为暂时的储存工具，对产品进行临时储存也是运输的作用之一。如果转移中的产品需要储存，而在短时间内又将重新转移，卸货和装货的成本也许会超过产品储存在运输工具中的费用。这时，将运输工具作为暂时的储存工具是可行的。当交付的货物处在转移之中，而原始的装运目的地被改变时，产品也需要临时储存。尽管用运输工具储存产品是昂贵的，但如果需要考虑装卸成本、储存能力和储存空间的限制等，从总成本或完成任务的角度看，用运输工具储存常常是合理的，甚至是必要的。

2) 运输管理的原则

运输管理的两条基本原则是距离经济和规模经济。

(1) 距离经济的特点是每单位距离的运输成本随运输距离的增加而减少。距离经济的合理性类似于规模经济，尤其体现在运输装卸费用的分摊上。距离越长，可使固定费用分摊后的单位值越小，导致单位距离支付的总费用小。

(2) 规模经济的特点是随着装运规模的增长，每单位的运输成本下降。例如，整车装运的每单位重量成本低于零担装运。铁路或水路之类运输能力较大的运输工具，其每单位重量的费用要低于诸如汽车或飞机之类运输能力较小的运输工具。所以，选择运输方式时，应考虑运输成本。运输规模经济之所以存在，是因为有关的固定费用可以按整批货物的重量分摊。

 小贴士

影响运输管理的因素

1. 运输成本

运输成本指两个物理位置间的运输所支付的款项，以及管理和维持转移中存货的有关费用。大多数企业在选择运输方式时，将运输成本放在首要考虑的位置。

2. 运输速度

运输速度指完成特定的运输作业的速度。一般来说，运输商提供的服务越是快速，它实际需要收取的费用也就越高，因为快速运输成本相应地也在提高；其次，运输服务越快，转移中的存货就越少，可利用的运输时间间隔越短。因此，在选择最合理的运输方式时，至关重要的问题就是在服务的速度和成本之间寻求平衡。

3. 运输稳定性

运输稳定性指若干次装运中履行某一特定的运输任务所需的时间与原定时间，或与前几次运输时间的一致性。多年来，许多厂商把运输稳定性看作是高质量运输的最重要的表现。

3) 几种常见的运输方式

(1) 铁路运输。铁路是国民经济的大动脉，是现代化运输中的一种最主要的运输方式，它与公路、水路相连接形成了四通八达的交通运输网，是营销渠道成功运行的必备条件。其特点有：一是适用性强，铁路运输几乎不受气候条件的影响；二是速度较快，铁路货运速度每昼夜可达几百千米，一般货车可达 100 千米/小时左右；三是载重量大，铁路一列货物列车一般能运送 3000~5000 吨货物，大型重载列车为 7000 吨；四是成本较低，铁路运输费用仅为汽车运输费用的几分之一到十几分之一，运输耗油约是汽车运输的 1/20。

(2) 公路运输。公路运输一般是指汽车运输，是陆上两种基本运输方式之一。除了可以独立实现"门到门"的运输外，还可为其他运输方式集散货物，是其他运输方式不可缺少的补充手段。其特点有：一是机动、灵活、适应性强，能深入其他运输工具到达不了的地方；二是适应点多、面广、零星、季节性强的货物运输；三是空运班机、船舶、铁路衔接运输不可缺少的运输方式。针对公路运输的经济技术特征，公路运输适合于承担小批量、短距离的运输任务。

(3) 水路运输。水路运输是指使用船舶通过海上航道在不同的国家和地区的港口之间运送物资的一种运输方式。水路运输的经济技术性能在各种运输方式中是比较好的，在有条件的地方，应充分利用水运。其特点有：一是载运量大，国际贸易总运量的75%以上是利用水路运输来完成的，有的国家对外贸易运输水运占运量的90%以上。其主要原因是船舶越来越向大型化发展，如50万～70万吨的巨型油轮，16万～17万吨的散装船，以及集装箱船的大型化。二是通过能力强，天然航道四通八达，各种船舶均可通行，因而其通过能力要超过其他各种运输方式。三是运费成本低。四是适应性强。基于上述特点，水路运输适合于承担数量大、距离长且对运输时间没有特殊要求的大宗货物的运输。

(4) 航空运输。航空运输虽然起步较晚，但发展极为迅速，这与它所具备的许多特点分不开。与其他运输方式相比，其特点有：一是速度快；二是安全准确；三是手续简便；四是节省包装、保险、利息和储存等费用。航空运输适合于在紧急的情况下使用。

(5) 管道运输。管道运输是使用泵和管道运输流体货物的一种运输方式。管道运输所运送的货物主要是油品、天然气、二氧化碳气体等。管道运输是通过给被运的货物施以压力，使货物连续不断地被运送，因此，管道运输是一种节能、连续性强的运输方式。其特点有：一是运输能力大，连续性强；二是占地少；三是适应性强。管道运输不易受气候的影响，可以全天候地均衡运输。但是，管道运输中的管道对金属的消耗量大，运输货物的品种单一，并且灵活性低，只能适应单向、定点、运输量大的流体货物的运输。

 小贴士

集装箱与国际多式联运

集装箱运输是以集装箱作为运输单位进行货物运输的现代化运输方式，目前已成为国际上普遍采用的一种重要的运输方式。集装箱运输的优越性表现如下。对货主而言，它的优越性体现在：大大地减少了货物的损坏、偷窃和污染的发生；节省了包装费用；由于减少了转运时间，能够更好地对货物进行控制，从而降低了转运费用，也降低了内陆运输和装卸的费用，便于实现更迅速的"门到门"的运输。对承运人来说，集装箱运输的优点在于：减少了船舶在港的停泊时间，加速了船舶的周转，船舶快速周转可以更有效地利用它的运输能力，减少对货物的索赔责任等。对于货运代理来说，使用集装箱进行货物运输可以为他们提供更多的机会来发挥无船承运人的作用，提供集中运输服务、分流运输服务、拆装箱服务、"门到门"运输服务和提供联运服务的机会。

国际多式联运是在集装箱运输的基础上产生和发展起来的，是指按照多式联运合同，以至少两种不同的运输方式，由多式联运经营人将货物从一国境内的接管地点运至另一国境内指定交付地点的货物运输。国际多式联运适用于水路、公路、铁路和航空多种运输方式。在国际贸易中，由于85%～90%的货物是通过水运完成的，因此水运在国际多式联运中占据主导地位。

国际多式联运方式具有责任统一、手续简便、降低运营成本、加速货运周转等优点。在办理国际多式联运的业务时，一般主要包括：接受托运申请，订立多式联运合同；空箱的发放、提取；出口报关；货物装箱及交接；订舱及安排货物运送；办理货物运送保险；签发多式联运提单，组织完成货物的全程运输；货物运输过程中的海关业务；货物到达交付。

4) 影响运输方式选择的因素

(1) 货物品种。关于货物品种及性质、形状，应在包装项目中加以说明，选择适合这些货物特性和形状的运输方式，对运费的负担能力也要认真考虑。

(2) 运输期限。运输期限必须与交货日期相联系，保证运输时限，必须调查各种运输工具所需要的运输时间，根据运输时间来选择运输工具。运输时间的快慢顺序一般情况下依次为航空运输、汽车运输、铁路运输、船舶运输。各运输工具可以按照其速度编组来安排日程，加上运输两端及中转的作业时间，就可以计算出所需的运输时间。

(3) 运输成本。运输成本因货物的种类、重量、容积、运输距离不同而不同。并且，运输工具不同，运输成本也会发生变化。企业在考虑运输成本时，必须注意运费与其他物流子系统之间存在互为利弊的关系，不能只考虑运输费用来决定运输方式，要由总成本来决定。

(4) 运输距离。从运输距离看，一般情况下可以依照以下原则选择运输方式：300千米以内，用汽车运输；300～500千米的区间，用铁路运输；500千米以上，用船舶运输。一般来说，采取这样的选择是比较经济合理的。

(5) 运输批量。由于大批量运输成本低，应尽可能使商品集中到最终消费者附近，选择合适的运输工具进行运输是降低成本的良策。一般来说，15吨以下的商品用汽车运输；20吨以上的商品用铁路运输；数百吨以上的原材料之类的商品，应选择船舶运输。

2．配送管理

1) 配送的概念

配送是指将从供应商处订购的多品种、大批量商品在仓库或配送中心经过必要的储存、保管，并按照顾客订货的要求进行分拣、配货后，将配好的商品在规定的时间内送交顾客的一项物流活动。

 小贴士

配送与运输的区别

配送不是单纯地进行货物运输。在向顾客送货之前要进行货物储存、包装、加工、分拣、配货，因此，配送几乎包括了所有的物流活动。配送是物流的一个缩影或在一定范围内物流全部活动的集中体现，比单纯的运输要复杂很多。

配送中的送货仅指从物流据点至顾客之间的货物配送。如某工厂通过配送中心向顾客交货时，工厂至配送中心之间的货物输送称为运输，而从配送中心至顾客之间的货物输送称为配送。

配送运输的距离短、批量小、品种多、时间性强。配送运输所采用的主要运输工具是汽车，与一般的货物运输相比，其运输方式、运输工具比较单一。

2) 配送的特点

(1) 配送是从物流据点到需求方的一种送货形式。配送的表现形式虽然是向顾客送货，但是它与一般的送货是有区别的：一般送货是企业生产什么就送什么，而配送则是根据顾客需求来送货；一般送货，尤其是从厂家至顾客的送货往往是直达型送货，配送则是一种"中转型"送货，配送中向顾客送货的并不是直接的生产企业，而是专门从事物流或配运业务的物流企业。

(2) 配送是"配"和"送"的有机结合形式。配送是根据顾客订货所要求的商品品种、规格、型号、数量、等级等在物流节点中经过拣选、组配后，将配好的商品送交顾客。因此，配送中除了各种"运"和"送"的活动之外，还要从事大量的分拣、装配等工作。"配"是"送"的前提和条件；"送"是"配"的实现和完成。"配"和"送"相辅相成，缺一不可。此外，配送还可以利用物流据点中有效的分拣、配货等工作，使送货达到一定数量，利用规模优势降低配送成本。

(3) 配送是一种"门到门"的服务形式。配送是根据顾客订货的要求，以送货到门的服务方式将货物从物流据点送到顾客指定的交货地点，如顾客仓库、营业厅、住宅、车间等。

3) 配送模式

(1) 自建配送中心，自营配送业务。这种模式是指制造商根据自己的经营规模和营销渠道网点布局等多种因素，选择适当的地点，自己投资建立配送中心，企业对配送中心进行经营管理，由自建的配送中心完成配送业务。在这种模式下，制造商对配送业务直接进行管理和运作，配送业务围绕着企业销售而展开，能最大限度地满足企业销售服务的要求。对于经济实力雄厚、规模较大，或自身拥有较好的物流设施和物流网络的制造商来讲，可采用此种模式；但对规模较小、业务量有限的中小型企业来说，则不适宜选择此种模式。

(2) 将配送业务外包给专业物流商。这种模式是指制造商以签订合同的方式将配送业务外包给专业物流商去办理，向专业物流商支付配送费用。专业物流商是以向客户提供运输、储存、配送等物流服务为核心业务的专业公司。制造商将不是自己核心业务的配送业务外包给专门从事配送业务的专业物流商来做，不仅能够节省大量的投资和管理费用，集中精力搞好自己的主营业务，而且还可享受较完善的物流服务。同时，由于专业物流商业务量大，形成规模经济效应，根据业务发展的需要不断采用先进的设施设备、新技术和新方法改进作业流程等，能够不断地降低物流配送成本，从而进一步推动和促进生产企业的营销渠道的发展。

(3) 与专业物流商合作，采取单项业务外包。有些制造商自身拥有一定的物流设施设备，并建有一些物流网络，可以满足自身部分物流业务需要。但由于各种原因又不愿意扩大自身物流设施规模，这样的企业就可以与专业物流商进行合作，将自身不擅长的业务或作业环节外包给专业物流商，自己承担能够胜任的业务。这样做既可以合理地利用企业的自有资源，又可降低配送成本，提高服务质量。

(4) 与其他企业共建配送中心，共担配送业务。这种模式是指制造商与其他企业共同投资建立配送中心，通过对配送中心的运营管理，完成企业所需要的配送任务。这里所指的"其他企业"一般包括两类：一类是其他业种的企业，如运输、仓储等物流企业，与其合作可利用其先进的设施以及多功能服务来取得经济效益；另一类是其他从事生产的企业，主要是一些规模小或资金有限的中小企业，由于不具备自建配送中心的能力，但又不想对企业的配送业务进行控制和管理，便选择与其他生产企业共同建设和经营配送中心。这种模式最大的特点是企业间优势互补，可以开展共同配送，资源联合利用，在一定程度上节省了大量的资金，同时也降低了经营风险。

 小案例

沃尔玛的配送中心及运作方式

【拓展文本】

沃尔玛的集中配送中心是相当大的，而且都在一层当中，这样可以促进产品滚动，产品能从一个门进，从另一个门出。如果有电梯或其他物体，就会阻碍流动过程。沃尔玛使用一些传送带，让这些产品能够非常有效地进行流动，对它进行处理不需要重复进行，都是一次。比如说，在某货品卸下来以后，沃尔玛要对该货品进行一些处理。如果处理好几次，这个成本就会提高，而如果沃尔玛采用这种传送带，运用无缝的形式，就可以尽可能地减少成本。

沃尔玛每一个星期可以处理的产品是120万箱。由于沃尔玛公司的商店众多，每个商店的需求各不相同，这个商店也许需要的产品是这样一件，那个商店可能需要的是另外一件。沃尔玛的配送中心能够把产品根据商店的需要，自动分类放入不同的箱子当中。这样，员工可以在传送带上就取到自己负责的商店所需的商品。那么在传送的时候，他们怎么知道应该取哪个箱子呢？原来，传送带上有一些信号灯，有红的、绿的，还有黄的，员工可以根据信号灯的提示来确定商品应被送往的商店，来拿取这些商品，并将取到的商品放到一个箱子当中。这样，所有商店都可以在各自所属的箱子当中获得不同的货品。

6.2.4 仓储与库存管理

1. 仓储管理

1) 仓储管理的概念

"仓"也称仓库，是存放物品的建筑物和场地，也可以是房屋建筑、大型容器、洞穴或者特定的场地等，具有存放和保护物品的功能；"储"表示收存以备使用，具有收存、保管、交付使用的意思。"仓储"则为利用仓库存放、储存未使用的物品的行为。

仓储管理就是对仓库及仓库内的物资所进行的管理，是仓储机构为了充分利用所具有的仓储资源提供高效的仓储服务而进行的计划、组织、控制和协调过程。

2) 仓储管理的功能

(1) 服务功能。尽管建设仓储会增加企业的投资成本，但企业有时为了营销渠道管理活动的需要，必须增加仓储。这是因为仓储的存在，使得企业营销渠道的顾客服务水平得以提高，增加了商品的市场占有率、销售收入和利润，从而使企业的整体效益得到提高。仓储管理的服务功能表现为以下两点：一是就近储存。就近储存特别适用于季节性的商品，如农资商品等。当销售旺季到来时，供应商往往会把商品储存在市场的附近，以满足顾客的订货。当销售旺季过后，再把商品通过逆向物流运回企业的中央仓库。二是提高企业形象。企业在接近市场的地方建立仓储，可以对市场需求做出快速反应，提供及时的送货服务，这样有利于提高企业形象，稳定顾客，从而增加商品的市场占有率和企业营销渠道的利润。

(2) 经济功能。仓储管理的经济功能体现在降低了物流总成本。如果一个营销渠道物流组织增加仓储能使物流总成本下降的金额大于建设该仓储的固定成本和变动成本，那么该仓储的建设是合理的。仓储管理的经济功能主要表现在：一是仓储通过共同配送实现物流总成本的降低。二是仓储通过发挥中转功能实现物流总成本的降低。当厂商或供应商需要面对许多顾客时，往往可以在顾客的附近建设仓库作为中转站，实现多品种、小批量、距离短配送。

三是仓储通过发挥流通加工功能实现物流总成本的降低。如一些蔬菜等商品的包装或贴标签作业可以不在供应商处完成,直接以大包装的形式运输到仓库,等到确定具体的购买顾客后,再在仓库内完成相应的作业。四是仓储通过发挥季节性储存的功能实现物流总成本的降低。对于一些属于季节性生产或消费的商品,为了不使正常生产或消费受到影响,往往可把商品储存到仓库中,起到缓冲的作用。

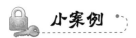

金融仓储服务外包模式

  浙江涌金仓储股份有限公司是浙江省第一家专业从事金融仓储业务的民营企业,主营业务为三方动产监管、金融仓单和金融档案保管,提供的是金融延伸服务。该公司金融仓储服务的做法为:一是严密监管。现场派驻专人监管,24小时全天候远程监控。二是实施严格的货物进出库流程。物资入库时,先进货、后记账;物资出库时,先记账、后出货;公司按银行的指令进出货,仓库按总部的指令进出货;货物进出和记账双人负责,相互制约。三是定期报送监管信息。每天记载货物进出及存量,每天跟踪货物价格变化,每天计算物资的价值总额,确保库存价值不低于监管限额,每周向银行报送市场和库存监测报告,每月向银行报送监管报告。四是特殊风险管理。对风险有针对性的预防、发现和处理对策;通过成立应急预案委员会,建立详细的应急预案来控制各类风险。

  3)仓储管理的作业过程

  仓储管理作业就是对进入仓库中的商品进行入库、保管、出库三大项业务的计划、组织和控制。

  (1)入库作业。商品入库作业是仓储作业的第一阶段,是指仓库根据商品入库凭证接收商品入库储存而进行的收货检验、装卸搬运和办理入库手续等一系列业务活动的总称。入库作业的目的在于确保所送商品数量、质量等与入库凭证相吻合。商品入库作业的基本要求是保证对入库商品的单据审核无误;确保入库商品数量准确、质量完好、包装无损;搬运迅速、安全稳妥;手续简便、交接清楚。

  (2)保管作业。商品经入库后,即进入保管阶段。商品保管作业是仓储作业的中心环节,做好在库商品的保管对保护商品的质量、减少商品损耗、合理利用仓储、促进仓储改善经营管理具有重要的作用。保管作业是指在一定的仓储设施和设备的条件下,为保存商品的使用价值而在仓库中所进行的各项活动的总称。商品在储存期间,其内部时刻进行着各种物理化学变化,这些变化一般都会对商品的使用价值造成影响。为此,需要根据储存商品的性能,采取相应的措施消除或延缓这些变化过程。商品保管作业的基本要求是根据商品的性能和包装情况,科学地选择商品存放场所,合理利用仓储空间,健全商品养护制度,健全商品数量管理制度与安全规章制度。

  (3)出库作业。仓库在接到存货单位的出库通知后,应立即做好商品出库工作。商品出库作业是指仓库根据存货单位开出的出库凭证,按照所列商品的品名、规格、数量等组织商品出库。在商品出库前要做好人员、装卸搬运设备、理货场地的准备工作等,只有做好商品出库前的准备工作,才能加快商品的发送速度,避免出现差错,提高商品发送作业质量。在商品出库过程中要认真审核出库凭证，保证货物与凭证一致；在审核出库凭证无误后，要准确登记商品保管账和保管卡，并进行复核，防止出现差错；复核无误后才可以发货，商品发货可由存货单位自备运输工具到仓储提货，也可由仓库将商品送到存货单位。

 小贴士

影响仓库选址的因素

1. 交通运输条件

运输是物流的核心作业之一，仓库选址必须有良好的交通运输条件。企业在选择仓库地址时，还应考虑铺设铁路专线或建设专用水运码头的条件。仓库选址必须依靠各种运输方式所具有的安全性、准时性、高速性，综合组织成最有效的运输系统，将商品送交给客户。对于一些大型的仓库，如物流中心及配送中心的选址，应尽可能接近交通枢纽，如高速公路、主要干道、其他交通运输港站等，以提高效率，缩短运输的时间。

2. 土地和地质条件

企业在进行仓库选址时必须具有相应的土地资源，在选址中应根据相应城市的规划及政策法规等进行综合考虑，因此，需要考虑土地的来源、地价、可利用性、地质特点等。

3. 客户的需求

企业在进行仓库选址时除了分析相关的影响因素，最重要的是能满足客户需求。要能够体现及时、方便和低成本等服务，如配送中心的运作就要体现出高效率、小批量和多品种的特征需求；同时，也要充分估计到仓库今后的发展需求，根据仓库发展规划适当留有发展的余地，保证仓库扩展所需的空间。

4. 环境条件

保证仓库安全是一项重要原则。企业在选择仓库地址时必须对安全条件进行仔细调查和分析。为方便消防灭火，仓库周围建筑和道路必须保证交通通畅，防止紧急情况下出现阻塞。此外，企业还应考虑周围环境、自然条件的异常对仓储物品的安全影响。

2．库存管理

商品生产与消费在时空上的矛盾是客观存在的，因此，在营销渠道中保持合理的商品库存水平是相当重要的。广义的库存表示用于将来需要而暂时处于闲置状态的资源。狭义的库存是指按预定目的而在仓库中处于暂时停滞状态的物品或商品。营销渠道中的库存主要是指狭义的库存。

1) 库存的分类

(1) 周转性库存。周转性库存是指为补充生产或销售过程中已消耗完或销售完的物资而设定的库存，以便满足下一轮生产或销售的物资需求，保证生产或销售的连续性。例如，每个月进货两次，每天的需求为 50 个单位，提前期为 5 天，则平均的周转性库存水平为 250 个单位。

(2) 在途库存。在途库存是指处于运输过程中的库存，即在航空、铁路、公路、水路等运输线上的物资。

(3) 安全库存。安全库存是指为对未来物资供应的不确定性、意外中断或延迟等起到缓冲作用而保持的库存。例如，对未来生产商产品供应的情况，在不能肯定是顺利还是不顺利时，就要保持一定数量的库存，提高供应保障。

(4) 季节性库存。某些物资的供应或产品的销售情况经常受到季节性因素的影响，为了保证生产和销售的正常进行，需要一定数量的季节性库存。例如，冰淇淋类产品的生产容易受到季节性的影响，这类产品就应该根据季节性的需求确定库存水平。

 小贴士

库存的作用

1. 获得规模经济

一个组织要想实现在采购、运输和制造等物流过程中的规模经济，拥有一个适当的库存是必要的。库存能够降低每单位的进货成本，减少因缺货而形成的订单损失和信誉下降等。

2. 平衡供求方面的关系

季节性的供给和需求使企业不得不持有库存，如在节假日，产品需求量剧增，这就要求企业有足够的货源来满足市场要求，避免供不应求。

3. 预防需求和订货周期的不确定性

由于市场需求情况的瞬息万变及订货周期的不确定性，常常使库存不足，导致缺货损失。因此，库存就显得十分重要。

4. 满足订货过程中的市场需求

生产和消费之间的距离，意味着从向生产商订货到货物运到消费者需要一定时间。客户需要一定的存货，以备新货物抵达并卸载下来之前的市场需求。

2) 库存成本的构成

企业在营销渠道中保持一定数量的商品库存，就必然会付出一定的代价，即库存成本。库存成本一般由以下几项构成。

(1) 进货成本。进货成本是指库存商品的取得成本，主要由库存商品的进价成本和进货费用构成。进价成本是每次采购进货所支付的款项，即采购数量与单价的乘积，一般包括买价、运杂费等。在一定时期进货总量既定的情况下，无论企业采购次数如何变化，库存商品的进价成本通常是保持相对稳定的。进货费用是指企业为组织进货而开支的费用。其中一部分与订货次数有关，如电话传真费等，与进货次数成正比关系；另一部分与订货次数无关，如采购组织的管理费用开支等。

(2) 储存成本。储存成本是指商品在储存过程中所支付的各种仓储费、占用资金利息、保险费、租赁费等，根据与库存数额的关系可划分为变动的储存成本和固定的储存成本。变动的储存成本是指那些与库存数额的增减成正比例变动关系的支出，如库存商品占有资金利息、保险费等；而固定的储存成本是指与库存数额的多少没有直接关系的支出，如保管人员的工资等。

(3) 缺货成本。缺货成本是指因库存数额不足而给企业造成的损失。主要包括由于材料供应中断造成的停工待料损失、成品供应中断导致延误发货的信誉损失以及丧失销售机会的损失等。

(4) 库存风险成本。库存的商品会由于一些不利的影响因素带来风险。其风险成本一般包括如下几项：①废弃成本，是指由于不能以正常的价格出售，而必须处理掉库存商品的成本；②损坏成本，是指仓储营运过程中发生商品损毁而丧失使用价值的那一部分成本；③损耗成本，多是指因盗窃造成的商品缺失而损失的那一部分成本；④移仓成本，是指为避免废弃，而将库存商品从一个仓库所在地运至另一个仓库所在地时产生的成本。

3) 库存控制的方法

库存控制的根本目标是维持客户服务水平和库存投资的最佳平衡。因此，要想以较少的库存投资保持较高的客户服务水平，就需要采取科学的库存控制方法，较为常用的库存控制方法有 ABC 分类法和经济订货批量两种。

(1) ABC 分类法。ABC 分类法(Activity Based Classification)是指根据事物在技术或经济方面的主要特征 (如重要程度、价值高低、资金占用或消耗数量等)进行分类、排序，以分清主次、抓住重点，并分别采用区别对待、区别管理的一种分析方法。由于它把被分析的对象分成 A、B、C 3 类，所以又称为 ABC 分析法。其要点是从中找出关键的少数(A 类)和次要的多数(B 类和 C 类)。在使用 ABC 分类法管理库存过程中，一般包括以下 5 个步骤。

① 收集数据。按分析对象和分析内容，收集有关数据。对库存物品的平均资金占用额进行分析，以了解哪些物品占用资金多，以便实行重点管理。应收集的数据有每种库存物资的平均库存量、每种物资的单价等。

② 按价值高低排序。平均库存乘以单价，计算各种物品的平均资金占用额，并按价值从高到低进行排列。

③ 计算整理。制作库存 ABC 分析表，见表 6-3。注：表 6-3 中的数据与下述的分类并未完全对应，但并不影响应用。

表 6-3　库存 ABC 分析表

物品名称	年使用量/件	物品单价/元	使用金额/元	占总金额比率	平均资金占用额累计比率	累计品目比率	分类
1	190000	8	1520000	38.9%	38.9%	10%	A 类
2	250000	5	1250000	31.9%	70.8%	20%	
3	100000	4	400000	10.3%	81.1%	30%	B 类
4	80000	4	320000	8.1%	89.2%	40%	
5	40000	5	200000	5.1%	94.3%	50%	
6	15000	6	90000	2.3%	96.6%	60%	C 类
7	10000	5	50000	1.3%	97.9%	70%	
8	5000	7	35000	0.9%	98.8%	80%	
9	4000	7	28000	0.7%	99.5%	90%	
10	2000	9	18000	0.5%	100%	100%	
合计	696000		3911000	100%			

④ 分类。根据 ABC 分析表确定分类。按 ABC 分析表，观察平均资金占用额累计比率栏和累计品目比率栏，将累计品目比率为 5%～15%，而平均资金占用额累计比率为 60%～80% 的物品确定为 A 类；将累计品目比率为 20%～30%，而平均资金占用额累计比率也为 20%～30% 的物品确定为 B 类；其余为 C 类，C 类情况和 A 类相反，其累计品目比率为 60%～80%，而平均资金占用额累计比率仅为 5%～15%。

⑤ 绘 ABC 分析图。以累计品目比率为横坐标，以累计资金占用额比率为纵坐标，按 ABC 分析表第六栏和第七栏所提供的数据，在坐标轴上取点，并连接各点，则绘成 ABC 曲线。按 ABC 分析曲线对应的数据，并按 ABC 分析表确定 A、B、C 三个类别的方法，在图上标明 A、B、C 三类，则制成的 ABC 分析图，如图 6.4 所示。

通过 ABC 分析表和分析图，就可以做出库存控制决策。A 类物料是库存控制的重点，品种较少，价格较高，并且多为生产经营的关键、常用物料。对 A 类物料一般采用连续控制方式，随时检查库存情况，一旦库存量下降到一定水平(订货点)，就要及时订货。A 类物料一般采用定期订货，每次订货量以补充目标库存水平为限。C 类物料由于库存品种多、价值低或年需用量较少，可按其库存总金额控制库存水平。对于 C 类物料一般采用比较粗放的定量控制方式，可以采用较大的订货批量或经济订货批量进行订货。B 类物料的库存控制方式介于 A 类和 C 类物料之间，可采用一般(或定期)控制方式，并按经济订货批量进行订货。

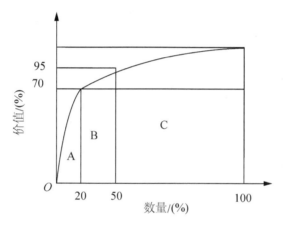

图 6.4　ABC 分析图

(2) 经济订货批量。在库存管理中必须做出的基本决定之一是应该订多少货，正确的订货数量要使与发出订单的次数有关的成本和与所发订单的订货量有关的成本达到最佳平衡。当这两种成本平衡时，总成本最小，这时所得的订货量就称为经济订货批量(EOQ)。

【拓展文本】

简单的经济订货批量模型的假设是：连续、稳定、已知的需求率；稳定、已知的补货或订货前置期；与订货数量或时间无关的稳定的采购价格；与订货数量或时间无关的稳定的运输价格；所有需求都能满足；无中转库存；计划范围无限；资金能力方面无限制。在使用经济订货批量来管理库存时，涉及下列几类成本。

① 年持有成本。经济订货批量反映了持有成本与订货成本之间的平衡，年持有成本等于库存平均持有量与单位年持有成本的乘积，平均库存是单位订货批量 Q 的一半，用字母 H 代表单位年持有成本，则

$$年持有成本 = \frac{HQ}{2}$$

② 年订货成本。一旦订货批量增大，年订货成本就会下降，一般情况下，年订货次数等于 D/Q，这里 D 为年总需求。订货成本不像持有成本，对订货批量反应比较迟钝。无论订货批量是多少，特定活动都得照样进行，如确定需求量、定期评价供应源、准备发货

单等。因而订货成本一般是固定的,年订货成本是年订货次数与每批订货成本(用 s 表示)的乘积,则

$$年订货成本 = \frac{sD}{Q}$$

③ 年总成本。年总成本由库存的持有成本和订货成本两部分组成,若每次订货 Q 单位,则年总成本=年持有成本+年订货成本,即

$$年总成本 = \frac{QH}{2} + \frac{sD}{Q}$$

这里 D 与 H 必须单位相同,并在持有成本与订货成本相等的订货批量处达到最小值,如图 6.5 所示。运用微积分可以推导得到经济订货批量的表达公式,即

$$Q = \sqrt{\frac{2sD}{H}}$$

因此,给定年总需求、每批订货成本和每单位年持有成本,就可求出经济订货批量,并进一步求得年最小总成本。

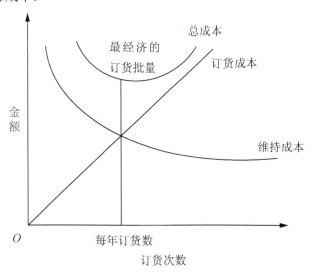

图 6.5 经济订货批量的成本权衡

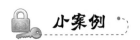

美的引入供应商管理库存

美的虽多年位居空调行业的"三甲"之列,但要在竞争如此激烈的旺季市场力压群雄,也并不是容易之事。近年来,在降低市场费用、裁员、压低采购价格等方面,美的频繁变招,路数始终围绕成本与效率。在研究戴尔模式后,美的空调便导入供应商管理库存模式(VMI),开始实践"用信息替代库存"这一经营思想。美的空调作为供应链里面的"链主",供应商则追求及时供货。以出口为例,美的空调在顺德总部(美的出口机型都在顺德生产)建立了很多仓库,把仓库分成很多片。运输距离长的外地供应商(运货时间 3~5 天的),一般会租赁一个片区(仓库所有权归美的),并把零配件放到片区里面储备。美的空调要用这些零配件则通知供应商,进行资金划拨,并取货,零配件的产权由供应商转移到美的。

美的空调供应商有300多家。零配件出口内销加起来3万多种。60%的供货商在顺德周围，还有部分供应商在车程3天以内的地方，如广东的清远一带。因此，只要15%的供应商在美的周围租赁仓库就可以了。实现VMI的难度并不大。

此外，美的空调在ORACLE的ERP基础上经第二次开发与供应商建立了直接的交货平台。供应商在自己的办公地点能看到美的的订单内容，包括品种型号数量和交货时间。供应商不用装这种系统，而是通过Web的方式登录到美的的页面上面。

原来供应商与美的空调每次采购交易，要签订的协议非常多。而现在程序大为简化：年初确定供货商时签订一揽子总的协议。价格定下来后，美的就在网上发布采购信息，然后由供应商确认信息，一张采购订单就合法化了。

运行VMI以后，美的零部件库存周转率于2002年达到70~80次，零部件库存原来平均保存5~7天，后来减少为3天，而且这3天的库存也是由供应商管理的。周转率提高后，资金占用少了，则资金利用效率提高，资金风险下降，库存成本下降。近两年材料成本下降幅度惊人。

动手实践

经过小王的努力说明，潜江五交化终于同意开单了，并且同意将首期投款都用完。货物量有点大，但对方要求直接送到指定的仓库。如果你是小王，你如何来设计这批货物的物流配送方案，如何帮助客户做好后期的商品库存管理工作？

课后练习

一、名词解释

投款；资信管理；信用期限；应收账款；第三方物流；ABC分类法

二、选择题

1. （　　）不属于配送订单处理程序。
  A. 接受订单　　B. 订单补货　　C. 订单数据处理　　D. 订单状态管理
2. 在下列运输方式，（　　）不属于公路运输的特点。
  A. 机动、灵活　　B. 适应性强　　C. 点多面广　　D. 速度快
3. （　　）是指由商品的提供方和需求方之外的第三方去完成物流服务的运作方式。
  A. 第一方物流　　B. 第二方物流　　C. 第三方物流　　D. 回收物流
4. 在下列信用信息调查来源中，属于直接调查法的范围的是（　　）。
  A. 会计报表　　B. 信用评估机构　　C. 企业主管部门　　D. 被调查者
5. 仓库保管质量的第一道关口是（　　）。
  A. 理货　　B. 接收　　C. 保养　　D. 交接
6. 安全库存一般占零售业库存的（　　）。
  A. 1/2　　B. 1/3　　C. 1/4　　D. 1/5
7. ABC库存管理法中，重点管理的是（　　）。
  A. A类库存品　　　　　　　　B. B类库存品
  C. C类库存品　　　　　　　　D. A和C类库存品

8. 货物入库时，办理完整的交接手续包括(　　)。
A．接受货物　　B．接受文件　　C．检验货物
D．签署单证　　E．登账

三、判断题

1．从 CA1 到 CA6 这 6 个资信等级中，CA1 最差，CA6 最好。　　　　　　　　(　　)
2．一般来说，对于资金周转越快的产品，其信用期限越短；对于资金周转越慢的产品，其信用期限越长。　　　　　　　　　　　　　　　　　　　　　　　　　　　(　　)
3．在库存管理中，企业应重点做好安全库存。　　　　　　　　　　　　　(　　)
4．仓储管理的服务功能体现在降低了物流总成本。　　　　　　　　　　　(　　)
5．配送是根据顾客订货所要求的商品品种、规格、型号、数量、等级等在物流节点中经过拣选、组配后，将配好的商品送交顾客。　　　　　　　　　　　　　　　　　(　　)

四、简答题

1．分析渠道成员的资信指标有哪些？
2．简述预防渠道成员的应收账款的措施。
3．简述 ABC 分类法的实施步骤。
4．说明营销渠道中的物流管理任务。
5．解释投款的意义并简述刺激分销商投款的措施。
6．请分析第三方物流的优势。

案例分析

日本制造企业物流的变革

随着生产制造业的快速发展，日本制造企业逐渐开始意识到了生产物流成本的重要性，并加强了物流成本的管理与控制。

1．由准时生产向敏捷制造的转变

在日本制造业发展过程中，制造模式的演变决定其物流发展方向。在 20 世纪 70 年代，日本制造业以准时生产、全面质量管理为代表的精益生产发展迅速。在精益生产模式中，通过企业内部降低成本、高质量的、零库存的物流管理决定了企业内部的生产活动。在 20 世纪 90 年代，日本制造业为了与美国的制造模式进行竞争，开始实行以敏捷制造、柔性制造系统为代表的生产模式。与精益生产相比，敏捷制造强调企业之间的供应链管理，而不仅是局限于企业内部的物流管理。在精益生产的环境下，日本制造企业的物流战略强调的是企业内部的低成本和准时化；在敏捷制造环境下，物流战略强调的则是其灵活应变能力。随着敏捷制造的发展，推进了委托设计生产的应用。20 世纪 90 年代，日本企业逐渐把其制造活动转移到劳动力成本低廉的东南亚地区。在转移过程中，日本对制造业进行一体化物流管理，包括市场顾客需求、销售产品以及售后服务、产品品质保证以及零配件(材料、设备)的生产。在整个一体化管理中，日本制造企业强调依托市场进行产品策划的能力、与零部件供应商的关系、生产设备的开发制造能力、供应链整体管理能力。另外，随着经济全球化的发展，日本制造业也采用了通过延迟产品完成的工序，以降低物流成本的延迟生产模式。目前，日本制造物流中经常采用的成套零配件出货、半成品出货等方式都是这种模式的应用。

2．由现代物流向供应链的转变

随着经济环境的不断变化，日本物流的范式转移经历了传统物流向现代物流、供应链管理、供应链集成

进行的转变。传统物流只考虑运输等单个独立的物流活动的"企业单一物流功能的优化"。现代物流要求企业从原材料的采购到商品的销售等生产经营过程中，实现各个物流环节和功能的合理化，即以"企业整体物流功能的优化"为目标。供应链管理是以商品的整个流动过程中，通过集成一体化管理，实现"相关企业之间现代物流的优化"为目标。供应链集成管理是以货物在流通过程中，实现"国家之间供应链整体的优化"为目标。日本制造业在全球范围内推进事业发展的同时，为了满足顾客需求和与顾客的关系，加强了与供应链其他企业的战略伙伴关系。在日本，影响制造企业供应链的主要因素之一包括美国斯坦福大学李效良教授总结的"3A"要素，即灵活性(Agility)、适应性(Adaptability)、协作性(Alignment)3个要素。作为供应链节点的制造企业，一方面信任、支持供应链的其他节点企业，积极、主动地与核心企业和节点企业加强沟通与合作；另一方面还进一步发展核心业务，以增强物流服务能力，积极推进供应链同期化、同量化、同时化的"3化"进程，并对市场做出快速的反应，提升了供应链整体运行效率。日本制造企业物流在保证低成本和高服务水平的同时，还追求供应链的柔性管理，要求制造企业把生产、销售和库存集成动态管理。同时，及时应对全球供应链中地震、产品召回事件等随时可能发生的各种特殊情况。

3. 由 4P 向 4C 的转变

在过去的经济活动中，日本制造企业物流管理要满足于"4P"。"4P"是从生产制造者或销售者的角度出发，以产品导向为基础而建立的。随着日本从重视生产者向重视消费者的视点转变、从产品导向市场导向的转变，从买方的角度出发，"4P"开始向"4C"转变。"4C"以"个性化的物流"为基础，强调服务、经营的差别化、个性化。"4C"包括 Customer Solution(解决消费者的问题)、Cost(消费者的成本)、Convenience(消费者的便利性)、Communication(双向的交流与客户沟通)等内容。"4C"的核心内容是建立在市场战略的基础上，同时，"4C"也包括了"4P"的基本要素。因此，为了解决买方便利性问题，通过供应链管理，准确、快速、敏捷地把货物送到客户手中，提高物流服务，"4C"是必不可少的条件。通过"4P"向"4C"的转变，日本制造企业与供应商之间的关系由竞争关系变为双赢关系，企业之间的竞争逐渐转变为供应链之间的竞争。首先，成本管理的重点由企业内部转移到企业之间的物流过程。制造企业与关键部件厂家的联盟可以及时获得较低价格的零部件，从而对整个产品的售价有着决定性的影响。其次，风险及信息共担。出现顾客需求的快速变化以及各种意想不到情况时，可以减少单个制造企业承担的风险。日本制造物流成功的合作协议中通常都会规定企业之间共享需求变动信息。最后，日本制造企业非常重视客户关系管理，通过客户关系管理系统，制造企业可以对每个供应商、客户和合作伙伴的信息进行及时搜集、动态追踪和准确分析，从而对个别用户的需求做出敏捷的反应。

4. 由传统生产向绿色生产的转变

近年，绿色生产在日本已经得到了全社会的重视。日本制造企业的发展目标，是在实现企业利润最大化的同时，还要实现企业的可持续发展；在满足客户各种需求的同时，还要履行企业的社会责任。企业的社会责任不是用经济效益或经济价值可以直接表现出来的，而是制造企业对保护"社会、地球环境"的一种责任和义务。通过传统生产向绿色生产的转变，日本将创建一个能够减轻环境负荷的物流体系、构筑绿色与环境融洽的环保型物流系统、建设确保国民生活安全、安定的物流环境；在满足快速、敏捷物流需求的同时，提供"安全、安心、环境友好"的绿色物流服务，以实现全社会的可持续发展。

【问题】

1. 分析推动日本制造企业物流变革的动因。
2. 随着节能、低碳、减排等绿色营销理念的兴起，中国制造企业应该如何来变革物流？

【分析】

物流已经成为制约制造企业发展的一个重要因素，日本制造企业根据市场、竞争、经济、技术、社会等因素，通过不断改革，使其从传统物流向现代绿色物流发展，取得了不少成效。随着市场营销环境的不断变化，必然导致原有的物流模式的变革。

管理渠道中的融资流和物流

1. 实训目的

通过本次实训,使学生能根据企业的区域市场销售形势以及物流公司网络布局和分销政策,对企业营销渠道中的融资流和物流进行管理。

2. 实训要求

基于小王工作的家电企业和江汉市场,运用投款政策吸引商家投款,并开单压货。

3. 实训材料

纸张、笔、计算机、互联网、地图、物流公司及前期资料等。

4. 实训步骤

(1) 选择自己熟悉的广东某家电企业替代任务描述中小王工作的某企业。

(2) 设计运用公司渠道政策吸引中间商投款的方案。

(3) 设计促使中间商开单压货的方案。

(4) 根据公司发展战略、业务销售任务、目标等来设计该公司物流配送方案,并设计跟进中间商库存管理方案。

(5) 如果中间商前几次投款开单都很爽快,此次提出先发一批货物,支付一部分货款,另一部分货款等一段时间再付讫,请设计信用审查和回款方案。

5. 成果与检验

每位学生的成绩由两部分组成:学生实际操作情况(50%)和分析报告(50%)。

实际操作主要考查学生完成管理渠道中的融资流和物流的实际动手操作能力;分析报告主要考查学生根据资料分析,设计出的吸引中间商投款、开单压货、物流配送、跟踪库存管理和信用审查及催款方案的合理性,分析报告建议制成PPT。

项目 4

营销渠道卖场专员岗位实务

营销渠道开发人员通过设计和开发营销渠道,渠道客服专员通过处理客户投款和物流服务,让市场开始运转起来。但更为重要的是如何守住这块市场,这就需要渠道卖场专员做好营销卖场终端日常运营管理工作。营销渠道卖场总是围绕商品良性促销出货而动起来,因此,卖场促销流、信息流、关系流管理就成了卖场专员管理的重要职责。

本项目包括管理渠道中的促销流、管理渠道中的信息流和关系流两个任务。通过具体任务的学习,让学生熟悉营销渠道中的促销流、信息流、关系流程管理,培养学生渠道卖场管理的相关能力。

 任务 7　管理渠道中的促销流

 【任务描述】

小王通过努力地工作,促使批发商投款开单,商品都压在批发商的库房。如果不尽快帮批发商分销,下次再找批发商谈投款开单的事情就会变得更加困难。因此,这就需要小王开动脑筋开展渠道促销,帮助批发商分销,帮助家电终端卖场促销,消化批发商的库存,才能使自己开发的区域销售渠道变得更加通畅,实现自己和公司的区域性渠道目标。

【任务分析】

随着家电市场日趋成熟，家电市场的竞争也日益激烈，稍不留神，市场就被竞争对手争夺过去。因此，作为渠道管理人员，应时刻关注渠道出货。为了提高出货量，首先应当帮助中间商进行分销，使代理商、批发商的库存逐渐移向市场的终端；同时，也要在终端开展面向消费者的促销，使消费者产生购买欲望，最终实现其购买行为。

【任务目标】

任务	工作要求
管理渠道中的广告和营业推广	(1) 熟悉广告媒体 (2) 熟悉营业推广的方式
管理渠道中的人员推销和公共关系	熟悉公共关系的方式

【学习目标】

知识目标	技能目标	学习重点和难点
了解人员推销、广告、公共关系和营业推广的基本内容和主要形式	具有设计和执行广告促销、营业推广促销和公共关系促销的能力	(1) 广告促销 (2) 营业推广促销 (3) 公共关系促销 (4) 人员推销促销
理解渠道促销的本质和度	能根据渠道促销的目的,平衡渠道成员间的利益和促销活动的效益	渠道促销

【任务实施】

工作任务 7.1 管理渠道中的广告和营业推广

7.1.1 渠道促销

渠道促销是指厂家针对中间渠道商(经销商、代理商、批发商、终端零售商)所进行的促销活动，目的是调动渠道成员的进货热情和销售积极性，其实质是渠道利润的再分配，是厂家惯用的渠道激励方法。

促销流是指一个渠道成员通过广告、人员推销、宣传报道、公关等活动对另一个渠道成员施加影响的过程，如图 7.1 所示。促销流从制造商流向代理商称为贸易促销，直接流向最终顾客则称为最终使用者促销。所有的渠道成员都有对顾客促销的职责，既可以采用广告、公共关系和销售促进等针对大量顾客的促销方法，也可以采用人员推销这一针对个人的促销方法。

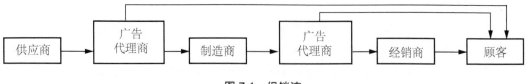

图 7.1 促销流

1. 明确促销目的

在渠道中开展促销活动的目的很多,如促进终端销量提高、促进中间商开单等。所以企业在制定促销活动时必须明确促销的目的,明确促销能够增加多少销售额,增加多少批发商以及能够渗透多少终端店等。

2. 把握促销力度和频度

渠道促销在力度和频度上非常讲究。力度过小,对渠道商没有吸引力;力度过大,厂家没法承受,而且容易引发冲货。促销次数太少,不利于突击销量和拓展市场;促销太频繁,又容易使渠道商厌倦。所以这个"度"的问题非常难把握。

(1) 把握促销力度,首先要考虑到促销能否引起中间商的兴趣,要能够吸引中间商参与,促销才有意义;其次要考虑促销结束后中间商的态度,是否能使其增加进货量;再次要考虑该力度是否会引起向周边市场窜货行为,可以参考流通到周边的平均运输成本比例;最后还要考虑成本的承受能力以及产品的利润水平。通常,渠道促销的力度以"有吸引力且不至于引发冲货"为原则。比如家电产品的促销,一般控制在1%的力度,这个力度有一定诱惑力,却又没有足够的空间支持冲货。

(2) 把握促销的频度也有讲究,合理的频度应该以"库存得以消化、价格已经反弹"为原则。上一次的促销在渠道中囤积的货物如果已经得到有效消化,渠道商开始以原价进货,批发价恢复到未促销时的水平,说明市场已经恢复良性。此时,可以准备第二波促销活动,最好间隔一段时间再进行,与淡旺季相吻合。因为渠道促销是透支未来销量,往往造成销售价格下跌。如果促销过于频繁,库存未能很好消化,必然造成渠道库存积压严重,小则跌价窜货,大则低价抛售,导致渠道崩盘。同时,渠道商会形成促销依赖症,不促销不进货,逼着厂家次次加大促销力度,直至不堪重负而倒闭。如果促销过于频繁,价格还没有反弹到正常水平又开始促销,势必形成降价惯性,价格会越卖越低,永远也反弹不上来。如果价格卖低,那么渠道利润会下降,厂家利润也会下降。渠道商会消极应对,整个渠道就会因为驱动力不足而逐渐萎缩。

3. 制定促销内容

促销的内容一定要新颖,能够吸引渠道成员。促销的形式可以是搞赠品、折扣、联合促销、累计奖励、刮卡、换购、抽奖等;也可以是变相降价或升价,以降价形式为主,主要表现为进货折扣(现金折扣、数量折扣、功能折扣、季节折扣等)、市场支持承诺(包括广告投入、终端促销、费用支持、人员支持等),以及其他促销措施。但是,渠道促销在执行过程中有很大的弹性,往往容易出现很大的漏洞而使本来很完美的促销方案的效果大打折扣。比如说折扣政策,厂家希望刺激经销商大量进货,享受折扣,并且将折扣政策往下分解,让下游批发商、零售商也享受折扣,以促进他们积极进货。但如果执行不力或监控不严,经销商往往会将折扣独享,囤积货物慢慢销售,这就违背了厂家开展渠道促销的初衷。

渠道促销还应该考虑区域联动因素,也就是说,一个地区的促销要考虑它对周边市场的冲击,包括价格冲击和市场秩序问题,要把一个大的区域市场当作一个整体市场来考虑,统筹安排、长远规划,才有利于整体市场的良性发展。所以,一个地区搞促销,最好控制在不会对另一地区市场造成严重影响的情况下。如果控制不了,最好同时进行,可以尝试以同样力度但以不同方式进行,以避免雷同而影响促销效果。

4．确定促销时间

促销在什么时候开始，什么时候结束，一定要设计好，要让所有的渠道成员都知道。每个行业都有自己的销售高峰期和淡旺季规律，一定要把握好行业规律，抓住促销的时机，才能达到最大的销量效果。

一般来说，新品上市、库存处理、旺季冲销量、淡季保市场，都需要进行渠道促销，这是厂家的惯用做法。渠道促销具有适度超前的特性，特别是季节性促销抢量，更需要恰当掌握超前的时机。例如，一般家电产品，一年至少有"五一""国庆""元旦""春节"几个大的销售旺季，这几个时段的销量往往占全年总销量的60%以上，所以，做好这几个时段的促销活动就显得尤为重要。

根据行业运作规律，消费品渠道促销应该在大旺季销售来临之前进行，因为商家有一个旺季前备货的过程。旺季前抢得先机进行针对渠道商的促销，可以抢占渠道的资金、仓库和陈列空间，挤压和排斥竞争对手，实现销量最大化并赢得竞争优势。而如果到了终端销售旺季才进行渠道促销，渠道商可能既没有资金，也没有仓库用来进货。

5．管控促销活动

促销活动在正常营销工作中占有很重要的位置，无论是公司统一组织、统一实施，还是分区组织、分区实施，从提交方案到审批、实施、考评、总结，都应当有一个程序，从而确保促销活动的过程控制，保证促销活动的执行效果。管理执行不到位，容易出现虎头蛇尾，影响活动效果，浪费促销资源。

7.1.2 广告促销

1．明确广告的定义

广告是为了某种特定的需要，通过一定形式的媒体，公开而广泛地向公众传递信息的宣传手段。广告有广义和狭义之分。广义广告包括非经济广告和经济广告。其中，非经济广告指不以盈利为目的的广告。狭义广告仅指经济广告，又称商业广告，是指以盈利为目的的广告。渠道中的广告是指狭义广告。广告是商品生产者、经营者和消费者之间沟通信息的重要手段，也是企业推销产品、引导消费、占领市场、提供服务、树立企业形象、提高企业知名度的重要形式。

2．明确广告促销的目标

广告目标是指企业广告活动所要达到的目的。确定广告目标是广告计划中至关重要的起步性环节，是企业对广告活动进行有效决策、指导和监督及对广告活动效果进行评价的依据。一般来说，广告促销的目的如下。

1) 提供信息

企业通过广告促销向目标沟通对象提供种种信息。例如告诉目标市场将有一种新产品上市行销；介绍某种产品的新用途或新用法；通知社会公众某种产品将要变价；介绍各种可得到的劳务，纠正假象，说明产品如何使用，减少消费者的顾虑，建立企业信誉等。以向目标沟通对象提供信息为目标的广告叫作提供信息的广告，又叫作开拓性广告。

2) 诱导购买

企业通过广告促销活动建立本企业的品牌偏好，改变顾客对本企业产品的态度，鼓励顾客放弃竞争者品牌转而购买本企业品牌，劝说顾客接受推销访问，诱导顾客立即购买。以劝说、诱导、说服为目标的广告叫作诱导性或说服性广告。这种广告的目的在于建立选择性需求，即使目标沟通对象从需要竞争对手的品牌转向需要本企业的品牌。

3）提醒使用

企业通过广告活动提醒消费者在不远的将来将用得着某产品，并提醒他们可到何处购买该产品。以提醒、提示为目标的广告叫作提示性广告。这种广告的目的在于使消费者在某种产品生命周期的成熟阶段仍能想起这种产品。例如，家电制造商常常用广告描述其顾客对于已购买的家电产品很满意，以加强其购买选择。

3. 编制广告促销预算

广告预算是企业广告计划对广告活动费用的估算，是企业投入广告活动的资金费用使用计划。它规定在广告计划期内从事广告活动所需的经费总额、使用范围和使用方法，是企业广告活动得以顺利进行的保证。目前，常用的编制广告预算的方法主要有销售百分比法、利润百分比法、销售单位法、目标达成法、竞争对抗法等。

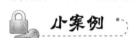 小案例

专柜制作费用标准

某家电公司向其渠道发布了其终端家电专柜制作费用标准如下。

北京、上海、广州、深圳的专柜制作按 650 元/平方米为上限，灯箱按 250 元/平方米为上限，门头按 200 元/平方米为上限，灯箱或门头的改造费用按 150 元/平方米为上限。除上述四城市外，全国其他城市的专柜按 550 元/平方米为上限，二、三、四级等市场根据当地物价水平，专柜价格相应下调，门头或灯箱以 150 元/平方米为上限。

以上价格专柜高度必须在 2 米以上，低于 2 米高度的专柜每米成本减 50 元，低于 1.5 米高度的每米成本减 100 元。

4. 设计广告促销信息

在明确了广告目标、确定了广告对象后，下一步的主要问题就是设计广告信息，确定广告主题，即广告的中心思想。广告宣传同其他任何宣传一样，必须有其特定的宣传主题。一则广告必须鲜明地、突出地表现广告的主题，使人们在接触广告之后，很容易理解广告告知了他们什么，要求他们做些什么。为了达到预期的广告效果，广告创作人员必须要在商品或企业中找出最重要的部分来加以诉求发挥，这就是广告信息的设计。

 业界榜样

容声冰箱在"五一"期间的活动主题为"冰冷专家，温暖全家"。

5. 选择广告促销媒介

1）广告媒介的类别

广告媒介就是指能够借以实现广告主与广告对象之间信息传播的物质工具。随着经济的

发展和科技的进步，广告媒体日趋复杂。按照不同的分类标准，广告媒介有不同的类型。

(1) 按表现形式可将广告媒介分为印刷媒体、电子媒体等。印刷媒体包括条幅、巨幅、布幔、报纸、杂志、说明书、挂历等；电子媒体包括电视、广播、电动广告牌、电话等。

(2) 按功能不同可将广告媒介分为视觉媒体、听觉媒体和视听两用媒体。视觉媒体包括专柜、灯箱、门头、软文、报纸、杂志、邮递、海报、传单、招贴、日历、户外广告、橱窗布置、实物和交通等媒体形式；听觉媒体包括无线电广播、有线广播、宣传车、录音和电话等媒体形式；视听两用媒体主要包括电视、电影、戏剧、小品及其他表演形式。

(3) 按广告媒体影响范围的大小可将广告媒体分为国际性广告媒体、全国性广告媒体和地方性广告媒体。国际性媒体如卫星电路传播、面向全球的刊物等；全国性媒体如国家电视台、全国性报刊等；地方性媒体如城市电视台、报刊和少数民族语言文字的电台、电视台、报纸、杂志等。

 小贴士

硬性广告与软文

硬性广告是以一切静态运用色彩及视觉元素表现出来的具有一定取向的画面广告，一般按照版面来收费，版面大小分为1/4版、半版、整版等。版面性质为财经、新闻、家电、家居等，如图7.2所示。

图 7.2　硬性广告样稿

软文是介于新闻与硬性广告之间的营销信息传播形式，是指以向媒体付费的形式刊载的，用以贯彻营销传播策略和明确告知或引导消费者进行购买的隐性文章。软文样稿如图7.3所示。

图 7.3　软文样稿

2) 选择广告媒介

不同的广告媒体，其特点和作用各有不同。在选择广告媒体时，应根据以下因素进行全面考虑，充分权衡各种媒体的优缺点，力求扬长避短。

(1) 消费者的媒体习惯。广告目的就是对目标市场的潜在顾客发生影响，从而促进购买。因而，选择广告媒体要考虑消费者易于接触并乐于接触的媒体。

(2) 媒体的传播范围。不同媒体的传播范围有大有小，目标市场的范围关系到媒体的选择。例如，开拓区域市场，可选择地方报纸、电台、电视台；如果是行销全国的产品或想提高在全国的知名度，则宜选择全国性的媒体。

(3) 商品的特性。由于商品的性质、性能、用途不同，宜选择不同的广告媒体。例如，对于需要展示的商品，可用电视、电影媒体，以强化视觉效果，增强吸引力；对于只需要通过听觉就能了解的商品，应选择广播作为媒介；对于专业技术性强的产品，则宜利用专业性报刊或邮寄广告形式，也可直接展示样品。

(4) 媒体性质。主要是考虑媒体本身的流通性、时间性、覆盖面和影响力等。

(5) 媒体成本。不同媒体费用不同，同一媒体在不同时空费用也不同。企业在选择时要根据自身财力和对广告效果预期选择适宜的媒体。

香奈儿 5 号香水广告

【拓展视频】

随着 5 号香水的顾客队伍不断扩大，仅仅靠面对面沟通已经不够了。香奈儿开始选择明星代言人的方式，选择了新一代当红电影女神妮可·基德曼为香奈儿 5 号代言，在时尚类杂志和时尚类电视节目中进行宣传。目前电视媒体仍然是香奈儿 5 号传播的主要媒体。同时，香奈儿 5 号一直坚持在时尚类杂志做广告，这些杂志包括 BAZAAR、VOGUE、EllE 等，因为它们是香奈儿 5 号香水目标顾客经常阅读的杂志。

7.1.3 营业推广促销

营业推广是一种适宜于短期推销的促销方法，是企业为鼓励购买、销售商品和劳务而采取的除广告、公关和人员推销之外的所有企业营销活动的总称。营业推广的目的在于打开销路，推出产品，提高市场占有率，击败竞争对手。一般来讲，其目标往往在于解决一些更为具体的促销问题，属于短期和额外的促销工作。

1. 明确营业推广促销目标

具体的营业推广目标应针对不同的目标市场而有所差异。

(1) 针对消费者的营业推广活动，通常要达到以下目的：鼓励消费者大量购买；争取未使用者试用；吸引竞争品牌的使用者；打击竞争对手；增强其他促销方式的效果等。

(2) 针对中间商的营业推广活动，通常要达到以下目的：吸引中间商进货，提高市场铺货率，使中间商维持较高存货水平；促使中间商积极开展或配合制造商开展广告、公关或其他促销活动；提高中间商的销售能力；使中间商建立品牌忠诚度等。

(3) 针对推销人员而言，营业推广的目的是要鼓励他们热情推销产品或处理某些老产品，或促使他们积极开拓新市场。

营业推广的目标要与促销组合的其他方面结合起来考虑，相互协调配合。

2．选择营业推广促销工具

根据营业推广的对象，可以将营业推广方式分为三大类。

1) 面向消费者的营业推广

面向消费者的营业推广的目的是鼓励老客户继续购买、诱导新用户试用、新产品上市促销、吸引竞争品牌的使用者或者强化广告和营销活动。经常采用的方法有以下几种。

(1) 赠品。向消费者赠送样品或试用品是介绍新产品最有效的方法，但其缺点是费用高。赠品可以选择在商店、闹市区散发或在其他产品中附送，也可以公开广告赠送或入户派送。

小贴士

家电赠品物料

常规物料包括折页、宣传单、POP、海报、手册、吊旗等。

特种物料包括拱门、空飘、太阳伞、气模、气球、舞台、背景板、插旗、音响、彩电、DVD和麦克风等。

促销物料包括因促销需要所购买的数码相机、电火锅、电风扇、空调罩、沙滩椅等。

(2) 优惠券。消费者在购买某种商品时，持企业赠送的优惠券可以免付一定金额。优惠券可以通过广告或直邮的方式发送。

(3) 包装促销。包装促销是指以较优惠的价格提供减价包装、组合包装和简装的产品。

(4) 抽奖促销。抽奖促销是指顾客购买一定的产品之后可获得抽奖券，凭券进行抽奖并获得奖品或奖金。

(5) 现场演示。企业还可以派促销员在销售现场演示本企业产品，向消费者介绍产品的特点、用途和使用方法等。

(6) 联合推广。联合推广是指企业与零售商联合促销，将一些能显示企业优势和特征的产品在商场集中陈列，边展边销售。

(7) 参与促销。参与促销是指消费者通过参与各种促销活动(如技能竞赛、知识比赛等)，能获取企业的奖励。

(8) 会议促销。会议促销是指企业在各类展销会、博览会、业务洽谈会期间的各种现场产品介绍、推广和销售活动。

(9) 特价机。一般是厂家和商家协商后共同推出的低价位产品，意在集聚人气。如果中间商有部分库存产品需要及时处理，则与厂家合作进行降价促销。特价机首选库存时间长、库存量较大的产品，其次选择与竞争对手畅销型号对应的主流机型，以低价位销售来与对手竞争。

2) 面向中间商的营业推广

面向中间商的营业推广是制造商对中间商，或上一级中间商对下一级中间商的推广，其目的是促使中间商更加努力地推销自己的产品、改善与中间商的关系。经常采用的方法有以下几种。

(1) 批量折扣。对中间商达到一定数量的进货或第一次进货给予优待，可以按批量分段标明优惠价格或折扣，也可以在交易中面议。

(2) 现金折扣。在商业信用和消费信贷普遍使用的市场上，企业为了鼓励现金购货，对现金购货的顾客给予一定折扣。

(3) 推广津贴。企业为促使中间商购进企业产品并帮助企业推销产品，可以支付给中间商一定的推广津贴。

(4) 销售竞赛。企业根据各个中间商销售本企业产品的实绩，分别给优胜者以不同的奖励，如现金奖、实物奖、免费旅游、度假奖等，以激发中间商激情，显示对中间商的关心，增强厂商内部团队的凝聚力，促进渠道成员间的团队合作，实现厂商共同的销售目标。

(5) 扶持零售商。制造商对零售商专柜的装潢予以资助，提供一定的产品进场费、货架费、堆箱陈列费、POP 张贴费、人员促销费、店庆赞助和年终返利等，以强化零售网络，促使销售额增加；可派遣厂方信息员或代培销售人员。生产商这样做的目的是提高中间商推销本企业产品的积极性和能力。

(6) 提供特定产品。为了促进中间商向下游经销压货及出货，可提供一些特价机、战斗机型等来提高中间商销售产品的积极性。

 小贴士

家电促销产品类型

1. 按产品定位分类

(1) 形象机型：一般是指在外观形象和产品性能方面具有较大优势的产品，对提升本品牌整个产品系列档次具有重要作用，价格在品牌所有产品中为最高，单台产品获利较高但总销量不大。

(2) 利润机型：一般指定位为本品牌中档价位，在外观或性能等某一方面具有一定优势的产品，该类产品无论是对中间商还是厂家都具有较大的利润空间和一定的销售规模，是品牌中重点促销的产品。

(3) 常销机型：是指本品牌主打销售上量机型，在本品牌内一般定位为中低价位，功能相对简单，市场价格透明度相对较高，单台获利空间有限。

(4) 战斗机型：一般指厂家为获得更大的市场份额或抑制竞争品牌的扩张，在适当时间推出的具有较大价格优势并严格控制渠道利润的产品，厂商获利空间均很少，厂家一般都是限量投放市场。

(5) 定制机型：是指为了避免价格恶性竞争，对一些特殊渠道(大连锁系统)给予特殊定制的机型。

2. 按营销政策表现形式分类

(1) 常规机：是以正常价格供货，享受年终奖励政策或其他营销政策的机型，一般为厂家主销上量的机型。

(2) 买断机：包括政策性买断(即特价机)和工程买断，以买断的形式操作原则上一般不再享受任何政策。

(3) 广告促销机：一般是指战斗机型，以较低的价格供货冲击市场的机型，广告促销机不享受年度任何政策、不能退换货。

(4) 工程机：是指厂家为争夺大型集团购买市场，体现价格优势又不影响正常批发零售渠道的价格而推出的机型，一般采取的是一票价形式开单。

3) 面向业务员的营业推广

面向业务员的营业推广主要是针对企业内部的销售人员，鼓励他们热情推销产品或处理某些老产品，或促使他们积极开拓新市场。常用方式有以下 3 种。

(1) 推销员红利提成。是指对超过一定推销量的推销员，分发红利或提成。

(2) 特别推销金。是指对于开拓市场的推销员，或有特殊贡献的推销人员给予一定的金钱、礼品，以鼓励他们加倍努力工作。

(3) 推销竞赛。是举行内部推销竞赛，对表现优异者给予奖励、休假、提升等。竞赛内容包括推销数额、推销费用、市场渗透、推销技巧等。

3. 设计营业推广促销方案

1) 明确营业推广促销的目标

企业应根据目标市场和企业的整体营销策略来确定营业推广促销的目标，依据推广的目标制订周密的计划。

2) 确定营业推广促销的对象

各种营业推广的手段针对不同的客户、中间商、推销人员所起的作用是不同的。因此，企业在进行营业推广时，应根据已确定的目标，因地制宜地选择推广对象。

3) 选配营业推广促销的工具

营业推广的工具很多，但如果使用不当，则适得其反。因此，选择合适的推广工具是取得营业推广效果的关键因素。企业一般要根据目标对象的接受习惯、产品特点和目标市场状况等来综合分析选择推广工具。

4) 确定营业推广促销的时机

营业推广的时机很重要，如果时机选择得好，能起到事半功倍的效果。企业应综合考虑产品的生命周期、市场的竞争情况、客户及中间商的营业状况等，以便确定营业推广的时机，如"五一""十一""春节"等。

5) 确定营业推广促销的期限

营业推广期限的选择必须符合企业市场营销的整体策略，并与其他经营活动相协调。时间太短会使一部分顾客来不及购买；时间太长，一方面使促销手段鼓励顾客购买的效用减少，另一方面可能会影响企业的利润，如果降价时间太长，甚至会使产品质量受到怀疑，影响品牌的忠诚度。

6) 预算营业推广促销的经费

营业推广是企业促销的一种重要方式，通过营业推广可以使企业的营业额增加，但同时也增加了销售成本。企业应权衡推销费用与企业收益的得失，把握好费用与收益的比值，编制经费预算，确定营业推广的规模和程度。

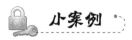

超市的营业推广策略

北京超市发超市连续多年创造了不俗的经营业绩，在同商圈的超市竞争中，始终处于领先的地位。除价格优势外，该超市采取的灵活多变的应季性营销手段产生了良好的效果。2013年夏天，北京天气异常炎热，到了晚上居民不愿闷在家里，纷纷来到室外消暑纳凉。该超市适时地推出了"夜场购物"，将超市的闭店时间从原来的晚9点半延长至12点，同时，在这一时段，将一些食品、果菜等生鲜品类打折销售，既为附近居民提供了纳凉的好去处，又低价促销了大量日配商品，很快就赢得了广大消费者的欢迎，也吸引了不少附近商圈的居民来此购物，此举使其在这一商圈的同业竞争中一举胜出。

面对"十一"小黄金周的来临和批发商库存压力，小王正在思考如何开展促销活动，把握市场机会，消化批发商的库存，提高销售量。如果你是小王，请设计区域性广告促销和营业推广促销方案。

工作任务 7.2　管理渠道中的人员推销和公共关系

7.2.1　人员推销促销

人员推销是指企业通过派出销售人员与一个或一个以上可能成为购买者的人交谈，作口头陈述，以推销商品，促进和扩大销售。人员销售是销售人员帮助和说服购买者购买某种商品或劳务的过程。人员推销具有沟通的双向性、销售的针对性、方式的灵活性、销售的有效性等特点。营销渠道管理人员在开发和管理渠道过程中，就已经担当人员推销的职能，这一部分内容已在市场营销专业相关课程里讲授，这里不再赘述。

 小贴士

人员推销的方式

【拓展视频】

1. 上门推销

上门推销是最常见的人员推销形式。它是由推销人员携带产品样品、说明书和订单等走访顾客，推销产品。这种推销形式可以针对顾客的需要提供有效的服务，方便顾客，因此，被顾客广泛认可和接受。这种推销方法的成败除了取决于产品本身的质量外，还在于推销人员能否与客户建立良好的人际关系。采用适宜的推销技巧给对方留下良好印象，可以促进销售，甚至建立长期固定的购销关系。而以情感为纽带巩固和维持这种关系不失为一个好方法，例如，在一些节日、顾客的生日打电话送上祝福，或寄去贺卡、小礼物及礼券等。

2. 柜台推销

柜台推销又称门市推销，是指企业在适当地点设置固定门市，由营业员接待进入门市的顾客，推销产品。门市的营业员是广义的推销员。柜台推销与上门推销正好相反，它是等客上门式的推销方式。由于门市里的产品种类齐全，能满足顾客多方面的购买要求，为顾客提供较多的购买方便，而且这时是顾客上门寻找需求的商品，一般态度会积极、主动，故顾客比较乐于接受这种方式。

3. 会议推销

会议推销是指利用各种会议向与会人员宣传和介绍产品，开展推销活动，如在订货会、交易会、展览会、物资交流会等会议上推销产品。当前，人们逐渐意识到单一推销人员的力量有限，运用集体力量进行不同部门人员协调配合，会使接触面更广、推销更集中，可以同时向多个推销对象推销产品，成交额较大，推销效果较好。

7.2.2　公共关系促销

1. 明确公共关系的定义

公共关系促销并不是推销某个具体的产品，而是利用公共关系，对外把企业的经营目标、经营理念、政策措施等传递给社会公众，使公众对企业及其产品有充分了解，扩大企业及其产品的知名度、信誉度和美誉度；对内则协调各部门的关系，为企业营造一个和谐、亲善、友好的营销环境，从而间接地促进产品销售。

2. 选择公共关系促销的方法

1) 内部刊物

内部刊物是企业内部公关的主要内容，是企业各种信息的载体；是管理者和员工的舆论阵地；也是沟通信息、凝聚人心的重要工具。如格力空调的董明珠所撰《棋行天下》《棋行无悔》就起到这种作用。

2) 利用新闻媒体

企业应争取尽可能多的机会与新闻单位建立联系，通过新闻媒体向社会公众介绍企业及产品。这样一方面可以节约广告支出；另一方面，由于新闻媒介具有较高的权威性，覆盖面广，企业借助于新闻媒介的宣传效果要远远好于广告。这方面的工作主要包括将企业的重大活动、重要的政策，以及各种新奇、创新的思路撰写成新闻稿件并借助媒体传播出去。另外，参加媒体举办的社会活动和电视节目也是提高企业知名度的一个有效方法。

3) 组织专题公众活动

企业可以通过组织或举办新闻发布会、记者招待会、展览会、联谊会、庆典、开放参观等专题公众活动，介绍并展示企业情况、沟通感情、增进了解、扩大宣传、树立形象。

小案例

新加坡航空公司优质服务

新航的优质服务，使乘客从进入飞机起就感觉如同是在殷勤的主人家中做客一般。乘客在座位上刚坐定，乘务员就手拿衣架来到面前，和蔼可亲地询问要不要把上衣脱下挂起来，如果要的话，就可把上衣连同登机卡一并交给她，下机再把上衣送还。飞机起飞之前，乘务员又送来热毛巾，端来饮料，然后又送上小点心请乘客选用，乘客真好像是受到主人的热心款待。

【拓展视频】

一般的洲际飞行，乘客易疲劳，而且途中要用几餐饭。因此班机起飞不久，乘务员就给每位乘客送上一双尼龙软鞋套和遮光眼镜，供乘客休息时用；还送来一份印刷精美的菜单，上面以英、法、德3种文字印有全程每餐饭的菜名，并附有飞行各段所需的时间，然后乘务员来到座位上登记每位乘客所选用的主菜。公务舱开饭时，乘务员先给乘客小桌上铺桌布，再送上主菜托盘。主菜用完后，乘务员前来把托盘中的主菜取走，空出位置再送甜食或水果。这样就等于把饭店的服务方式搬进了空间狭小的机舱，而不是把所有的吃食同时都端到小桌上。

乘客在愉快的旅行后，可得到一套包装精美的盥洗用具，包括：牙刷、牙膏、肥皂、梳子和两小瓶化妆品，上面都印有新航标记，不但是美观、实用的纪念品，更是值得保留的宣传品。乘客如需写信，均可由新航免费邮寄至世界各地。头等舱和公务舱的乘客如填写一张表格，便可将自己的姓名、地址存入新航公司的计算机，并取得一个编号，日后可得到公司寄来的一二十张优待券，1年之内可凭优待券优先购买新航的机票，行李超重可不付费，还可以到新加坡的一些百货商店享受购物折扣优惠。通过一系列充满活力的公共关系服务措施，使新航在国际航线上赢得了声誉，赢得了顾客，在激烈的国际竞争中胜人一等。

4) 支持公益活动

企业通过赞助如体育、文化教育、社会福利等社会公益事业，使公众感到企业不但是一个经济实体，而且也能肩负社会责任，为社会的公益事业做出贡献。这样必然能提高企业在社会公众中的声誉和地位。

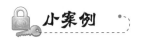 小案例

"冰桶挑战"，公益活动也须量力而行

【拓展视频】

"冰桶挑战"终于"浇"到了中国。过去一段时间，包括雷军、罗永浩等在内的国内知名 IT 大佬纷纷加入"冰桶挑战"行列。虽然有部分网友质疑该行为有作秀嫌疑，但不少挑战成功者依然向美国的 ALS 协会或是国内罕见病公益组织"瓷娃娃"进行捐款。小米董事长雷军完成挑战后称，已向 ALS 协会捐款 100 美元，同时向中国的"瓷娃娃罕见病关爱基金"ALS 项目捐款 1 万元人民币。同时，借着活动的"病毒式传播"，越来越多的明星加入其中。在参加挑战的果壳网 CEO 姬十三看来，作秀没关系，关键看谁获益。

5) 与地方政府建立良好的关系

地方政府的支持是企业长远发展的重要保证。企业应努力与当地政府建立良好的关系，争取得到政府在各个方面的支持，包括资金扶持、场地优惠政策、客户开发及其他优惠政策扶持等。

6) 散发宣传材料

公关部门要为企业设计精美的宣传册、画片或资料等，这些材料在适当的时机向相关公众发放，可以增进公众对企业的认知和了解，从而扩大企业的影响。

3. 设计公共关系促销的方案

1) 市场调查研究

市场调查研究是做好公关工作的基础。企业公关工作为了做到有的放矢，应先了解与企业实施的政策有关的公众意见和反应。公关要把企业领导层的意图告诉公众，也要把公众的意见和要求反映到领导层。因此，公关部门必须收集、整理、提供信息交流所必需的各种材料。

2) 确定公关目标

在调查分析的基础上明确问题的重要性和紧迫性，进而根据企业总目标的要求和各方面的情况，确定具体的公关目标。一般来说，企业公关的直接目标是促成企业与公众的相互理解，影响和改变公众的态度和行为，建立良好的企业形象。具体地说，公关目标是通过企业传播信息强化或转变公众态度。另外，必须注意的是不同企业或企业在不同的发展时期，其公关的具体目标是不同的。

3) 信息交流

公关工作是以有说服力的传播去影响公众，因而公众工作过程也是信息交流的过程。企业面对广大的社会公众，与小生产条件下简单的人际关系大相径庭。必须学会运用大众传播媒介及其他交流信息的方式，从而达到良好的公关效果。

动手实践

小王在江汉市场的开发和管理营销渠道过程中，实际也在执行人员推销工作。但由于该公司产品在此市场是一片空白，因此，公司品牌知名度和品牌形象在客户心目中都很低。通过广告和营业推广等方式当然有助于公司品牌和形象的提升，但小王认为这还不够，希望通过与该地政府建立一定关系，争取能在该市的示范小区做一项空调工程，来提升品牌形象，促进产品销售。如果你是小王，思考如何设计公共关系促销方案，拿到示范小区空调工程项目。

【参考答案】

一、名词解释

渠道促销；促销流；广告促销；营业推广促销；公共关系促销

二、选择题

1.（　　）不属于"拉"式促销策略。
A．广告促销　　B．营业推广促销　　C．人员推销促销　　D．公共关系促销
2.（　　）是进行渠道促销的时机。
A．新品上市　　B．处理库存　　C．旺季冲销量　　D．淡季保市场
3.（　　）是针对中间商的营业推广促销的方式。
A．赠品　　B．包装促销　　C．销售竞争　　D．批量折扣
4．在下列机型中，中间商最感兴趣的是（　　）。
A．特价机型　　B．定制机型　　C．形象机型　　D．常规机型
5.（　　）指的是企业通过广告活动提醒消费者在不远的将来将用得着某产品，并提醒他们可到何处购买该产品。
A．告知性广告　　B．开拓性广告　　C．说服性广告　　D．提示性广告

三、判断题

1．从功能流的方向看，渠道中的促销流是单向的。　　　　　　　　　　　　　　（　　）
2．广告促销、营业推广促销、人员推销促销和公共关系促销都是"拉"式促销策略。（　　）
3．提高销售量就是渠道促销的唯一目的。　　　　　　　　　　　　　　　　　　（　　）
4．在制定渠道促销策略时，还应该考虑区域联动因素。　　　　　　　　　　　　（　　）
5．公共关系促销与人员推销促销一样，都是直接促进公司产品的销售。　　　　　（　　）

四、简答题

1．简要说明确定促销力度应注意的问题。
2．简述广告促销的目的。
3．简述影响广告媒介选择的因素。
4．简述面向消费者的营业推广方式。
5．公共关系促销的方法有哪些？

案例分析

平安互联网金融营销

1. 橙e网项目

2014年7月9日，平安银行"橙e网"上线运营，一个集网站、移动APP等各项服务于一身的大型平台正式面市，意在帮助中小企业建立更加完善的"电子商务+综合金融"的生意管理系统和营商生态。平安银行"橙e网"协同核心企业、物流服务提供商、第三方信息平台等战略合作伙伴，让中小企业免费使用云电商系统，以便实现其供应链上、下游商务交易的电子化协同。在橙e网构造的电商网络生态体系，无论是企业，还是个人用户，都可以进行在线商务(客户可以利用橙e生意管家在线下单、发货、结算和对账，即上、下游协同管理在线进销存)、在线支付(因生意而付款)、在线融资(因生意而融资)、在线理财投资(客户可以在商城选取自己满意的理财产品)。橙e网同时还嵌入了交叉销售的功能，把集团的保险产品等内嵌到平台中，为客户提供一站式的综合金融服务。迄今已有近3万企业享有该项特色服务，持续向橙e网转化流量客户。整个橙e网平台已经形成了一个闭环交易系统，打通了供应链金融的全部环节。截至2014年12月31日，橙e网获客数达21.9万人。

2. 平安好车主："疯抢三分钟"

2014年12月7—31日之间的每周三、周六晚上8点，好车主注册绑车用户可以参与3分钟的保费疯抢活动，共7次。以"闪购""秒杀"形式进行。每次抢的金额和中奖人数均会提前公布，用户在开始后3分钟之内参与活动开抢，时间到之前抢完，活动提前结束，时间到了如果还有剩余名额，活动也结束。活动让4万平安客户受益，新增平安客户1万人次，12月当月保费为20977.8万元，月环比增加1164.4%。2014年好车主注册用户数140万人，保费规模2.6亿元。

3. 来了财神节，就是有钱人

2014年12月22日，中国平安面向全体网民推出"金融交易狂欢节"——"财神节"，传统金融、互联网金融主力产品陆续上线，限时发售返利。这是金融业首个囊括保险、银行、投资等产品于一体的"赚钱"节。"财神节"由平安集团牵头，产险、寿险、银行、证券、陆金所等17个业务单位参与，共推出18款主力产品，精心打造7款高收益的明星爆款产品，力图为网民呈现一个"F-mall"(金融商铺)的大场景：理财客户将享受高收益的理财产品、车主将获得500元红包以及豪车等巨惠返利、家庭个人将享受基于节假日需求定制的重磅保险产品，还会配有普吉岛旅行、高端护肤、豪车等大奖，福利额度高达百万。截至2015年1月9日，财神节总销量破两千亿元。

4. 平安易贷：小人物、大精彩

平安携手优酷深度合作，平安易贷面向目标消费群体，开展"2014年小人物盛典"。这是一次顺应互联网"内容化"趋势的整合传播运动，与优酷平台的内容合作量身定制触动人心的多样视频，微博微信平台KOL合作让内容走心，让更多小人物感同身受，H5轻应用、线下展览、颁奖典礼都不断地为传播制造内容，环环相扣，步步蓄势，一同打造这场平安易贷专属的正能量大事件。

5. 平安付：活钱宝APP社交分享

当用户在活钱宝里的累积理财收益达到一定档次，可从壹钱包APP上分享至社交媒体，包括微博、微信好友、微信朋友圈(并附APP下载链接)。累积理财收益不会在社交媒体上展示具体的金额，而是分为10个档次。每个档次对应累积收益可买到的物品。例如10~30元档，可买6个苹果。自2014年8月至今，每个用户每天分享一次，还能获得5个万里通积分(每天每人每个社交媒体渠道可分享1次)。

6. 平安人寿：第19届客户服务节网络互动活动

策划推出健康活力、快乐家庭为主题的活动内容，重点推动客户使用手机智能平台参与体验，并引入服务积分制，促进客户形成客服节活动参与习惯，使高频互动增强黏度。而线下现场活动：一是联合活动整合开展，将分为"平安中超、我的主场"线上互动、家庭才艺大赛两项活动。活动旨在展现和谐、健康家庭的精神风貌，增加亲子互爱，彰显出平安关注少年成长，传播其乐融融的家庭氛围，弘扬热爱幸福生活的健康心态。二是推动第十二年少儿平安行动的深入开展，少儿平安行动组委会授权平安人寿在全系统范围内选拔优秀员工、客户代表担任"平安志愿者"，提供权威认证志愿者证书。三是平安大讲堂。邀请健康、安全、教育等领域的国内知名专家、社会志愿者团队等，以平安、成长、健康等为主题，走进全国各城市开展巡回讲座活动，关注家庭教育及亲子关系、传播友善正能量。

7. 平安信用卡和平安天下通：免费油，吼出来

加油，一语双关，既可用于"鼓励"自己，鼓励他人，也指车主为爱车加油。平安信用卡以"加油"为主题，推出"免费油，吼出来"活动。

【问题】

1. 分析案例中平安互联网金融产品采用哪些促销手段，这些促销手段的效果如何。
2. 结合案例，分析在互联网金融产品促销中应注意哪些问题。

【分析】

平安银行在互联网网络环境下，开发出新产品，提供新的业务，要通过各种手段让客户知道。由于互联网营销工具的独特性和多样性，因此，企业就可以根据公司不同产品的目标顾客群的不同需求和购买特点，制定多样化、个性化的促销活动方案，促进产品的销售。

实训操作

管理渠道中的促销流

1. 实训目的

通过本次实训，使学生能根据企业的区域市场销售形势和渠道库存情况，设计促销方案和实施渠道促销。

2. 实训要求

基于小王工作的家电企业和江汉市场，针对渠道库存设计渠道促销方案。

3. 实训材料

纸张、笔、计算机、互联网、地图、销售报表、前期资料等。

4. 实训步骤

(1) 选择自己熟悉的广东某家电企业替代任务描述中小王工作的某企业。
(2) 盘存渠道库存，针对市场需求及竞争对手主销机型，选择促销机型。
(3) 设计促销海报。
(4) 设计针对批发商下游分销商和消费者的营业推广方案。
(5) 设计抢占示范小区工程的公共关系促销方案。

5. 成果与检验

每位学生的成绩由两部分组成：学生实际操作情况(50%)和分析报告(50%)。
实际操作主要考查学生完成管理渠道中的促销流的实际动手操作能力；分析报告主要考查学生根据资料分析，设计促销海报、营业推广和公共关系促销方案的合理性，分析报告建议制成PPT。

任务8　管理渠道中的信息流和关系流

【任务描述】

通过小王的努力，促使中间商投款开单，公司压货，实现商品所有权的转移。在这个过程中，除了融资流、物流之外，还有另外两个重要的功能流。一个是信息流，它涉及渠道中相关的一些信息，如市场信息、客户信息、交易信息等，因此，小王需要做好渠道中的信息管理工作，这些信息将为以后的渠道决策提供参考依据；另一个是关系流，它涉及渠道成员间的客户关系、合作、冲突和控制等，小王也必须努力做好渠道成员间的关系管理，使企业的渠道保持和谐发展。在这些活动中，小王还必须对渠道间合作的成果进行评价，如果与企业的渠道目标不一致，甚至有冲突，就必须做出调整的决策。

【任务分析】

随着营销渠道的不断发展，渠道中的信息也越来越多，越来越复杂，这就需要对渠道中的信息按照一定的规律进行收集、归类和整理，以便为日常的渠道决策提供参考。仅仅有这些信息是不够的，还需要根据渠道反馈的信息，做好渠道成员间的关系，包括客户关系、客户之间的合作与冲突，渠道控制等。管理渠道成员的关系是有成本的，因此，需要根据一定的标准来考核渠道管理的绩效，并根据企业和市场的实际需要，对渠道成员进行必要的调整。

【任务目标】

任务	工作要求
管理渠道中的信息流	做好在商品转移过程中的信息收集、归类等工作
管理渠道中的关系流	做好渠道运行过程中渠道成员之间关系的协调工作

【学习目标】

知识目标	技能目标	学习重点和难点
了解信息的类型和渠道成员间信息管理技术	具有使用相关信息管理技术的能力	(1) 信息的类型 (2) 渠道成员间信息管理技术
理解渠道中的客户关系和渠道成员绩效评价	能维护好渠道成员间的关系，维护渠道的通畅性，并做好绩效的评价	(1) 渠道中的客户关系管理 (2) 渠道成员绩效评价
掌握渠道成员的合作、冲突、控制和调整	具有促进渠道成员间进行合作，处理渠道成员的冲突，并施加控制的能力，在必要的情况下，还具有及时调整渠道成员的能力	(1) 渠道成员的合作 (2) 渠道成员的冲突 (3) 渠道控制 (4) 渠道成员的调整

【任务实施】

工作任务 8.1　管理渠道中的信息流

信息流是指在渠道中，各渠道成员和营销机构相互传递信息的过程，如图 8.1 所示。例如，家用电器这类商品，一般多由零售商根据销售预测下订单，而后制造商根据订单的信息进行生产。通常，在渠道中每一相邻的机构间会进行双向的信息交流，而互不相邻的机构间也会有各自的信息交流。

图 8.1 信息流

8.1.1 渠道中信息的类型

信息是指利用文字、符号、声音、图形、图像等形式作为载体，通过各种媒介来传播的信号、消息、情报或报道等内容。信息具有可传递性、可共享性、可存储性、可识别性和时效性等特点。按照渠道系统收集的信息内容划分，信息可分为市场信息、客户信息、渠道成员间信息和物流信息。

1．市场信息

市场信息主要包括社会需求变化，用户对产品品质、价格、交货期的反馈信息，以及竞争对手情况、消费趋势等方面的信息。在市场竞争日益激烈的今天，企业应注意收集以下 5 个方面的市场信息。

1) 竞争信息

竞争信息是指相关市场上的竞争产品和竞争者的信息，主要内容有：与本企业生产同类产品的厂家数量增减和实力变化情况；各类竞争项目的市场状况，如产品内在质量、外观形态、装潢色泽、价格、档次、销售服务等各方面的竞争表现；市场上对竞争力强的产品予以的综合评价；替代产品竞争情况等。

2) 用户需求信息

用户需求信息是指用户对产品的要求和售后评价，主要包括用户使用产品的目标和条件；产品对用户的适应性；用户对产品各个方面的具体要求，如价格、交货期、付款方式、技术服务等方面的心理预期等。

3) 产品开发信息

产品开发信息是指有关未来产品变化方向的信息，主要包括与本企业产品有关的新技术发展动向；新产品创意的收集；新产品对市场需求的刺激状况；顾客对新产品产生的拒绝行为；新产品投入市场后对老产品产生的影响；产品生命周期的变化情况等。

4) 市场开发信息

市场开发信息是指与未来企业目标市场的发展与扩大有关的信息，如企业现有产品是否可向原来没有需求或需求甚少而未来会产生需求或需求增多的市场迈进；潜在市场的需求动向；原有市场的变化趋势；市场占有率和覆盖率的变化情况等。

5) 行情信息

行情信息是指与市场现状及变化趋势等相关的信息，如市场价格走势、商品销售速度或销售增长速度、整个市场的物价水平、供求关系等。

2. 客户信息

客户信息是指企业所服务对象的基本资料，以及购买企业的产品或服务形成的记录等一系列信息，如顾客的国籍、性别、年龄、联系方式、宗教信仰、职业、收入、家庭住址等方面的信息。收集顾客信息有可能涉及顾客的隐私问题，因而需把握分寸，并征得顾客的同意，防止对顾客造成伤害。

3. 渠道成员间信息

渠道成员间信息是指渠道成员之间传递的需求、订货、市场变化等一系列信息。渠道成员间信息主要包括成员的销售业绩、银行信用、竞争地位、资信声誉、营业面积、服务力量、顾客评价及与当地政府的关系等。

4. 物流信息

物流信息是指与物流活动(如商品包装、商品运输、商品储存、商品装卸等)有关的一切信息。物流信息是反映物流各种活动内容的知识、资料、图像、数据、文件的总称。物流信息是物流活动中各个环节生成的信息，一般是随着生产到消费的物流活动的产生而产生的信息流，与物流过程中的运输、保管、装卸、包装等各种职能有机结合在一起，是整个物流活动顺利进行所不可缺少的信息，如订单信息、仓储与库存信息、运输与配送信息等。

8.1.2 渠道信息系统的构成

渠道信息系统是指一个由人、计算机和程序所构成的相互作用的复合体，企业借以收集、挑选、分析、评价和配置适当的、及时的和准确的信息，为渠道管理人员改进分销计划、执行计划和控制工作提供依据。渠道信息系统通常包括 4 个系统：内部报告系统、市场情报系统、市场调研系统和决策分析系统。

1. 内部报告系统

内部报告系统是企业渠道管理者利用的最基本的系统。其最大特点是信息来源于企业内部的财务会计、生产、销售等部门，通常是定期提供，用于日常分销活动的计划、管理和控制。

内部报告系统提供的数据包括订单、销量、存货水平、费用、应收应付款、生产进度、现金流量等。

内部报告系统的任务之一是要提高销售报告的及时性，以便在销售发生意料之外的上升或下降时，决策者能尽早采取应对措施。

2. 市场情报系统

市场情报系统是指使渠道管理者获得日常的关于市场环境发展的适当信息的一整套程序和来源。市场情报系统的主要功能是向营销部门及时提供有关渠道外部环境发展变化的情报。企业可以采取以下方法改进其市场情报的质量和数量：训练和鼓励营销人员去发现和报告最新的情况；鼓励中间商把重要的情报报告公司；通过购买竞争者的产品、参加贸易展销会、阅读竞争者的刊物等来了解竞争者；向专门的情报供应商购买信息；建立营销信息中心，以收集和传送营销情报等。

3. 市场调研系统

渠道管理者还需要经常对特定的问题和机会进行研究。营销调研是系统地设计、收集、分析和提出数据资料，以及提出跟公司所面临的特定的营销状况有关的调查研究结果。市场调研系统的任务是针对企业面临的具体问题，对有关信息进行系统的收集、分析和评价，并对研究结果提出正式报告，供决策部门用于解决这一特定问题。其调研的内容主要是影响设计营销渠道的相关因素；其调研方法在"市场调研与预测"课程都有阐述，这里就不再赘述。

4. 决策分析系统

越来越多的企业为了帮助它们的渠道管理者做好决策，设立了决策分析系统。决策分析系统是一个组织，它通过软件与硬件支持，协调数据收集、系统、工具和技术，解释企业内部和外部环境的有关信息，并把它转化为营销活动的基础。

决策分析系统由统计分析模型和其他决策模型组成，任务是对情报系统和研究系统收集来的数据资料用数学方法进行分析归纳，从中得出多种有意义的结果。营销渠道决策分析系统，如图 8.2 所示。

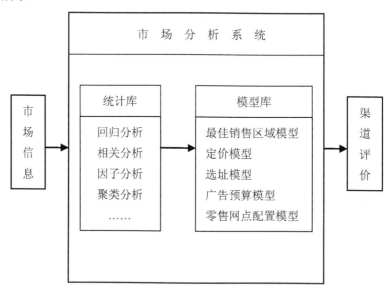

图 8.2　营销渠道决策分析系统

各种统计方法可帮助分析者深入了解数据之间的关系及其统计上的可靠性。模型库则包括除统计方法以外各种可帮助科学决策的数学模型。在现代管理中，上述统计方法和决策模型都被编成程序，配置在计算机上，这大大提高了渠道管理者做出更佳决策的能力。

8.1.3　渠道客户信息管理

1. 客户信息的内容及收集途径

客户信息的内容主要有客户基本信息、客户特征、客户经营状况、客户财务情况、客户沟通方式、客户喜好、客户业务往来等。

客户信息的收集途径主要有：历史交易记录；借助电话或网络跟踪并收集访问者信息，

从而奠定访问者变为客户的基础；通过公司客户服务中心收集客户资料，并通过客户信息资源管理，为客户建立相应的客户档案，且实时更新客户档案，从而建立真实有效的客户信息库。

2．客户信息管理

客户信息管理就是应用先进的技术手段，如互联网技术、通信技术、数据库技术等，对客户信息进行收集、整理、存储与集成、设计、分析和实现，并将结果进行应用的企业营销管理的全过程。

由于越来越多的企业意识到客户信息对于采取呼叫中心服务方式的重要性和可行性，从制造业到信息产业等各个行业的公司，正在开发客户信息管理系统，以此进行区别化、竞争以及把握收入增长机遇。越来越多的公司开发革新性的工具和方法以挖掘客户的不同偏好(如品位、服务成本以及对公司决策变量的敏感性等)，并针对不同客户的情况，采取与具体客户的状况和偏好相关的干预措施。

客户信息管理可分成 3 个步骤：第一，尽量得到大量精确的客户信息；第二，迅速、准确地分析客户信息并进行客户细分；第三，根据实时客户信息做出最优决策，使得客户终生价值最大化。在整个过程中，要强调的是实时客户信息分析和前瞻性的最优动态决策。客户信息管理是一个基本的管理方法，它以客户为重点并以客户为导向，涵盖企业经营活动的各个方面，目的是满足企业的客户对产品的需求，并为他们提供高质量和及时的服务。客户信息管理的主要内容如下。

1) 收集客户信息

收集客户信息是客户信息管理的出发点和落脚点。收集客户信息的方法和渠道很多，如问卷调查、面谈、电话访问、信函调查、会议调查和网上调查等。

2) 整理客户信息

整理客户信息是在收集客户信息的基础上，利用一定的手段进行一定的加工。因为不同客户的信息千差万别，为了实现信息使用的高效率，有必要对客户信息进行整理，便于信息的存储、集成以及企业各相关部门对信息进行共享。

3) 存储与集成客户信息

存储与集成客户信息是客户信息管理的核心技术，因为客户信息是十分巨大的数据系统，为了能够实现数据使用的便捷、高效，需要对使用的数据库进行慎重选择，并对客户信息进行集成，便于用户查询、统计，可以提高运行效率。

4) 设计客户信息数据库

客户信息数据库是以组织或个人为单位的计算机信息处理数据库。由于客户信息变化较快，使得数据库的更新频率较高，数据处理量逐步增大。因此，在设计客户信息数据库时，需要对索引的使用原则、数据的一致性和完整性、数据库性能的调整及数据类型进行慎重选择。

5) 分析客户信息

分析客户信息是客户信息数据库的落脚点，直接为企业开展其他一系列工作服务。分析客户信息主要是从大量的数据中提取有用的信息。分析客户信息的过程主要包括基本信息分析、统计分析、趋势分析、关联分析等。

(1) 基本信息分析是利用客户的基本情况信息，分析本企业或产品的主要客户的特点，如年龄、性别、职业、工资状况、教育程度、地理位置等。

(2) 统计分析是利用统计工具对所有的信息进行分析，分析企业或产品的销售额、利润额、成本量等经济指标。

(3) 趋势分析是利用本企业的信息和同行业其他企业的信息，并结合国民经济的整体运行状况，对长期和短期的业务状况进行预测。

(4) 关联分析是利用客户信息对与之相关联的产品信息、市场信息、企业信息进行分析，综合评价企业的运行状况和产品的供需比例。

 小贴士

客户信息管理的实施阶段

1. 理解业务

最初的阶段，着眼于了解业务特点，并把它还原成为数据分析的条件和参数。例如，在零售行业中，理解业务的第一个步骤是了解客户购买的频率、购买频率和每次消费金额之间是否有明显的相关关系等。

2. 数据分析

这个阶段着眼于对现有的数据进行规整。在不少行业中，可分析的数据和前面提出的分析目标是不匹配的。例如，消费者的月收入水平可能与许多购买行为相关，但是，原始的数据积累中却不一定具备这些数据。对这一问题的解决方法是从其他的相关数据中进行推理、运算，如，通过抽样调查发现，大量购买折扣商品的消费者，其月收入水平相对集中在当地收入水平的中下游。如果这一结论基本成立，就可以从消费习惯中推理出现有客户有多大的百分比是月收入水平在这个档次中的。

3. 数据准备

这个阶段的着眼点是转换、清理和导入数据，可以从多个数据源抽取并加以组合，以形成数据库。对于缺失的少量数据，是用均值补齐还是忽略，或是按照现有样本分配，是在这个阶段需要处理的问题之一。

4. 数据建模

现在已经有各种各样的模型方法可以利用，让最好的一种应用于要着手解决的主要问题中是这个阶段的主要任务。

5. 模型评估

即评估已经建成的模型是否可以有效地完成工作。一个好的评估方法是利用不同的时间段，让系统对已经发生的消费情况进行预测，然后比较预测结果和实际状况，这样模型的评估就容易进行了。

6. 评估应用

在这个过程中，对数据分析的方法和知识应当已经为客户方的市场分析人员或决策者所了解，评估应用提供的不仅仅是最终结果，而且是获得这一结果的方法。

8.1.4 渠道成员间信息管理技术

1. 电子数据交换技术

1) 电子数据交换的定义

电子数据交换（Electronic Date Interchange，EDI）是指计算机与计算机之间结构化的事务数据交换。它是通信技术、网络技术与计算机技术的结晶，将数据和信息规范化、标准化，在拥有计算机系统的渠道成员间，直接以电子方式进行数据交换。

小贴士

EDI 的结构

1. EDI 标准

EDI 标准指的是数据标准，共有 4 种：企业专用标准、行业标准、国家标准、国际标准。其主要内容包括语法规则、数据结构定义、编辑规则与转换、公共文件规范、通信协议和计算机语言。

2. EDI 软件

EDI 软件通常是指翻译软件，其主要功能是把某个公司的各种商务文件和电子单证，从该公司专有的文件格式转换成某种标准的格式。同时，这个翻译软件也能够把某种标准格式的文件转换成某公司的专用格式。EDI 软件除了转换文件格式以外，还必须指导数据的传输，并保证传输的正确和完整。它应该知道贸易伙伴用的是什么标准，并能处理有关的问题。另外，如果发生传输或翻译上的问题，这个系统应该能够辨明发生了什么问题，并知道怎样去纠正。一个 EDI 软件包括贸易伙伴文件、标准单据文件、网络文件、安全保密文件、差错管理文件 5 个主要文件。它们和处理程序相互作用来完成翻译、发送和接收电子单证的工作。

3. EDI 硬件

要实现 EDI，还需要有硬件支持，有 4 种基本类型的计算机平台可以实现 EDI。一是使用一台主机或中型机，此种方法将所有的 EDI 软件放到主机或中型机上去，使其执行全部的 EDI 功能；二是使用一台 PC 机，此种方法也是将所有的 EDI 软件放到 PC 机上去，使其执行全部的 EDI 功能；三是使用一台 PC 机作为主机的前端处理器，在这种情况下，PC 机与主机相连，存储在主机的数据可以传输到 PC 机中，同样，存储在 PC 机中的数据也可以传输到主机中；四是专有的 EDI 操作系统，这种系统通常采用一台中型机平台以及专门化的 EDI 软件，EDI 软件把 EDI 活动和公司的计算机应用系统进行一体化，在许多情况下，这种操作系统被用来对组织内部 EDI 网络的所有 EDI 活动和功能进行总的管理。

2) EDI 服务于渠道成员的功能

(1) 服务于零售商。EDI 对于零售商的服务功能主要有生成并将采购单传送给供应商；生成并将退货单传送给供应商；生成并将询价单传送给供应商；接受并打印供应商传来的报价单等。

(2) 服务于供应商。EDI 对于供应商的服务功能主要有接收并使用客户传来的采购进货单；接收并使用客户传来的退货单；接收并打印客户传来的询价单；生成报价单并传送给客户；生成出货单并传送给配送中心等。

(3) 服务于配送中心。EDI 对配送中心的服务功能主要有接收供应商传来的出货单；生成出货单并传送给零售商；生成库存清单并传送给供应商；生成托运单并传送给运输商等。

(4) 服务于制造商。EDI 对制造商的服务功能主要有接受供应商传送来的订货单；向供应商传送商品详单；向供应商传送催款对账单；接受并使用客户传来的付款明细单等。

2．条形码

1) 条形码简介

目前，条形码的发展和应用正在以极快的速度增长，行业的目标是要在最小的面积中包含有尽可能多的信息。同时，新的编码技术融合了找错和纠错能力。EAN 条形码是国际上的通用商品代码，我国通用商品条形码标准也采用 EAN 条形码。EAN 条形码是一维条形码，主要由 13 位数字码及相应的条形码符号组成，在较小的商品上也采用 8 位数字码及相应的条形码符号。

EAN 条形码主要由四部分构成：一是前缀码，由 3 位数字组成，是国家的代码，我国为 690～699，是国际物品编码会统一分配的；二是制造厂商代码，由 4 位数字组成，我国物品编码中心统一分配并统一注册，一厂一码；三是商品代码，由 5 位数字组成，表示每个制造商的商品，由厂家确定，可标示 10 万种商品；四是校验码，由 1 位数字组成，用以校验前面各码的正误。

 小贴士

EAN 条形码的特性

EAN 条形码有严密的分配体系，由 IANA 专门负责各会员国家代码的分配与授权，再由各会员国的商品条形码负责机构对其国内制造商、批发商、零售商等分配厂商代码。由于国家代码、厂商代码均不相同，所以每家厂家所生产的每种单品的条形码都是独一无二的。

EAN 条形码有以下几个主要特点：一是商品不同，代码就不同，每个商品都有独一无二的条形码代码；二是厂家对自产商品编码时，代码数量足够使用；三是条形码由 POS 终端设备读取时不受方向限制；四是可在商品包装上印刷条形码，不额外增加成本；五是条形码是全球通用的商品语言。

2) 条形码的优点

(1) 简单。条形码符号的制作相对容易，扫描操作也较为简单，这是条形码受到用户普遍欢迎和迅速推广的重要原因。

(2) 采集信息量大。利用一维条形码扫描，一次可以采集十几位字符的信息，二维条形码可包含 3000 多个字符，而且可以通过选择不同码制的条形码来增加字符的密度，使录入的信息量成倍增加。

(3) 信息采集速度快。普通计算机的键盘输入速度是每分钟 200 个字符，而用条形码扫描录入信息的速度可以是键盘输入的 20 倍。

(4) 设备结构简单，成本低廉。

(5) 可靠性高。利用键盘录入数据的出错率为 1/3000；利用光学字符识别技术的出错率大约为 1/10000；如果采用一维条形码扫描录入，误码率仅为 2/1000000；采用二维条形码扫描录入，误码率更是低于 1/10000000。

3．POS 系统

1) POS 系统的构成

POS(Point of Sale)系统是指通过自动读数设备在销售商品时直接读取销售信息，并通过通信网络和计算机系统传送到有关部门进行分析加工以提高经营效率的系统。POS 系统最早应用于零售业，以后逐渐扩展到其他行业，利用 POS 信息的范围，也从企业内部扩展到整个供应链。现代 POS 系统已经形成了一个综合性的信息资源管理系统，POS 系统包括前台 POS 系统和后台 MIS 系统两大基础部分。

前台 POS 系统是指通过自动读取设备，在销售商品时直接读取商品销售信息，实现前台销售业务的自动化，对商品交易进行实时服务和管理，并通过通信网络和计算机系统传送到后台，通过后台 MIS 的计算、分析与汇总等掌握商品销售的各项信息，为企业管理者分析经营成果、制定经营方针提供依据，以提高经营效率的系统。

后台 MIS 系统(Management Information System)又称管理信息系统，它负责整个营销渠道中的进、销、调、存系统的管理及财务管理、库存管理、考勤管理等。它可以根据商品进货信息对厂家进行管理；根据前台 POS 系统提供的销售数据，控制进货数量，合理周转资金；分析统计各种销售报表，快速、准确地计算成本与毛利；对售货员、收款员业绩进行考核，是职工分配工资、奖金的客观依据。

POS 系统主要依赖于计算机处理信息的体系结构。结合商业企业的特点，POS 系统的基本结构可分为单个收款机、收款机与计算机相连构成 POS 系统，以及收款机、计算机与网络构成 POS 系统。目前大多采用第三种类型的 POS 系统结构，它包括硬件和软件两大部分。POS 系统的硬件结构主要包括收款机、扫描器、打印机、显示器、网络、计算机与硬件平台。

2) POS 系统的特征

(1) 单项管理。单项管理主要有单品管理、职工管理和顾客管理。单品管理是指对店铺陈列展示销售的商品以单个商品为单位进行销售跟踪管理的方法。由于 POS 系统信息即时准确地反映了单个商品的销售信息，因此，POS 系统的应用使高效率的单品管理成为可能。职工管理是指通过 POS 系统终端上的计时器的记录，依据每个职工的出勤状况、销售状况进行考核管理。顾客管理是指在顾客购买商品结账时，通过收银机自动读取零售商发行的顾客 ID 卡或顾客信用卡，来把握每个顾客的购买品种和购买数量，从而对顾客进行分类管理。

(2) 自动读取信息。在顾客购买商品结账时，POS 系统通过扫描器自动读取商品条形码标签上的信息，在销售商品的同时获得实时的销售信息是 POS 系统的最大特征。

(3) 信息集中管理。在各个 POS 终端机获得的销售时点信息以在线链接方式汇总到企业总部，与其他部门发送的有关信息一起由总部的信息系统加以集中并进行分析加工。例如，把握畅销商品及新商品的销售倾向，对商品的销售量和销售价格、销售量和销售时间之间的相关关系进行分析，对商品店铺陈列方式、促销方式、竞争商品的影响等进行相关分析。

(4) 连接供应链的有力工具。供应链与各方合作的主要领域之一是信息共享，而销售时点信息是企业经营中最重要的信息之一，通过它能及时把握顾客的需要信息，供应链的参与各方可以利用销售时点信息，并结合其他的信息来制订企业的经营计划和市场营销计划。目前，领先的零售商正在与制造商共同开发一个整合的物流系统，该系统不仅分享 POS 系统信息，而且一起联合进行市场预测，分享预测信息。

3) POS 系统的作用

(1) 促进收益增长。采用 POS 系统的中间商有能力管理大量的商品，其单位面积的商品摆放量是普通的 3 倍以上，吸引顾客且自选率高，这必然会带来营业额及利润的相应增长，仅此一项，POS 系统即可给应用 POS 系统的企业带来可观的收益。

(2) 节约人力、物力。由于仓库管理是动态管理，即每卖出一件商品，POS 系统的数据库中就相应减少该件商品的库存记录，免去了渠道中商品盘存之苦，节约了大量的人力、物力。同时，企业的经营报告、财务报表及相关的销售信息，都可以及时提供给经营决策者，以保持企业的快速反应。

(3) 提高企业经营管理水平。首先，可以提高企业的资本周转率，在应用 POS 系统后，可以避免出现缺货现象，使库存水平合理化，从而提高商品周转率，最终提高企业的资本周转率；

其次，由于仓库采用动态管理，仓库库存商品的销售情况每时每刻都一目了然，商场的决策者可将商品的进货量始终保持在一个合理水平，从而提高有效库存，降低总库存，使零售商在市场竞争中占据有利地位；最后，在应用了 POS 系统后，可以进行销售促进方法的效果分析，把握顾客购买动向，按商品品种进行利益管理，基于销售水平制订采购计划，有效地进行店铺空间管理和基于时间段的广告促销活动分析等，从而使商品计划效率化。

(4) 收集客户信息。零售商可以通过 POS 系统收集客户信息，为分析消费者的购买心理和购买倾向、对客户进行分类提供数据资料。通过 POS 系统收集客户信息是进行客户关系管理的重要组成部分。

沃尔玛的领先优势

沃尔玛在全球拥有 3000 多家商店、40 多个配销中心、多个特别产品配销中心，它们分布在美国、阿根廷、巴西、加拿大、中国、法国、墨西哥、波多黎各等国家。公司总部与全球各家分店和各个供应商通过共同的计算机系统进行联系。

(1) 通过计算机系统给采购员的资料。计算机保存两年的销售历史，记录了所有商品的规格、不同颜色的单品的销售数据，包括最近各周的销量、存货多少等。这些信息能使采购员知道什么品种该增加、什么品种该淘汰；好销的品种每次进多少才能满足需求，又不致积压。

(2) 通过计算机系统给商店员工的资料。主要有单品的当前库存、已订货数量、由配销中心送货过程中的数量、最近各周的销售数量、建议订货数量以及 Telxon 终端所能提供的信息。商场员工通过 Telxon 终端扫描商品的条形码时，能够显示价格、架存数量、库存数量、在途数量及最近各周销售数量等。扫描枪的应用，使商场人员丢下了厚厚的补货手册，对实施单品管理提供了可靠的数据，而且高效、准确。

经过一段时间的工作，小王手上的日记本记录了许多渠道的信息，但有点杂乱无章，查询起来很费劲。于是，他想在自己的笔记本电脑上创建一个客户信息管理表格，以便进行信息的录入和查询。如果你是小王，请帮助他设计这个客户信息管理表格。

工作任务 8.2　管理渠道中的关系流

8.2.1　管理渠道中的客户关系

客户关系是指企业和单个客户之间的动态联系，同时也是企业和客户之间相互作用随着时间推移的一种积累。而客户关系管理是一个获取、保持和增加可获利客户的过程。它是指通过将人力资源、业务流程与专业技术进行有效的整合，最终为企业涉及客户或消费者的各个领域提供完美的集成，使得企业可以更低成本、更高效率来满足客户的需求，并与客户建立起以学习型关系为基础的一对一营销模式，从而让企业可以最大限度地提高客户满意度及忠诚度，挽回失去的客户，保留现有的客户，不断发展新的客户，发掘并牢牢地把握住能给企业带来最大价值的客户群。

1. 客户关系管理对营销渠道的影响

1) 提升渠道的竞争力

实施客户关系管理可以使企业深入地收集客户数据,并加以分类服务,形成有效的客户联系渠道。企业可以根据客户的需求设计出产品或服务,并以客户喜爱的方式进行分销。企业通过有效的客户关系管理系统对客户资源进行集成,使渠道更加高效畅通,从而加强企业的快速反应及响应能力。

2) 强化渠道的功能

激烈的市场竞争使产品或服务呈现出个性化。企业通过实施有效的客户关系管理系统,可以具备先进的客户智能分析和决策支持能力,能够捕捉更多的市场商机,提升迎合需求的准确性和速度。通过控制服务品质、对客户快速准确的技术支持以赢得渠道成员的满意度和忠诚度,从而维系企业的客户群。

3) 提升渠道的效率

客户关系管理系统在功能方面实现了销售、营销、客户服务与支持、多渠道的客户互动和客户资料挖掘等应用集成,使企业销售的效率和准确率大大提高,大大降低了顾客服务时间和工作量,从而降低了渠道的运营成本。客户通过互联网进行联系,采用不同手段对整个业务进行全程处理,既提高了企业内部的运作效率,又赢得了客户的满意。

4) 提升渠道成员的忠诚度

基于互联网的管理应用框架的客户关系管理系统的创建,促进企业提高在电子商务环境下的生存和发展能力,使渠道更加快捷,让原有客户和潜在客户感觉企业对他们的期望和需求很重视,也具有响应客户要求的能力,从而提升渠道成员的忠诚度。

2. 客户关系维护策略

1) 重视终端消费

产品入市,最重要的"生死关"就是消费,没有消费就没有终端销售,零售停滞则势必反过来祸及经销商直至厂家。在渠道铺货完成后,如果只是应付分销商的强烈要求,零星搞一些广告,会致使渠道整体有效的广告支持跟不上,最终导致零售终端商品滞销。各地分销商从维护客情形象的长远利益着眼,不得不接受退货,从而使渠道成员蒙受不同程度的经济损失。因此,在营销渠道运营中,应重视终端零售商的客户关系维护工作,重视终端的消费拉动工作。

2) 保障渠道利益

服务营销渠道客户关系维护的根本任务就在于,在不损害厂商利益的同时,又能在消费者接受的原则下,尽可能地保障渠道利益。保障渠道利益的客户关系维护服务工作如下。

(1) 帮助分销商建立并理顺销售网络,分散销售及库存压力,加快商品的流通速度。

(2) 加强广告、促销支持,减少商品流通阻力,提高商品的销售力,促进销售,提高资金利用率,使之成为分销商的重要利润源。

(3) 协调厂商之间的关系,确保分销商把更多的精力投到销售上,使分销商切实感到这种合作是有价值的。

(4) 对分销商负责,在保证供应的同时,妥善处理好销售过程中出现的变质、价格大起大落、顾客投诉、退货、竞品竞争、窜货、产品滞销等问题,切实保障分销商的利益不受损害。

(5) 加强沟通,以协作、协商为主,以理服人,及时帮助分销商消除疑虑,平衡心态,引导和支持分销商向有利于产品销售方面转变。

3) 构建产品链

从产品生命周期的不同特征来看，一旦营销渠道建成，厂家就必须考虑根据产品生命周期的规律特点，构造一个合理的产品链，以保持分销商获利能力向上的基本走势。当一个产品进入衰退期后，就应该有另一个新产品进入成熟期替代前一个被淘汰的产品，维护渠道的较高获利能力，从而避免渠道与产品一起衰退、消亡，造成资源浪费。因此，服务营销渠道中的客户关系维护必须科学、合理地运用产品生命周期原理，构造一个错落有序、连续不断的产品链，确保服务分销网络得到永不间断的利润链支持。

4) 建立呼叫中心

呼叫中心又称为客户服务中心，它是一种基于计算机电话集成(Computer Telephony Integration, CTI)技术，充分利用通信网和互联网的多项功能集成，并与企业连为一体的一个完整的综合信息服务系统，利用现有的各种先进的通信手段，有效地为客户提供高质量、高效率、全方位的服务。呼叫中心已在客服部门、销售部门、技术维修部门、物流部门等领域有广泛的应用。企业建立呼叫中心系统，可以有两种模式："外包"模式和"独建"模式。

(1) "外包"模式。在"外包"模式中，首先要有一个独立的呼叫中心业务运营商，有自己的、较大的呼叫中心运营规模，并可以将自己的一部分坐席或业务承包给有关的其他企业。这样，企业就可以将有关业务需求直接建立在这种业务运营商的基础之上，不用自己添置单独的硬件设备，仅需提供有关的专用服务信息，而由呼叫中心业务运营商为自己的用户提供服务。这种方式的优点是节约成本，而且能够提供一个较专业的服务，但需要对有关的坐席人员进行培训。

(2) "独建"模式。"独建"模式，即由企业自己购买硬件设备，并编写有关的服务业务流程软件，直接为自己的顾客提供服务。该种方式能够提供较大的灵活性，而且能够及时地了解用户的各种反馈信息。

 小贴士

营销渠道中的客情维护

客情维护是指渠道管理人员充分调动所能争取的资源，以及运用个人的努力与魅力给予中间商情感上的关怀和满足，为正常的渠道销售工作创造良好的人际关系环境。营销渠道中的客情维护主要有如下几种类型。

1. 常规性客情维护

常规性客情维护是指那些有规律性的周期性发生的客情维护，主要包括周期性情感电话拜访、周期性实地拜访、重大节假日客情维护等。常规性客情维护应成为营销代表日常工作中的一部分，因为常规性客情维护服务对分销商来说是一种保健因素。如果不为中间商提供该种客情维护，中间商就会感到不满意，从而降低了努力销售商品的积极性。

2. 特殊性客情维护

特殊性客情维护特指中间商区域市场的重大营销事件，如新店开业、分销商自行组织促销活动以及召开下级经销商会议等。应该说这些特殊事件对中间商而言是非常重要的时刻，而大多中间商因本人能力、精力等方面原因，常会有忙不过来、力不从心的感觉，迫切需要有人帮助。此时，营销人员除给予中间商热情洋溢的精神鼓励外，只要有可能一定要到现场一起参与运作，争取一个与中间商并肩战斗的最好机会，则能大大拉近与分销商的心理距离。

3. 个人性客情维护

个人性客情维护指在中间商生日、中间商非规律性重大喜事(如婚事等)、中间商非良性意外事件(如亲人去世等)等情况下，营销人员知道消息后应在第一时间致电问候，简单问候会让中间商记住你这份超越生意的关怀。

4. 重大环境事件客情维护

重大环境事件客情维护是指中间商所在区域有时会遭遇到诸如自然灾害、传染病侵袭等，此时营销人员应及时联系中间商，表示对该事件的关注并表达对中间商本人安全的担心。若为传染性疾病侵袭，还可向他们传递一些收集来的保健知识，自然会给中间商"雪中送炭"的温暖感。

8.2.2 加强渠道成员间的合作

渠道合作是指渠道成员为了共同及各自的目标而采取的互利互惠性的行动和意愿。渠道成员的合作是创造渠道价值的重要基础。

1. 渠道合作的必要性

传统渠道组织是由各个独立利益的松散型组织运作起来的系统，各个成员以交易为导向。渠道成员各自有独立的目标和运作方式，根据自身的条件做出决策并付诸实施。如果渠道间各环节常常发生脱节，则渠道的整体竞争力难以形成。如今，激烈的市场竞争使渠道成员逐渐认识到渠道价值链是由各个成员的价值链融合而成的系统，在渠道内协调和共同优化，可降低成本，增强差异化，建立企业整体竞争优势。因此，渠道合作根源于渠道成员间的相互依赖性。相互依赖性使渠道成员作为渠道中的一员行使职能，使职能分工开始专业化、规模化，各成员也分别从中受益，创造出高的整体渠道效益，使整个渠道系统长期生存、发展，绩效不断提高。

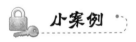

京东与美的的渠道战略合作

依托京东智能云和"JD+"计划的推行，京东在 2014 年发布"超级 App"，实现了不同品牌、不同品类智能硬件之间的互联互通，布局智能家居领域。目前已有接近 300 款智能硬件设备完成了超级 App 的接入，其中近 50 款已经在京东销售，其他产品也即将走向市场，而正在进行对接的智能硬件产品则超过 500 款，这里面绝大部分都是智能家电产品。2014 年 11 月，全国首个大家电"京东帮服务店"在河北开业，并计划未来 3 年在全国开到数千家。通过"京东帮服务店"计划，京东可以将自身的家电销售渠道下沉到 4~6 线城市甚至农村地区，令更多消费者享受到京东家电"快速送货、安装维修"的全流程优质购物体验。而美的在 2014 年 3 月也发布了 M-Smart 智慧家居战略，并同时成立了美的集团电子商务公司，以加速自身的智能化和互联网化转型。在这个转型过程中，京东成为其合作伙伴。2014 年 12 月 31 日上午，京东与美的宣布达成渠道战略合作，双方将进一步扩大业务合作范围和合作深度，在物流配送、互联网技术、大数据分析、智能云平台方面等方面进行共享，双方优势互补，以期共同打造互联网智能家居产业，强化在智能家居和渠道拓展等重点发展领域的合作。

2. 渠道合作的形式

1) 联合促销

联合促销主要包括联合广告活动、联合产品展示活动、联合销售活动、联合调研活动、联合担保活动等。另外,在价格竞争十分激烈时,为了让渠道成员更灵活地应对,厂家还常常向渠道成员提供价格补偿。

2) 联合储运

联合储运主要包括制造商和中间商联合加入适时管理(Just in Time,JIT)系统、联合加入电子数据交换系统,厂家或批发商发起或参与对中间商的紧急货运活动,以及厂家帮助批发商和零售商筹措存货资金等。

3) 信息共享

信息共享主要包括制造商、批发商和零售商共同加入电子数据交换系统,方便、快捷地交换信息;制造商和中间商共同发起或加入销售商联合会,增加同业交流与沟通;渠道成员分享渠道调研成果。

4) 提供专卖产品

提供专卖产品(又称定制产品)是指厂家向自己的渠道成员提供专门为其设计的产品,以应对或减轻价格竞争对他们的影响。这是因为专卖产品设计独特,且只在专门指定的范围内销售,使消费者不太容易与类似的产品在价格上进行比较,从而降低价格竞争的效应。

5) 联合培训

联合培训这种形式主要包括批发商和零售商联合加入制造商的销售培训及产品培训项目。例如,一些厂家利用自己的教育基地(如海尔公司的海尔大学),对中间商的业务骨干进行教育培训。

6) 地区保护

地区保护即厂家特许中间商的地区独家代理权,以防同一地区多家经营同一厂家产品形成恶性竞争。因此,渠道合作会因为这种地区保护政策得到加强。

7) 战略联盟

渠道中的战略联盟是渠道关系发展到一定阶段的产物,是处于同一渠道中的双方或多方成员通过协议形成的长期的利益共同体。在渠道联盟中,渠道成员按照商定的渠道策略和游戏规则,共同开发市场;共同承担市场责任和风险;共同管理和规范销售行为,公平地分享合作利益和合作成果。

 小贴士

渠道战略联盟的特征

1. 长期性

如果渠道的交易伙伴只是为了交易方便或谋取短时之利而联合起来,只能称为战术联盟或普通的商业伙伴关系。渠道战略联盟强调长期性的相互理解、相互联系、荣辱与共和共同发展。

2. 自愿参与

有的联盟是建立在一种不平等的权力关系之上,由强大的一方对弱小的一方进行控制。虽然表面看起来它像一个整体,但是弱小一方的利益常被剥夺,弱小一方对于强大一方的依赖常常是被迫的。在一个真正的渠道联盟中,权力应该是高度平衡的,每一方对另一方都有相当的影响力。只有在这种权力结构上建立的联盟,才是自愿的,也是稳固的。

3. 高水平承诺

渠道联盟对于每一位参与者,都意味着对其合作伙伴依赖性的增加。依赖性的增加也就意味着合作风险的增加。为了有效降低这种风险,渠道联盟各方要进行较高水平的承诺。

渠道中的战略联盟有很多不同的形式，根据其联系的密切程度可分为会员制、销售代理制、特许专营、联营公司等形式。

(1) 会员制。会员制渠道战略联盟是指渠道成员通过协议组成一个类似于俱乐部的组织，组织内成员之间有较高的信任度，大家互相协调，互相帮助，共同遵守游戏规则，共同发展。这是渠道战略联盟的一种初级形式，约束力不是特别强。会员制渠道战略联盟又可以根据参与者的不同，分为4种情形：一是制造商与经销商（批发商）之间的联盟；二是批发商与零售商之间的联盟；三是制造商与零售商之间的联盟；四是零售商之间的联盟。

一般来说，供方企业为战略联盟的核心，是组织者，负责制定游戏规则，而需方企业是会员，可参与游戏规则的制定。规则一旦签署，供需双方均要遵守。根据渠道成员间的合作与管理制度，会员制可分为保证会员制与特许会员制两大类。

① 保证会员制。这种会员制是指需方企业向供方企业缴纳一定额度的保证金或签订具有较强约束力的保证协议书而得到会员资格的形式。

② 特许会员制。特许会员制是指在供需双方企业中，供方企业将自己的产品生产技术、无形资产、经营诀窍、管理方式、教育培训方式等特许传授给需方企业，准许需方企业按照双方协议规定从事供方企业的同类行业活动的一种制度。

(2) 销售代理制。企业的营销渠道通常采用经销或代理的方式，作为渠道战略联盟的销售代理制，与一般意义上的销售代理有不同的含义。渠道战略联盟销售代理制，一方面要求销售代理商签订销售代理制合同；另一方面要求厂家签订生产承包制合同。因此，渠道战略联盟销售代理制，从厂家的角度看是销售代理制，而从销售代理商的角度看则是生产承包制。它是一种比会员制更为紧密的渠道联盟，即厂家要利用和依赖销售代理商的销售网络渠道优势，而销售代理商则要利用和依赖厂家的生产制造能力和优势。

(3) 特许专营。特许专营指特许方将自己的生产技术、无形资产、经营诀窍、管理方式、教育培训方式等特许给授许方，准许授许方按照双方协议规定从事经营活动的一种联盟方式。特许专营主要在零售业、饭店、宾馆等服务行业使用，这种联盟形式实际上表现为零售商与零售商之间、批发商与零售商之间、制造商与零售商之间、制造商与批发商之间的特许专营。

(4) 联营公司。联营公司是指合作双方为充分发挥各自的优势，通过法律程序而建立的联合经营体。联营公司要求联盟各方要在利益上有更高的一致性，风险共担、利益共享，所以，只有当渠道合作发展到较高水平时，联营公司才能出现。联营公司的主要形式包括以下几类。

① 合资经营。由联盟双方共同出资、共同经营、共同管理、共担风险、共享利润而形成的联营公司。由于联盟双方以各自的优势资源投入合资企业中，这样就能使这些资源发挥更大的作用，更好地为联盟双方服务。目前，境外企业在我国建立的合资企业中，多数是看中了我国的市场潜力，试图通过境内企业的销售渠道网络占领市场。

② 合作经营。与合资按照双方的股份进行风险承担和利益分配不同，合作的形式是根据合作双方的合作约定，享受权利并承担义务。合作并不要求双方来共同管理，但必须共享双方的优势。目前，境外企业在我国建立合作企业，同样是看中了我国的市场和中方原有的渠道管理。

③ 相互持股。相互持股是指联盟各方为加强联系和合作而相互持有对方一定数量的股份的一种联盟方式。在这种渠道联盟中，因为你中有我，我中有你，所以联盟关系更加紧

密，有利于渠道成员进行长期合作。相互持股与合资经营不同的是双方资产和人员不必进行合并。

8.2.3 化解渠道成员间的冲突

1. 定义渠道冲突的概念

渠道冲突是指一个渠道成员意识到另一个渠道成员正在从事损害、威胁其利益，或以牺牲其利益为代价获取稀缺资源的活动，从而引发渠道成员间的争执、敌对和报复的行为。对于渠道冲突，企业应该用中立的眼光来看待，并不是每种冲突都是消极的，某些冲突实际上还加强和改善了营销渠道。

2. 划分渠道冲突的类型

1) 水平渠道冲突

水平渠道冲突是指在同一渠道模式中，同一层次中间商之间的冲突。产生水平渠道冲突的原因大多是制造商没有对目标市场的中间商分管辖区做出合理的规定，使得中间商为各自的利益而相互倾轧。例如，同在一个批发商采购商品的零售商之间为了抢占市场而引发的冲突。

2) 垂直渠道冲突

垂直渠道冲突是指在同一渠道中不同层次渠道成员间的冲突。例如，制造商与批发商之间、批发商与零售商之间，由于各种矛盾(如价格、利润、推销等)而引发的冲突。

垂直渠道冲突是渠道中最具特色的冲突。因为渠道中的水平冲突，无论是发生在不同企业之间，还是发生在同一个企业(如一个连锁企业)不同网点之间，即不同业务单位之间，冲突的解决就是看谁在竞争中能够胜出或被淘汰。只有垂直渠道冲突是互依成员之间的冲突，是需要合作才能发生的冲突。

3) 不同渠道间的冲突

不同渠道间的冲突是指厂家建立多种渠道系统后，不同渠道服务于同一目标市场时所产生的冲突。例如，原来的家电产品是通过百货公司来销售，当家电连锁店出现，并成为厂家的经销伙伴时，百货公司表现出强烈的不满。

窜　　货

窜货又称倒货、冲货，是指由于经销网络中的各级代理商、分公司等受利益驱动，使所经销的产品跨区域销售，造成价格混乱，从而使其他经销商对产品失去信心，消费者对品牌失去信任的营销现象。窜货主要有恶性窜货、自然性窜货和良性窜货3类。为了控制窜货对渠道造成的不良影响，可以从以下几方面着手：一是产品策略，通过包装区域差异化，如实行产品代码制、产品商标颜色差异化、文字标示等策略，并允许退货与经销商共担风险等来控制；二是价格策略，通过建立完善、公正的价格体系，确保渠道各个层次各个环节的经销商都能获得相应利润；三是促销策略，通过制定现实的营销目标、完善的促销政策和良好的售后服务等措施来控制；四是分销策略，通过完善的专营政策、专销商制度及地区销售公司等措施来控制；五是硬性策略，通过协议、惩罚、组成商会、营销队伍的建设与管理等措施来控制。

3．分析渠道冲突产生的原因

1）内部原因

相互依赖的渠道成员间存在一定的差异，差异性越大，越难形成统一的协议。渠道成员间的差异主要表现为以下 3 个方面。

(1) 信息差异。信息差异是指渠道成员所获得的信息、了解的事实之间的差异。由于任何一项决策或选择活动都离不开信息，那么渠道成员收集信息来源的渠道不同、掌握信息的非对称性、传递信息过程中出现的失真、处理信息方式的不同等原因都会导致渠道成员决策或选择的不同，从而产生渠道冲突。

(2) 认识差异。由于渠道成员的背景不同，渠道成员的企业文化不同，渠道成员在渠道系统中所处的地位不同，渠道成员持有的营销观念不同等原因都会导致渠道成员之间存在认识上的差异，这些认识上的差异性势必伴随着结论分歧，从而导致渠道冲突的产生。例如，一家大的制造商要进入新的业务领域，进一步扩展业务。而对于小的批发商，扩张意味着其当前控制权的丧失，因而往往会拒绝扩张，从而难以达成共识，冲突也就在所难免。

(3) 目标要求的差异。虽然每位渠道成员都希望通过结成渠道共同体来实现其目标，但每位渠道成员都是一个独立的经济实体，均有自己的目标，各成员的目标可能会部分重叠，也可能与其他成员的目标相反。渠道的组织结构、渠道成员的本位主义、渠道成员为实现目标所采取的方法不同等原因都会造成渠道成员间目标不一致，从而导致冲突的产生。

2）外部原因

(1) 资源稀缺。任何渠道都是依靠渠道内外环境所提供的资源而存在。由于渠道资源是稀缺的，渠道的活动必然会受到制约。当两个或两个以上的渠道成员同时依赖于渠道的稀缺资源时，成员间可能会因为资源分配而产生冲突。例如，在特许经营渠道中，一个供应商在同一个市场范围内将经营权特许给一些新的经营者，那么对老的经营者而言，新的经营者就在和他们抢市场这一稀缺资源，这样老的特许经营者与新的特许商之间就会发生冲突。

(2) 角色界定不清。在渠道中，角色是对各渠道成员应该发挥功能和活动范围的界定，涉及"应该做什么"和"应该怎样做"的问题。如果角色界定不清，一方面，渠道成员之间功能不互补，甚至重叠，就会造成渠道资源的浪费；另一方面，一些成员会采用投机行为，有利可图和容易做的事情抢着做，无利可图又难做的事情推给别人。另外，在发生责任事故而使整个渠道蒙受损失时，大家又会想尽办法逃避责任，推诿扯皮。不管哪种情况出现，都会导致渠道冲突的发生。例如，对于售前和售后服务活动，经常会发生供应商和经销商之间的扯皮现象，大家无法在由谁来负责、怎么做和怎样补偿等问题上达成一致。

(3) 期望误差。由于渠道存在激励与竞争机制，渠道的相互依赖性导致一位渠道成员会对其他成员的行为有所预期，并根据预期采取自认为应该采取的行动。如果预期有误，他就会采取错误的行为，错误行为又会导致与其他成员之间意想不到的相互冲突。

(4) 营销环境发生变化。随着营销环境的不确定性和复杂性的增加，市场竞争日趋激烈，渠道成员压力也会越来越大，必然在渠道成员间产生一定的冲突。此外，在全球化的大趋势下，国际环境对企业的影响已经越来越重要，文化差异引起的冲突也不容忽视。如在我国家电业，厂家认为自己应该是价格的制定者，而零售商则在不断地向厂家挑战价格决策惯例。

> 小案例

【拓展文本】

阿里与腾讯的生态之战

从表面看,腾讯主要是圈用户,阿里则主要圈电商,但随着国内互联网用户行为由娱乐向商务的转变,两者的渗透率越来越重合。随着用户行为的不断渗透,圈用户的腾讯为了帮助用户在自己的生态下达成一站式服务,就免不了去构建电商业务,而圈电商的阿里为了防止自己的流量不受用户其他行为的限制和牵制,也会考虑在电商之外构建自己的流量闭环。2012年,美丽说、蘑菇街等导购类网站在腾讯与阿里的生态边界中一触而发。有数据统计,美丽说、蘑菇街等第三方导购类网站占据淘宝外部流量来源的10%,而美丽说、蘑菇街却要花费较高的市场费用在腾讯购买流量。也就是说,淘宝有10%的流量变向来自于腾讯,这是让淘宝无法接受的。2013年8月4日,阿里官方发表声明,以"安全"之名,停止淘宝与微信的一切数据链接。声明中指出:"为了保障淘宝消费者的用户感受和控制交易风险,我们暂时停止了与微信相关的应用在服务市场的订购。"声明同时称:"微信团队近期也出台了一些针对淘宝商品及淘宝卖家在微信上营销的限制措施,以此来保护微信用户的感受,这与我们保护用户体验及安全的诉求是一致的。"阿里官方此处提到微信对营销账号的限制仅仅发生在5天前,腾讯封杀营销账号,其中不乏80万粉丝的公共账号,其中大多是淘宝广告的公共账号。微信如今已是腾讯的"心头肉",腾讯内部对"如何使用好微信"一直抱有谨慎态度。一名腾讯人士对记者表示,腾讯十分看重用户对微信的体验,因此不愿让其沦为过度营销的牺牲品。而在电商专家鲁振旺看来,这场以"安全"之名的相互屏蔽,实则是背后生态控制权的不同理解。

4. 解决渠道冲突的方法

冲突并不都是消极的,有些冲突对渠道的发展还有促进作用。因此,解决渠道冲突最好的办法,就是不让有害的或高水平的渠道冲突产生。

1) 前期防范

防止渠道冲突可以从渠道运行的前期工作做起。

(1) 做好渠道的设计和组织工作,确立企业基本分销模式、目标和管理原则,同时结合自身的状况,做好中间商的选择工作。中间商不是越大越好,适合企业自身特点的中间商才是最好的。

(2) 明确渠道成员的角色分工和权力分配,明确各自的责权利,建立渠道成员之间的交流和沟通机制,实现信息共享。

(3) 合理使用渠道权力,防止权力滥用,使用非强制权力有利于建立信任和加强合作,从而达到预防和化解渠道冲突的目的。

2) 中期降低

(1) 组织渠道成员进行共商共议活动,确立共同的目标和价值观,增进各个成员对环境威胁、渠道合作和渠道互依的共识,提高合作水平,防止恶性冲突的发生和尽量减少冲突发生的可能性。

(2) 相互交换管理人员,让有关人员亲身体验某些渠道成员的特殊困难,从对方的角度来考虑有关合作问题,以增进相互了解。同时,也应倡导相互咨询,如果一个企业经常邀请一些重要的渠道成员参加董事会议和专题讨论会等,鼓励他们在相关问题上提意见和建议,会使他们感到有面子、受尊重,他们也会用同样的方法给予回应。

(3) 对渠道成员中的弱者提供帮助。在别人最需要的时候给予帮助，不仅可以尽快恢复渠道功能，也能让渠道成员产生好感，增强合作的信心，减少恶性冲突的可能性。

3) 后期处理

冲突的后期处理是指当冲突产生后，如何使冲突带来的不利影响最小化。

(1) 沟通与调解。当冲突发生后，通过加强彼此之间的交流，如召集分销商参加咨询会议，及时听取反馈意见；或者进行角色互换，使不同的渠道成员更加了解对方的政策和立场。当冲突发展到双方无法再通过协商、说服等沟通方式达成谅解，双方均各抒己见，此时就可以引入第三方调解或仲裁，寻求利益的平衡点，相互理解，互相让步，停止冲突。

(2) 法律手段。当冲突达到一定的程度时，就要通过法律诉讼来解决，请求司法机关依据法定程序在当事人之间对冲突产生的影响进行处理。虽然诉讼需要花费大量经费和时间，但它是解决冲突的最有力的方式。一般情况下，冲突双方都较倾向于采用仲裁而不是诉讼去解决争端，其原因一是为了不泄露商业机密；二是减少支出，维护企业形象。

(3) 渠道重组。当渠道成员间的冲突达到无法调和的地步，严重影响了整个渠道系统的运行时，渠道领导者就不得不考虑进行渠道重组，剔除某些与厂家目标严重不一致的组织，通过增加新成员或改变渠道网络设计等方法来处理冲突。

(4) 退出。解决冲突的最后一种方法就是使渠道成员退出渠道系统。从现有渠道中退出意味着中断与其他渠道成员的合作关系，因此，一个退出渠道的企业应该考虑到要么为自己留下后路，要么改变其根本不能实现的业务目标。

 小贴士

渠道冲突的益处

任何事物都有两面，渠道冲突也不例外。渠道冲突的积极面表现如下。

(1) 使渠道沟通变得更加频繁和有效。冲突的产生使双方都意识到沟通的必要性和紧迫性，冲突中的沟通会更加务实和有针对性。

(2) 把渠道冲突转化为渠道活力。管理实践中存在一种"鲶鱼效应"，即只有在一个激烈竞争的市场中，企业才会保持旺盛的生命力。同样，渠道成员只有在冲突不断产生和解决的过程中，才能更加清晰地认识到自己的问题所在和对方的实力，并及时加以修正和提高，最终达到共同超越的效果。

(3) 使渠道管理更加科学、客观、规范。冲突的解决过程必然是渠道管理者综合考虑各方面利益，使渠道的权利分配和系统资源体系更加合理的过程。同时，冲突将使得渠道成员共同建立起一套完善的冲突处理的标准规则和制度体系，从而健全整个渠道的管理体制。

(4) 客观上强化了制造商的"领袖"地位。在水平渠道冲突中，由于冲突双方平等的权利、地位及特殊的利益依存关系，往往使中间商在解决冲突时无法直接向对方施加压力，转而寄希望于制造商能为自己"主持公道"，如此便自然地将制造商的地位进一步提升，同时增强了中间商对制造商的依赖性。

8.2.4 控制渠道

1. 理解渠道控制

渠道系统是一种跨组织系统，这使得渠道控制不同于一般的管理控制，即施控者与受控者分属于不同的组织。因此，渠道控制往往不是基于科层系统的命令、指挥与规范，而是指一位渠道成员对另一位渠道成员在某些方面的决策成功地产生了影响。因此，跨组织的渠道控制有下列特点：一是渠道成员之间各自独立，表现为企业法人资格、企业目标、组织文化、行为方式、利益等；二是相互依赖、互惠互利是跨组织营销渠道得以建立、发展和维持的基础，也是渠道控制的前提；三是渠道成员间常常互为施控者与被控者，一位渠道成员往往在某些渠道功能上有较大的话语权，是施控者，而在另一些渠道功能上有较少的话语权，是被控者；四是渠道成员间的控制，介于市场控制与组织控制之间，有时组织控制较强，有时市场控制较强；五是一位渠道成员对于另一位渠道成员的控制大多是建立在平等原则上的沟通或影响，而不是建立在科层系统上的命令和指挥。

2．控制渠道的内容

1) 控制渠道覆盖面

控制渠道覆盖面的策略主要有密集型渠道策略、选择型渠道策略和独家型渠道策略。在选择渠道覆盖控制策略时，企业需要考虑多方面的因素，如消费者行为、产品特性、市场特性、网点特性、竞争状况等。

2) 控制渠道管理人员

控制渠道管理人员主要包括以下3个方面的内容：一是渠道销售队伍的建设，主要考虑销售人员数量、销售人员布局结构、销售组织发展制度和销售团队建设4个方面；二是渠道人员的素质培训，主要从渠道人员的基本素质、基本知识、基本能力及训练方式进行管理控制；三是渠道人员业绩评估与报酬，主要从渠道人员业绩资料收集方法、考核制度与方法、薪酬制度等方面来控制。

3) 控制渠道管理费用

在渠道运营中，费用支出的名目是一个非常复杂、涉及面较广的问题，对企业的渠道费用进行控制主要从以下3个方面着手。

(1) 销售管理费用。由于销售管理费用的支出是为了业务的拓展和管理，所以对销售管理费用的预算、使用和审核等，既要严格化、程序化和标准化，也要公平合理、简单易行，重点应该放在费用控制方法、日常管理费用、差旅费用报销等几个方面。

(2) 市场推广费用。由于中间商出于自身利益的考虑，总是诉说产品的市场推广如何难，希望从厂家得到更多的实惠和支持。因此，企业对推广费用的控制，应兼顾企业和中间商的共同利益，既要保证市场推广收到实效，又要减少不必要的开支，主要从渠道促销费用、广告宣传费用、市场辅助工具制作费用等方面来控制。

(3) 其他销售费用。在渠道运营中，除了销售费用、管理费用外，还有很大一部分是渠道折扣与折让、销售设施及市场设备等费用。折扣与折让是企业与竞争对手争夺中间商的有效武器，若控制不好，可能会造成企业大量资金的流失；而销售设施及市场设备的投入一般较大，管理不善也会导致巨大的损失。

4) 控制营销组合因素对渠道的影响

(1) 控制产品和服务。控制产品和服务的主要内容有控制产品的生产制造过程，企业的产品相关策略，提供各种服务的数量和质量，不使与本企业产品有关的假冒伪劣产品流入市场等。

(2) 控制价格。控制价格的主要内容有监督和控制自己产品的批发价格和零售价格，确保企业的定价策略在渠道中得到贯彻落实，监督和控制中间商对于企业价格政策的落实情况等。

(3) 控制促销。控制促销的主要内容有对中间商的促销控制和对终端购买者的促销控制。对于中间商的促销控制主要是做好促销本身的工作，如确定促销目标、制订促销计划、实施促销活动和评价促销结果。而对于终端购买者的促销控制相对复杂，主要根据与中间商合作协议的规定，从事产品的促销活动，或根据竞争的需要推出产品促销活动；对促销活动的计划、实施过程和实施结果进行控制，以保证促销活动完成预定的目标；监督中间商对自己产品的促销活动和促销方式，保证促销活动得到中间商的贯彻和落实；对中间商自主安排的本产品促销活动进行监督，尽量避免自己的产品成为商家打折的牺牲品等。

(4) 控制分销过程和分销区域。控制分销过程和分销区域的主要内容有控制分销过程，避免不同渠道成员之间发生冲突；控制物流过程，保证物流通畅；控制分销区域，避免不同区域渠道成员间发生窜货等冲突。

 小贴士

控制渠道的销售政策

销售政策是厂家每年操作市场的一份纲领性文件，用以在一个阶段内指导厂商合作行为，基本由厂家主导，商家执行。一份销售政策的内容不外乎首期投款奖、淡季补息、淡季投款奖励、年度模糊奖励及各阶段对渠道促销的提货奖，每次的奖励都附带有台阶或条件，奖励方法也各有不同，但仍以转货款居多。年度销售政策内容主要包括销售年度划分条款、产品价格条款、结算方式条款、淡季投款奖励条款、销售奖励条件、工程机条款、特别产品条款、销售保障条款、市场管理条款、政策解释权条款和附属条款(如相关管理办法、管控协议)等。

3. 控制渠道的程序

1) 确定渠道控制标准

渠道控制标准的确定与渠道控制目标和内容密切相关，也与渠道成员间的评价标准相关。渠道控制标准大致包括：渠道成员功能发挥标准；渠道成员完成任务和努力程度标准；不同渠道之间的关系标准；渠道成员间关系发展标准；渠道成员的合作态度和成效标准；渠道的覆盖程度标准；渠道总体经济效益标准；终端客户的渠道满意度标准等。

2) 衡量渠道实际工作绩效

对渠道的控制实际上是检查目标与计划是否达成一致，要想对渠道实际运营绩效进行及时的控制，就要通过市场调查方法收集渠道销售业绩的统计材料，来对渠道运营情况进行分析、把握与评价。企业对收集的渠道运营资料和渠道检测的情况进行分析和评价后，如果出现渠道的实际运营绩效与原计划的控制标准不一致，要判断这种不一致的程度和性质，同时要分析原因，寻找问题的症结，并且制定解决问题的方法。

3) 采取渠道纠偏措施

企业应针对渠道运营中存在的问题，进行渠道纠偏。渠道纠偏主要包括两个方面：一是修订渠道控制标准，渠道实际运营情况与原计划中的渠道控制标准不一致，有可能是渠道控制标准不合实际，则纠正渠道控制偏差的措施就是修订渠道控制标准；二是改进渠道工作，指导渠道成员改变某些不当的行为，改进渠道工作效率，努力使渠道实际工作绩效达到控制标准。

4. 控制渠道的权力来源

1) 奖赏权

奖赏是指渠道中某一成员因为其行为得到另一成员的认同而得到的作为补偿的利益。奖赏权就是渠道成员 A 服从渠道成员 B 的影响时，B 回报 A 的权力。回报常常以实际经济效益的形式体现，在渠道合作关系中，奖赏权是最有效的权力的运用。渠道成员获得奖赏权有两个必不可少的因素：一是有能力对渠道其他成员进行奖赏；二是要让其他成员相信会给他提供奖赏。因此，奖赏权的获得主要体现在提高实力和渠道成员的信任度方面。

2) 强制权

强制权是指渠道某一成员在另一成员不服从自己的影响时，对其进行制裁的权力。这种制裁包括削减利润、撤销原本承诺的奖励等。强制权常常被看成是一种攻击，会导致渠道成员的自我防卫和对立，往往不利于渠道关系的建设。在使用强制权时一定要谨慎，只有当运用强制权所产生的收益大于成本时，才能使用。例如，家电业渠道系统中 EDI 的使用，有一半是被供应链中的其他成员强迫使用的，如果不采用 EDI，就停止向他们订货。结果，渠道中 EDI 被普遍采用，提高了渠道整体效益。

3) 专长权

专长权是指渠道中某一成员替代渠道其他成员充当专家的职能，具有其他成员所不具有的某种特殊知识和有用的专长。专长权取决于有价值的信息，这些信息是渠道成员需要的，但自身不具备此种专长权就很难获得。渠道管理中的专长权往往难以长久存在，因为一旦其他成员获得了专长权，专长权就发生了转移，该成员专长权的影响力就会被削弱。因此，希望在既定渠道中长期保持专长权的公司，可以采取以下措施。

(1) 一部分一部分地转移其专长，在转移专长的同时，保留足够多的重要数据，这样其他渠道成员将不得不对其产生依赖。

(2) 公司建立学习型组织，这样就能够不断地有新的和重要的信息提供给渠道合作伙伴，保持专长权。

(3) 只转移定制化的信息，这意味着鼓励渠道合作伙伴投资于特定的专长，这种专长非常特殊，以至于合作伙伴不能轻易地把这种专长转移到其他产品或服务上。

4) 合法权

合法权来自法律、契约和协定，以及行业规范和某一具体渠道关系中的规范和价值观。有时渠道成员会认为按照通常和既定的准则，遵从是正确和合适的选择，当其他渠道成员感到有责任去做或必须响应影响者的要求时，影响者就具备了合法权。

 小案例

娃哈哈对渠道促销的控制

【拓展文本】

商家对"最后一公里"的营销概念的理解各异，有的说是服务，有的说是质量，有的说是品牌，而娃哈哈却认为是利益的有序分配。有序必然就要有控制，控制在营销渠道中最重要的就是价差、区域、品种和节奏。

价差是指产品从厂家到消费者手中经过的所有批零通路。高价的产品如果没有诱人的价差分配，无法引起经销商的积极性，而低价产品如果价差控制得当，仍然可以以量大而为经销商带来利润。有序地分配各级经销层次的利益空间，不但是生产商的责任，更是其控制市场的关键所在。娃哈哈认为，生产商推出任何一项促销活动或政策，首先应该考虑的便是设计一套层次分明、分配合理的价差体系。当今很多企业在营销中，喜欢动辄"超低空"，以低价轰炸市场，以为只要自己的价格比别家的低，肯定卖得比别人火，其实未必。因为没有考虑价差的低价，无疑让经销商无利可图，不给你用力吆喝，不把你的产品摆在柜台上，买卖交易的"最后一公里"仍然无法到达。与别的企业往往把促销措施直接针对终端消费者不同，娃哈哈的促销重点是经销商，公司会根据一定阶段内的市场变动、竞争对手的异动及自身产品的配备，推出各种各样的促销政策，月月如是，常年循环。针对经销商的促销政策，既可以激发其积极性，又保证了各层销售商的利润。因此可以做到促进销售，而不扰乱整个市场的价格体系。

8.2.5 评价渠道绩效

1．理解渠道绩效评估

渠道绩效评估是指厂家通过系统化的手段或措施，对其渠道系统的效率和效果进行客观的考核和评价的活动过程。渠道绩效评估可分为宏观层面和微观层面两个层面的评估。宏观层面的渠道绩效评估就是指对渠道系统表现出来的对社会的贡献的评估，是站在整个社会的高度来考察的；微观层面的渠道绩效评估则是指渠道系统或渠道成员对厂家所创造的价值或服务增值的评估，是从厂家自身的角度来考察的。

2．评估渠道绩效的流程

1）制定评估标准

(1) 销售绩效。销售绩效主要评估渠道的销售能力和竞争能力，从销售量(额)、实现的市场占有率、本产品经营占中间商总营业额的比例等二级指标进行横向与纵向比较。

(2) 财务绩效。财务绩效主要评估厂家产品对渠道利润支持的财务能力，从经营利润等二级指标进行横向与纵向比较。

(3) 应变能力。应变能力主要评价渠道成员管理水平、达到目标及利用机会的能力，从适时调整销售措施、大胆进行经营创新、努力迎接竞争挑战等二级指标进行横向与纵向比较。

(4) 顾客满意。顾客满意主要评价渠道成员间的客户关系，从厂家是否受到消费者的抱怨、中间商特色化地提高顾客满意、中间商帮助厂家服务等二级指标进行横向与纵向比较。

(5) 合约遵守。合约遵守主要评估渠道成员间的合作意识，从听从指导、遵守合约等二级指标进行横向与纵向比较。

(6) 库存水平。库存水平主要评价渠道成员能否满足不断变化的市场需求，从平均存货储备等二级指标进行横向与纵向比较。

(7) 竞争能力。竞争能力主要评估渠道成员市场竞争能力，从渠道成员的经营技巧、经营知识、销售队伍等二级指标进行横向与纵向比较。

2）依据标准对渠道绩效进行评估

在制定出评估标准后，渠道管理者就可以据此对渠道成员进行绩效评估。评估的方法主要有3种。

(1) 独立的绩效评估，是对制定的评估标准的一项或多项进行独立评估。

(2) 非正式的多重标准组合评估，即将多项标准非正式地组合起来，对绩效进行定性的综合评估。

(3) 正式的多重标准组合评估，即把多重评估标准组合起来，对每个渠道成员的综合绩效进行定量评分，最后根据所得到的综合绩效分数来对渠道成员进行评估。其具体步骤是：制定评估标准；根据重要性给每一个标准赋予权重；对每一个标准打分，分数可以是 0～10 分；得分与权重相乘得到每个评估标准的加权分数；每个标准的加权分数加总，求出综合绩效总分。

使用正式的多重标准组合评估渠道绩效，见表 8-1。

表 8-1 使用正式的多重标准组合评估渠道绩效

评估标准	评估标准的权重	得 分	加权得分
销售绩效	0.2	8	1.6
财务绩效	0.2	7	1.4
应变能力	0.2	7	1.4
顾客满意	0.1	8	0.8
合约遵守	0.1	8	0.8
库存水平	0.1	8	0.8
竞争能力	0.1	6	0.6
综合得分			8.3

3) 进行评估，提出建议

用以上方法对每个渠道成员的绩效进行打分评估后，就可以根据综合得分的情况对渠道成员的绩效进行排序分析。如果渠道成员数量较多，可以通过频率分布对综合得分进行分析，以了解整体渠道成员绩效水平。假设有 100 名渠道成员综合绩效得分见表 8-2。综合得分在 8 分以上的渠道成员有 12%，综合得分在 6 分以上的渠道成员有 77%，综合得分在 6 分以下的渠道成员有 23%，说明渠道成员总体绩效水平尚可，但仍有部分渠道成员需要改进提高。

表 8-2 100 名渠道成员综合绩效分值的频率分布

综合绩效分值范围	渠道成员数量	累计百分比
8～10	12	12%
6～8	65	77%
4～6	8	85%
2～4	9	94%
<2	6	100%
总计	100	

通过评估，渠道管理者应对那些绩效达不到规定标准的渠道成员的低绩效原因加以分析和研究，找出问题的根源所在，提出一些合理的建议，帮助提高其绩效。如果问题出在渠道成员自身，则可以为其提供一些可行性的建议；如果问题出在厂家，厂家则应根据渠道成员的需求和问题为其提供相应的支持；如果厂商之间均有一定的责任，厂商则应通过协调来改进彼此之间的关系，使双方相互帮助、相互监督，从而争取双赢或多赢的结果。

3．评估渠道绩效的内容

1) 财务状况

对渠道成员的财务状况评估主要通过一系列财务指标进行，这些指标包括偿债能力指标、营运指标和盈利能力指标。

(1) 偿债能力指标。偿债能力指标用来衡量渠道成员履行债务的能力。偿债能力指标主要有以下几个。

① 流动比率。流动比率等于企业的总流动资产除以其流动负债,即

$$流动比率 = \frac{流动资产}{流动负债} \times 100\%$$

流动比率越高,说明企业偿债能力越强。流动比率等于 2 时视为最适宜。

② 速动比率。速动比率等于流动资产减去存货除以流动负债,即

$$速动比率 = \frac{流动资产 - 存货}{流动负债} \times 100\%$$

速动比率越高,说明企业偿付短期负债的能力就越强。速动比率为 1 时视为最满意。

③ 总负债对净资产比率。总负债对净资产比率等于企业总负债除以其净资产,即

$$总负债对净资产比率 = \frac{总负债}{净资产} \times 100\%$$

这一指标不仅考察企业的短期偿债能力,也考察企业的长期偿债能力。一般说来,企业总负债不应超过其净资产。

(2) 营运指标。营运指标用来衡量企业使用其资产的效率如何。通过对营运指标的考察,可以促使渠道成员加速存货周转,或减少经营不佳的分店等非高效资产。营运指标主要有以下几个。

① 应收账款周期。应收账款周期指企业的应收账款金额除以年度净销售额乘以 365 天,即

$$应收账款周期 = \frac{应收账款}{年度净销售额} \times 365(天)$$

应收账款周期是衡量企业应收账款质量的综合指标。

② 存货周转率。存货周转率等于企业年度净销售额除以其平均存货,即

$$存货周转率 = \frac{年度净销售额}{平均存货} \times 100\%$$

存货周转率在企业内部可以依商品的不同分类而不同,低周转率说明企业存货中有相当部分周转缓慢或呆滞。

③ 资金周转率。营销渠道的运转不仅是有关商品的流通销售过程,也是资金循环过程。资金周转率反映营销渠道中资金被循环使用的次数,该指标用产品销售收入除以渠道中的资产占用总额来表示,即

$$资金周转率 = \frac{产品销售收入}{资产占用额} \times 100\%$$

(3) 盈利能力指标。盈利能力指标用来衡量企业的盈利能力和资产的回报率。盈利能力指标主要有以下几个。

① 净利润边际。净利润边际是通过企业税后的净利润除以年度净销售额,来测算每一单位的销售所形成的利润,即

$$净利润边际 = \frac{税后净利润}{年度净销售额} \times 100\%$$

② 资产回报比率。资产回报比率是通过企业税后的净利润除以总资产，来测算每一单位总资产可以获得的利润，即

$$资产回报比率 = \frac{税后净利润}{总资产} \times 100\%$$

③ 净资产回报比率。净资产回报比率等于企业税后净利润除以净资产，来测算每一单位净资产可以获得的利润，即

$$净资产回报比率 = \frac{税后净利润}{净资产} \times 100\%$$

④ 销售利润率。销售利润率用来说明渠道运转带来的销售额中包含了多少利润，用税后净利润与销售额的比率表示，即

$$销售利润率 = \frac{税后净利润}{销售额} \times 100\%$$

⑤ 费用利润率。有效运转的营销渠道能够节约成本费用，带来较高的销售利润。费用利润率用于说明渠道在运营中各种费用支出带来了多少利润，用税后净利润与费用总额的比率表示，即

$$费用利润率 = \frac{税后净利润}{费用售额} \times 100\%$$

2) 销售绩效

渠道是营销活动的一个组成部分，销售是其主要活动，销售的成效必然会影响到企业的总效益，因此，有必要对销售绩效加以评估。

(1) 销售分析。销售分析主要用于衡量和评估企业所制订的销售计划目标与实际销售成果之间的关系。这种关系的衡量和评价有两种主要方法。

① 销售差异分析。销售差异分析用于决定各个不同的因素对销售绩效的不同作用。假设某家电企业年度计划要求第一季度销售 400 件产品，每件 10 元，即销售额 4000 元。在该季结束时，只销售 300 件，每件 8 元，即实际销售额 2400 元，那么销售绩效差异为 1600 元。通过销售差异分析回答下列问题：绩效的降低有多少归因于价格下降？有多少归因于销售数量的下降？

$$因价格下降带来的销售差异 = \frac{(10-8) \times 300}{1600} = 38.5\%$$

$$因数量下降带来的销售差异 = \frac{(400-300) \times 10}{1600} = 62.5\%$$

可见，约有 2/3 的销售差异归因于未能实现预期销售数量，由于销售数量通常较价格容易控制，企业应仔细检查不能达到预期销售数量的原因，再针对原因采取适当的措施来提高销售量。

② 微观销售分析。微观销售分析用于决定不同的产品、地区对销售绩效的不同作用。例如，一个企业有 3 个地区销售其商品，其预期销售额分别为 150 万元、50 万元和 200 万元，总额 400 万元。实际销售额分别为 140 万元、52.5 万元和 108.5 万元。则第一个地区有 8% 的未完成额，第二个地区有 5% 的超出额，第三个地区有 46% 的未完成额。显然，问题主要出在第三个地区。

(2) 市场占有率分析。只分析企业的销售绩效不能说明相对于竞争者而言其经营成果如何。

例如，企业销售额增加了，可能是其销售工作比竞争对手有更大的改善，也可能是企业所处的整个经济环境发展了。市场占有率是剔除了一般的环境影响来考察企业自身的经营状况。如果企业的市场占有率升高，表明比竞争对手的情况好；如果下降，说明比竞争对手的绩效差。

(3) 渠道费用分析。评价渠道的销售绩效，必须考察在渠道中发生的各种费用。这些费用的总和称为营销渠道费用，主要由下列项目构成。

① 直接人员费用。直接人员费用包括制造商的直销人员、流通企业的销售人员、促销人员和销售服务人员的工资、奖金、差旅费、培训费等。

② 促销费用。促销费用包括广告媒体成本、奖赠费用、展会费用、促销方案设计与执行管理费等。

③ 仓储费用。仓储费用包括租金、维护费、折旧、保险、管理成本等。

④ 运输费用。运输费用包括托运费用等。如果是自有运输工具，还要计算折旧、维护费、燃料费、牌照税、保险费等。

⑤ 包装与品牌管理费用。包装与品牌管理费用包括包装费、产品说明书印制费用、品牌管理费用等。

⑥ 其他营销费用。其他营销费用包括营销管理人员工资、办公费用等。

3) 渠道运营状况

对渠道运营状况评估主要是对功能的评估，包括渠道通畅性评估、渠道覆盖面评估、流通能力及其利用率评估、渠道冲突分析、终端管理分析等方面。

(1) 渠道通畅性评估。渠道应保持高度的通畅性，以使消费者需要的商品能从厂家顺利地转移到消费者手上。营销渠道是由一系列中间商组成的，因此，对渠道通畅性的评估主要从渠道主体是否到位、渠道成员功能配置是否合理、渠道成员间衔接是否到位、渠道成员间能否长期合作 4 个方面进行。

(2) 渠道覆盖面评估。渠道覆盖面是指某个品牌的商品通过一定的分销营销渠道所能达到的最大的销售区域。销售区域覆盖的范围越大，能购买到该商品的顾客数量就越多。对渠道覆盖面的评估主要从渠道成员数量、渠道成员分布的区域状况、终端卖场的商圈大小 3 个方面进行。

(3) 渠道流通能力及其利用率评估。渠道流通能力是指在单位时间内经过该渠道从厂家转移到目标顾客群的商品数量。对渠道流通能力进行评估，是对营销渠道本质功能的监测和估计，也是考察营销渠道是否有能力实现预期销售目标的主要内容。渠道流通能力利用率等于实际商品流通量与流通能力的比率，即

$$流通能力利用率 = \frac{实际商品流通量}{渠道流通能力} \times 100\%$$

流通能力利用率在一定程度上说明营销渠道成员参与商品分销的积极性。常用来考核流通能力利用率的指标有以下几个方面。

① 平均发货批量。前后环节之间的发货批量是指根据后续环节的销售需要和送货通知，前一环节向后续环节发送一批货物的数量。平均发货批量大，说明厂家的供货能力大，批发商、零售商的销售量大，因此整个渠道的流通量也就大。

② 平均发货间隔期。发货间隔期是指在营销渠道中，前一环节向后一环节先后两次发送货物的时间间隔。这个指标说明厂家向后续环节发送货物的频繁程度。平均发货间隔期短，说明后续环节销售量大、速度快，也表明仓储、运输工作量大。

③ 日均销售数量。平均每天的销售数量反映零售商的销售努力程度，也反映制造商与中

间商的服务、支持程度。这个指标数值越高，说明整个渠道中商品的流通能力越强，或者说流通能力利用率越高。

④ 平均商品流通时间。商品流通时间是指商品从生产线下来或出厂之日算起，直到最后销售到消费者手上之日为止所经历的时间长度。按照渠道转移的全部商品来计算，平均商品流通时间越长，表明流通过程中商品占用的仓储设施和资金的时间越长，这个渠道的运转速度就越慢，效率就越低，经济效益就越差。

(4) 渠道冲突分析。有效运转的渠道应当能够有效控制成员间的冲突。渠道冲突是一种心理反应，在有些情况下可能对分销效率没有不利影响，如相对较小的冲突能够刺激渠道成员去进行创新。但是，大多数人都认为，渠道成员对冲突有一个可接受区间，当冲突超出他们接受的临界水平时，他们就会做出反应，激烈的冲突可能导致成员间感情恶化、法律争端和关系破裂。这时双方都要付出很高的调整成本才能消除冲突的不利影响。

(5) 终端管理分析。终端管理分析主要从渠道终端组织评估、客户管理评估和渠道终端铺货管理评估3个方面进行。

① 渠道终端组织评估主要考察制造商分支机构对零售终端的控制能力，如在制造商分支机构是否有自控的零售终端。自控零售终端的销售额占制造商分支机构所在地销售额的比例越高，表明该分支机构在做市场，而不是在做销售。

② 客户管理评估主要考察是否建有客户数据库。通常情况下，客户数据库应该包含的内容有客户姓名或名称、地址、邮编、联系电话、E-mail、产品型号、购买价格、购买日期、记录建立时间、记录建立人、是否回访、回访时间、回访人、客户使用意见、使用频率、客户的其他建议等。客户信息越全面、详尽，表明制造商分支机构工作做得越深入细致，制造商渠道系统抗风险的能力就越强。

③ 渠道终端铺货管理评估分为两个步骤：第一步是对构成渠道终端相关成员的信用状况进行评估，根据评估的渠道成员信用等级情况，确定是否铺货或者铺多少货等。第二步是控制铺货金额。对于一般的零售终端来说，要确定一个合适的铺货量；对于规模大一些的主要负责分销的渠道成员，需要根据其信用状况确定另外的铺货量。如果拥有较高信用级别的渠道成员数量占到公司所有渠道成员总数的比例较高，说明该渠道系统具有较高的质量，否则认为质量一般或较差。

8.2.6 调整渠道

通过对渠道绩效进行评估，就能发现渠道运行管理中的不足，特别是渠道结构本身的不足，致使现有营销渠道不能达到发展的总体要求，自然会促使企业对营销渠道进行调整。

1. 调整渠道的方式

1) 调整渠道结构

调整营销渠道结构就是对原有营销渠道的构成方式加以改变。例如，将企业原来以中间商渠道为主的渠道结构体系改变为以直销为主的渠道结构体系。

2) 调整渠道的代理方式

渠道的代理方式有总代理、独家代理和一般代理3种方式。如果原来采用独家代理的方式，为了制约独家代理商的行为，防止其过分扩张，可把独家代理方式改变为一般代理方式。

3) 调整渠道政策

企业的渠道政策包括价格政策、市场推广政策、信用额度政策、铺货政策、奖惩政策等，它们服务于一定的营销环境。当环境发生变化时，应做出适时的调整。例如，在产品不太容易销售或者要加大产品的促销力度时，对于经销商采用"先给货，后付款"的政策；而在产品畅销时，为了减少信用风险，则采用"一手交钱，一手交货""款到送货"的政策。

4) 调整渠道成员关系

为了更好地理顺渠道成员间的管理，企业可以根据渠道成员经营本企业产品的业绩，调整其在营销渠道中的地位，给予一些优惠政策。例如，对于经营本企业产品业绩突出的经销商，企业给予优先供货、价格打折、提高信用额度等优惠政策或者各种奖励；而对于那些业绩下降的中间商，则取消原有的一些优惠政策，直至淘汰。

5) 调整区域市场的渠道结构

根据市场结构的变化，在不改变整个企业渠道体系的前提下，通过改变某个区域市场的渠道结构来调整渠道。例如，在某个区域市场上增加一条新渠道，以满足那个市场上某些消费者特有的需要。

6) 重组和更新整个渠道体系

如果由于自身条件、市场条件、商品条件的变化，企业原有的营销渠道体系制约了企业的发展，这时就必须对整个营销渠道体系进行调整。这种调整涉及面很广，执行起来很困难。它不仅要突破企业原有的营销渠道网络，而且会引发整个渠道功能的重新安排和利益的重新分配，因此既可能遭到企业内部某些既得利益者的反对，也可能受到某些渠道成员的抵制。一般而言，这种比较彻底的渠道改造，只有在企业的渠道体系受到外部严重威胁或内部发生重大变化时才可使用。

渠道重构，重回巅峰

"仰韶·彩陶坊"是仰韶企业的高端品系，长期以来运作公关团购渠道，主攻政商务消费，目前已经成为河南中高档白酒第一品牌。仰韶·彩陶坊运作公关团购渠道四年多来取得了骄人的业绩，但狭窄的渠道面临着白热化的竞争，公关团购渠道已经成为白酒行业的一片红海。随着公关团购渠道日益碎片化，如果继续聚焦于该渠道将会导致成本日益增长而销售额却难以取得进展。彩陶坊顺势而为，将 2012 年的工作重心适时地转移到流通渠道上来。远景项目组在分析了渠道现实和未来的渠道趋势之后，对彩陶坊品系做出了重大调整，提出"多维产品运作模式"，设置"5×3 产品策略"。即 5 款主推产品，3 种不同的渠道版本。"多维产品运作模式"是在"仰韶·彩陶坊"原有的产品序列上做出的微调，相较于原有品系，它扩充了流通版和餐饮版产品，增加了"天地之中"和"人和"两个产品序列。仰韶·彩陶坊流通版产品上市是企业战略转移在产品上的具体体现，它标志着彩陶坊品牌正式在全国范围内运作流通渠道。得益于彩陶坊在河南市场的高端白酒形象，流通版彩陶坊上市以来受到了经销商和终端商的热烈追捧，第一次上市订货会即实现订货金额 5000 万元。由于酒店渠道自身的销售特性，"仰韶·彩陶坊"也专门开发了酒店版产品。酒店版产品有效地区隔了销售渠道，使重点市场的窜货和低价行为得到了有效的遏制。

2. 调整渠道的时机

调整营销渠道的时机选择是非常重要的，过早过晚都不好。过早，问题没有充分暴露，企业内部和渠道内部成员对问题的严重性缺乏认识，渠道管理人员很难推动渠道的调整工作；过晚，错过了时机，即使各方面都努力推动渠道改革，改革本身很顺利，但是造成的损失已经无法挽回。一般来说，当出现下面几种情况时，企业应该考虑是否需要调整自己的营销渠道。

1) 消费者对渠道服务产出的不满意有上升趋势

消费者对于渠道服务产出的要求，会随着市场环境的变化而改变。随着买方市场的形成，消费者变得越来越挑剔，对厂商服务产出的要求会越来越高。消费者对于渠道服务产出的不满意一旦形成上升的趋势，企业就应该在渠道方面做出改变，以降低消费者的不满意。

2) 企业的营销渠道没有被充分利用

消费者的需求存在差异，购买量、购买方式和购买习惯也不同，因此，单一的营销渠道很难满足所有的消费者的需求，于是很多企业就采用多渠道策略。不过，多渠道建立起来以后，企业常常发现，多渠道并不像原来想象的那样，有些渠道是多余的，没有得到很好的利用。这时，企业就应该根据不同渠道的效率，对企业的整个渠道体系做出调整。

3) 企业渠道的辐射力与控制力不足

企业在经营初期一般实力比较弱，为了使自己的产品能够顺利进入市场，经常利用中间商。当中间商投机行为严重时，企业的经营风险是很大的。随着企业规模的不断扩大，一方面，原有中间商可能在辐射力上已经达不到企业的要求；另一方面，为了规避营销渠道中的经营风险，需要加大对渠道的控制力。这时，企业就需要对营销渠道体系进行调整。

4) 企业的营销战略改变对渠道提出了新的要求

营销渠道是企业的一个可控因素，因此，它要服从企业营销战略的要求。当企业的营销战略改变时，往往会对营销渠道提出新的要求。例如，科龙冰箱要成为一线品牌，就需要改变原来在小零售卖场销售的渠道，进驻大型高端的零售卖场渠道。

3. 整合渠道

渠道整合是指企业为了达到营销渠道整体优化的目的，而将企业的渠道任务分解或分配给适当的渠道或适当的渠道成员的过程。渠道整合的类型主要有两种。

1) 渠道系统内整合

这是指将企业某一渠道内的各项渠道任务，分配给有比较竞争优势的渠道成员去做，由此提高该渠道的运营效率。这种渠道整合既适合采用多渠道策略的企业使用，也适合采用单一渠道策略的企业使用。

2) 渠道系统间整合

随着企业细分市场和可使用营销渠道的增加，企业倾向于建立多条营销渠道。通过使用多种渠道，企业可以增加市场覆盖面，更好地满足顾客需求。然而，多条营销渠道系统的使用，不可避免地会带来渠道系统之间的冲突，控制也更加困难，因此，需要进行整合，发挥多渠道营销系统的优势，减少内耗。这种渠道整合方式适合于采用多渠道策略的企业使用。

小贴士

整合渠道的原则

1. 妥善处理渠道冲突的原则

通过渠道整合,渠道中不同企业所承担的渠道功能重新进行了调整,免不了会发生渠道间或渠道成员间的冲突。企业需要对这些冲突做出妥善处理,要对受损者给予适当的补偿。

2. 渠道增值原则

增加营销渠道应或者可以为企业带来新的业务,使企业渠道整体的覆盖面增大;或者可以降低渠道成本,提高渠道效率。渠道整合不能使消费者只是简单地从一条渠道转向另一条渠道,而企业渠道整体的覆盖面和渠道成本都没有明显的变化。

 动手实践

沉重的销售任务压得小王喘不过气来。在渠道管理过程中,做好信息管理是其中一个方面,而另外更为重要的一面就是如何处理好渠道成员的关系。如果你是小王,请从客户关系与客情维护、各分销商与五交化之间的合作以及窜货调整、渠道成员绩效评估3个方面制作一份渠道成员管理方案。

课后练习

【参考答案】

一、名词解释

客户信息;渠道信息系统;POS系统;客户关系;渠道合作;联合促销;战略联盟;渠道冲突;渠道绩效评估;渠道整合

二、选择题

1. 订单信息属于( )类型。

A. 外部信息 B. 内部信息 C. 市场信息 D. 物流信息

2. "向营销部门及时提供有关外部环境发展变化的情报"是( )的功能。

A. 内部报告系统   B. 市场情报系统
C. 市场调研系统   D. 决策与分析系统

3. 以下( )属于ENA条形码的构成部分。

A. 制造商代码 B. 前缀码 C. 后缀码 D. 商品代码

4. 营销行为的核心是( )。

A. 渠道计划 B. 渠道合作 C. 渠道控制 D. 渠道组织

5. 在下列权力中,提供出去后不能再收回的权力是( )。

A. 奖惩权力 B. 法定权力 C. 专家权力
D. 认同权力 E. 信息权力

6. 渠道合作的内容与形式有( )。

A. 联合促销 B. 联合储运 C. 提供专卖品
D. 信息共享 E. 联合培训和地区保护

7. 渠道中的战略联盟的主要特点有(　　)。
   A．长期性　　　B．参与自愿　　　C．高水平承诺
   D．协议管理　　E．风险与利益共担
8. 偿债能力比率有(　　)。
   A．短期比率　　B．流动比率　　　C．总负债对净资产比率
   D．存货周转率　E．资产对销售比率
9. 在评估渠道成员的绩效时，可以使用定性分析方法的有(　　)。
   A．销售额　　　B．利润　　　　　C．存货周转率
   D．产品保证　　E．顾客投诉
10. 渠道覆盖面的评估可以从(　　)方面进行。
    A．渠道成员数量多少　　　　　B．渠道成员分布区域如何
    C．零售商的商圈大小　　　　　D．平均发货批量
    E．平均商品流通时间
11. 对渠道成员的调整主要有(　　)。
    A．功能调整　　B．素质调整　　　C．数量调整
    D．地区调整　　E．控制调整

三、判断题

1．渠道整合是企业调整营销渠道的一种方式。　　　　　　　　　　　　(　　)
2．渠道绩效评价是企业进行渠道调整的前兆。　　　　　　　　　　　　(　　)
3．控制渠道的权力主要来源于强制权，靠指挥和命令来维护。　　　　　(　　)
4．渠道冲突对渠道的发展只有坏处而没有好处。　　　　　　　　　　　(　　)
5．渠道合作根源于渠道成员间的相互依赖性。　　　　　　　　　　　　(　　)
6．服务营销渠道客情维护的根本任务就在于，在不损害厂商利益的同时，又能在消费者接受的原则下，尽可能地努力保障渠道利益。　　　　　　　　　　　　　　(　　)
7．渠道信息是企业管理营销渠道所有工作中最为基础的工作。　　　　　(　　)

四、简答题

1．简要说明营销渠道信息调研的内容。
2．收集客户信息的内容有哪些？
3．简述客户关系管理在营销渠道管理中的意义。
4．渠道中应用POS系统的意义是什么？
5．结成渠道联盟的条件有哪些？
6．有哪些原因导致渠道冲突？
7．如何调整营销渠道？

案例分析

小酒经销商为什么都选竹叶青

2014年高端酒水销售遇冷，小酒市场却呈现一片繁荣景象，各大酒企纷纷将目光转向了充满朝气的小酒市场，市场上涌现"竹叶春""泸小二""歪嘴郎""江小白"等一系列小酒，小酒已经成了市场的发展动

力。对经销商朋友而言，这类小酒也是一个不错的选择。以竹叶青酒推出的"竹叶春"小酒为例，这种养生小酒满足了餐饮、批发、流通、团购、超市、特通渠道等各种类型经销商的需求，不仅适合传统的酒商，也适合新创业的经销商和饮料跨界经销商。因为其自身蕴含很多得天独厚的优势，既能满足各类经销商的渠道需要，也能满足各类经销商的经销要求。

1. 餐饮经销商——125毫升规格，餐饮渠道好销售

当前消费者的饮酒场合和作用发生了很大的变化，从商务宴请为主转向了自饮为主，尤其是高端餐饮受阻之后，大众化的餐饮渠道火爆，再加上现在倡导的健康饮酒观念以及小酒的即饮性，使得小酒成为餐饮渠道的新宠儿。餐饮是口碑的形成地，可以说一个品牌在餐饮渠道运作成功，也会带来其他渠道的普遍开花。小酒的第一渠道当然是餐饮，尤其是BC类餐饮店，其次为烟杂店、二级批发。餐饮店必须强行渗透，并分阶段进行促销活动，推广并培养消费者口感，拉动消费。各大企业推出的小酒产品，容量一般在50～250毫升之间。竹叶青品牌推出的养生小酒新品竹叶春，规格为125毫升，秉承了竹叶青酒的优良品质，以优质清香型白酒为基酒，多种中药材合理配置而成，酒体色泽金黄微翠，产品功效以清调为主，兼具补养功效，更符合现代人的健康饮酒观念，在餐饮渠道的发展令人期待。

2. 批发经销商——渠道多元，适合各类渠道采购

批发商作为传统的坐商，受门店和经营策略所限，注定不可能成为品牌运营商，也很难成为品牌的代理商，注定只能做批发，不能做品牌代理。但是，批发商也有很强的渠道把控能力和一定的终端把控力，只是缺少品牌和企业带领其进步。而竹叶青酒审时度势，结合当前市场及渠道情况，进行踏实的渠道合作规划，提出了"小火煲鸡汤"的养市场概念，希望更多喜欢竹叶青酒的经销商，能够加入到竹叶青酒的品牌中来，以最低的合作压力和合作条件，使经销商轻松经营竹叶春酒。这就为很多传统的批发商提供了代理品牌和提高自身地位的机会。在没有经营压力和风险的情况下，竹叶青公司将不断培养经销商，使其发展壮大起来。因此，对于批发商来说，机会难得，前景难得。

3. 流通经销商——无保质期，产品库存不怕了

流通经销商主要看重的是周转率，因为自己掌控各种传统渠道及夫妻店，在区域里有自己的影响力，流通经销商比较看重库存及周转率。保质期的风险是传统流通经销商比较顾虑的，因为这决定了自己的经营收益。但是保健酒一般保质期3～5年，过期就不能饮用了。而"竹叶春"与"泸小二""歪嘴郎"等小酒一样，出身名门血统，历史悠久，没有保质期，产品越陈越好喝。因此不会有库存压力，产品即便一时销售不出去，也能不断升值。

4. 超市经销商——价格实惠，适合老百姓饮用

超市系统面对的是普通老百姓，最畅销的是物美价廉的产品。经营超市的经销商，往往要选择一些价格实惠，适合当地老百姓的产品，以此来平衡自己的经营风险。而竹叶春酒的价格定位，不仅满足普通老百姓的物美价廉的需求，而且也满足了超市的利润率需求，其产品空间适合超市经销商操作超市系统。入冬以来，各类养生保健酒都已纷纷摆上货架，价位在10～200元不等。其中以价格50元左右的保健酒最为畅销。竹叶春酒的推出，直接瞄准了劲酒的市场，12元的价位杀入市场，可以很好地瓜分由劲酒一直主导的保健酒市场，提高竹叶青酒品牌在整个保健酒市场的影响力和号召力，不仅是名酒里面的子品牌，最重要的是一款价格亲民的产品。

5. 特通经销商——保健产品，具有养生功能，适合各种特殊渠道销售

特通经销商因为拥有自己的特殊渠道，能够获得很好的收益。比如老干部休养所、封闭的学校及企事业单位食堂等渠道，这类经销商有着很好的人脉关系，竹叶春酒这类养生小酒，因为本身属于保健品，具有很好的养生功能，又不是烈性很强的产品，温和调养的特点适合男女老少饮用。即便特通经销商有更特殊的渠道，照样能够满足其要求。因此，对于拥有特通渠道的经销商来说，这款新产品比较适合进入各类特通渠道，满足各类人群，比较适合代理。

6. 夜场经销商——产品百搭，可以勾兑鸡尾酒

小酒的特点是接地气、价格亲民，符合年轻人的审美包装和营销创新。现在的"80后""90后"对于白酒的普遍认知都觉得太古老，度数太高，容易醉。这促使他们去选择度数更低的洋酒或啤酒，但他们对白酒仍然有需求，只是更倾向于低度数，时尚化，口感更为顺畅的白酒产品。与此同时，他们在饮酒方式上也有了很大的改变，喜欢喝调制酒，喝酒也喜欢混着喝。因此，经销商在挑选小酒产品时，小酒是否足够时尚新颖，能否迎合"80后""90后"人群的需求，是制胜的关键，而这也取决于产品本身的创新。比如竹叶春酒，既注重养生功效，而且口感比较好，不仅可以加冰、加雪碧，还可以勾兑各种鸡尾酒，就比较适合夜场经销商代理。更重要的是，竹叶青一直是东南亚地区传统鸡尾酒的一种配置酒，拥有很好的夜场品牌基因。

7. 团购经销商——名酒出品，品牌好有面子，价格实惠迎合新团购趋势

当前，对于团购经销商来说，确实没有什么好产品可以推广。传统的白酒已经止步，新兴的团购产品不为人所接受。因此很多团购商在当前行情下，不得不退出。但是自己辛苦耕耘下来的市场，很有可能会失去。而竹叶青推出的竹叶春酒，比较适合团购经销商。首先产品价格不贵，适合新消费形势下的团购需要，而且名酒出身，适合团购推广。其次竹叶春的养生功效，也满足了消费者健康消费的需求。在当前团购比较困难的情况下，团购经销商选择竹叶春型的养生小酒，既能填补自己的产品空缺，又能满足市场的需要。对于团购，只需 600 件，即可成为名酒竹叶青的品牌代理商，年销售额 20 万元起，即可搭上名酒这艘品牌方舟，安全度过本轮调整期，让每一个爱好中国名酒的经销商找到新的掘金高地。

【问题】

1. 请比较案例中 7 类经销渠道的特点。
2. 结合案例，分析竹叶青小酒是如何来满足不同渠道经销商的需求的。

【分析】

任何产品在选择渠道经销商中，首先要分析目标顾客群的需求和渠道经销商的特点。然后，才能根据各自偏好来选择渠道经销商进行有针对性的投放。这样更能提高企业渠道的覆盖面，提高产品的出货量。同时，也有利于提升企业销售竞争力。

管理渠道中的信息流和关系流

1. 实训目的

通过本次实训，使学生能根据区域销售渠道管理的需要，具有对企业营销渠道中的信息流和关系流进行管理的能力。

2. 实训要求

基于小王工作的家电企业和江汉市场，收集渠道成员日常经营信息，通过信息分析，做好渠道成员间关系工作，包括客户关系与客情维护、渠道合作与冲突管理、渠道控制与调整等。

3. 实训材料

纸张、笔、计算机、互联网、相关销售报表及前期资料等。

4. 实训步骤

(1) 选择自己熟悉的广东某家电企业替代任务描述中小王工作的某企业。

(2) 通过区域内的批发商、零售商等进行信息收集，完成销售业绩报表、销售费用报表、销售总结报告。

(3) 对收集的信息进行分析，设计客户关系和客情维护策略、渠道合作策略和预防渠道冲突策略。

(4) 根据销售协议等对渠道成员的绩效进行考核，并据此设计渠道调整策略。

5. 成果与检验

每位学生的成绩由两部分组成：学生实际操作情况(50%)和分析报告(50%)。

实际操作主要考查学生完成管理渠道中的信息流和关系流的实际动手操作能力；分析报告主要考查学生根据资料分析，设计各类销售报表、客户关系与客情维护策略、渠道合作与冲突处理策略、渠道控制与调整方案的合理性，分析报告建议制成PPT。

项目 5

营销渠道拓展专员岗位实务

设计、开发和管理营销渠道的环境是不断发展变化的,因此,企业要在变化的环境中求得生存和发展,必须适应环境的变化,不断拓展自己的营销渠道,满足目标市场的需求。

本项目包括拓展服务营销渠道、拓展国际营销渠道和拓展网络营销渠道 3 个任务。通过具体任务的学习和联系,让学生掌握服务渠道、国际渠道和网络渠道的不同类型及特点,培养学生具有拓展服务渠道、国际渠道和网络渠道的相关能力。

 任务 9　拓展服务营销渠道

 【任务描述】

在第一产业、第二产业占主导地位的经济环境中,渠道销售的产品大多是一些实体物品。然而,随着社会经济的转型,服务业在经济中的地位日益增强,并且,在实体产品的销售中,也离不开服务,如顾客购买了空调,如果没有安装,那还是一个半成品,只有当安装工人安装好空调,调试正常,交付给顾客使用,那才算是成品,真正完成了销售。因此,为了配合公司的产品在江汉市场的销售,小王还得考虑如何为目标市场客户提供服务渠道。

【任务分析】

虽然服务是产品的一部分或全部，但毕竟服务本身是无形的，那么就会导致服务渠道的设计和开发有其独特的一些特点和策略。因此，要扩展企业的服务渠道，首先需要对服务有一定的认识，然后，才能根据服务的特点和类型来制定相应的服务渠道策略。

【任务目标】

任务	工作要求
认识服务渠道	能区别无形服务与有形产品
制定服务渠道策略	保持服务渠道与其对应的特点、类型相一致

【学习目标】

知识目标	技能目标	学习重点和难点
理解服务渠道的概念、特征和顾客服务的类型	能区分服务的特征及顾客服务的类型	(1) 服务的特点 (2) 顾客服务的类型
掌握服务渠道策略	能根据服务的特征和顾客服务的类型制定相应的服务渠道策略	(1) 根据服务的特征制定服务渠道策略 (2) 根据顾客服务类型制定服务渠道策略

【任务实施】

工作任务 9.1　认识服务渠道

9.1.1　理解服务

1. 服务的含义

一般来说，服务是一种事务，是用于出售或连同产品一起出售的活动、利益或效用感。可以从功能、过程和关系 3 个不同的角度来理解服务。

(1) 从功能的角度讲，服务由供应者拥有，能够达到某些特定目的或进行特定操作，能满足需求者按某种约定执行或使用。

(2) 从过程的角度讲，服务是需求得到满足的过程。它是发生在相互独立的行为主体间的一种互动，其行为主体至少可分为供应者与需求者，其目的首先是为了满足需求者特定目标。无论一个完整的服务过程是多么复杂，总是从需求者的请求开始，供应者检查确认请求，执行特定的功能或任务，按照预定的方式结束。

(3) 从关系的角度讲，服务是两个或两个以上独立行为主体间的契约关系，它是有特定目的、非对等的。

这里有两个概念需要区分：一是产品服务化，即购买产品时往往伴随着售前服务、售中服务与售后服务，又被称为功能服务；二是服务产品化，即消费服务时往往需要依托具体的实体产品，或者服务被打包成"产品"，又被称为功能产品。

小贴士

服务与产品的关系状态

菲利普·科特勒认为，按照服务与有形物质交融的程度不同，可以把市场上的服务分成5种状态。

(1) 纯粹有形产品。如油、盐、酱等产品中几乎没有附加任何服务的成分。

(2) 附加部分服务的有形产品。为了促使消费者乐意购买该产品而提供部分服务，如购买空调提供安装服务。

(3) 混合物。其中服务与有形物质各占一半，如在餐馆就餐，往往是服务与食品并举的。

(4) 主要服务产品附带有少量的有形产品和其他服务。如旅客乘坐飞机购买的是运输服务，他们到达终点后没有得到任何有形产品，不过，在旅途中，航空公司会提供一些食品、饮料和杂志等。

(5) 纯粹的服务产品。其中几乎不会附加任何有形物品，如照看婴儿、心理咨询等服务。

由此可见，服务与产品两者的差别在于构成消费对象的组成要素的有形性程度的不同，从高度无形到高度有形之间存在一个连续谱，如图9.1所示。

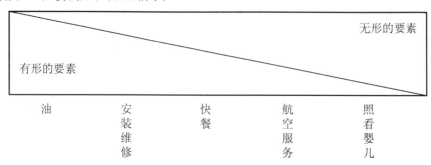

图9.1 有形与无形要素的连续谱

2．服务的分类

1) 按劳动密集程度与交互定制程度分类

根据美国服务营销专家罗杰·施米诺(Roger W. Schmenner)给出的服务过程矩阵，可以按劳动密集程度与交互定制程度两个维度将服务分为4类，如图9.2所示。

<table>
<tr><td colspan="3" align="center">交互定制程度</td></tr>
<tr><td></td><td align="center">低</td><td align="center">高</td></tr>
<tr><td rowspan="2">劳动密集程度　低</td><td>标准化服务
航空运输
旅馆
度假娱乐</td><td>定制化服务
汽车修理厂
其他维修服务</td></tr>
<tr><td>无差别服务
零售业
批发业
学校
商业银行的零售服务</td><td>个性化服务
医生
律师
会计师
建筑师</td></tr>
<tr><td>高</td><td></td><td></td></tr>
</table>

图9.2 服务过程矩阵

(1) 标准化服务。该类服务的特点是供应者与需求者之间交互定制程度低,并且供应者提供服务的劳动密集程度也低,如航空运输、旅馆、度假娱乐等。

(2) 定制化服务。该类服务的特点是供应者与需求者之间交互定制程度高,而供应者提供服务的劳动密集程度低,如汽车修理厂、其他维修服务等。

(3) 无差别服务。该类服务的特点是供应者与需求者之间交互定制程度低,而供应者提供服务的劳动密集程度高,如零售业、批发业、学校、商业银行的零售服务等大众服务。

(4) 个性化服务。该类服务的特点是供应者与需求者之间交互定制程度高,并且供应者提供服务的劳动密集程度也高,如医生、律师、会计师、建筑师等专业服务。

2) 按顾客需要分类

(1) 便利性服务。即对顾客浏览选购商品提供更加方便性的服务。便利性服务是任何终端卖场都必须提供的服务,也是服务营销渠道中的基本服务,满足顾客购物的基本需求。便利性服务主要包括提供便利的营业时间、商品货位指示说明标志、商品陈列有序、色彩搭配协调、宽敞的停车场地等。

(2) 伴随性服务。即针对顾客在商品购买过程中的要求提供的服务。伴随性服务与顾客购买商品有直接联系,也是服务营销渠道中提供的促销性质的服务。其主要内容包括提供导购员、现场演示或展示、现场包装、送货、安装等。

(3) 补充性服务。即针对顾客期望得到的与购买商品并没有直接关系的需求而提供的服务。补充性服务对顾客消费商品起着推动作用,辅助卖场成功地经营,也可说是推销性的服务。补充性服务主要包括休息室、餐饮室、自动取款机、寄存物品、照看婴儿等。这类服务能有效地引起顾客的注意,挽留住顾客,延长顾客在卖场中的停留时间,提高顾客购买商品的机会,同时也有助于体现服务营销渠道经营中的特色,树立服务营销渠道的良好形象。

在此基础上,服务还可以按服务对象不同分为服务于人和服务于物;按服务活动不同分为有形活动和无形活动;按服务传递不同分为连续性服务和离散性服务等。

3. 服务的特征

1) 无形性

无形性是服务产品中最基本、最主要的特征。与实体产品相比,服务产品的特质及组成元素很多都是无形无质的,让顾客不能触摸或凭视觉器官看见其存在,甚至在顾客使用服务后的利益,也很难被察觉,或需要等待一段时间后,服务使用者才能感觉到利益的存在。例如,当家电出现故障,主人将其交给家电修理服务公司处理,但主人在取回其家电产品时,对家电维修服务的特点及经修理后的家电零部件是否全部恢复正常,都是难以觉察并做出判断的。

然而,真正具有完全无形性特点的服务产品是极少的。很多服务需要有关人员利用实体的产品,才能真正提供及完成服务程序。例如,在餐饮业服务中,不仅有厨师的烹调服务过程,还有菜肴的物质加工过程。随着企业服务水平的日益提高,很多实体产品是与附加的顾客服务一起出售的,而且在多数情况下,顾客之所以购买某些实体产品,如汽车、录音磁带、录像带等,是因为它们是能够提供有效载体的服务。

2) 同时性

实体产品在从生产、流通到最终消费者的过程中,往往要经过一系列的中间环节,生产与交易和消费的过程具有一定的时空差异。而服务产品则与实体产品不同,它具有同时性的特征,即服务的生产过程与交易和消费过程必须同时进行,也就是说服务人员提供服务给顾客时,也正是顾客交易和消费服务的时刻,两者在时间上不可分割。由于服务本身不是一个具体的物品,而是一系列的活动或过程,所以在服务的过程中需求者和提供者必须直接发生关系,生产的过程也就是交易和消费的过程。服务的同时性表明,顾客只有而且必须加入服务的生产过程中才能最终消费服务。一个最简单的例子是病人必须向医生说明病情,医生才能做出诊断,对症下药。

3) 差异性

差异性是指服务产品会随构成成分及其质量水平的不同而经常变化。区别于那些实行机构化和自动化生产的第一与第二产业,服务业是以人为中心的第三产业,由于人类差异性的存在,使得对于服务产品的质量检验很难采用统一的标准。一方面,由于服务人员自身因素差异的影响,即使由同一服务人员所提供的服务,在不同时空下也可能会有不同的水准;另一方面,由于顾客直接参与服务的生产和消费过程的程度不同,于是顾客本身的因素(如职业背景、兴趣和爱好),也直接影响服务产品的质量和效果。例如,度假旅游后,有人乐而忘返,有人败兴而归;同时上课听讲,有人津津有味,有人昏昏欲睡。

4) 不可储存性

基于服务产品的无形性以及服务的生产与消费同时进行,使得服务产品不可能像实体产品一样被储存起来,以备未来销售的需要。当然,提供服务的各种设备可能会提前准备好,但生产出来的服务如不即时被消费掉,就会造成损失(如停车场的空位等)。不过,这种损失不像实体产品损失那样明显,它仅表现为机会的丧失和折旧的发生。因此,不可储存性的特征要求服务提供者必须解决由不易库存所引致的产品供求不平衡问题。例如,如何制定分销策略来选择服务营销渠道和分销商,以及如何设计生产过程和有效地处理被动的服务需求等。

5) 不可转让性

所有权的不可转让性是指在服务的生产和消费过程中不涉及任何实物的所有权转移。由于服务具有无形性和不可储存性的特征,导致服务产品在交易完成后便消失了,消费者并没有实质性地拥有服务。以银行存款为例,通过银行提供的服务,顾客将自己手上的钱存到银行存折或银行卡,但这并没有引起任何所有权的转移,因为这些钱本来就是属于顾客自己的,只不过是让银行提供保管服务而已。所有权的不可转让性会使消费者在购买服务时感受到较大的风险。如何克服这种消费心理、促进服务销售,是服务营销渠道管理人员面临的问题。目前,在服务业发达的国家,很多服务企业逐渐采用会员制等方法维持企业与顾客的关系。当顾客成为企业的会员后,就可享受某些特殊优惠,让顾客从心理上感觉到拥有企业提供的服务。

9.1.2 营销渠道中的顾客服务

顾客服务是指使顾客满意,并与顾客保持长期友好互惠关系,建立顾客忠诚的企业活动。包括售前、售中和售后全方位、全过程服务,而且一般不以直接盈利为目的,其本质是利用服务作为工具促进其主要产品的交换。

1. 售前服务

售前服务是指开始营销渠道营运前的准备工作,是一种以信息交流、感情沟通、态度改善为中心的工作。售前服务必须赢得良好的第一印象,因此,应当热情、主动、诚实、耐心、富有人情味。营销渠道中的售前服务项目主要有问讯服务、配套销售服务和代购服务等。

2. 售中服务

售中服务是指在营销渠道成员合作过程中，直接或间接地为合作活动提供的各种服务。现代商业服务观点的重要内容之一，就是要摒弃过去那种将渠道合作视为简单的买卖行为的思想，而是要把渠道合作看作是既满足渠道成员心理需要的服务行为，同时又是不断满足顾客购买商品欲望的服务行为。营销渠道中的售中服务项目主要有信贷服务、培训服务和物流服务等。

3. 售后服务

售后服务是产品生产商对消费者负责的一项重要措施，也是增强产品竞争能力的一个办法。营销渠道中的售后服务项目主要包括：为消费者安装、调试产品；根据消费者要求，进行有关使用等方面的技术指导；保证维修零配件的供应；负责维修服务；对产品实行"三包"，即包修、包换、包退；处理消费者来信来访，解答消费者的咨询；同时，用各种方式征集消费者对产品质量的意见，并根据情况及时改进。

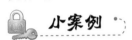

阿里巴巴农村淘宝服务站

阿里巴巴淘宝服务站一台计算机，一台电视机，直观地展示产品信息，想买合适的产品，一键解决。同时，阿里巴巴还给了村民一定的支付宝授信，满意了再付款，着实实惠。阿里巴巴农村创业网为打破铜仁市乡村物流瓶颈，在该市已安排5辆"农村淘宝"专线"市村直达"民心物流车投入运营。"农村淘宝直通车""市村直达，阿里巴巴农村电商让老百姓不再东奔西跑，将物美价廉的百货商场"开"到百姓家门口。阿里巴巴农村淘宝网可以提供网上代买、网上代卖、网上缴费、创业培育、本地生活五大项目。阿里巴巴农村计划让村民都能在农村淘宝里买到实惠且实用的东西，解决买难问题，提升生活品质。

9.1.3 服务渠道的方式

1. 直接服务渠道

一般来说，服务分销以直接渠道最为普遍。直接服务营销渠道是指不经过中间商，直接向最终顾客提供服务的过程。因此，直接服务营销渠道是最适合服务产品的分销方式，采用直接渠道可以较好地控制服务的供应与表现；能够产生有特色的、差异化的服务产品；可以通过与顾客的接触，直接了解有关需求及其变化和竞争对手等方面的信息。

但直接服务营销渠道在运营过程中会产生几方面的问题：一是针对某个特定的个性化需求情况下，公司业务的扩充会受到限制；二是使得服务局限于某个地区性市场。

2. 间接服务渠道

虽然服务在其分销的过程中主要以直接服务营销渠道为主，但也存在间接服务营销渠道。间接服务营销渠道是指需要经过中介机构，向最终顾客提供服务的过程。其方式主要有以下几种。

1) 代理

代理是旅游、观光、宾馆、运输、金融保险等服务业常常采用的一种分销方式。代理服务的企业与潜在购买者进行接触，收集订单，将其转交给服务生产者，再以其他方式获得报酬。使用代理的好处有以下几方面。

(1) 比直接渠道投资建设成本少，风险更小。

(2) 代理可以适应某一地区或某一细分市场的特殊要求。

(3) 通过人缘地缘关系进行的代理，更容易打开一个新市场。

(4) 在一些国家，某些服务不允许提供服务的外国生产者与本国顾客直接接触，必须通过某些得到授权的代理人才能开展服务活动。这时，代理就可以绕过法制障碍。

2) 批发商

批发商是指从事将服务产品销售给那些为了转卖或其他经营用途的客户业务的组织或个人。如在金融市场，批发商有商人银行等。

3) 零售商

零售商面对广大顾客从事终端服务产品的供应，如照相馆和提供干洗服务的零售店等。与代理相比，零售商是独立经营的。

4) 代销商

代销商专门执行或提供一项服务，然后以特许权的方式销售该产品，代销商收取手续费或从折扣中取得收入，如家电特许授权维修点等。

5) 经纪商

在一些市场，因传统惯例的要求，某些服务需要由中介机构提供才行，如证券市场的股票交易需要通过证券经纪商来实现。

6) 其他中介机构

中介机构的形式还有很多，在进行某些服务交易时，可能会涉及好几家服务业公司。最典型的服务中介机构有租赁服务等，如某人需要长期租赁一套设备，可能涉及的服务业公司包括设备租赁代理、银行、制造商、公证人等。

 动手实践

经过一段时间的努力，小王开拓的江汉市场显现出了一些成绩，公司的产品得到了批发商和消费者的认同。但随着产品销量的不断增加，顾客反映的问题也就越来越多，如安装、维修等。这迫使小王考虑拓展产品的服务渠道。如果你是小王，请你列举公司产品在销售过程的服务有哪些类型？应该采取什么样的渠道方式？

工作任务 9.2　制定服务渠道策略

9.2.1　根据服务的特征制定渠道策略

1. 根据无形性制定渠道策略

与实体产品相比，服务首先具有无形性的基本特征。服务的无形性使其比实体产品更难以区分，这需要营销代表更富有想象力，以在竞争中彰显自己服务的特点。从市场营销组合的观点来看，服务提供者可通过把服务与一些影像或者实体联系起来，使它具有更多的确定性，以此彰显自己服务的特点，因为顾客可以直接接受或感受到通过这种渠道所提供的服务。

例如，宾馆通过提供香皂、洗发水和擦鞋布等具体的物品，会给旅客使用来实现其"全心全意为顾客着想"的理念。

2. 根据同时性制定渠道策略

由于服务不能脱离服务提供者而独立存在，所以服务与提供服务的渠道很显然也是不可分离的，是同时的。如顾客到汽车加油站去加油、到银行取钱或去干洗店洗衣服时，其实就是顾客在这些渠道中体验与消费服务。因此，服务营销渠道的服务质量比实体产品渠道更好地体现了顾客购买的服务质量。当然，这里面包含了物理因素和人员因素。物理因素主要有交通状况、停车场、外部标志、建筑物的外观和内部装潢、照明、温度等；人员因素主要有工作人员衣着、举止、礼仪、素质等。因此，服务的同时性意味着，通过营销渠道向顾客提供有效的服务时，服务提供者必须缩短流通渠道，更多地采用直供渠道。如果渠道不能很好运作，顾客就不会很好地得到应有的服务。

3. 根据差异性制定渠道策略

由于服务的不一致性，使得服务实现完全的标准化变得更困难。对于多单元服务组织来说，当这些单元以一种授权的方式被独立拥有时，只有通过有效的营销渠道管理才能执行服务标准化，因为在提供服务时，人为因素所产生的差异是巨大的。如在特许经营中，即使一个特许经营提供者可以要求其属下所有的特许经营商在全国甚至是全球建立完全相同的连锁分店，但要求每一家连锁分店都按照相同的方式去运作是一件非常困难的事情，因为各个连锁分店的经营能力、人员素质等是不一样的。因此，在选择渠道向顾客提供服务方面，应尽可能地减少不一致性。例如，肯德基在它全世界所有的分店中都实行同等水平的服务，让顾客可以在任何地方都得到相同的服务。由于连锁分店之间没有什么不同，所以顾客就不会感到差异。

江苏移动互联网客服实现多渠道接入

某年底，江苏移动首先致力于互联网客服服务平台的统一，通过互联网渠道的统一接入，将原有的网厅、终端商城、飞信3个独立的在线服务系统进行统一，提供统一的在线智能服务。次年，江苏移动进一步推进互联网化客服的转型实践，扩大互联网渠道到手机页面、终端APP、微信等，其中微信客服是中国移动第一个实现省份。通过微信公众账号"江苏移动10086"，为用户提供智能应答和人工咨询，用户可通过菜单进行业务咨询、查询和办理。首创通过微信开展校园迎新互动，宣传校园营销政策，仅南京地区将服务20万名新生。手机客户端上线第一周，用户日服务请求次数超过2000次，更提升了掌厅客户端的服务价值。同时，终端网上商城在线客服整合上线后，用户咨询量有了大幅度提升，上线后一周内请求量、订单量和订单金额环比分别增长122%、46%和30%。经过近半年的运营，目前终端网上商城每坐席代表平均每月服务用户2500人次，可销售终端约200台，营销成功率约8%，有效降低了江苏移动终端营销的成本。

4. 根据不可储存性制定渠道策略

对于渠道管理者来说，服务的不可储存性意味着一定时间内提供的服务量应尽可能地全部被消费掉。因此，这种情形下的营销渠道应该被设计用于在有限时间的展示中向目标顾客提供更多的服务,如酒店管理公司在其渠道结构中大量使用独立的旅游公司,向想要就餐、住宿的顾客开拓业务。由于团体就餐领域表现异常活跃,酒店管理公司为了保持上座率,对全国性旅游公司的依赖越来越大。

5. 根据不可转让性制定渠道策略

所有权的不可转让性会使消费者购买服务时,有担心风险存在的消费心理。如何促进服务销售,是营销渠道管理人员面临的问题。目前,有许多服务企业普遍采用贵宾服务制度来维持企业与顾客的关系。当顾客成为企业的贵宾后,就可享受某些特殊优惠,让顾客从心理上感觉到拥有企业所提供的服务。

9.2.2 根据顾客需求制定渠道策略

1. 根据售前服务制定渠道策略

一般来说,售前服务的渠道策略主要有两种:一种是消费者购买之前的"售前服务",如通过各种方式向顾客提供购物问讯服务、广告宣传服务、电话热线服务、促销资讯传递等;另一种是售前服务中的"前线阵地",如迎宾服务、存包服务、总台咨询服务、产品推介等。如果这个环节能让顾客满意,顾客基本上就会产生或多或少的购买行为,至少会留下一个很好的印象和服务满足感。

2. 根据售中服务制定渠道策略

1) 信贷服务

在现代商业社会,渠道成员向顾客提供信贷服务已经成为一种趋势,其服务形式主要有商业信用卡、支票、分期付款等。通过信贷服务可以使顾客对某种消费品的需求提前满足,也可以使商店积累大量有关顾客的信息,这些信息对改进经营管理有很大的帮助。

2) 培训服务

培训服务是对购买者进行培训,让他们能正确、有效地使用厂家的产品。对于一些技术复杂的产品来说,培训服务显得尤为重要:一是可以为产品起到宣传的作用;二是能起到产品与消费者互动的作用,利用对消费者的培训得到反馈的信息来改进产品。

3. 根据售后服务制定渠道策略

1) 上门服务

对于空调生产企业或代理商采用此方式较好,上门为客户提供空调清洗、充氟,现场使用指导或处理使用故障、处理客户投诉等。如果他们在家"守株待兔",肯定没有回头客。

2) 咨询服务

对于高新科技产品,消费者对之了解不多或根本不了解。如何去营销,如何去使用,如何去保管,许多用户都不知道。一般企业都开通服务热线(如 800 免费电话),免费为用户提供技术咨询服务或业务咨询服务。

3) 促销服务

家电生产企业常常会协助代理商搞好市场促销,此时有必要提供相关的服务,如帮助代理商进行市场调研、策划促销活动、布置促销活动场所、派员参与促销活动等,而且还辅助硬件配套设施,如海报、企业画册、宣传画、证明书、产品小册子、礼品等。

4) 技术指导服务

技术指导服务是指指导客户随不同的季节、不同的细分市场进行配货，指导用户使用服务等。这包括推出一些技术性小册子，如《产品使用手册》《业务员培训手册》等。

5) 货款服务

企业应提供合理的货款结算服务。目前，不少企业都是现金现货或批款结算或滚动结算，客户出示订单后，必须在财务上尽快落实货款问题，尽快给客户发货。例如，企业开户行一定要服务快捷，财务部一定要及时落实公司货款流向等。

6) 订货服务

有了现代高科技的协助，订货方式变得越来越简便，由原来的写信到电话、传真，再发展到互联网环境下的电子商务，方便客户与企业之间沟通的服务设施必须齐备，如提供网络订单系统。

7) 沟通服务

企业内部的部门变更、人员变更、产品价格变更、联系方式变更等，这些信息要及时传达给客户。而且客户的订货、意见反馈、投诉等，须有专人负责登记并处理，这些沟通服务需要企业以文字传真、电子邮件、电话、面对面等方式进行。

9.2.3　制定服务渠道终端布局策略

1. 集群策略

集群策略是基于消费者在众多竞争服务网点之间做出购买选择时，对其表现出的消费行为特征的分析得出的。在众多竞争者集中的地方设立服务网点，往往会导致共赢的格局。例如，在竞争对手如林的环境中的饭店、宾馆要比相对孤立的饭店、宾馆有更高的上座率与入住率。尽管这种集群策略对资源存在"重复建设"的浪费，但在实践中，通过获得较低的广告费用、便于监督、便于顾客识别等优势而创造的竞争力提升，远比其不足更有价值。试想，门庭若市的街头小巷都是相同形象的冷饮销售流动车，对路人而言，第一眼使消费的念头引发，第二眼使消费几乎无法抗拒。

2. 分散策略

分散策略即终端多据点化。通过将服务均衡区域放大，扩大目标市场覆盖面，扩大服务的知名度。同时，在未开发的区域开发新网点，可在开业初期取得良好的回报，并增加了市场机会，有利于激励各终端网点扬长避短。

3. 替代策略

1) 分销中介替代网点

由于服务的不可分离性的特征决定了服务营销渠道的局限性，但利用分销商的信誉和网点出售服务凭证或承诺，是服务提供商实现低成本分销扩展的最佳选择。现实中利用分销中介替代网点的策略已给不少服务提供商带来了可观的收益。例如，代办信用卡业务的零售商便是银行服务的虚拟网点，健康卫生咨询机构成为医生进入病人市场的一个服务媒介。

2) 委托或授权替代网点

战略联盟的观点提出利用竞争对手的网点，通过合作将市场做大，是符合共同利益的长远战略。因此，有实力、声誉比较好的同业服务提供商之间可通过委托或授权合同建立合作，使对方成为自己在其市场中的一个虚拟服务网点。例如，银行业通过在往来银行之间建立相互协作，每家银行都可向自己的客户提供更大范围、更优质的服务。

3) 通信与运输替代网点

网络通信技术的发展，使得服务营销渠道中的信息流对商流的替代趋势越来越明显。例如，一些咨询业、证券业的公司开始把服务平台向通信网络上转移；急救中心根本没有必要建立遍布全区的急救点，只需叮嘱救护车随时待命，听候调遣即可。另外，交通物流体系的完善使得运输的成本和时间也大为减少。

4. 互联网络策略

随着互联网络的不断发展，使得企业通过借助互联网络来提供顾客服务成为了可能，甚至是趋势。从互联网络服务的表现形式和所采用的手段来看，互联网络自助服务是主要形式。互联网络自助服务是用户通过网站上的说明信息寻找相应的解答，或者自己通过加入网络社区等方式获取自己感兴趣的信息。自助服务常见的方式有FAQ、在线表单、会员通信、电子邮件、即时信息、在线论坛、微信、微博等。下面仅就FAQ和在线表单进行介绍。

1）FAQ

FAQ（Frequently Asked Questions）即常见问题解答，FAQ页面主要为顾客提供有关产品、公司问题等常见问题的现成答案，如图9.3所示为中国联通网站常见问题解答。

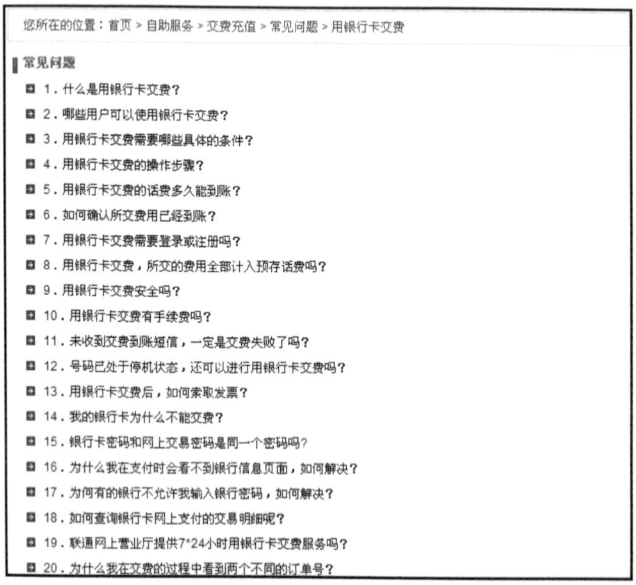

图9.3 中国联通网站常见问题解答

网站上的FAQ一般包括两个部分：一部分是在网站正式发布前就准备好的内容，它是通过模拟用户提出的问题，或者说，是站在用户的角度，对不同的场合中可能遇到的问题给出的解答；另一部分是在网站运营过程中根据用户不断提出的问题而做出的解答，这才是真正意义上的用户问题解答。不过，通常并不需要对这两部分的内容作严格的区分，都统称为FAQ。如果网站发布前的FAQ设计比较完善，那么在运营过程中遇到的问题就会大大减少。

一般来说，FAQ的设计应注意以下几方面。

(1) 列出常见问题。一般来说，常见问题分为两种：一种是面向新顾客和潜在顾客的，主要提供的是关于公司及产品的最基本的问题；另一种是面向老顾客的，一般来讲，老顾客对公司及产品已有了一定程度的了解，因此可提供一些更深层次的、详细的技术说明等方面的信息。

(2) 问题的组织。优秀的问题页面设计不仅可以为顾客提供方便的服务，还能为公司降低答疑的时间成本。创建的问题页面应有一定的深度和广度，尽可能提供足够详细的信息。提供信息的详细程度应以顾客的需要为标准，还要注意不被竞争对手所利用。

(3) FAQ 的导航。FAQ 的布局和组织要尽量清晰、简单、明确，易于导航，方便客户快速找到答案。如果企业 FAQ 的内容繁多，那么就算 FAQ 的布局设计再合理，顾客可能还是难以迅速找到所需答案。所以，站点还应为顾客提供搜索功能，以方便顾客快速找到所需答案。

在设计 FAQ 搜索功能时，应注意的事项有：①搜索功能应与站点规模相适应。对小站点来说，如果其规模非常小，那么只要用一个设计得较好的目录表就能解决问题；对稍大一点的站点，用一个稍微复杂一点的索引或者可采用与字符串直接匹配的文档存回和取出系统帮助搜索；对内容复杂的大型站点来说，就需要功能较强的搜索引擎。②搜索工具的设计应从顾客的角度出发。顾客在使用搜索引擎搜索相关信息时，企业必须清楚顾客需要了解的是什么信息，搜索引擎应尽可能列出相匹配的信息。这就要求企业能站在顾客的角度考虑问题，顺着顾客的思路提供有针对性的帮助，让顾客能迅速找到所需的信息。③信息量的适度问题。如何把握信息公开程度，这是一个两难的问题。公开信息太粗略、稀少，对顾客不能产生真正价值；公开信息太多，一是对顾客没有太多的用途，二是给了竞争对手窥探公司核心技术及产品缺点的机会。一般可以对涉及产品技术核心的 FAQ 部分设置密码，顾客若需要这些信息，必须先购买密码或者购买产品后注册成会员才能索取密码。

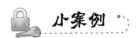

微软办公软件的帮助菜单

在使用计算机处理文件时，用户只需稍微留意就会发现，微软各版本 Windows 操作系统及应用软件都少不了一个"帮助"菜单，其中详细列举了一些常见问题及解答，为用户使用软件提供了很大的方便，这种服务特色在其他应用软件中也有类似的表现形式。这种形式的用户帮助就是一种顾客服务手段。

(4) FAQ 的帮助。一些顾客往往通过 FAQ 不能自己解决问题，因为他们并不确切地知道自己的问题究竟属于哪一类，结果导致寻找方向错误。此时，应该有人帮助他们发现自己遇到的问题是什么，并为他们指出正确的寻找方向。鉴于此，企业可以考虑设计一种能够自动监视顾客搜寻情况的软件。当某一顾客的搜寻次数大大超过正常水平时，就可以通过电子邮件或电话告诉客户可能没有掌握正确的搜寻方法和路径，告诉他如何通过最短的路径进行搜寻。

2) 在线表单

(1) 在线表单的概念。在线表单是通过浏览器界面上的表单填写咨询内容，提交到网站，由相应的顾客服务人员处理。由于可以事先设定一些格式化的内容，如顾客姓名、单位、地址、问题类别等，通过在线表单提交的信息相对较容易处理，因此有为数不少的网站采用这种方式，如常用的用户注册、在线联系、在线调查表等都是在线表单的具体形式。通过设计在线表单，让访问者来填写，可达到信息搜集和反馈的目的。

(2) 在线表单的类型及应用。①反馈表单。反馈表单是用户可以在线填写反馈信息的网页。

用户填写并提交后，该用户反馈信息内容将以邮件的形式发送至指定的信箱中，供网站管理方在线搜集用户针对性的反馈信息。表单系统对用户提交信息能够进行验证，如判断用户是否正确填写邮箱地址等；提交后自动发邮件或按设定的格式显示反馈内容信息。②留言板。留言板是一种简单、有效的在线交流的工具，用途广泛。网站浏览用户可以直接在留言板上留言，如提出问题或要求。网站管理员可对这些留言进行在线回复。③用户注册。用户注册管理是一种使用非常广泛的在线管理工作，通过用户注册并为注册用户（会员）提供相应的登录页面与服务，以实现对不同用户提供不同级别的网站服务。用户注册适用于具有后台数据库支持的网站，一般会与如 BBS、在线预定、邮件订阅等手段结合使用，广泛应用在在线培训、网上订购、客户分级管理、旅游、娱乐、票务、网上商城商铺管理、批发分销、各类俱乐部等网站上。

9.2.4 服务渠道的有形展示

为了让享用服务的人感觉到"利益"的存在，很多服务需要有关人员利用有形的实物才能正式生产，才能真正提供及完成服务程序。其中，有形展示是促进服务分销的一种重要方式。

1. 有形展示的含义

有形展示是指服务分销商通过服务工具、设备、员工、信息资料、其他顾客等为顾客提供有形服务线索，增强顾客对服务的理解和认识，为顾客做出购买决定传递有关服务线索的信息。

在实体产品分销中，有形展示基本上就是实体产品本身。而在服务分销中，有形展示的范围就较广泛，有形展示的内容由环境扩展至包含所有用以帮助生产服务和消费服务的一切实体产品、设施和人员，如服务设施、服务人员、市场信息资料等。如果在服务营销渠道中使用有形展示，就有助于顾客对有形物体的感知及由此所获得的印象，从而直接影响到顾客对服务产品质量及服务企业形象的认识和评价。

顾客在做出购买和使用服务决策之前，会根据某些可以感知到的有形物品所提供的信息对服务产品做出判断。例如，一位首次惠顾某家餐厅的消费者，在走进餐厅之前，餐厅的外表、门口的店招等有形要素已经使消费者对餐厅有了一个大致的印象。如果消费者感觉尚好的话，消费者会径直走进去。而这时餐厅内部的装潢、桌面的清洁程度以及服务员的仪表形象等有形要素将直接决定消费者是否会在此消费。对于服务企业来说，借助服务过程的各种有形要素必定有助于有效地推销服务产品的目的的实现。

小贴士

有形展示的类型

1. 边缘展示

边缘展示是指顾客在购买服务过程中能够实际拥有的有形要素。边缘展示很少或根本没有什么价值，如在宾馆的客房里，通常有旅游路线、住宿须知、服务指南及笔、纸之类的边缘展示。这些代表服务的有形物的设计，都是以顾客的需要为出发点的，无疑是企业核心服务强有力的补充。

2. 核心展示

与边缘展示不同，核心展示是指顾客在购买和享用服务的过程中不能实际拥有的有形要素。但核心展示却比边缘展示更重要，因为在大多数情况下，只有核心展示符合顾客需求时，顾客才会做出购买和享用的决策。如宾馆的级别、银行的形象等，都是顾客在购买和享用服务时首先考虑的要素。

因此，边缘展示与核心展示加上其他现成服务形象的要素都会影响顾客对服务的看法与购买。

2．有形展示的形式

1) 实体环境展示

实体环境主要由周围因素、设计因素和社会因素3大因素构成。

(1) 周围因素。周围因素通常被顾客认为是构成服务产品内涵的重要组成部分，是指需求者可能不会马上意识到的环境因素，如气温、湿度、气味、声音等。这些因素的存在并不会使顾客感到格外的满意。但是，如果失去这些因素或者这些因素达不到顾客的预期，就会削弱顾客对服务的信心与满意程度。例如，餐厅一般应具备清洁卫生的环境，达到此要求的餐厅当然不会使顾客感到极为满意，但污浊的环境显然会令顾客大为厌恶，转而惠顾另一家餐厅。

(2) 设计因素。设计因素是指刺激需求者视觉的环境因素，常常被用于改善服务产品的外观，使产品的功能更为明显和具有吸引力，以建立有形的产品形象。例如，服务场所的设计、企业形象设计等便属于此类因素。设计因素是主动刺激，它比周围因素更易引起服务需求者的注意。设计因素又可分为美学因素(如建筑风格、色彩)和功能因素(如陈设、舒适)，设计因素既包括应用于外向服务的设备，又包括应用于内向服务的设备。

(3) 社会因素。社会因素是指在服务场所内一切参与及影响服务产品生产的人，包括服务员工和其他在服务场所同时出现的各类人士。他们的言行举止皆可影响顾客对服务质量的预期与判断。服务人员的外貌在服务展示管理中也特别重要，因为顾客一般情况下并不对服务和服务提供者进行区分。产品的展示是至关重要的，服务产品展示与实体产品展示唯一的不同是服务产品在很大程度上取决于人，人就必须被适当地包装。

2) 信息沟通展示

信息沟通是另一种服务分销展示形式，来自公司本身以及其他引人注目的沟通信息通过各种媒体传播，展示服务。从赞扬性的评论到广告，从顾客口头传播到公司标识等不同形式的信息沟通都传送了有关服务的线索，影响着公司的服务营销渠道策略。通过信息沟通进行服务展示管理所能使用的方法主要有以下两种。

(1) 服务实体化。让服务更加具体的办法之一就是在信息交流过程中强调与服务相联系的实物，从而把与服务相联系的实物推至信息沟通。例如，麦当劳公司运用了创造实物的技巧，把汉堡包和法国炸制品放进一种被特别设计的盒子里，盒面有游戏、迷宫等图案，也有罗纳德·麦当劳(Ronald McDonald)自己的画像，这样麦当劳把目标顾客的娱乐和饮食联系起来，收到非常好的效果。

(2) 信息有形化。让信息更加可靠的办法之一就是信息有形化，即鼓励对公司有利的口头传播。顾客如果经常选错服务提供者，那么就容易接受其他顾客提供的可靠的口头信息，据此做出购买决定。例如，病人在选择医生治病之前，通常会先咨询有过疾病的熟人的看法，然后再做出购买服务的决定。

【拓展文本】

看案例做渠道

南京慧松是一家软件开发商，拥有自主研发的行业管理软件。由于该公司有不错的技术基础和开发能力，不少国内外产品愿邀其代理，包括医疗软件、营销软件、信息安全产品等。慧松经过对中国软件市场现状的分析，发现信息安全产品具有很好的发展前景和利润空间，便抓住机会，寻求合适的合作品牌。而后在对品牌及厂商的评估选择过程中，南京慧松从厂商美誉度和产品案例入手，包括了解其在行业中的品牌和名声，参考其核心客户的类型、级别以及成功实施的案例描述。案例是展示一个软件厂商实力的关键要素。对于寻找合作伙伴的方式，南京慧松主要通过展会获得相关信息，并通过厂家更为便捷的查询方式、选择对比、案例陈列等展示方式建立联系。

3. 有形展示的效应

有形展示作为服务企业实现其产品有形化、具体化的一种手段，在服务分销过程中占有重要地位。

1) 通过感官刺激感受服务利益

产品的外观是否能满足顾客的感官需要，将直接影响到顾客是否真正采取行动购买产品。同样，顾客在购买或享用无形的服务时，也希望能从感官刺激中寻求到某种东西。服务展示的一个潜在作用是给服务分销带来娱乐的优势，努力在顾客体验消费的过程中注入新颖的、令人激动的、娱乐性的因素，从而改善顾客的"喜新厌旧"的情绪。例如，顾客期望五星级酒店的外形设计能独具特色，期望高格调的餐厅能真正提供祥和、愉悦的气氛。

顾客感受到的服务利益由多种因素决定，与服务过程有关的每一个有形展示，如服务设施、服务设备、服务人员的礼仪形象等，都会影响顾客感受到的服务利益。良好的有形展示及管理能使顾客对服务利益产生满意的感觉，因此，服务企业应强调使用适合于目标市场和整体营销策略的服务展示，通过有形因素为顾客创造良好的氛围，增加顾客能感受到的服务利益。

2) 引导顾客产生合理的期望

顾客对服务是否满意，关键取决于服务产品所带来的利益是否符合顾客具有的期望。但是，服务的无形性会使顾客在购买和享用有关服务之前，很难对该服务做出正确的理解或判断。因此，顾客对该服务的功能及利益的期望是很模糊的，甚至是不切合实际的。不切合实际的期望又往往使顾客错误地评估服务及做出不利的信息传播。而运用有形展示则可让顾客在享用服务之前，能具体地把握服务的特征和功能，较容易地对服务产品产生适当的期望，以避免期望过高难以得到满足而造成的消极影响。

3) 创造良好的近因效应

企业形象或服务产品形象的优劣，直接影响着顾客对服务产品及公司的选择，影响着企业的市场形象。既然服务是抽象的、无形的，有形展示作为部分服务内涵的载体无疑是顾客获得良好的近因效应的基础，有形展示的好坏直接影响到顾客对企业服务的近因效应。例如，参加被宣传为豪华旅行团出去旅游的旅客，当抵达目的地时，若接旅客去酒店的专车竟是残缺破烂，便马上产生"货不对路"的感觉，甚至有一种可能受骗的感觉。反之，若接送的专车及导游的服务能让旅客喜出望外，则旅客会觉得在未来随团旅游的日子里将过得舒适愉快，进而也增强了对旅游公司服务质量的信心。

4) 协助培训服务员工

员工是企业的内部顾客。由于服务产品是无形无质的，从而顾客难以了解服务产品的特征与优点。如果提供服务的员工不能完全了解企业所提供的服务的特征与优势，企业的营销渠道管理人员就不能保证所提供的服务能够符合企业所规定的标准。所以，服务营销渠道管理人员利用有形展示突出服务产品的特征及优势时，也可利用相同的方法作为培训服务员工的手段，使员工掌握服务知识和技能，引导服务员工的作业行为，为顾客提供优质的服务。

动手实践

小王经过认真思考，列举出公司产品的服务类型和渠道的方式。但由于江汉市场覆盖面比较广，还必须考虑消费者享受服务的便利性和及时性，那如何布局公司服务终端网络？如果你是小王，请制定该公司服务终端网络布局策略。

课后练习

【参考答案】

一、名词解释

服务；不可转让性；售前服务；分散策略；有形展示

二、选择题

1. 理解服务概念的角度主要有(   )。
   A. 过程　　　B. 关系　　　C. 行为
   D. 功能　　　E. 效用
2. 某患病者去医院接受治疗，该服务属于(   )。
   A. 个性化服务　B. 定制化服务　C. 标准化服务　D. 无差别服务
3. 有形展示是服务营销渠道实现的重要方式，其原因主要针对服务的特性是(   )。
   A. 无形性　　　B. 同时性　　　C. 差异性
   D. 不可储存性　E. 不可转让性
4. 销售人员在进行有形展示时应当采取的第一个步骤是(   )。
   A. 以一种能够吸引顾客注意的方式介绍产品
   B. 选择他认为能够最好地满足顾客需求的产品或服务
   C. 向顾客表示问候
   D. 帮助顾客决定最合适的产品
   E. 确定正确的价格范围
5. 中国移动通过动感地带品牌店、短信、10086等方式向消费者提供服务，这体现服务渠道策略的(   )。
   A. 无形性　　　B. 差异性　　　C. 同时性　　　D. 无可储存性

三、判断题

1. 产品服务化和服务产品化是一个问题的两个方面，它们之间没有什么区别。（　）
2. 航空服务是无差别服务类型。（　）
3. 营销渠道中的售前服务项目主要有问讯服务、信贷服务和代购服务等。（　）
4. 肯德基在其全世界所有的分店中都实行同等水平的服务，让顾客可以在任何地方都得到相同的服务，这体现服务渠道的同时性特点。（　）
5. 对于服务企业来说，借助服务过程的各种有形要素必定有助于有效地推销服务产品的目的的实现。（　）

四、简答题

1. 服务有哪些特征？
2. 如何根据服务的特征进行营销渠道的选择？
3. 试分析有形展示的形式与效应。
4. 售后服务的策略与方式有哪些？
5. 简述间接服务渠道的种类。

案例分析

保险服务渠道六大比拼

1. 保险代理人

保险代理人是目前老百姓购买保险最主要的电话销售渠道。有数据显示，九成以上的消费者通过代理人购买保险。由于代理人制度十分契合中国社会"重人情、靠关系"的传统，目前国内绝大多数保险公司都依赖自己的代理人队伍销售保险。有些代理人还在网上建立起了个人门店。

2. 银行购买

银行、邮政储蓄等是具备保险兼业代理资格的机构。银保产品和普通的保险产品本质上没有区别，但由于面对的客户群不同，所以产品在功能设计上会有差异。银保客户一般都是银行的客户，银行本身就代理基金、国债等很多理财类的产品，日常他们去银行不只是办理存取款业务，也会对银行销售的理财产品产生兴趣，保险作为其中的一种选择，要显示出它与众不同的投资价值、可预见的收益等特点。

3. 保险代理公司

目前一些保险公司，已经转而将销售功能外包给专业的代理公司。这些专门的保险代理公司，可以销售不同公司的产品。规模较大的保险代理公司，还可以同时进行财险和寿险的销售业务。有的保险代理公司还进一步发展成为"保险超市"，个人消费者可以选择购买家财险、车险、意外险、寿险、投资理财险等各类产品，构成所谓的"一站式服务"。

4. 保险经纪人

一般保险经纪公司都有自己的一套数据库系统，里面有各家保险公司的几百款详细产品信息，保险经纪人通常了解多家保险公司的产品，会帮消费者比较各个险种的优劣，相对而言更容易为客户选择最合适的保障组合。

5. 电话购险

已有不少保险公司大力开拓电话销售人员市场，甚至完全靠电话进行销售。电话销售保险可以让消费者更便捷地购买到一些较简单的险种，节省购买成本。

6. 网络门店、网上直销、手机短信

现在网络上出现的专业保险网站具有货比三家、选择面广、折扣让利、全程服务、方便直观、专业咨询而非推销的特点,能弥补其他渠道的不足。有的保险还在社区发布简单资料和需求,与在线的众多代理人即时交流,征集方案和意见。

手机保险业务是通信公司和保险公司共同推出的购买保险的一种新形式。手机用户通过手机发送短信的方式可以在任何时间、任何地点购买到产品。同时,还可以通过手机登录保险公司电子邮箱,随时随地接收与发送信息。现在,中国人民财险等几家保险公司已经开设了这项业务,投保人买到保险卡以后,只需要刮开密码,再通过手机短信或电话激活即可购买保险。

【问题】
1. 根据案例,请分析保险的服务渠道有哪些形式。
2. 保险公司开拓不同形式的服务渠道,体现了服务的哪些特征?

【分析】
营销渠道的一个最大的特点是为消费者提供购物的便利性。作为保险服务,在拓展渠道的过程中,应根据消费者对不同保险产品的需求、购买的行为特点和保险服务的特征,采取多样化的差异性渠道策略。

拓展服务营销渠道

1. 实训目的

通过本次实训,使学生能根据客户的需求拓展服务营销渠道。

2. 实训要求

基于小王工作的家电企业和江汉市场,根据顾客购买家电产品所需的服务要求来拓展公司在区域市场的服务营销渠道。

3. 实训材料

纸张、笔、计算机、互联网及前期资料等。

4. 实训步骤

(1) 选择自己熟悉的广东某家电企业替代任务描述中小王工作的某企业。
(2) 列举顾客购买家电产品对服务的需求种类,并进行归类。
(3) 分析该区域市场的特点,根据顾客的服务需求分别从直接服务渠道和间接服务渠道来设计服务渠道的实现方式。

5. 成果与检验

每位学生的成绩由两部分组成:学生实际操作情况(50%)和分析报告(50%)。

实际操作主要考查学生完成拓展服务渠道的实际动手操作能力;分析报告主要考查学生根据资料分析,列举服务种类,归类以及设计服务渠道实现方式的合理性,分析报告建议制成PPT。

任务10 拓展国际营销渠道

【任务描述】

随着我国外向型经济和经济全球化的不断深入,国内越来越多的企业开始走出国门,参与国际市场竞争。作为广东的某家电企业，处在中国改革开放的桥头堡，当然也逃不掉国际销售的趋势，必须将自己的产品打入国际市场，去参与国际竞争，满足国际市场消费者的需求，扩大公司产品在国际市场的销售量和竞争力。因此，这就需要公司的业务员来拓展公司的国际营销渠道。

【任务分析】

开发国际市场，是我国企业不可回避的选择。但由于国际市场已超出了本国的国界，业务员将会面对不同语言、不同文化、不同制度、不同消费习惯等诸多不同的营销环境，适合国内市场渠道的策略就可能不适合国际市场，因此，在拓展国际市场渠道时，必须弄清楚国际渠道的特点和参与者，然后根据具体条件来选择进入国际市场的渠道模式。

【任务目标】

任务	工作要求
认识渠道的国际化	国际市场与国内市场的差异
拓展国际渠道的模式	不同的渠道模式的特点及适用条件

【学习目标】

知识目标	技能目标	学习重点和难点
理解国际渠道的含义、参与者	能区别国际渠道和国内渠道的差异	(1) 渠道国际化的特点 (2) 国际渠道的参与者
掌握国际渠道出口模式的选择策略	能根据行业及渠道成员的特点拓展相应国际营销渠道	拓展国际渠道的出口模式
理解国际渠道非出口模式下的选择策略		拓展国际渠道的非出口模式

【任务实施】

工作任务 10.1　认识渠道的国际化

10.1.1　理解渠道国际化的含义与特点

1. 渠道国际化的含义

渠道国际化通常是指一个国家或地区的企业的营销渠道按照国际通行的惯例和规则，通过在国外建立的代理关系或开设的分支机构，形成全球性的分销网络，在国际市场范围内从事相关的营销活动，进行分销业务的跨国经营。国际化的营销渠道由两部分构成：一是企业进入国际市场的营销渠道，即国家间的营销渠道；二是各国国内的营销渠道。

2. 渠道国际化的特点

1) 渠道较长

国际化的营销渠道通常是长渠道。在国际商品分销中，从厂家制造商品到送达目标市场国家消费者手中，要经过国内中间商、转口中间商、进口中间商和进口国国内的零售批发商。

2) 环境差异较大

国际化分销环境下的两个或多个不同国家的商人坐在一起签订买卖合约时，将面对着经济、政治、社会文化等方面的差异,特别是对法律中某些条款存在理解上的差异。合约一旦签订,就可能会在执行中出现矛盾和纠纷,因此,选择哪国法律作为对合约解释的依据,是一个至关重要的问题。在国际分销实践中,国际贸易领域已经形成了不少成熟的国际惯例。对大多数企业来说,可以按照这些成熟的国际惯例来办事,这是比较合适的选择。

宁波企业开拓欧盟市场"栽跟头"

宁波宁海某企业出口荷兰的一批价值 4 万多美元 LED 工作灯由于黑色塑料包边、开关按钮和挂钩等部件萘含量和 SCCP 超标,存在化学致癌和持久性有机物污染风险,不符合进口国关于 PAHs 和 REACH 法规中对 SCCP 含量的要求,遭到退运处理。

3) 货币选择多元化

世界上大多数国家基本上都有自己的货币,当出口方和进口方签订买卖合约时,就需要确定采用哪国货币作为计价和支付的手段,这存在多种选择方案。一般来说,进出口双方会根据本国政府签订的贸易协议,来选择作为计价和支付手段的货币,或者选择国际通行的硬货币,如美元、欧元等作为计价和支付手段的货币。

4) 渠道结构多样化

出口贸易极容易受到各国政治、经济环境变化和国际关系变化的影响。为了稳定国际分销网络,牢固占领国际市场阵地,企业应当建立多元化的国际营销渠道。多元化的国际营销渠道就是以多个国家市场为目标市场,发展与多个国家进出口商人、商业机构的联系和贸易关系。如,随着电子商务和物流业的发展,使得跨境电子商务贸易成为一种趋势,因此,企业可以建立自己的网站或借助其他电子商务平台,开展跨境电子商务贸易或营销,增加营销渠道结构,防范或降低某些风险。

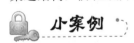

【拓展视频】

跨境电商智慧多

由 3 个大学生创办的杭州"全麦网",网站规模虽不大,但自 2010 年创业以来用 14 种语言向全球 200 多个国家和地区出售服装、箱包等商品,去年销售额已超过 1 亿元。除企业自建网站之外,更多的中小型外贸企业和个人通过电商平台出口,包括 eBay、阿里巴巴速卖通、亚马逊、敦煌网等。据阿里小微金融服务集团国际金融部负责人梁民俊介绍,目前淘宝网平均每天有几千名从事内销的卖家新开通国际业务,尝试网上外贸出口。在消博会上,浙江一家主要从事各类服装贸易经营的商人李博告诉记者,两三年前,他开始接触跨境电子商务,从传统外贸业务转向线上、线下两边跑,虽然现在外贸越来越难做,但"化整为散"的跨境电商贸易让他的利润率始终保持在 20%以上。许多专家认为,跨境电子商务不仅具备电子商务压缩中间环节、化解产能过剩、为中小企业提供发展之道、增加就业机会等传统优势,还具有重塑国际产业链、促进外贸发展方式转变、增强国际竞争力等作用。

10.1.2 认识国际渠道的参与者

由于营销渠道的国际化活动超出了国界，参与者就比国内营销渠道成员更多，一般需要相当多的国内外中间商。因此，厂家就可以借助这些国内外中间商的专业人员、专用资产和经济资源，建立并扩大国际分销网络。

1. 国内中间商

国内中间商是指设在制造商母国内、能帮助实现商品国际分销的中间商。国内制造商把国际市场的分销任务交由母国内中间商来处理，可节省营销渠道建设与管理的投入资本，但对整个分销过程的控制程度有限。

一般而言，当企业的国际销售量不大，或在国际市场分销经验不足，或不想直接参与多变而又复杂的国际分销活动，或想以最少的渠道建设与管理投入资本到国际市场进行销售的情况下，往往可利用国内中间商来分销商品。

根据国内中间商是否拥有商品所有权，可将国内中间商分为出口商和出口代理商。

1) 出口商

出口商的基本职能与全能批发商相同，不同的只是出口商的顾客是国外买主。出口商以自己的名义从事买卖商品，自己决定买卖商品的花色品种和价格，自己筹集经营资金，自己备有仓储，从而自己独立承担经营风险。一些实力雄厚的出口商还能给国外买主提供融资服务，在目标国市场进行促销宣传。

出口商经营出口业务有两种形式：一种是"先买后卖"，即先在国内市场购买商品，然后再转售给国外买主。这种出口方式需要在国内或国外经常储备存货，以便在买卖合约签订后能迅速向国外买主交货。因此，这种方式一般能建立和维持良好的信誉，也有利于出口商抓住市场机会，迅速达成交易。但由于占用资金较多，因此，相对而言，出口商要承担较大的风险。另一种是"先卖后买"，即先接受外国买主的订货，然后根据订货再向国内企业购买。这种出口形式的优点是占用资金的时间短，风险较小。但由于不备货，所以可能会出现在接受国外顾客的订货后，因不能及时组织到履行合约所需要的货源而违约，从而失去信誉。常见的出口商主要有 3 种类型。

(1) 出口行。出口行的主要业务是出口，但有时也兼营进口业务。出口行实质上是在国际市场上从事经营活动的国内批发商。他们一般在国外有自己的销售人员、代理商，往往还设有分公司。出口行经营的商品品目繁多，种类齐全。由于出口行熟悉出口业务，与国外的客户联系广泛，拥有较多的国际市场信息，一般在国际市场上享有较高的声誉，而且拥有大批精通国际商务、外语和法律等方面的专业人才。因此，对一些开始准备进入国际市场的企业来说，使用出口行往往是比较理想的选择。

(2) 出口管理公司。出口管理公司主要根据从国外市场收到的订单向国内生产企业进行采购，或者向国外买主指定的生产企业进行订货。其拥有货物的所有权，但并不大量、长时期地持有存货，在收购数量达到订单数量时，就直接运交国外买主。由于出口管理公司是先找到买主，而后才向生产企业进行采购，而且也不大量储备货物，所以其风险较低，资金周转快，成本较低。

(3) 合作出口商。合作出口商实际上是一种将自己与其他企业的互补产品进行搭配出售的出口分销商。在出口或国际分销方面有过剩能力的企业，会寻找互补产品在国际市场销售，以便提高出口的效率和利润。在合作出口商中，两个生产企业的互补产品将通过同一国际营销渠道被同时出售，其中一个生产企业称为运输者，另一个生产企业称为乘坐者，运输者利用自己已经在国外建立的营销渠道，将乘坐者的产品和自己的产品一起出口到国际市场。通常有两种做法：一种是运输者将乘坐者的产品全部买下，然后再以较高的价格转卖出去，获取买卖差价；另一种是运输者与乘坐者签订出口代理协议，运输者代理乘坐者向国外买主出售货物，收取佣金。合作出口商对于那些没有力量进行直接出口的小企业来说，是一种简单易行、风险小的国际市场进入的形式。而对于运输者来说，由于增加了与自己互补的产品，因此能方便顾客购买，更好地满足顾客的需要，从而有助于产品销售，增加利润。

2) 出口代理商

出口代理商是指以委托人的名义在国际市场销售商品，收取佣金，但不拥有商品所有权的中间商。与出口商不同的是，出口代理商不以自己的名义向国外买主出售商品，而只是接受国内卖主的委托，以委托人的名义，在双方协议所规定的条件下，代理委托人开展出口业务，并在商品售出后向委托人收取一定的佣金。

利用出口代理商可使制造商获得几种好处：出口代理商可随时向制造商提供国际市场信息和国际市场分销技术；由于同时经营几种互补产品，出口代理商在海上运输和国际市场代理方面可获得规模经济效益；利用出口代理商可替制造商节省自身建立出口部门所耗费的时间和费用；出口代理商也可使制造商对国外购买者具有较大的控制权。从理论上讲，中小企业刚开始从事国际市场分销活动时，使用出口代理商是一种理想的进入国际市场的方式。

在国际分销实践中，出口代理商主要有以下几种形式。

(1) 综合出口代理商。综合出口代理商为商品需要出口的制造商提供全面的管理服务，以制造商的名义向国外买主出售商品，实际上相当于制造商的出口部。其一般负责资金融通和单证的处理，有时还要承担信用风险。综合出口代理商经营的商品品种繁多，同时接受几个委托人的委托业务。其获得报酬的形式一般是收取销售佣金，此外还收取少量服务费用。

(2) 制造商出口代理商。这是一种专业化程度较高的出口代理商。他与综合出口代理商的作用非常相似，相当于执行着制造商的出口部门职能。制造商出口代理商接受制造商的委托，为其代理出口业务，以佣金形式获得报酬。不同的是，制造商出口代理商提供的服务相对要窄一些，经营的产品品种也要少一些，一般是经营非竞争性的互补产品。制造商出口代理商在价格和其他交易条件上没有决定权，营销渠道策略的选择也要服从于委托人。由于制造商出口代理商同时接受多个制造商的委托，其销售费用可以在不同制造商的商品上进行摊销，因此，收取的佣金费率相对较低。

(3) 销售代理商。销售代理商与制造商之间虽然也是委托代理的关系，不拥有所销售商品的所有权，但其通常能够影响甚至决定出口商品的价格与营销渠道策略。因此，他们实际上相当于制造商的销售部门，负责其全部商品的销售。销售代理商比出口商提供更多的服务，如国际市场营销渠道的评价与优化、开展人员推销、召开订货会、进行国际市场的调研等。

(4) 出口佣金商。出口佣金商是一种接受制造商的委托代理出口业务的出口中间商。其从事的业务一般有两种：一种是代理国外买主在国内采购其所需的商品后办理出口；另一种是代理国内制造商向国外市场销售商品。出口佣金商代理国内制造商开展出口业务时，通常又有两种方法：一种是寄售，即制造商将其商品交付给出口佣金商，委托其销售，由出口佣金商在国外市场上寻找买主；另一种是佣金商先在国外市场上寻找客户，获得订单，然后由国内制造商供货。在第二种情况下，出口佣金商的职能与作用相当于制造商出口代理商。

出口佣金商代理国外买主进行商品采购时，要以委托人的订单或委托合约为依据。出口佣金商虽不拥有商品所有权，采购代理活动必须遵守合约，但在委托方的授权范围内可与国外买主就价格、支付方式及其他交易条件等进行谈判。委托合约生效后，出口佣金商必须按照合约约定的条件进行采购，运交指定的目的地，由国外买主支付佣金，一切风险与费用由买主承担。但出口佣金商一般要先垫付一部分资金，有的还备有仓储，以便于商品的交换。佣金视商品性质、交易规模大小、国际惯例及代理服务的供求状况而定。

(5) 国际经纪人。国际经纪人是指在国际市场从事进出口业务的经纪人。这种代理商只负责给买卖双方牵线，既不拥有商品所有权，也不持有商品和代办货物运输工作，与进出口双方一般也没有长期的、固定的关系。国际经纪人可同时充当出口商的国外销售代理人和进口商的国外采购代理人。当国际经纪人代表卖方时，称为卖方经纪人或出口经纪人；当国际经纪人代表买方时，称为买方经纪人或进口经纪人。适用国际经纪人的情形主要有：缺乏国际分销经验的企业，季节性强的产品，无力设立国外分销机构的中小企业，不值得或没有必要设立国外分销机构，目标市场遥远，市场分散或市场规模小等。

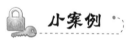

中国北车在发达市场启动"产品+服务"出口模式

中国北车于 2015 年 4 月在澳大利亚成立合资公司，专事铁路货车维修服务。这意味着中国北车正式启动"产品+服务"出口模式进军发达市场。新成立的合资公司为太平洋铁路工程公司，由中国北车齐齐哈尔装备公司通过收购澳方 50%的股份方式设立。此次股权并购也是中国北车及所属企业第一次通过并购的形式在海外建立企业。据北车有关负责人介绍，自 2000 年开始，齐齐哈尔装备公司已累计向澳大利亚出口各型铁路货车 1.2 万余辆，并逐渐建立了以大型矿业公司、大型物流公司为代表的稳定客户群。企业成立后，齐齐哈尔装备公司将全面参与澳大利亚铁路货车的检修业务，进一步拉近主机厂、供应商与用户的关系，实现铁路货车从运用到检修、再到优化设计的全寿命周期零距离服务，进一步推进国际化战略。此前，中国北车已经开始在发达市场探索由装备制造商向综合服务提供商转变的发展之路。2013 年 9 月，中国北车大连机车车辆公司与新西兰 KiwiRail 公司签署了 8 台内燃机车销售合同，以及一台机车的维修协议，实现了"产品+服务"出口模式的突破。

2. 制造商自营出口的机构

商品出口量较大的企业往往自设出口的机构，从而更多地了解国际市场，参与国际市场竞争，提高企业的国际市场竞争能力，以扩大对国际市场的拓展和控制。制造商自营的出口机构主要有以下几种类型。

1) 销售部内设出口部门

这种出口部门仍隶属于企业的销售部，通常设有一名出口经理，专门负责国际市场销售业务。而国内的销售业务仍由销售部门的其他单位及人员负责，国内与国外的销售工作在一起，两者由销售部门经理统一协调和控制。

2) 独立的出口部门或分公司

随着企业国际市场业务的增加,企业非常有必要设立独立的出口部门或分公司,专门负责整个企业的国外市场的销售业务。这类出口部门或分公司虽不具有法人资格,但与内设出口部门不同,它不再隶属于销售部门,而直接受总经理或分管该业务的副总经理的领导。

3) 出口子公司

这是具有进出口经营权的大型公司为进一步扩大出口,更多地占领国际市场而设立的具有独立法人资格的子公司。这类子公司由于专门承担母公司产品的出口业务,因此熟悉产品,了解国外客户,国际分销经验丰富。同时,由于在法律上具有法人资格,所以此类出口子公司也具有较大的自主权、灵活性以及较强的国际市场适应能力。

4) 海外销售分支机构

有些企业除在国内设立出口机构外,还在海外设有分支机构,直接向国外顾客展示商品、销售商品,进而拓展国际市场。国外销售分支机构除了承担商品的国际分销职能外,还可以承担国际市场调研、仓储、促销、商品展示、客户服务等职能。

3. 外国的进口中间商

与出口中间商类似,根据进口中间商是否拥有商品的所有权可将其分为进口经销商和进口代理商:凡拥有商品所有权的,称为进口经销商;凡接受委托、不拥有商品的所有权,以佣金形式获取报酬的,称为进口代理商。

1) 进口经销商

(1) 进口商。凡从国外进口商品向国内市场销售的商贸企业,都可以称为进口商。进口商既可以先卖后买,也可以先买后卖。按其业务范围,一般可分为专业进口商、特定区域进口商和从国际市场广泛选购商品的进口商。进口商熟悉所经营的商品和目标国市场,并拥有一套商品的挑选、分级、包装等处理技术和销售技巧。因此,国内中间商很难取代进口商的作用。

(2) 经销商。经销商是一种与出口国的供应商建立有长期的合作关系,并享有一定价格优惠和货源保证的从事进口业务的企业。他们从国外购买商品,再转售给批发商、零售商等中间商,或者直接出售给最终消费者。出口国的制造商一般会对价格、促销、存货、服务以及其他营销功能施加一定的影响和控制。出口国的制造商在使用国外经销商时,可以选择独家分销、选择性分销或广泛性分销。

(3) 批发商。进口国的批发商是专门或主要从事批发活动的中间商,是在进口国销售进口商品的重要营销渠道成员。批发商经营的商品主要由本国进口商或其他中间商供应,也有一些大批发商直接从国外采购商品,他们的商品主要批发给小批发商和零售商。批发商的种类很多,如商人批发商、代理商和经纪人等。一般来说,在国际市场分销中应尽量选择较大的批发商,因为批发业主要从规模经济中获取规模效益。而与小型的批发商打交道,对制造商来说意味着得到的服务少而负担较重。

(4) 零售商。零售是将商品或服务出售给最终消费者的一种商业活动。零售商从进口商、进口代理商、批发商、国外出口商等购买商品,然后卖给本国的最终消费者。零售商按其经营方式可分为多种业态,如百货商店、超级市场、专卖店、便利店、折扣商店、购物中心、仓储商店等。这些零售业态大多可以通过连锁经营方式来实现规模经济。不同的商品在国际分销中可能需要选择不同的业态，如中高档服装一般选择百货商店或专卖店进行分销。

2) 进口代理商

进口代理商是接受出口国卖主的委托，代办进口，同时收取佣金的商贸企业。他们不承担信用、汇兑和市场的风险，不拥有进口商品的所有权。其职能主要有：一是代理国内买主办理进口业务；二是代理国外出口商销售寄售的商品；三是以代表身份代理国外出口商或制造商销售商品。

(1) 国外制造商代理商。凡接受出口国制造商的委托，与之签订代理合约，为制造商推销商品，收取佣金的进口国的中间商，称为国外制造商代理商。国外制造商代理商与国内制造商代理商类似，通常不能同时代理相互竞争的委托人的商品。但由于其与目标顾客的距离近，熟悉当地市场的情况，因此，能有效地捕捉和利用市场机会实现商品的销售。而且能向委托人提供市场销售信息，提出一些有益的分销建议，使商品和分销策略能不断适应进口国市场的需要。

(2) 进口佣金商。进口佣金商的主要职能是代理国内买主进行采购，同时收取佣金。其与国外制造商代理商的主要区别在于，进口佣金商可以同时接受多个委托人包括相互竞争的委托人的委托，有时也代理国外卖主销售产品，但主要还是代理国内的买主采购商品。进口商有时也从事进口佣金商的代理业务，因此，两者之间是一种竞争关系。

(3) 国际经纪人。进口国的国际经纪人的职能与出口国的国际经纪人相同，多数从事大宗货物的经纪业务。经纪人熟悉当地市场，往往与顾客建立良好的长期合作关系，因此，国际经纪人有时也是国际营销渠道成员的理想选择。在大多数国家，国际经纪人的数量并不多，而且常常是初级产品市场上最重要的中间商。

(4) 融资经纪商。由于国际贸易和国际分销中国际信用的重要性和复杂性，一些国家出现了被称为融资经纪商的进口代理中间商。这种代理中间商除具有一般经纪商的全部职能外，还可以为制造商生产、销售的各个阶段提供融资，为买主或卖主分担风险。

小贴士

渠道国际化模式

渠道国际化模式是指企业进行国际市场分销时，首先就涉及商品从母国进入目标国市场，其次是商品在目标国国内市场进行营销渠道模式的选择。国际营销渠道模式具体如图 10.1 所示。

从图 10.1 可以看出，国际渠道中的出口中间商和进口中间商包括许多不同性质的渠道参与者。图中第①种渠道结构是最短的国际分销结构，未经任何中间层次就完成了商品流通过程；第⑨种渠道结构是最长的国际分销结构，产品必须通过出口中间商、进口中间商、批发商、零售商等多个层次才能完成商品所有权的转移。出口制造商的产品不通过出口中间商直接进入进口国的渠道形式可称为直接出口形式；通过出口中间商进入进口国的渠道形式则称为间接出口形式。因此，①~⑤种渠道结构是直接出口形式，⑥~⑨种是间接出口形式。

动手实践

如果小王所在的家电公司准备将其产品打入亚洲国家市场，请设计其国际营销渠道的结构。

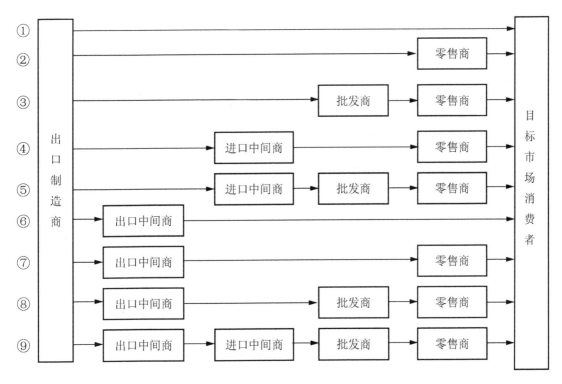

图 10.1 国际营销渠道模式

工作任务 10.2 拓展国际渠道的模式

10.2.1 拓展国际营销渠道的原则

企业在拓展国际营销渠道过程中,除了要符合国内营销渠道的设计原则,如需求导向原则、发挥优势原则、高效务实原则、有效控制原则、和谐原则等之外,还要符合下列原则。

1. 成本最低化原则

国际营销渠道的成本有渠道开发建设的投资成本和保持渠道畅通的维护成本两种。其中,渠道的维护成本是主要的、经常的,主要包括维持企业自身销售力量的直接开支和给予中间商的报酬或佣金,以及业务洽谈、通信、业务管理等费用。国际营销渠道设计的原则之一,是如何以较低的成本开支取得较大的分销效益与效率。而成本的高低与渠道成员的数量、效率、渠道的长短以及所分销的商品特性等有密切关系。因此,不同的渠道形式有不同的成本要求。例如,企业在海外设立自己的分销机构,为强化销售组织的实力,必然需要投入大量的资金,依靠自身的力量来完成国际市场调研、推销、运输、储存、筹措资金和承担风险的功能,同时还需要大量的商品库存,因此,成本较高,价格上升,竞争力减弱。

2. 与国际市场特性相吻合原则

营销渠道不仅要与企业自身总目标相符,而且要与企业的目标国市场特性相吻合。这样才能使营销渠道设计得科学、合理,如中间商的规模、档次、自行组织资源促销的积极性、对商品的选择性、售后服务的参与程度等。

3．市场覆盖面适度原则

企业设计国际营销渠道时，应考虑是否有足够的市场覆盖面，以使商品通畅与高效地销售出去的问题。市场覆盖面是指企业在目标国市场销售商品的市场区域范围或细分市场。企业在考虑市场覆盖面时应注意3点：一是营销渠道所覆盖的每个市场能否获取最好的销售额；二是市场覆盖面能否取得合理的市场份额；三是市场覆盖面能否获得满意的市场渗透率。企业在目标国市场的市场覆盖面并不是越大越好，而是要看是否合理、有效，最终能否给企业带来较好的经济效益。因此，企业在设计国际营销渠道时，都不是以尽可能地拓展市场的地理区域为目标，而是集中力量在核心市场做尽可能的渗透。

10.2.2　拓展国际渠道的出口模式

把商品销售到国际市场，可以由制造商自己来完成，也可以由制造商母国出口中间商来完成，因而形成了直接出口和间接出口两种方式。

1．直接出口模式

1) 直接出口的形式

直接出口分销是指厂家不通过国内中间商，而是直接在国外市场从事商品分销的活动。其主要形式有以下3大类。

(1) 厂家直接把商品销售给最终用户，如直接接受国外客户的订单，按合同要求组织生产，出口商品。

(2) 厂家在国际市场设立自己的销售机构，在国际市场上独立开展营销活动，如海尔等企业通过自己的连锁商店或专卖店销售家用电器。

(3) 把产品直接出售给国际市场的经销商或委托代理商代销，如中国的纺织品出口到美国等市场，通常采用此种方式。

组织直接出口分销，要求厂家设立出口销售管理机构，并且在海外设立办事机构，以增加与海外顾客接触、沟通的机会，从而有利于开拓国际市场。而设立海外机构，厂家需要投入一定的人力、资金，并加强海外机构与母公司的联系和合理授权。

2) 影响直接出口模式选择的因素

制造商选择直接出口来分销商品，必须认真分析企业本身、产品、市场和其他有关因素的情况和特点，权衡利弊，使决策科学、合理。一般来说，制造商应考虑如下因素。

(1) 企业内部因素。是否具有直接出口分销所需的人力、物力和财力，是否有海外分销的经验和条件，是制造商首先需要考虑的问题。此外，制造商还应考虑诸如若把投入直接出口分销的资本，投入间接出口分销或生产领域，是否会获得更好的效益；直接出口分销创造的利润能否弥补因交易次数与成本增多、分销效率降低、销路减少等可能带来的损失；直接出口分销能否有效地覆盖目标市场等因素。

(2) 产品的特性。一般来讲，价值高的产品、耐用性差的产品、非标准化的产品、技术性强的产品、创新程度高的产品，较适宜采用直接出口分销。因为这些产品具有要求其营销渠道较短的特性。例如，技术性强的产品要求有较好的售后服务，使顾客获得快捷、准确、可靠的技术指导和帮助，而直接出口相对于间接出口来说，渠道较短，制造商甚至可直接与顾客接触，因此，可以提供较好的销售服务。

(3) 市场因素。顾客的数量、地理分布、购买行为习惯、购买方式等都是制约直接出口分销的市场因素。如果顾客数量较少，分布面较窄，有较便利的交通条件，购买数量大等，则较适宜选择直接出口分销。

(4) 其他因素。其他因素主要包括政治、法律、经济、竞争对手的营销渠道等，这些因素都会对直接出口分销产生影响。例如，有些国家规定一些进出口业务必须由它指定的企业和机构才能办理，那么在这种情况下，企业就必须放弃使用直接出口营销渠道。

2. 间接出口模式

1) 间接出口的形式

间接出口分销是指制造商通过母国内中间商将商品销往国际市场的分销活动。当企业没有从事直接出口分销的能力与条件时，可以采用间接出口分销方式。间接出口分销的形式有以下 3 种。

(1) 制造商将商品卖给出口中间商，由出口商销往国际市场。

(2) 制造商委托母国内中间商代理出口其生产的商品。

(3) 制造商委托在同一国际目标市场设有销售机构的某一本国公司代销商品。

一般来说，采用间接出口分销方式的制造商与国际市场没有直接联系，也没有相应的条件。尽管如此，这些企业还是要密切关注国际市场行情，研究国际市场顾客需求的变化，加强与中间商的联系，及时从他们那里获得尽可能多的国际市场信息和情报，不断地开发和生产新颖的、高质量的商品，满足国际市场的需要，提高其产品的国际市场竞争力。

2) 间接出口模式的适用情形

(1) 刚涉足国际营销的中小企业。中小企业由于缺乏足够的人力、物力和财力，没有发达的国际营销渠道和信息网络。因此，它们采用间接出口分销，利用中间商的力量和分销职能较为有利，或以间接出口分销为过渡桥梁也不失为一种较好的选择，把它作为向国际营销企业迈进的台阶，可使企业从中获取有关国际市场的知识和经验。

(2) 出口商品较少，预期出口销售收益不高，能偶尔获得国际市场订单的企业。如果企业组织直接出口分销，势必得不偿失，因此，借用间接出口分销方式较为合适。

(3) 对政局不稳定或者金融不稳定、风险较大的市场，为防止陷入泥潭，企业可采用间接出口方式来避免风险。

此外，如果出口商在国际市场有相当影响力的品牌和广泛的客户关系网络，可使企业的产品在国际市场上具有更大的竞争力，制造商可采用这样的出口商，组织产品出口也是合适的。

3. 非出口模式

1) 国外生产模式

国外生产是指制造商在国外投资建厂，在当地组织产品生产，就地销售或在周边国家市场销售的一种生产经营模式。其产品分销可分为两种情形：一是在生产国当地销售，即"当地生产，当地销售"；二是在生产国之外的市场销售，即出口销售。第二种情形在前面已讨论，这里只讨论第一种情形。

(1) 国外生产模式的优、缺点。与出口分销相比，企业实行"当地生产，当地销售"的优点是容易得到东道国政府的支持与鼓励；可绕过贸易壁垒、节省运输费用、避开关税，从而能提供低成本、价格合理的产品；能够及时、可靠地向中间商和消费者交货，方便地提供售后服务，从而能提高顾客忠诚度和国际市场竞争力。

国外生产方式也是存在缺点的。企业建立国外生产基地时投入的资源较多，可能面临东道国政治、经济等方面不可预见的风险远远高于出口分销。如果政府对外资企业加强管制，抽回资本、收回利润等将有一定的困难，从而降低了资本的流动性和使用效率。另外，企业进行国外生产和分销管理所需的信息和管理费用远远超过出口分销。

(2) 国外生产模式的适用情形。为了避免国外生产销售的风险，减轻交易费用和管理费用负担，企业应该在采用出口或特许经营的基础上，获得比较充分的国际分销经验后，再采用国外生产和销售方式，借以提高成功率。据国际一项调查显示，企业在没有出口经验的目标国投资建厂，进行国外生产的成功率最低。取得第一次投资进入经验后，再在没有出口或进入经验的其他国家采用设立子公司进行国外生产的方式风险较小。

2) 贴牌生产模式

与国外生产相对应的还有一种国外委托生产，又称为贴牌生产或外包生产，即OEM。贴牌生产是指企业通过与东道国的制造商签订委托制造协议，授予其使用企业的某些知识产权(如商标、生产技术等)的权利，并全部购回产品，由企业向东道国的分销机构或者企业授权的商业分销机构销售。采用这种生产模式，企业不用到东道国投资建立自己的国外生产基地，而是利用东道国已具有并符合企业委托生产的条件，在国外组织产品生产和销售。目前，我国的鞋、服装等生产企业中，有很多企业都是为外国品牌做贴牌生产的。

(1) 贴牌生产模式的优缺点。采用贴牌生产对购买方而言，虽然供给方处于相对被动的地位，但仍是有利可图的。贴牌生产首先可以使企业进入国际市场，参与国际竞争，为国外品牌做代工，增强了企业的全球意识。其次，参与贴牌生产，意味着产出规模的增大，不但增加了产品的销路，而且降低了成本，规模经济效益明显。与此同时，在合作过程中，供给方可以在产品质量控制、经营效率控制等管理上按照购买方的要求组织生产，可以从"干中学"进行经验积累，提高企业的管理水平，提升企业的竞争力。最后，贴牌生产可以借用外国公司的销售力量，减少了企业间运转时的摩擦，降低了企业资本的投入，使企业能够适应在海外经营。

贴牌生产也有其不足，主要表现为规模效应虽然可以改善企业在行业内的竞争地位，但由于并没能提高其在产业链里的地位，会造成企业对市场环节的进一步依赖，地位可能会更加被动，产品生产成本优势由于劳动力价格上升等因素，逐渐减弱。其次，由于贴牌生产出口产品的成本较世界著名品牌低廉，在发达国家市场销售，经常会遭受反倾销的干扰。最后，由于企业为别人代工的成分越来越多，自有的品牌也就越来越少，面临着品牌缺失的严峻考验。

(2) 贴牌生产模式的适用情形。通过贴牌生产参与到国际市场分销环节中去，将成为许多企业的战略选择。一般而言，拥有知名品牌的制造商可以利用自己掌握的关键核心技术负责设计和开发产品，同时控制营销渠道。这样，为了增加产品的产量，扩大销售，降低上新生产线的风险，或者为了赢得市场时间，拥有知名品牌的制造商就可以通过合同订购的方式委托其他具有生产资质和能力的同类产品厂家进行生产，并直接贴上自己的品牌商标。

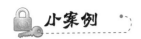

贴牌生产战略

【拓展文本】

在中国国内的家电制造、电子信息等行业,有为数不少的企业采用 OEM 的方式参与国际竞争,其中有为国外品牌进行贴牌生产的,也有在国外寻求生产企业为其贴牌生产的。格兰仕是 OEM 大户,但格兰仕做的不是一般意义上的 OEM 贴牌生产,而是充分发挥和利用格兰仕的自身优势,与跨国公司开展全方位的合作。在合作中,跨国公司将其在海外的生产线搬到格兰仕,格兰仕为其生产产品。在这一过程中,格兰仕既扩大了生产规模,还节省了生产线的投资,也更充分发挥出了规模效应。而且,格兰仕的产品也通过跨国公司的网络走向了世界,出口到全球 100 多个国家和地区。几年后,能与格兰仕一争高下的,仅剩下位居市场第二的韩国 LG。

3) 国外特许经营模式

国外特许经营是指特许人通过签订特许合同的方式,授权受许人(国外企业)使用特许人的工业产权(如专利、专有技术、商标、商号等)进行生产和产品销售,并向受许人收取许可费用或分享利润的一种经营模式。一般而言,受许人以一定价格接受特许人的商标、商号、专利或专有技术等,都是因为这些工业产权具有强大的市场竞争力,使用这些工业产权能够创造额外利润。

(1) 国外特许经营的优、缺点。特许经营对特许人和受许人都有好处,国外特许经营的优点有:①用较少的资本甚至不用资本便可迅速开拓目标国市场。开展国外特许经营,特许人不必自己投资就能扩张自己的规模、实力和影响,方便地进入以其他方式难以进入的目标市场,避免关税、配额等不利因素的影响。②扩大特许人商号、商标的影响力。如肯德基不用自己投资,在世界各地建立了许多的肯德基分店,消费者无论走到哪里,都会通过"KFC"联想到肯德基,即使从未吃过肯德基汉堡包的消费者,也会体验到肯德基的影响力。③建立国际战略联盟。开展特许经营,通过与国外竞争者建立特许经营关系,可把大批竞争者拉到国际战略联盟体系内,化激烈的竞争关系为利益共享、风险共担的战略伙伴关系。④与国外生产和出口模式相比,风险相对较小。采用特许经营方式,由于向目标国市场提供先进技术和先进的管理体系,因而容易得到东道国政府的批准。即使受许人经营亏损,特许人也没有什么损失,因为特许人没有任何直接投资。可以这样说,特许人几乎是没有任何风险地获得来自国外市场的经济利益。

如果说国外特许经营存在不足的话,则主要是相对国外生产销售和出口销售而言,特许人的获利水平较低,不容易控制受许人的经营管理过程。在商标、商号、品牌的市场知名度相对较低的目标国市场,特许人必须做一定的广告宣传,提高其知名度,才能提高其工业产权的商业价值。

(2) 国外特许经营的适用情形。对于其商号、商标及其产品与服务拥有较大吸引力的企业来说,开展国外特许经营是其抢占国际市场、增强实力和获取超额利润的最为快捷的一种方式。但不是所有的产品、市场都适合国外特许经营模式,如造船、飞机等,由于其产品的单个生产规模巨大,技术知识容易在特许经营中泄露,因而就不适合采用国外特许经营的方式来发展企业的国际市场。一般来说,对资本和生产技术要求比较低,市场面较为广泛,需求量较大,能够为消费者提供独特性的服务,生产过程容易向东道国独立合作伙伴转让的产品,可选择特许经营的模式向国外市场渗透。

 小贴士

开展国外特许经营应注意的问题

根据国外特许经营的特点,特许方在开展国外特许经营时,应非常谨慎地选择目标国市场的受许人。许多特许人要求对方具备以下条件:能独立经营管理、独立财务核算、有一定经营场所与规模、信誉良好、有较强的本地区市场开拓能力,且能进行相应的技术服务与培训等。严格地选择受许人是开展国外特许经营成功的保证。

由于特许经营的基础是工业产权,它也是企业开展国外特许经营的核心竞争力。因此,东道国工业产权的保护制度是否健全,对开展特许经营的企业来说,尤为重要。对于工业产权保护制度缺乏或者不健全的国家来说,特许人向受许人发放特许证和转让工业产权之后,就很难有效地保护特许人的商业秘密。一旦发生商业秘密的泄露,就会造成特许人商业利益的巨大损失,大大削弱其竞争优势。

此外,企业采用国外特许经营时,还要考虑受许人的分布密度及其相互竞争因素。一般应根据目标市场的需求容量来确定国外受许人的分布密度,以保证国外受许人能有效地使用给予特许的工业产权,为受许人和特许人带来最大效益。否则,过多的受许人进入市场,使市场供给超过饱和点,各分店之间就会因达不到有效经营规模效益,而进行恶性竞争、争抢市场,从而导致国外受许人不能产生效益,以至于特许人也得不到合理利润。

 动手实践

在选定了公司的家电产品打入亚洲国家市场的渠道结构后,请根据公司的实际情况和目标国家市场情况,为小王所在的公司提供进入目标国家市场的模式。

【参考答案】

一、名词解释

渠道国际化;出口代理商;国外特许经营;国外生产;贴牌生产

二、选择题

1. 渠道国际化的特点有( )。
   A. 渠道较长   B. 环境差异较大   C. 结构多样化   D. 高分销效率
2. 出口商的类型有( )。
   A. 出口行   B. 销售代理商   C. 出口管理公司   D. 综合出口代理商
3. 非出口模式下的国际营销渠道有( )。
   A. 国外生产   B. 贴牌生产   C. 国外特许经营   D. 合同生产
4. 出口代理商不拥有其代理销售产品的( )。
   A. 所有权   B. 管理权   C. 收益权   D. 买卖权

5. 制造商出口代理商的重要缺陷是( )。
   A. 市场活动范围过窄
   B. 业务活动不能使用自己的名义
   C. 所提供的服务较少
   D. 不能按销售额提取一定比例的佣金
6. 国际市场营销渠道是指商品从一个国家的生产企业流向( )。
   A. 国外供应商的流程
   B. 国外最终消费者或用户的流程
   C. 国外代理商或经纪人的流程
   D. 国外生产企业的流程

三、判断题

1. 出口商的基本职能与全能批发商相同，出口商的顾客都是国外买主。（ ）
2. 国外生产应该在采用出口或特许经营的基础上，获得比较充分的国际分销经验后才能借以增加成功率。（ ）
3. 出口商品较少，预期出口销售收益不高，能偶尔获得国际市场订单的企业，应该组织直接出口。（ ）
4. 由于分公司在法律上具有法人资格，所以出口分公司具有较大的自主权、灵活性及较强的国际市场适应能力。（ ）
5. 苹果公司在全球市场上经营得很成功，这主要得益于其拥有一个世界级的品牌，并采用了贴牌生产的非出口模式。（ ）

四、简答题

1. 发展贴牌生产有哪些好处？
2. 简述拓展国际营销渠道的原则。
3. 企业的产品进入国际市场的模式有哪些？
4. 制造商自营出口的机构有几种类型？
5. 试比较国外生产、贴牌生产与国外特许经营 3 种形式的优缺点。

案例分析

中国高铁走向世界

2014 年 6 月 24 日，中国南车与欧洲国家马其顿签署了出售 6 列高速列车组的协议，中国高速列车首次出口到欧洲。7 月 25 日，土耳其首都安卡拉到土最大城市伊斯坦布尔的高铁二期工程通车，这是中国在海外参与修建的首条高铁线路。

此外，中国列车制造和民用工程企业正在南美、沙特、俄罗斯等地修建、参与修建或考虑竞标高铁建设项目。中国高铁正在走向世界，其背后都有哪些因素？

首先，高性价比。中国高铁建设的指导方针是"引进先进技术、联合设计生产、打造中国品牌"，这在某种意义上也体现了中国模式的基本思路。科研人员对引进技术进行消化、整合、创新，最终形成了超越西方水准的新技术和新标准，创造了中国品牌，使中国得以引领今天世界的"高铁时代"。

发展出自己的一整套技术之后，中国强大的制造和建设能力又使得中国高铁的建设成本远远低于西方企业。英国广播公司在"中国的高铁革命"报道中援引数据指出，中国的高铁建设成本不超过其他国家的 2/3。中国高铁每公里基础设施单位建设成本通常为 1700 万～2100 万美元，而欧洲这一数字为 2500 万～3800 万美元，美国则估计高达 5600 万美元。

其次，在与世界上其他高铁技术供应方的竞争中，中方在基建等领域尤其具有优势。一些专家认为，各高铁技术供应方的优势并不相同。高铁产业的出口生意，有些侧重于铁路工程的承包，有些侧重于机车制造。目前，中国主要是承包海外高铁的建设。因此，中国高铁在和对手竞争时，双方甚至有合作互补的可能。

最后，中国高铁成功走向海外的一个重要因素是政府大力支持。李克强总理近日在考察中国铁路总公司时表示，高铁等中国装备具有性价比高等竞争优势，推动中国装备走向国际市场是扩大开放的重要之举，对提升我国对外合作水平、优化外贸结构意义重大，这反过来又会促进国内产业转型升级。要继续深化改革，充分用好对外合作平台，创造有利于企业和装备走出去的环境。企业要抢抓机遇，优势互补，形成拳头，为中国装备在世界市场赢得良好声誉。

一些国外政要也表示了对中国高铁的兴趣。如英国首相卡梅伦毫不掩饰他对中国高铁快速发展的注目，以及对中国投资英国高铁项目的希望。去年他在伦敦参观一项有关中国文化的展览时就说："我对中国的高铁建设非常感兴趣。那绝对是一场'高速'革命。对于英国的高铁项目，我十分欢迎中国前来投资。"

任何事情都有两面，但高铁出海的挑战又有哪些？一位铁路内部人士说，中国高铁出海在技术上没有难题，但是要应对不同国家政局变动带来的风险。泰国高铁项目因当地政局出现反复而曾经停滞就是一个典型案例。另外，高铁出海还要面临当地贸易保护、法律保护、文化差异、标准不同等具体差异，都要有具体的解决方案，这都是中国高铁走出去的过程中要解决的具体问题。一位长期从事高铁车辆进出口业务的业内人士说，国外的生意也不是一帆风顺，困难肯定是有的。他们最近的一单生意，客户的要求几近苛刻，所有的标准都取自世界各国的最高标准，如果不是谈判态度正确，真会理解成对方"故意刁难"，不过最后在中国团队的集体努力下，还是靠产品本身的质量，用实力说话，最终签下了大单，结果也让客户非常满意。除了上述困难外，上述人士透露，另一最重要的问题就是缺乏资金。"缺钱"似乎一直是自铁总成立以来"挥之不去"的老问题。经过三次上调，铁总将今年的铁路投资总额提至 8000 亿元以上，但专家认为，从目前的开工情况来看并不乐观。铁总发布的上半年国家铁路主要指标完成情况显示，上半年国家铁路完成固定资产投资 2351 亿元，其中基本建设投资 1996 亿元。业内人士表示，按照全年要完成 8000 亿元的目标，国家铁路下半年需要完成投资 6000 亿元左右，是上半年完成额的三倍，面临一定挑战。如今的高铁出海，不管有没有钱，铁总是被如中铁、中铁建、中国南车、中国北车这样的企业拉着往前走。企业已经开始自发地走出去了，政府要提供必要的支持。

【问题】
1. 请结合案例，联系中国实际，分析中国高铁成功出海开拓国际市场的条件。
2. 请结合案例，分析中国高铁出海所面临的国际市场的风险。

【分析】
企业开拓国际营销渠道的方式很多，关键是要根据自身条件、外部环境与企业目标相机抉择。其实，企业开拓国际市场不仅仅是企业自身的事情，而且也是政府相关部门的事情。中国政府充分利用自身的政策和信息等方面的优势，牵手国内优势企业，实施"走出去"战略，成功地帮助了中国高端制造业的一些企业实现了国际化、全球化和品牌化的国际经营目标。

拓展国际营销渠道

1. 实训目的

通过本次实训，使学生能够掌握国际营销渠道模式，通过某家电企业的国际化路线选择，领悟企业国际化的动机以及国际营销渠道成员的选择。

2. 实训要求

基于小王工作的家电企业，根据公司国际化战略发展要求来拓展公司在亚洲国家的营销渠道。

3. 实训材料

纸张、笔、计算机、企业画册、互联网及前期资料等。

4. 实训步骤

(1) 选择自己熟悉的广东某家电企业替代任务描述中小王工作的某企业。

(2) 通过网上搜索、公司网站等形式收集该公司国际化的背景资料以及国际营销渠道成员。

(3) 通过网上搜索等形式收集部分亚洲国家市场对家电产品的需求情况。

(4) 分析亚洲国家市场的特点，根据公司营销战略和顾客的需求来分析公司进行国际化营销的动机、当时的环境以及国际渠道成员选择。

5. 成果与检验

每位学生的成绩由两部分组成：学生实际操作情况(50%)和分析报告(50%)。

实际操作主要考查学生完成拓展服务渠道的实际动手操作能力；分析报告主要考查学生根据资料分析渠道国际化的背景、目标国家市场特征及国际渠道成员选择的合理性，分析报告建议制成PPT。

任务11　拓展网络营销渠道

【任务描述】

随着电子商务活动日渐繁荣和消费者购买行为的不断发展变化，越来越多的消费者都通过网络来进行购物。正因为如此，国美电器开设国美电器网，苏宁开设苏宁易购等。面对营销环境的变化，传统的家电生产企业也不能袖手旁观。否则，会失去很多营销机会。因此，小王就职的家电企业也决定通过互联网络来销售自己的产品，参与网络消费市场竞争，满足更多消费者的需求，提高公司产品在市场的销售量和竞争力。这就需要公司的业务员来适应营销环境，拓展公司的网络营销渠道。

【任务分析】

开发网络购物市场，是企业不可回避的选择。随着互联网逐渐渗透到人们日常生活中，人们已经离不开互联网。消费者购物行为的改变，使得越来越多的消费者愿意通过网络来购物。因此，企业开拓网络营销渠道势在必行。在拓展网络营销渠道时，必须弄清楚网络营销渠道的特点和功能，然后根据具体条件来选择进入网络市场的渠道形式和策略。

【任务目标】

任务	工作要求
认识网络营销渠道	区分网络渠道与传统渠道的差异
明确网络渠道的形式	熟悉不同网络渠道的形式与特点
拓展网络渠道策略	保持传统渠道与网络渠道并行发展

【学习目标】

知识目标	技能目标	学习重点和难点
理解网络营销渠道的特点、功能、结构	能区别网络渠道与传统渠道	(1) 网络营销渠道的特点和功能 (2) 网络营销渠道的结构
掌握网络营销渠道的形式	能根据行业及网络形式的特点，采取相应策略拓展相应网络营销渠道	(1) 网络营销渠道的形式
掌握网络营销渠道管理策略		(2) 网络渠道管理策略

> 【任务实施】

工作任务 11.1　认识网络营销渠道

11.1.1　理解网络营销渠道的含义与特点

1. 网络营销渠道的含义

网络营销渠道是指充分利用互联网络的特性，在网上建立产品或服务分销体系，通过互联网平台从生产者向消费者转移过程的具体通道或路径。网络营销渠道的产生是因特网改变人们的生产和生活方式的一个重要方面。从厂家的角度看，为在激烈的市场竞争中抢占先机，需要通过网络营销渠道传递信息，实现网上销售。从客户角度看，由于消费者购买行为的理性化，消费者需要通过快捷、便利的网络渠道获得尽可能多的信息，也愿意通过网络实现购买。

2. 网络营销渠道的特点

互联网的发展和商业应用，使得传统营销渠道中的分销商凭借地缘因素获取的优势被互联网的全球性与虚拟性所取代。同时，互联网络信息交换的高效率化，改变了传统营销渠道的诸多环节，将错综复杂的关系简化为单一关系。因此，网络营销渠道主要有以下特点。

1) 渠道技术化

网络营销渠道是随着互联网和通信技术的产生而产生的，网络营销渠道应用了大量的网络信息技术，如局域网技术、广域网技术、搜索技术、网上订货技术、网上支付与安全技术、网上配送技术等。

2) 结构扁平化

网络营销渠道的应用大大减少了渠道分销商的数量，拉近了企业与顾客之间的距离。同时，使企业建立直销渠道的可能性大大提高。企业利用自己或分销商的商务网站，一方面发布企业和产品等相关方面的信息；另一方面可以接受顾客的咨询和订购。

3) 形式虚拟化

网络营销渠道是"虚"与"实"的结合，甚至是完全虚拟的。虚拟化的网络营销渠道的表现形式主要是在线销售、电子商店、网上零售、网上采购、网上拍卖、网上配送等。

4) 突破时空限制

由于互联网具有全球性、全天候性的特点，一方面网络营销渠道拓展了营销渠道的范围，使之加大加宽。因为互联网打破了地域的限制，哪里有互联网，哪里就有网络营销渠道终端。因此，基于互联网的渠道网络使得企业的全球市场的整合成为现实，使得产品的营销渠道扩展到了更为广阔的世界市场，而非局限于局部区域市场。另一方面，网络营销渠道也不受时间的限制，可以全天 24 小时地实现在线服务。与传统渠道相比，大大延长了运营时间。

5) 渠道系统整合性强

网络营销渠道以电子信息技术为工具，把企业价值链和供应链中的与分销相关的营销环节整合在一起。如当顾客在网上购物时，下订单、支付、配送、售后服务等环节都可以利用互联网进行整合，除实物配送外，其他环节都可以在网上完成。

6) 销售对象数字化

由于数字化产品具有自身独特的性质，互联网的发展使得网络销售对象日趋数字化。数字化产品的销售商拥有了一个低廉快速的营销渠道，使之能在全球接入互联网的任何地方分销自己的产品，选择、订购、支付、配送等整个购买过程都可以在网上完成。

11.1.2 认识网络营销渠道的功能

与传统营销渠道一样,以互联网为支撑的网络营销渠道也应具备传统营销渠道的基本功能,如信息沟通、资金转移和实物转移等。网络营销渠道一方面为消费者提供产品信息,给顾客提供更多的选择机会;另一方面,在顾客选择产品后能完成网上交易。因此,一个完善的网络营销渠道还具有以下3种功能。

1. 订货功能

订货功能是指企业间利用通信网络和终端设备,以在线链接的方式进行订货作业和订货信息交换的表现形式,主要由订货、通信网络和接单计算机三部分构成。订货功能为顾客提供产品信息,同时也方便企业获取顾客的需求信息。一个完善的订货功能系统,可以最大限度降低库存,减少销售费用。

2. 结算功能

结算功能主要是管理网络营销渠道中的资金流,企业需要提供支付功能系统为顾客在订购商品后进行选择付款。目前比较流行的支付方式有:货到付款、预存款结算、邮政汇款、银行卡网上付款、银行电汇、第三方支付平台(如阿里巴巴的"支付宝")等。

3. 配送功能

网络销售的产品主要有实体产品和无形产品两种类型,对于无形产品,如服务、信息、软件、音乐等产品,企业可以直接通过互联网进行配送,如现在许多软件都可以直接从网上购买和下载后使用。因此,网络营销渠道中的配送系统一般讨论的是实体产品的配送问题。实体产品的配送在现阶段主要有两种配送方式:一是企业拥有自己的物流配送队伍,在顾客订货后,企业安排配送部门送货;二是企业和第三方物流企业进行合作,在顾客订货后,企业委托第三方物流服务商送货。

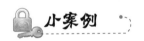

电商助中国服装业转型

【拓展文本】

随着中国国内本土企业自主品牌意识的不断增强,很多服装企业都开始走上了转型之路,而更多的企业则是选择了与移动互联网这一新兴商业模式的融合发展。一时间,"时尚服装批发"这样的移动电商平台开始在移动互联网大量涌现,中国的服装产业在迈入移动互联网电子商务时代的同时,其行业格局也在悄然发生着变化。服装行业进入移动互联网,对于服装企业而言可谓百利而无一害,除了能够帮助企业获得经济效益上的提升之外,更重要的是还能够增强未来竞争力,而这正是本土服装企业所缺少的核心。移动互联网具有信息开放性的优势,能够帮助企业快速精准地推送和投放企业和产品宣传信息,从而提升企业知名度,扩大企业的品牌效应,增强企业的"软实力"。

11.1.3 掌握网络营销渠道结构的类型

1. 网络直销渠道与网络中介渠道

与传统营销渠道一样,网络营销渠道也可分为网络直销渠道和网络中介渠道,如图11.1所示。

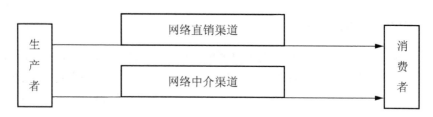

图 11.1 网络营销渠道结构

网络直销渠道是指通过互联网实现产品或服务从生产者到消费者的过程，简称网上直销。这时传统中间商的职能发生了改变，由过去的中坚力量变为网络直销渠道提供服务的中介机构，如提供货物运输配送服务的专业物流服务商，提供货款网上结算服务的网上银行，以及提供产品信息发布、网站建设的互联网服务提供商和电子商务服务商。网上直销渠道的建立，使得生产者与最终消费者直接连接和沟通成为现实。

网络中介渠道是指通过融入互联网技术后的中间商向消费者提供产品或服务。传统中间商由于融合了互联网技术，大大提高了网络中间商的交易效率、专门化服务水平和规模经济效益。基于互联网的新型间接网络营销渠道与传统间接营销渠道有着很大不同：传统间接营销渠道可能有多个中间环节，如代理商、一级批发商、二级批发商、零售商等；而间接网络营销渠道只需要一个中间环节。

 小贴士

网络中间商与传统中间商的区别

1. 存在前提不同

传统中间商是因为生产者与消费者之间直接达成交易成本较高而存在；而网络中间商是中间商职能和功效在新的互联网领域的发展和延伸，是对传统直销的替代。

2. 参与主体不同

传统中间商是要直接参加生产者与消费者交易活动的，而且是交易的枢纽和驱动力；而网络中间商作为一个独立主体存在，不直接参与生产者与消费者之间的交易活动，其提供一个网络媒体和场所，同时为消费者提供大量的产品与服务信息，为生产者传递产品服务信息和需求购买信息，促成生产者与消费者之间具体交易的实现。

3. 交换内容不同

传统中间商参与交易活动，需要承担物质、信息、融资等交换活动，而且这些交换活动是伴随交换同时发生的；而网络中间商作为交换的一种媒体，主要提供的是信息交换场所，具体的物质、资金交换等活动则由生产者与消费者之间直接进行。因此，交换过程中的信息交换与实体交换是分离的。

4. 交换方式不同

传统中间商承担的是具体的实体交换，包括实物、融资等；而网络中间商主要进行信息交换，属于虚拟交换，可以代替部分不必要的实体交换。

5. 交换效率不同

通过传统中间商达成生产者与消费者之间的交易至少需要两个环节，如果中间的信息交换特别不畅通，易造成生产者与消费者之间缺乏直接沟通；而网络中间商提供信息交换可以帮助消除生产者与消费者之间的信息不对称，在有交易意愿的前提下，才实现具体的实体交换，可以极大减少中间商因信息不对称而造成的无效交换和破坏性交换，最大限度地降低交换成本，提高交换效率和质量。

2．网络宽渠道与网络窄渠道

网络宽渠道是将网络产品或服务提供给消费者时，在某一特定目标市场的某一层级上选择两个以上中间商销售本企业的产品或服务的营销渠道。如，某酒业有限公司将生产的产品选择京东、天猫等多家网上交易商代理，这种营销渠道为网上宽渠道。

网络窄渠道是指将网络产品或者服务提供给消费者时，在某一特定目标市场的某一层级上只选择一个中间商的营销渠道。如，某地区市场电脑的销售，仅选择太平洋网一家交易商，这种渠道为网络窄渠道。

3．网络短渠道与网络长渠道

网络短渠道是指将网络产品或者服务提供给消费者时，不经过中间商环节或者只经过一个中间商环节的网络营销渠道。短营销渠道能减少流通环节，缩短流通时间，节约流通费用，致使产品最终价格较低，能增强商品竞争力；能将信息迅速、准确地反馈给生产者，从而使生产者及时做出决策；由于环节少，生产者和中间商较易建立直接的、密切的合作和服务关系。但短营销渠道使生产者承担了较多的中间商职能，不利于集中精力搞好生产。

网络长渠道是指将网上产品或者服务提供给消费者时，经过两个或者两个以上中间商环节的网络营销渠道。长渠道的优点有：一是物流商和结算商介入，利用其经营的经验和分销网络，既为网络交易商节省时间、人力和物力，又为厂商节省营销费用；二是能够提供运输费服务和资金融通；三是组织货源，调节供需在时空上的矛盾；四是为生产企业提供市场信息和服务。长渠道也有不足之处：经营环节多，降低了盈利水平；流通时间长，不利于协调和控制。

11.1.4 应用网络营销渠道的模式

由于互联网在各行业利用水平不同，可根据产品网络分销的适应性和网络渠道与物理渠道的关系，将网络营销渠道划分为4种模式，如图11.2所示。

	网络渠道与物理渠道的关系	
	简单	复杂
产品网络分销的适应性 高	单纯网络销售型	战略分销型
产品网络分销的适应性 低	辅助促销型	协同分销型

图 11.2 应用网络营销渠道模式

其中对产品网络分销的适应性可从两个方面来界定：一是数字产品，这类产品可以通过互联网转输，从而可以在互联网上完成全部交易；二是复杂、大件、高价产品，由于这类产品通常有一个复杂的询价和谈判过程，因而互联网可以在此方面带来便利。网络渠道与物理渠道的关系则主要指互联网作为渠道资源与产品实体转移的渠道流之间的关系。如果通过互联网可以完成产品实体的传递，或者互联网完全不涉及产品交易过程(包括实体转移)，则表示网络渠道与物理渠道的关系简单；否则，则表示两者的关系复杂。

1. 辅助促销型

辅助促销型分销是指提供许多产品信息和链接转售服务，客户不能从这些网站上购买产品或服务，而是通过网站为客户指点转售这些产品或服务的一种分销模式。该分销模式的特点在于网络渠道与物理渠道的关系简单，同时，产品网络分销的适应性较低。这种分销模式的成功很大程度上取决于提供客户渠道合作伙伴的可信度，以及合作伙伴是否能充分履行其品牌承诺。只要这些合作伙伴在交易时能履行承诺，那么这种模式对许多公司都是有效的。

在服装行业辅助促销型分销模式较常见，如生产 Lee 牛仔和 Wrangler 牛仔的制衣商 VF 公司就采取了将客户推向指定销售点的分销模式。VF 将自己的网站设计成目的网站，用以提供信息和娱乐，当客户需要购买时，网站会将其推荐到出售网站或传统销售点完成购买过程。

2. 单纯网络销售型

单纯网络销售型分销指企业将产品通过网络直接销售给最终客户，网络承担信息沟通和产品传递功能的一种分销模式。该分销模式的特点在于网络营销渠道与物理渠道的关系简单，通过互联网可以完成所有交易过程，产品网络分销的适应性较高，如简单数字产品(音像及信息产品等)的网上销售模式。由于这类产品便于网络下载，相应的售后服务较少，加上网络销售可以有力打击数字产品的盗版，使得单纯网络销售型分销模式在简单数字产品领域发展得比较成熟，如中国电子图书网等。

3. 协同分销型

协同分销型分销指企业采用二元策略，既通过自己的网站销售，又利用其他合作渠道销售产品，同时还提供某些技术支持的一种分销模式。该分销模式的特点在于网络营销渠道与物理渠道的关系比较复杂，而产品网络分销的适应性较低。由于互联网的虚拟性和非数字化产品的物理属性，使得服务功能较强的协同分销型分销模式在许多非数字化产品领域运用得较为普遍。例如，太阳微系统公司的 B2B 网站可以使客户了解购买提供的硬件、软件的信息，并获得教育、培训及咨询方面服务，网上客户可以在网上订购，也可以打电话到最近的零售店。

4. 战略分销型

战略分销型分销指企业通过发展网络战略，以加大其直销力度，尤其针对那些有战略意义的大客户的一种分销模式。该分销模式的特点在于网络营销渠道与物理渠道的关系比较复杂，同时产品网络分销的适应性也较高，适用于复杂、高投入的数字化产品及大宗产品交易等领域。对于一些数字化产品，由于其自身的复杂性和高投入常常要求销售人员拥有一定的技巧，特别是在与客户建立关系方面。因此，互联网并没有完全替代传统的营销渠道。但互联网在各种营销渠道之间创立了一种新的协同效应和平衡，这对维持客户满意程度和提高利润非常重要，对用户和销售商来说，在售后服务及配件服务中也起着关键的作用。如 1994 年 Dell 公司率先使用网络直销渠道，基于互联网的销售收入占到该公司总收入的一半以上。

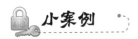

"互联网+"的几种模式

【拓展图文】

1. "互联网+医疗"模式

该模式为民众就医提供了便捷、高效的解决方案。全国已有近100家医院通过微信公众号实现移动化的就诊服务和快捷支付，累积超过1200家医院支持微信挂号，服务累计超过300万名患者，为患者节省超过600万小时，大大提升了就医效率，节约了公共资源。

2. "互联网+金融"模式

相比传统金融，互联网金融的出现满足了需求量巨大的企业小额融资需求，企业不仅获取信息和资金的渠道增多了，而且获取资金和提供服务的成本也降低了。在合理风控的前提下，利用网络平台的额度与速度的优势，不但可以解决融资难题，更可以优化整体的资金周转。同时，第三方支付等互联网金融模式也给居民生活提供了无线便利。

3. "互联网+公共服务"模式

该模式鼓励政府利用新媒体、社交网络等互联网平台建立"智慧城市"的管理和服务体系。同时，政务民生服务平台应该与市场各方合作，分类逐步开放相关数据和接口，降低企业进入和运营成本。

4. "互联网+交通"模式

该模式为民众出行创造了最佳条件。高德地图、百度地图等LBS公司，就提供出大数据，分析每周每天的不同时段，哪些路段拥堵，哪些路段畅通，以此推荐民众进行精确出行路线规划。此外，滴滴和快的的"打车红包"，让民众养成了新的打车消费习惯，而例如租车、拼车、代驾领域，也都有颇多亮点。未来，车联网、交通监控、车辆通信、无人驾驶等技术都可能成为现实。

5. "互联网+教育"模式

该模式为学生创造了便捷的学习条件。大家熟悉的在线教育，就是"互联网+教育"的产物。新东方创始人之一俞敏洪表示，移动互联网会改变中国教育资源分配。借助移动互联，未来的远程在线教育会越来越逼真，效果会越来越好。而互联网的教育平台也不断涌现，例如家教平台，答疑平台等。

6. "互联网+物流"模式

该模式通过网上采购和配销，使企业更加准确和全面地把握消费者的需要，在实现基于顾客订货的生产方式的同时减少库存，降低沟通成本和顾客支持成本，增强销售渠道开发能力的战略。

动手实践

请登录国美电器网和苏宁易购等购物网站，进行商品浏览、网站菜单功能演示等。借鉴这些购物网站，设计小王就职企业的网络销售的渠道结构。

工作任务11.2　明确网络渠道的形式

11.2.1　网络直销渠道

网络直销渠道通常有两种做法：一种是企业申请网络域名，制作主页和销售网页，建立自己的网站，由网络管理员专门负责处理有关产品的销售事宜；另一种是企业委托互联网信息服务提供商在其站点发布信息，企业利用有关信息与客户联系，直接销售产品。

1. 网络直销渠道的类型

1) 在线商店

在线商店是企业分销自己商品的平台,其不同于作为间接营销渠道的网上商城。网上商城是由中介机构设立的用于向商家出租或免费提供网络空间的一种形式。而在线商店类似于传统营销渠道的专卖店,是企业挖掘潜在客户、增加老客户对产品的订购次数、为客户提供购物便利的重要平台。网站通常为网络访问者提供一份详细的产品目录和相关的商品介绍,借助相关的电子商务软件实现消费者的购物流程,并允许消费者选用合适的支付手段在线订购商品的购买行为。

2) 信息服务

许多企业建立的网站并不仅仅是为了在网上分销产品或服务,而是为了宣传企业的品牌形象,改进顾客服务及加强与消费者的联系。该类网站一般提供企业新闻、市场动态、消费者反馈、论坛以及符合目标顾客特征的消费、娱乐与生活指导,还有各种有用的信息资源服务。

3) 顾客服务

毫不夸张地讲,服务是企业网络分销的灵魂。企业可以借助网站全天 24 小时不间断地为客户提供所需要的服务,这种措施能有效地提升企业整体的顾客服务水平。除了一般的 FAQ(常见问题解答)、E-mail 答疑及一些企业与消费者共同交流问题的 BBS 论坛等互动的沟通方式以外,成熟的网络直销行为应该充分利用网络聚集的顾客群体资源,进行专业的在线客户关系管理,以此来提高顾客的满意度和忠诚度。

4) 电子杂志

电子杂志是一种只能在网上存在的出版物。顾客可通过网站定制自己所需要的电子杂志,也可根据需要取消订阅。企业可以通过 E-mail 来发送电子杂志,让顾客通过其直接了解产品信息及其相关服务。

5) 在线目录

对于新产品开发频率较高、价格经常变化,或对消费者来说需要更多产品信息才能做出购买决策的企业,可以用完善的网络在线目录来直接展示产品的名称、价格、功能、适用对象、相关的测评和促销信息等,使消费者通过浏览和点击网络在线目录的产品,获取详细的产品信息。

6) 超链接

超链接是企业网站十分常见而重要的组成部分,通过创建超链接,可以把企业网站与其他相关网站,如行业信息网站、新闻网站、供应商网站、中间商网站、与公司产品相关联的信息网站、对企业有相关评价的论坛等进行链接,可以大大提高网站的信息容量,满足消费者对相关信息的需求。

2. 网络直销渠道的优势

1) 促进双向直接沟通

企业可以从网上直接搜集到消费者真实的第一手市场信息资料,合理地、有针对性地按照消费者的需求进行个性化设计。反过来,消费者也可以通过互联网络将自己的需求信息上传到生产企业,要求生产企业按自己的个性化需求进行特色化设计,促进供需双方的直接沟通。

2) 双赢的利益关系

由于网络直销渠道降低了企业的分销成本，企业能够以相对较低的价格销售自己的产品，消费者也能够以低于非网络市场价格购买到自己需要的产品。

3) 沟通工具多样化

随着网络通信技术的不断发展，沟通工具日趋多样化。渠道管理人员可利用多样化的网络沟通工具，如 FAQ、QQ、电子邮件、电子公告板、网络电话、网络传真、网络新闻发布、即时通信、博客等，随时了解消费者的愿望和需要，及时了解到消费者对产品的意见和建议，并针对这些意见和建议提供顾客服务，解决疑难问题，提高产品质量，改善经营管理。通过这种"一对一"的关系营销模式，企业可以与消费者在心理上建立良好的关系，并据此开展各种形式的促销活动，迅速扩大产品的市场占有率。

4) 渠道运作规范化

与传统分销模式相比，企业通过网络进行直接分销，实行统一定价以及规范化运作，避免了分销商之间的相互倾轧，使原先一大部分依靠市场不规范和价格混乱生存的传统中间商失去存在的基础。

3．网络直销渠道的劣势

网络直销渠道固然有很多优势，但也有其自身的不足。由于越来越多的企业和商家在互联网上建立网站，使用户对浩如烟海的信息无所适从。面对大量分散的域名，网络消费者很难有耐心一个个地去访问一般的企业主页。据有关资料介绍，我国目前建立的众多企业网站，除个别行业和部分特殊企业外，大部分网站门可罗雀，分销数额不大。

为解决这个问题，企业可以从两个方面着手：一是组建具有高水平的专门服务于网络商务活动的信息服务点；二是从网络间接营销渠道中去寻找解决办法。从近几年网络营销渠道发展情况看，虽然大多数企业在互联网上都有自己的站点，但绝大多数企业仍然委托知名度较高的信息服务提供商来进行网络分销。由于这些信息服务提供商知名度高、信誉好、信息量大，消费者需要查找企业信息或商品信息会自然而然地想到他们，并利用他们。因此，搜索访问的人数非常多。

11.2.2 网络中介渠道

由于网络市场是一个虚拟市场，在进行网络直接分销时，交易双方都会考虑对方的信誉，担心出现对方收钱不给货或者拿货不付钱的问题，从而影响完整交易过程的实现。为了克服网络直接分销的缺点，网络商品交易中介机构，即网络中间商应运而生。这类机构成为联结交易双方的枢纽，使得间接网络分销成为可能，如阿里巴巴 B2B 网站就是这类中介机构。

1．网络中介渠道的类型

1) 信息服务提供商

网络信息服务提供商为消费者和企业提供详细、丰富的信息、知识、内容及经验等一系列相关服务。典型的信息服务提供商主要有目录服务提供商、搜索服务提供商、智能代理提供商、卖方代理提供商等。

(1) 目录服务提供商。目录服务提供商对互联网中存在的大量信息进行搜集、筛选和整理，以目录的形式体现在自己的网站上，使得顾客能够方便地找到所需要的网站、网页或者文件等。一般来说，目录服务有 3 种形式：第一种是通用目录，即把各种不同的站点按层次进行分类组合，使得用户能按自己的需求对站点进行搜索，如新浪等门户网站，为用户提供了大量站点、信息的索引；第二种是商业目录，即提供各种商业网络站点的索引，类似于印刷出版的指南或手册，如互联网商店目录；第三种是专业目录，即网络中间商针对某个行业或主题建立网络站点，站点里面可以包括某类产品、企业、市场等信息，生产制造商可通过支付网络中间商费用，利用其站点进行网络广告宣传，如中国化工网站的专用目录。

(2) 搜索服务提供商。与目录服务提供商不同，搜索服务提供商的站点收集了大量的数字化信息，建立大型数据库并分门别类存储各种站点介绍和页面内容，为用户提供基于关键词的检索服务，如 Google、百度等站点。

(3) 智能代理提供商。智能代理提供商利用自己专门设计的智能软件，根据消费者的需求和偏好预先为消费者进行搜索和过滤所需要的销售商、产品信息或相关评价等，最终将结果依照预先设定的程序反馈给消费者。消费者可以自由选择通过这类网络中间商购物或者直接联系供应商购物，而网络中间商通过收取相关供应商的费用而获得收益。

(4) 卖方代理提供商。在模式上，与智能代理提供商恰好相反，卖方代理供应商通过自己的网站为销售商搜集和整理老顾客、潜在顾客的信息，然后将这些顾客的信息出售给销售商，从而获得收益。

2) 平台提供商

一般来说，平台提供商相当于传统交易市场，为那些想要进行商品交易的人提供一个虚拟的交易场所，任何人或者组织都可将想要出售的物品的相关信息上传到网站，也可在站点中任意选择和购买自己需要的物品。

(1) 网络交易市场。这类网络中间商通过搭建电子商务平台，运用先进的网络技术及设备为企业或用户提供权威的网络交易平台及数据库管理。网络交易平台提供商主要通过向企业或者用户收取的店铺租金来获得收入。典型的网络交易市场就是 B2B 模式的阿里巴巴，阿里巴巴通过自己的网站为中小企业提供技术、服务等。中小企业不仅可以通过阿里巴巴网站扩大市场区域，寻找客户及减少交易费用，同时还可以搜索符合其要求的供应商，降低其采购费用。销售商和采购商可以通过阿里巴巴网站进行谈判，达成交易，并通过阿里巴巴网站的交易系统进行网上在线交易等。

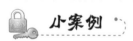

万达携手百度、腾讯打造全球最大 O2O 电商公司

【拓展视频】

2014 年 8 月 29 日，万达集团、百度、腾讯在深圳举行战略合作签约仪式，宣布共同出资在香港注册成立万达电子商务公司。万达集团是全球领先的不动产企业、中国最大的文化旅游企业、全球最大的电影院线运营商，预计 2014 年到万达广场、酒店、度假区的消费者将超过 15 亿人次，万达已成为国内最大的线下消费平台；保守估计到 2020 年，每年到万达的消费者将超过 50 亿人次，届时万达将成为全球最大的线下消费平台。百度作为全球最大的中文搜索引擎，拥有全球领先的技术实力和最广泛的大数据平台，是中国互联网最大的需求入口，也是最大的应用和服务分发平台，每日响应搜索请求超过 60 亿次，LBS 定位服务月均日 PV 超过 100 亿次。腾讯拥有用户规模最大、活跃度最高的众多互联网产品，截至 2014 年 6 月 30 日，旗下即时通信服务 QQ 月活跃账户达到 8.29 亿，移动社交通信服务微信和 WeChat 合并月活跃账户数达 4.38 亿。三家在各自领域绝对领先的企业将强强联合，充分发挥各自优势，进行对应产品的深度整合，共同开创全球领先的 O2O 电子商务模式。

万达、百度、腾讯将在打通账号与会员体系、打造支付与互联网金融产品、建立通用积分联盟、大数据融合、WiFi共享、产品整合、流量引入等方面进行深度合作。三方将联手打造线上、线下一体化的账号及会员体系，探索创新性互联网金融产品；建立国内最大的通用积分联盟及平台；同时，三方还将建立大数据联盟，实现优势资源大数据融合，共同打造线上、线下一体化的用户体验。

(2) 网络拍卖市场。网络拍卖市场提供网络交易场所，并组织拍卖活动而获得销售佣金和广告收入。销售商在网站上提供商品信息，但不确定商品的价格。而商品价格是通过拍卖的形式由注册的会员在网络上互相竞价确定，在规定时间内出价最高者就可以购买该商品，如eBay就是全球最成功的网络拍卖市场。

3) 虚拟零售店

虚拟零售店是销售商与消费者进行网络交易的场所，拥有自己的物品清单，并能直接销售产品或服务给消费者。一般来说，虚拟零售店专业性较强，常常定位于某类型产品，经营方式多为直接从厂家进货，然后打折出售给消费者。目前，虚拟零售店主要有电子零售商和电子购物中心两种形式。

(1) 电子零售商。电子零售商首先购进各种各样的商品，然后通过自己建立的网站再把商品直接出售给最终消费者，从中赚取利润。一般来说，电子零售商采取的是B2C的运营模式。电子零售商通常会借鉴传统零售商的促销经验，以打折、优惠券等方式来吸引消费者购物。

(2) 电子购物中心。电子购物中心是由众多的商家加入中介机构建设的网站中来，通过中介机构建设的网站面向消费者。其与目录服务的根本区别在于电子购物中心不仅为商家提供链接、信息咨询和广告服务，还会为需要加入网站的商家提供网络建设和开发的服务，并收取一定的费用，如服务器的租用费用、广告宣传费用、销售收入提成等。

4) 辅助服务提供商

辅助服务提供商承担的功能与现实中负责监管、提供信誉担保及金融服务的组织一样，互联网的特殊性使得在线服务的这类组织成为网络营销渠道成员。目前，辅助服务提供商主要有网络评估机构、网络统计机构及网络金融机构等。

(1) 网络评估机构。网络评估机构直接针对网络上良莠不齐的销售商而成立，根据预先制定的评估标准体系对网上商家进行评估，为消费者提供网上商家的资信等级信息和消费评测报告，降低消费者网上交易的风险，尽量避免消费者的权益受到侵害，对网络市场商家的经营行为起到了间接的监管作用。

(2) 网络统计机构。网络营销渠道发展也需要其他辅助性的服务。例如，网络广告提供商需要了解有关网站访问量、访问者特征、不同网络广告手段的使用效果等信息；企业需要了解消费者的购买偏好、网络用户增长的趋势等。网络统计机构就是为用户提供互联网统计数据，确保交易过程中的一些必要数据的透明性而建立的，如我国CNNIC等。

(3) 网络金融机构。网络交易的不安全性使得交易双方不能够相互信任，为交易的达成带来一定的困难，因而一些企业开始利用自身信用逐渐介入网络营销渠道中来，提供专门的金融服务，如支付、转账、结算等服务。网络金融机构是为网络交易的支付与安全提供专业性金融服务的机构，主要有两种形式：一是一些传统的金融服务商，逐渐开通网上银行，买卖双方只要有银行账号，就可以通过网络进行转账结算；二是新兴的虚拟金融服务，它们以第三者的身份为网络交易提供安全保证。

小贴士

网络社区

网络社区是网上特有的一种虚拟社会，社区主要通过把具有共同兴趣的访问者集中到一个虚拟空间，达到成员相互沟通的目的。网络社区是用户常用的服务之一，由于有众多用户的参与，因而已不仅仅具备交流的功能，实际上也成为一种网络营销场所。网络社区营销主要有两种形式：利用其他网站的社区和利用自己网站的社区。

利用其他网站的社区主要是 BBS，在 BBS 上进行交流，可以了解别人的观点，同时可以帮助他人或者向他人求助。经常参加论坛的人可能有电子杂志的编辑、企业家、管理人员，以及对某些话题感兴趣的任何人。如果对某个问题有疑惑，你不妨到相关的论坛去看看，说不定有人可以给你提供答案。另外，有些论坛设有专门的广告免费发布区，可以充分利用这些机会宣传自己的产品，也可以参与一些和自己的产品有关的问题的讨论，通过和别人讨论或解答问题，达到间接推广产品的目的。

除了利用其他网站的社区开展营销之外，如果有自己的网站，也可以建立自己的网上社区，为网络营销提供直接渠道和手段。网站社区主要有与访问者直接沟通、顾客服务、在线调查等作用。

2．网络中介渠道的优势

网络中介渠道简化网络交易过程，扩大市场范围，减少流通环节，有利于网络交易规模化与交易活动常规化，便于收集交易双方信息过程，降低产品的销售成本，从而引起商品价格的下降。网络中介渠道采取按订单生产的方式，同时采用产品定制化，降低了企业库存的压力，甚至可以实现零库存，从而减少了企业的库存成本。通过网络中介渠道，消费者可以在更多的卖家中选择，获取更多的产品价格信息，并且有利于交易双方信息对称。为了在这种激烈的市场竞争中吸引更多消费者购买，网络中间商不得不制定较低的价格。

3．网络中介渠道的劣势

网络中介渠道使得企业不能直接与顾客进行接触沟通，获得信息比较迟缓，而且企业不能独立地对网络中介渠道进行管理，因而对网络中介渠道缺乏足够的控制。由于网络信息的公开性与竞争性，使厂家难以保持较高的营销效益。网络中介渠道主要适合于信息网络的中小企业，或面对市场潜力不大，而风险较大的市场。

4．影响网络中间商选择的因素

1）成本

网络中间商提供中介服务进行收费的模式一般有两种：一种是网络中间商按照企业使用的资源和使用站点提供的服务程度来收取费用；另一种是网络中间商根据企业由其网站形成的销售额进行提成。当网络中间商自身实力不足以对企业的销售额形成较乐观的预期时，企业通过使用网络中间商站点提供的服务所支付的成本相对会低一些。而当网络中间商自身实力足以对企业的销售额形成较乐观的预期时，网络中间商就会采取有利于自己的收费方式，如根据其网站所创造的销售额进行提成。

2）资信

资信是指网络信息服务提供商所具有的信用程度的大小。目前，我国还没有权威性的认证机构对网络信息服务提供商进行认证。因此，在选择网络中间商时需注意其资信程度。企业在评价网络中间商的资信状况时，可利用金融机构、专业资信调查机构和内部调查方式来进行调查，防止发生资信条件不足而带来的损失。

3) 覆盖面

覆盖面是指网络中间商宣传所能到达的地区和人数，以及网络站点所能影响到的市场区域。对于企业来说，站点覆盖面并非越广越好，而是要看市场覆盖面是否合理、有效，是否能够最终给企业带来经济效益。

4) 特色

每一个网络站点都要受到网络中间商的总体规模、财力、服务态度、文化素质、工作精神等因素的影响。在网站设计、更新过程中表现出各自的特色，会影响到不同的访问群。因此，企业应当研究这些访问群的特点、购买渠道和购买频率，为选择不同的网络交易中介机构打下良好的基础。

5) 连续性

网络发展实践证明，网站的寿命有长有短。一个企业如果要使其网络营销渠道持续稳定地运行，就必须选择具有连续性的网站，这样才能在消费者中建立品牌信誉、服务信誉等。同时，企业还应采取措施密切与网络中间商的联系，保持企业产品在其网页中位置的连续性。

5. 网络中介渠道管控分析

各大中间商(如门户网站、搜索引擎等)推出的搜索服务、网络广告服务等产品，往往需要不同地区的中间商为客户按区域提供服务，所有的中间商就组成了某服务商的营销渠道。为在网络营销市场竞争中抢占制高点，各大中间商不断加强营销渠道建设，力求实现网络营销渠道的多样化。营销渠道建设的成败关系到服务商的市场竞争力，拥有畅通、可靠的销售渠道，已成为决胜市场的关键所在。巨大的渠道支持使得互联网企业为客户提供全方位的服务成为现实，其商业价值巨大，使得各大中间商也逐渐向真正的互联网经济企业迈进。有了强大的线下实体渠道网络的支持，互联网就可以相对轻松地实现企业从产品提供商向服务提供商的转变。

在高速增长的网络市场环境下，网络中间商扮演着重要的角色。以网络实名为例，网络实名作为典型的网络服务产品，以广泛发展代理商的传统模式进行销售并获得巨大的成功。其他类似的网络服务产品还有搜索引擎登记、竞价排名等。由于以企业为主的终端用户对于这些服务产品的认识不足和操作上需要一定的专业知识等局限性，以及服务产品的本地化特点，使得直接依靠网络渠道销售发展缓慢。大量的工作仍需要由各地代理商进行线下市场培育、促销、售后服务等，利用代理商了解当地市场的优势开展本地化服务，达到单纯或主要依靠网络直销无法比拟的销售业绩。线下实体渠道是大部分网络营销服务商采用的主要销售渠道。在这一点上有别于 Google 关键词所采用的客户自助式直销模式。造成这一现象的主要原因包括：一是国内网络营销市场尚处于初级阶段，企业用户还不理性，对于网络营销产品并不十分了解；二是真正的品牌集中度较高的网络营销服务商尚未形成，用户在选择产品或服务时仍处于被动。

1) 中间商与服务提供商之间的关系

提供网络营销产品的服务商与网络中间商之间的关系相当复杂，既互相依赖又互相制约，中间商需要依赖服务商的产品，中间商的努力程度决定了服务商的收入。同时，中间商自己的前途又掌握在服务商手里，它本身不具备关键产品和核心竞争力。对于网络服务提供商而言，一方面要吸纳渠道中间商做自己的产品，另一方面要防止渠道中间商出现不规范操作而破坏正常渠道销售秩序。而对于中间商而言，保证自身利润的同时，多数情况下还要在多个服务提供商之间周旋。

2）网络中介渠道的控制力分析

从某种意义上来说，服务提供商对渠道的控制力如何，取决于渠道中间商对它们的忠诚程度，进而影响到它们对市场营销决策的执行程度。忠诚度越高，控制力也就越大，贯彻得就越彻底。因此，对上游服务商而言，其渠道的竞争力关键在于控制力如何，更进一步地说是在于如何提高渠道中间商的忠诚度。对于渠道中间商来说，要不断提高自身的服务价值，将更多的关注集中到最终用户身上，通过增加服务价值的方式将自身的价值做出来，同时建立一套更前瞻、更合理的管理体系，以确保渠道微利时代能持续发展。

从营销渠道和服务商的紧密程度来看，一般服务商的市场营销渠道可以分为三个层次：第一个层次为核心营销渠道，主要包括各大地区的核心代理商或独家代理商；第二个层次为次级营销渠道，主要包括核心代理商或独家代理商的下级分销商；第三个层次为外围营销渠道，主要包括特约营销人员和遍布各处的代办点等。营销渠道的忠诚度来自合作者目前通过合作获得的利益的多少和对未来合作前景的期望。所以，这种分层的营销渠道除了核心层以外，其他层次的忠诚度都处于不稳定状态，第二个和第三个层次的渠道就根本谈不上忠诚度。而渠道忠诚度越低，控制力也就越低下。

网络服务提供商加强渠道控制的措施主要有：一是加大核心营销渠道的建设力度，全面帮助提高核心渠道在区域市场的占有率和扩张速度，包括优惠渠道政策支持等；二是按区域严格划分市场区域，避免核心渠道之间发生业务和利益上的冲突，尽量减少内耗；三是在整体营销渠道全面建设和扩展的同时，不断促使次级和外围营销渠道的升级，提高它们的忠诚度。

3）网络营销渠道的管理分析

上游服务商对营销渠道的管理实质上就是要通过一系列的管理手段和方法，比如增加渠道成员合作，防范渠道成员冲突，鼓励渠道成员发展等，实现渠道成员之间和平共处、渠道销售能力增强和整个营销体系功能最优、效率最大的目标。而营销渠道的管理重点在于渠道政策管理和渠道激励管理。

渠道政策对于渠道运作的规范与导向作用是不可忽视的，没有好的渠道政策也就不会有成功的渠道可言。渠道政策实际上关系着整个渠道的健康发展。就服务商而言，营销渠道政策主要包含有市场区域划分政策、主打产品宣传政策、促销政策、价格体系政策、客户服务政策及渠道成员分成政策等，这些政策实际上形成一个整体的营销政策体系。渠道政策管理的关键在于两点：一是制定科学的、行之有效的渠道管理政策，以保证整个营销体系的高质量的运转。二是对所有营销渠道成员都必须坚决执行已经制定好的政策，以保证渠道的畅通和对外服务的一致性。

服务提供商首先要明确认识到渠道中间商是独立的经营实体，有自己的目标、利益和策略。中间商首先是客户的采购代理，然后才是服务商的销售代理。只有客户愿意购买网络营销服务产品，中间商才有兴趣经营。因此，上游服务商应根据中间商的这些特点，采取必要措施，对其进行合理的渠道激励管理，以使整个营销体系达到最优化。具体来说，可采取以下措施：①根据中间商在营销体系中所起的作用合理分配利润，为提高中间商的积极性，可以制定便于量化管理的分级返点制度，便于加大对完成业务量较大者的激励；②帮助中间商提高自身的发展能力，如为中间商提供信息、技术咨询和定期提供产品培训，帮助中间商提高销售服务能力；③上游服务商和中间商之间保持长期稳定的伙伴关系。对一些业绩良好、市场拓展能力强、忠诚度高、积极贯彻落实上游服务商政策的代理商加大扶持力度和资源支持，帮其做大做强。

动手实践

请根据小王就职的家电企业的网络营销渠道的目标、网络消费者购买行为、网络市场覆盖范围等因素，确定该企业的网络渠道的具体形式。

工作任务 11.3　拓展网络渠道策略

11.3.1　拓展网络渠道的设计策略

1．增值策略

1）产品信息增值策略

产品信息增值主要体现在对厂家产品信息的发布、组织和展示方面。在传统的分销过程中，厂家基本都是在店铺内摆放产品的样品，再结合平面或影视广告进行宣传。但是消费者对产品的构成或使用的了解依然甚少。而在网络平台上，厂家可以将尽可能多的产品拍摄成图片，然后分型号、类别，甚至分颜色和个性进行精心的展示，使用三维动画展现技术，结合视频和声音，把整个产品信息完全展现在消费者面前。企业可非常丰富地把产品的性价比、货比三家的资讯、产品的消费者使用心得、体会交流、售后服务的承诺等信息提供给消费者。

2）客户信息增值策略

互联网为企业提供一个收集客户信息的有效途径。通过网络营销渠道的建立，企业完全有能力获取大量的客户信息，并通过数据库处理或客户关系管理系统进行有效的挖掘和利用。无论是企业还是消费者，他们之间的信息沟通的有效性提高了，所有的信息都透明化、公开化，达到双方信息对称的目的。例如，登录网址、个人注册资料等大量的客户信息，对企业的分销决策有关键的作用，在对客户关系进行管理的同时，还可担当消费者需求调研的职能。如果商家想推出一款新品，但对其价位和包装档次不确定，完全可通过客户关系管理的主动调查来获取有用的参考资料。

2．延伸策略

1）主动分销策略

企业一方面可以采取联合促销的方式，将关联的不同商家的产品捆绑促销，达到信息广泛传递的目的，尽可能地接触到目标客户；另一方面可以主动定期推荐商品，组织个性化的商品，提供个性化的服务，如幸运客户、节日大送礼、在线商品知识的有奖问答活动等，这些主动分销活动有利于实现信息传播的延伸，促进商品的销售。

2）在线交易策略

在线交易是地面交易的延伸，其关键的意义在于开创了素未谋面却可以成功交易的模式。企业一旦建立了网上商城，就可以通过网上银行共享各种银行卡的在线支付功能，使得全国乃至全球各地的消费者都可以通过网络平台购买，而且是款到发货，加上网络中间商和企业自身的信誉和服务保证，完整地实现了分销过程的延伸。

3) 中间商介入策略

除了企业自身的网络销售平台以外，企业还可以通过门户网站的搜索引擎和 B2B 网站的商家信息发布、商品目录、虚拟市场、虚拟商业街或虚拟商店等网络中间商实现分销范围的延伸。这种延伸从理论上来讲是没有地理边界的，只要互联网能接入的地方，都可以成为企业网络营销渠道的终端。

3．整合策略

网络营销渠道不但是传统营销渠道的补充，而且也是传统营销渠道的延伸。在企业营销渠道管理操作过程中，完全可以将网络营销渠道和传统营销渠道整合在一起，从而拓展企业分销的空间。例如，网络营销渠道向上可以整合网络市场调查与预测、网络采购及订单处理等，向下可整合配送、物流咨询、物流方案的规划与选择、库存控制决策、货款回收与结算、教育与培训、物流系统设计与规划方案的制作等。

1) 企业内外网与互联网整合

(1) 企业内联网是连通企业内部各个环节的网络，通过整合企业生产、研发、营销、财务、物流等信息资源，强化业务流程管理，使企业内部实现信息共享，提高企业运转效率。

(2) 企业外联网是连接企业及相关协作厂商之间的网络，促进企业间的电子数据信息交换、电子转账、信息交流等，以便提高沟通效率，缩短生产周期，降低采购成本。

(3) 国际互联网是更为广阔的网络，它连接了企业与外界环境，实现企业与供应商、客户以及其他利益相关者的信息沟通，充分实现商流、物流、信息流、资金流"四位一体"的功能。

由此可见，内网让企业与员工之间的沟通交流无限，外网让企业、供应商与客户之间的沟通交流零距离，最后互联网将这些融合，形成了一个强大的线上整合的网络。

2) 互联网与传统营销渠道整合

(1) 网上客户，网下服务。通过网站的浏览和点击，可以统计出对产品有兴趣的客户群所在地，让企业明确网下的营销渠道应该怎么做，而且如果能在网上进一步获取客户的个人信息资料，企业可以利用传统营销渠道打入目标客户群，实现真正意义上的"一对一"的关系营销。同时，网络信息反馈的实时性又让企业随时改变营销渠道策略，适应客户口味，推出不断令客户惊喜的产品或服务。

(2) 网下产品，网上展现。这主要是利用先进的网络多媒体手段，将企业产品功能和附加的信息进行剥离，甚至再组合。顾客可以全方位、多视角地了解产品功能和相关的资讯，弥补传统营销渠道的不足。例如，企业推广运动鞋，传统营销渠道不可能把一双鞋分解，把鞋子的内部构造、结构性能展现给顾客看，而现在利用网络优势，就可以实现顾客单击鞋的任何一个部位，便可以清楚地看见该部位的分解图形和详细构造，这无疑彰显了产品的性能优势，强化了卖点的吸引力，让客户对产品更加充满信心。

4．并行策略

1) 网上分销与网下分销并行

网下分销是指传统的、非网络的分销。网上分销要借助于网下分销的资源，并与其协调一致，相互促进，从而有效地扩大企业营销渠道和分销沟通的空间。企业在举办分销活动时，无论是新品发布、促销推广、公关活动，都可以利用网上与网下的分销资源，实现整合营销传播，达到最大限度的传播功效。

2) 直销渠道与间接渠道并行

并行策略还包括企业同时使用网络直销渠道和网络中介渠道，以实现销售利益最大化的网络市场渗透策略。具体来说，企业在网络分销活动中，一方面尽早规划和建立自己的企业网站，采取有效的措施提高网站的吸引力和访问量；另一方面，积极利用网络权威中介机构的信息服务、广告服务和撮合服务，扩大企业的影响力，拓展企业产品的销售区域。

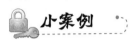

电子商务 VS 传统商业 冲击下寻求合作

【拓展视频】

"商场里看到的一件连衣裙，我在淘宝上可以找到 6 折的代购，当然会选择网购了。"在百货商场试好自己喜欢的衣服、快速记下货号，回家打开电脑轻点鼠标便完成了网上代购，这是白领方欣最热衷的事情之一。去年，方欣一年在淘宝上选购商品的支出就达到了 3 万多元，远远超过了她在商场购物的次数和金额，这其中有衣服鞋包，还不乏食品和日用品。显然，传统商家的销售模式已经不可掩盖电商发展迅猛的势头，涉足电子商务成为传统商企开始尝试的第一步，苏宁易购无疑是传统商企电商化的一个比较成功的案例。

"2013 年 9 月 24 日，我们的开放平台上线，打造的是"店商+电商+零售服务"的苏宁云商模式，经营全品类、拓展全渠道、服务全客户群。"苏宁云商集团西安地区管理中心营销总监王明贵表示，苏宁易购其实已经实现了传统电子商务的运作，如今新上线的开放平台可以将线上、线下同步开放，对商户更具吸引力，无疑为进驻开放平台的商户提供了品牌展示、销售推广的最佳渠道。"开放平台上线后，我们在现有自营商品的基础上，吸纳有品牌授权、经营能力、服务保障的商家进驻，能提供更多的商品，并且支付方式也支持在门店自提自付，如今线上、线下已经实现了同价，不再是此前热议的网上低价。"王明贵承认，在实现线上、线下同价前，线上销售对实体店的冲击是存在的。"门店单品数量 3 万种，线上就有 150 万种，线上有线下没有的优势。而且，线上线下的定位群是有差异的，目前"80 后""90 后"是带动电子商务发展的重要消费群体。"王明贵表示，目前线上销售比例占实体门店销售的 15%，预计到 2020 年，线上销售的规模将和线下门店的实体销售额持平。

正如王明贵所言，电子商务的发展是未来不可阻挡的一个大趋势，传统的商业销售模式必须清醒认识到这一点并与之融合，才能共赢："未来我们也会打造经营商品种类更多的超级门店，在门店里渗透出电子商务化，让线上、线下真正结合，实现网店是门店的入口，实体品牌是电商发展的依托，这样才能立足未来更好地发展。"未来除了合作模式，电商与传统商业两者也将互不替代。"传统商业的店销模式，是消费者享受消费体验的一个过程，这是电商永远无法达到的，也是它不可替代传统商业的一个重要因素。"王明贵认为，电商发展也将面临洗牌，最终都会回归零售的本质，所以低价格战也并非长远之计，"传统商企自己打造电商平台，同时配套强有力的供货、物流和售后平台，才能真正实现两者的长远共赢。"

11.3.2 拓展网络渠道的建设策略

1. 订货系统设置策略

订货系统一方面要方便消费者选购所需产品；另一方面要从交易中获取消费者的需求信息。因此，一个人性化的完善的订货系统对网络营销渠道来说是十分重要的。

1) 设置购物车

网上购物车的功能就类似于现实超市的购物车，消费者可以在网上将所需的商品放入其中。消费者通过点击鼠标，随时可以把商品放进网上购物车或者把不需要的商品从中取出。

网上购物车也允许消费者随时更改购买商品的数量,甚至清空购物车。当确定选购的商品之后,消费者通过单击"结账"或"下订单"等按钮来实现对购物车里物品的购买。

2) 开发代客寻物功能

消费者往往是因为追求便利性的需求才上网购物。网上商店要想吸引消费者购物,必须在许多方面为顾客提供便利,而代客寻物就是一种十分有效的方式。现实商店的购物主要依靠消费者自己去寻找所需商品,或者由导购员进行引导。网上商店则利用网络技术很好地解决了这个问题。它独特的优势在于:一是通过程序的编写与系统的设置就可以实现自动的运作,无须多余的资源投入;二是迅速地搜索各种商品,排除人为因素的影响。

 小贴士

常见代客寻物功能的形式

1. 快速搜索

只要在搜索框中输入查询的商品名称,便可查出所有包含这个关键字或词的商品清单。如果查询范围太大的话,消费者可以通过指定商品门类等来限制搜索的范围。

2. 组合查找

某些网站购物有组合查找功能,如武汉光谷书城,消费者可通过指定"作者""出版社""ISBN 码"等条件来进行书籍的查询。

3. 商品分类浏览

商品分类就是按内容分类的商品类别,通过这些分类,消费者可以按照喜欢的门类浏览网站的商品。

3) 建立规范化目录管理

再好、再多、再全的商品如果没有规范化的目录管理,很有可能使消费者淹没在商城琳琅满目的商品中,无法寻找到所需要的商品。因此,商品目录的有序性同样不可忽视。

2. 结算系统设置策略

1) 传统支付方式

(1) 送货上门或货到付款。这种支付方式有一定的地域局限,通常以网站所在地的商圈为范围,故网站一般会指定送货上门的地区。

(2) 邮局汇款。相对来说适用范围较送货上门有了扩大,只是交易时间一般较长。

(3) 银行转账或汇款。这种支付方式一般适用于金额较大的交易,直接通过银行进行付款,能节省顾客的时间,提供便利。

2) 网络支付方式

消费者在网上购物,除了采用传统的支付方式外,还可以通过企业的电子结算系统进行支付。企业的电子商务支付系统通常有 SET 和非 SET 两种结构。非 SET 结构的电子商务支付系统是指使用除 SET 协议外的其他协议的电子支付系统。用户选择结算后,系统自动为其生成本系统的订单,自动链接到网络支付方式中去,如招商银行一网通等。在我国,现阶段大多使用非 SET 协议结构,使用商家或商家授权的银行机构发行的购物卡、银行卡来支付。

企业的电子商务支付系统网上交易的关键是安全性。网络是一个相当自由的媒体,当顾客的信用卡信息或银行账户信息在网络上传输的时候,不法分子可以截获这些信息。因此,为了保证网上交易、资金转移和电子货币支付等绝对安全，结算系统必须采用加密手段，保证客户信息的安全。

3. 物流服务系统设置策略

一般来说，产品可分为实体产品和无形产品。对于无形产品，特别是互联网络环境下的网站产品和资讯产品，如服务、软件、音乐等产品可直接通过互联网络进行配送服务。而对于实体产品，则涉及物流配送服务问题。良好的物流配送服务是实体产品生产企业成功实现网络分销的基础。例如，从事网上直销的美国 Dell 公司，将其在美国货物的物流配送业务交给美国联邦快递公司来完成，以至于 Dell 公司进入中国市场，也将美国联邦快递公司业务带入中国作为与中国政府谈判的筹码。

1) 库存跟踪服务策略

因为信息和数字化产品是一种资讯产品，存储这些产品的数字空间包括存储介质也属于库存的范围，而且库存跟踪既适合于实体产品，也适合于资讯产品。如企业通过各地联网的 POS 系统记录表跟踪所销售的产品，大致了解产品的需求情况，从而适时补充或减少库存，或者将数据库与网站直接链接，这样客户的订单信息就可不断地更新数据库，使数据库保持与市场信息的同步。通过专业软件可不断地检查库存水平、运行报表，并列出重新进货后已满足需求或仍未满足需求的产品，以及必要时应补充和减少的库存货物。

2) 订单跟踪服务策略

网络订单在网络上传输，也有可能发生错误、丢失或者被忽略。为确保订单能尽快处理，企业需要创建跟踪订单信息的数据库，快速提供有关订单及其状态的信息。在数据库的报表中，应包括已收到的新订单、延期的订单、在一定时间后会实现的订单等。许多网站，如 Dell 公司的计算机定制网站，用户都要求知道订单的执行情况，Dell 网站就相应地提供了用户订单查询功能、订单的最新状态报告，以及有关订单的其他信息，这样客户就可以随时掌握商品物流的最新状况。

如果小王就职的家电企业决定自建企业网站来进行产品销售，请根据网络销售的需要，对公司建立营销导向型网站给出相关建议，如设计策略建议、建设策略建议等。

【参考答案】

一、名词解释

网络营销渠道；订货功能；企业内联网；覆盖面；电子购物中心

二、选择题

1. 电子商务按照交易对象来划分，可以分为(　　)这 3 类。
A．B2B　　　　B．B2C　　　　C．C2C
D．G2B　　　　E．C2B

2. "企业可以借助互联网将不同的营销活动进行统一规划和协调，以统一的资讯向消费者传达信息"，这体现了网络营销渠道的(　　)特点。

A．渠道技术化　　　　　　　B．渠道系统整合性强
C．突破时空限制　　　　　　D．结构扁平化
3．从交换内容的角度，下列关于传统中间商说法正确的是(　　)。
A．交易中的信息交换与实体交换是分离的
B．它主要提供信息交换场所
C．需要承担物质、信息、资金等交换活动
D．它是一种交易媒体
4．下列选项中，属于网络直销渠道内容的有(　　)。
A．在线商店　　B．职能代理　　C．在线目录　　D．买方代理
5．网络营销渠道应具备的基本功能是(　　)。
A．订货功能　　B．结算功能　　C．宣传功能　　D．配送功能

三、判断题

1．网络营销渠道是对传统营销渠道的替代。　　　　　　　　　　　　(　　)
2．在线商店是企业分销自己商品的平台，在这一点上，它和作为间接营销渠道的网上商城是一样的。　　　　　　　　　　　　　　　　　　　　　　　　(　　)
3．结构扁平化是网络营销渠道区别于传统营销渠道的最大特点。　　(　　)
4．通过网络进行销售的对象只能是无形的服务，而实体产品很难通过互联网来进行销售。　　　　　　　　　　　　　　　　　　　　　　　　　　　　(　　)
5．与传统分销模式相比，企业通过网络进行直接分销，实行统一定价及规范化运作，避免了分销商之间的相互倾轧，使原先一大部分依靠市场不规范和价格混乱生存的传统中间商失去存在的基础。　　　　　　　　　　　　　　　　　　　　　　　　(　　)

四、简答题

1．网络直销渠道的优势主要表现在哪些方面？
2．网络中间商与传统中间商存在哪些区别？
3．网络营销渠道的主要特点是什么？
4．简述网络营销渠道管理的策略。
5．新型网络中间商的类型有哪些？

案例分析

e化渠道的小老板

　　IT产品渠道，这是一个深不可测的领域，唐军则是一个久经沙场的渠道老手。在自己创业时，唐军远远地逃开了传统渠道。两年的时间里，他为创立一个液晶显示器品牌耗费了大量心血，因此被人称为"淘宝零售大鳄"。当淘宝的零售商时间久了，网商们也正在触及自己发展的天花板。在这时，需要进行什么样的转型？一个真实的唐军或许正代表着新一代网络营销人才的发展思路。

1. 6800元创业

　　在IT圈内，创造一个品牌是轻而易举的事，因为IT产业的各个环节都已分工明确，任何人，只要需求的量足够，代工商都可以为他打上专用的品牌LOGO。但要维持一个品牌却又是难上加难，无论是渠道还是

客户，都已经被大品牌牢牢绑定，小品牌经营者的生存空间狭小。唐军有过靠6800元创业的日子。2005年，唐军凭借这些钱，在广州的一家电脑城里租了一个小小的柜台。柜台月租金千余元，同女友，即后来的夫人租住了月租几百元的房间后，唐军就这样低成本地开始了自己的创业。以这样的资金实力创业，可想而知唐军在传统渠道的经营中，只能靠从其他柜台调货来卖。当时液晶显示器已经是市场上的热门产品，唐军也因此选择了创建液晶品牌日派。但对大家来说，新出现的日派显示器却是一个完全陌生的品牌，这样的小摊位，当然也就没有人关注。唐军也尝试过在网上做主页开店，卖日派显示器，但他承认，当时做的网站很"垃圾"，尽管他能通过搜索引擎搜到自己的网站，但网站做得一般，也没有支付系统，根本就不可能在网上做成生意。转机出现在他从朋友处得知淘宝。彼时他的一个朋友正在淘宝上开店，就向他推荐，让他也在上面开一个网店试一试。唐军就进行了尝试，从旁边的柜台调来一些低价的电脑配件在淘宝上卖。最初的想法只是想通过淘宝平台赚出每个月的生活费，随着时间推移，网店的信用增加了，客户的重复采购也多了，生意渐渐好了起来。到如今，唐军已经拥有一支专业的网上营销团队，在淘宝网上有4家网店都在经营日派显示器产品，唐军告诉记者，日派显示器目前每个月的销售额达到30万元。

2. 从渠道到网络

唐军是渠道老手，创业之前，他已经有很成熟的经验，但在销售日派显示器时，他从最初网下实体店的失败，转而向网上进军。在唐军看来，传统渠道对品牌的认知度较高，好一些的渠道也早已被各大显示器品牌所控制了，一个新的品牌，又是在没有什么资金的情况下，根本不可能得到认可。网络渠道则不同，唐军可以实现最低成本的推广，通过营销人员的努力，唐军的网店从最初两周才能卖出一台显示器开始，一步一步得到了客户的认可。在网络渠道上，唐军经历了许多以前想不到的困难。最初向客户发货时没有经验，包装不好，结果发生过多起显示器在运输过程中损坏的问题，比如往东北发货时，因为天冷，显示屏发生过冻裂的问题。而在选择物流渠道方面，不同的物流企业服务质量也完全不相同，经过多次尝试，唐军才确定了一些物流公司作为首选合作伙伴。

有着传统渠道背景的唐军其实还是很看好传统渠道的优势，"传统渠道可以实现面对面的销售。"2013年6月，唐军开了一家线下实体店，但目前该店面所销售的显示器数量还不及网上销售的零头。日派新建的线下店面，在唐军眼里更多的作用是一个展示开店，"当客户来广州的时候，可以看到它。"门店1年的成本大约是10万元，第一年是净投入。唐军认为，第二年门店成本就有可能持平，到第三年，就有可能开始赚钱了。在进行网上销售时，唐军也将很快遭遇自己的"天花板"，淘宝网店的销售额再想有更大的突破是一件难事，毕竟自己只有几名销售人员，销售能力有限，虽然销售额不错，但用于品牌推广的大量资金支持他无法做到。以网络为主要经营渠道的大品牌，比如戴尔，可以在传统渠道中投入大量广告、进行目录销售等，以制造品牌认知度。对于唐军的小本生意而言，它们是成功者，但这样的成功都是以资金先行，抢占市场的模式，似乎和自己小本生意经营的距离远了一些。唐军也在思考如何扩大日派显示器的销售量，比如，在日派显示器的主页上，就有招商加盟销售的相关宣传，但在该网站上，B2B栏目却只是一个名字，没有任何内容。唐军显然面临着如何把现实中的传统渠道管理方法复制到互联网上的难题。一方面，他自己掌握着淘宝网上的4家网店，可以直销产品；另一方面，假如他要建立渠道，引入合作伙伴，他就必然要建立一支代理销售队伍，这支队伍的成本该如何出？代理商同直销店之间产生竞争又该如何处理？唐军承认，目前还没有合作伙伴代理日派显示器产品，"有很多人来问，但我对合作伙伴的质量要求比较高。"对直销还是代理的犹豫之外，唐军还有着对传统渠道的认可，"假如日派显示器发展提速，销量增大了，我还是愿意走传统渠道。"与他的选择相同的是，戴尔在中国坚持了多年直销之后，也开始认同传统渠道，针对中小企业以及零售市场进行努力。

【问题】

1. 结合案例，请分析网络渠道和传统渠道各自具有的优势。
2. 请根据案例提供的内容，分析网络渠道与传统渠道之间关系的发展趋势。

【分析】

企业总是在一定的环境下求得生存与发展，随着通信技术的应用与互联网络的广泛使用，使得企业的营销渠道日趋技术化。因此，企业必须抓住时机，适时通过创建网络营销渠道来扩大企业市场范围，以适应消费者购物行为需求。唐军的成功在于能根据市场营销环境的变化，适时选择渠道转型，并中性地分析了网络渠道与传统渠道的特点，在相互融合中有所坚持。

 实训操作

拓展网络营销渠道

1. 实训目的

通过本次实训，使学生能够正确使用互联网络来进行产品营销。

2. 实训要求

基于小王工作的家电企业，根据公司网络营销目标、网络消费者购物行为等因素要求来拓展公司的网络营销渠道。

3. 实训材料

计算机、互联网络、身份证、发布的商品、摄像机、互联网及前期资料等。

4. 实训步骤

(1) 选择自己熟悉的广东某家电企业替代任务描述中小王工作的某企业。

(2) 选择通过第三方网络交易平台开拓网络渠道。

① 进入淘宝网首页，单击【注册】按钮，然后按照流程往下进行。注意：选项中的"自动创建支付宝"，默认是选上的。

② 进入邮箱中激活账号。

③ 会员账号申请好后，登录到淘宝首页，单击【我的淘宝】按钮，进入后台，查看"我是卖家"选项。

④ 选择发布方式。

⑤ 选择商品所在的类目。

⑥ 进行商品信息的设置，包括标题、图片、属性、详细描述、运费方式等。

⑦ 发布一件商品成功后，可连续再发布几件商品。

⑧ 商品发布完成后，单击"免费开店"，淘宝网店成功建立。

(3) 与国美电器网和苏宁易购等家电网站建立相互链接。

(4) 通过公司建立网络来销售。

5. 成果与检验

每位学生的成绩由两部分组成：学生实际操作情况(50%)和分析报告(50%)。

实际操作主要考查学生完成拓展服务渠道的实际动手操作能力；分析报告主要考查学生根据资料分析，选择网络渠道结构、网络消费者购物行为分析、网络渠道形成选择及管理策略的合理性，分析报告建议制成PPT。

参考文献

[1] [美]菲利普·科特勒. 营销管理（亚洲版）[M]. 3版. 梅清豪, 译. 北京：中国人民大学出版社, 2005.
[2] 王水清. 分销渠道管理[M]. 成都：西南财经大学出版社, 2010.
[3] 郑锐洪, 赵志江. 分销渠道管理[M]. 大连：大连理工大学出版社, 2007.
[4] 易淼清. 销售渠道与终端管理[M]. 北京：北京交通大学出版社, 2010.
[5] 李先国. 分销渠道管理[M]. 2版. 北京：清华大学出版社, 2014.
[6] 黄锐, 龚晓路. 快速消费品分销渠道管理[M]. 北京：中国发展出版社, 2005.
[7] 黄敏学. 网络营销[M]. 2版. 武汉：武汉大学出版社, 2007.
[8] 卜妙金. 分销渠道管理[M]. 2版. 北京：高等教育出版社, 2007.
[9] [美]伯特·罗森布罗姆. 营销渠道管理[M]. 李乃和, 等译. 北京：机械工业出版社, 2003.
[10] 姜旭平. 网络营销[M]. 北京：清华大学出版社, 2003.
[11] 李慎恒. 分销渠道冲突的成因及对策[J]. 经济师, 2003(7).
[12] 琚春华, 鲍观明. 现代流通企业信息化管理与实践[M]. 北京：科学出版社, 2003.
[13] 郑吉昌. 服务市场营销[M]. 北京：中国对外经济贸易出版社, 2003.
[14] 陈明. 网络营销[M]. 广州：广东高等教育出版社, 2004.
[15] 陈洁, 陈粤. 企业营销渠道关系多元整合模式理论述评[J]. 生产力研究, 2004(5).
[16] 陈涛, 赵军. 中国企业营销渠道冲突与管理战略研究[J]. 商业经济与管理, 2004(6).
[17] 中国营销总监职业培训教材编委会. 营销渠道[M]. 北京：朝华出版社, 2004.
[18] 庄贵军, 等. 营销渠道管理[M]. 北京：北京大学出版社, 2004.
[19] 吴健安. 市场营销学[M]. 3版. 北京：高等教育出版社, 2007.
[20] [美]瓦拉瑞尔 A.泽丝曼尔, 等. 服务营销[M]. 4版. 张金成, 白长虹, 译. 北京：机械工业出版社, 2008.
[21] 胡春. 市场营销渠道管理[M]. 2版. 北京：清华大学出版社, 北京交通大学出版社, 2012.
[22] 李小红. 分销渠道设计与管理[M]. 重庆：重庆大学出版社, 2006.
[23] 赵勇, 孙洪胜. 分销渠道冲突的控制管理[J]. 广东工业大学学报(社会科学版), 2004(1).
[24] 熊伟, 等. 采购与仓储管理[M]. 北京：高等教育出版社, 2006.
[25] 李飞. 分销渠道设计与管理[M]. 北京：清华大学出版社, 2003.
[26] 张广玲. 分销渠道管理[M]. 武汉：武汉大学出版社, 2005.
[27] 褚福灵. 网络营销与渠道管理[M]. 北京：中国人民大学出版社, 2012.